樊崇义教授八十华诞著作系列 12

论 检 察

樊崇义 著

中国人民公安大学出版社
·北 京·

图书在版编目（CIP）数据

论检察 / 樊崇义著. —北京：中国人民公安大学出版社，2020.1

（樊崇义教授八十华诞著作系列；12）

ISBN 978－7－5653－3630－0

Ⅰ. ①论… Ⅱ. ①樊… Ⅲ. ①检察机关－工作－中国－文集 Ⅳ. ①D926.304－53

中国版本图书馆 CIP 数据核字（2019）第 115423 号

论 检 察

樊崇义 著

出版发行：中国人民公安大学出版社
地　　址：北京市西城区木樨地南里
邮政编码：100038
经　　销：新华书店
印　　刷：天津盛辉印刷有限公司

版　　次：2020 年 1 月第 1 版
印　　次：2020 年 1 月第 1 次
印　　张：25.5
开　　本：787 毫米×1092 毫米　1/16
字　　数：430 千字

书　　号：ISBN 978－7－5653－3630－0
定　　价：109.00 元

网　　址：www.cppsup.com.cn　www.porclub.com.cn
电子邮箱：zbs@cppsup.com　zbs@cppsu.edu.cn

营销中心电话：010－83903254
读者服务部电话（门市）：010－83903257
警官读者俱乐部电话（网购、邮购）：010－83903253
公安业务分社电话：010－83905672

总 序

樊崇义教授是我国著名法学家，是刑事诉讼法学、证据法学的领军者，在国际上享有崇高声誉和威望。在长期的法学教育和科研工作中，樊崇义教授笔耕不辍，著述鸿博，成果丰硕，他出版著作、教材近四十部，发表论文三百五十余篇，主持国家级、省部级以上科研课题十余项，有多部著作获司法部、教育部等省部级以上科研奖。他主编的《迈向理性刑事诉讼法学》一书获得第一届中国出版政府奖提名奖；主编的《刑事诉讼法学》和《证据法学》多次再版，被司法部、教育部列为法学高等教育国家级规划教材。

追求真理是樊崇义教授的学术使命。樊崇义教授拥有认知事物、辨别真理的大智慧，在长期的法学理论和实务研究中，积极主张我国刑事诉讼程序的科学化与民主化，证据法学的哲理化与现代化，开创性地提出了许多奠定我国刑事诉讼法学和证据法学学科及其理论基础的重要学术理论和研究方法，在法学界和实务界得到了广泛的认同。早在 1996 年，他在证明标准上提出了“法律真实观”；2000 年年初，提出了“诉讼认识论”和“刑事诉讼法律观的转型”；2002 年，提倡“刑事诉讼人本主义”，倡导实证研究方法；近年来，又率先提出部门法学哲理化，首倡刑事诉讼法哲理思维。这些都对我国刑事诉讼和证据理论及其应用产生了深远影响。

学以致用体现了樊崇义教授的使命担当。樊崇义教授长期投身于我国法治现代化建设，积极参与刑事诉讼法修改和司法体制改革，为国家立法建言献策，将自己的学术主张变为立法现实，为我国法治建设作出了杰出贡献。例如，樊崇义教授主持了侦查讯问中的录音、录像和律师在场等三项制度项目研究，其成果——全程录音、录像制度在 2012 年刑事诉讼法修改时被正式确立为一项诉讼制度；2018 年刑事诉讼法修正案确立的值班律师制度也是该项目研究成果——律师在场的重要体现。2012 年刑事诉讼法修改时将“证据确实、充分”的证明标准解释为“排除合理怀疑”，这是对樊崇义教授提出的“法律真实观”的接受和肯认。此外，樊崇义教授还经常走出校门，到实务部门讲学，播撒最前沿的法学知识，提升司法人员业务素质，直接推动我国法治文明的进步。

适逢樊崇义教授八十华诞之际，应学界同仁及同门弟子盛情相邀，获中国人民公安大学出版社鼎力支持，我们编辑出版了“樊崇义教授八十华诞著作系列”，该著作系列共二十部，包括四部分：

一是樊崇义教授近年来独著、合著或主编的理论价值较高、在法学界和实务界影响较大的学术著作的重新编辑出版，共十四部，包括《刑事诉讼法实施问题与对策研究》《刑事诉讼法再修改理性思考》《正当法律程序研究——以刑事诉讼程序为视角》《刑事审前程序改革实证研究——侦查讯问程序中律师在场（试验)》《迈向理性刑事诉讼法学》《侦查讯问程序改革实证研究——侦查讯问中律师在场、录音、录像制度试验》《部门法学哲理化研究》《检察制度原理》《诉讼原理》《刑事诉讼法哲理思维》《刑事证据制度发展与适用》《论检察》《刑事证据规则研究》《底线——刑事错案防范标准》。这些著作的重新出版基本上保持了书稿原貌，只是校正原书中的错字、漏字、衍字及明显有误的标点符号，订正错误的引注。这些著作出版时间跨度较大，其间刑事诉讼法经过两次大修，《宪法》《律师法》和其他法律法规、司法解释也有修改，为避免不必要的混乱，原书中涉及或者援引的法律条文序号及内容保持不变。一方面，书中有很多内容是针对原法条的不足和缺陷提出的分析和修改完善意见，保持原样可以更好地体现当时的学术讨论与争鸣的原貌；另一方面，读者可以从法条内容的前后变化和书中修改完善意见的比较中发现樊崇义教授对于我国刑事诉讼和证据立法的贡献。

二是樊崇义教授近十年来发表的主要学术论文，按照研究的内容及其内在的逻辑关系，整理编辑形成四部新的学术专著，包括《刑事诉讼法学方法论》《刑事诉讼程序的改革与发展》《证据法治与证据理论的新发展》《司法制度与司法改革》。所选论文均是樊崇义教授七十华诞后至今公开发表的论文，具有很强的思想性、时代性和创新性，反映了樊崇义教授的理论思想、创新思维和研究范式，同时也展现了樊崇义教授最近十年的学术历程。所选论文原则上保持了发表时的原貌，对于有些论题相同或者相近的论文，为避免内容重复，在充分考虑原文整体性和逻辑性的前提下，对部分论文进行了内容整合、适当删节和编辑加工；有些论文发表时有中英文“摘要”“提要”“关键词”等，收录本书时全部予以删除；部分论文是樊崇义教授与学生合作发表的成果，收录本书时均标有题注，标明了合著作者的姓名、论文发表的报刊或其他出版物的名称、时间等。

三是樊崇义教授主编的一部新作《法律援助制度研究》。该书围绕我国法律援助制度及其实施过程中的历史发展、基本理论、性质定位、功能设置、制度建设、立法建言等若干重大问题展开研究，旨在进一步推动我国当前正在进行的法律援助立法工作、法律援助制度的现代化发展及其优化实施。

四是樊崇义教授指导的学生为其八十华诞撰写的庆贺文集《刑事诉讼法哲理思考》。该文集收录七十一篇文章，内容涉及樊崇义教授学术思想、理论贡献、为人师表以及长期关注或者当前司法改革的重要理论和实践问题等方面，同门弟子以各自不同的方式表达了对樊崇义教授杰出的学术成就、高尚的品格和他对高级法学人才培养等方面所作贡献的崇高敬意！

樊崇义教授是始终走在时代前列的法学家，在学术上所取得的成就是巨大的，对于我国刑事诉讼法学和证据法学的理论贡献是有目共睹的，而谦虚谨慎的人格和锐意进取的精神更能展示出他作为一个真正学者的伟大品质。老骥伏枥，志在千里。八十高龄的樊崇义教授依然身先士卒地活跃在刑事诉讼法学研究的前沿，躬行求索在推进中国刑事诉讼法治化进程的道路上，以不倦的学术追寻引领中国法学前行！

衷心祝愿樊崇义教授学术人生不老，思想之树常青！

樊崇义教授八十华诞著作系列编辑小组
2019 年 8 月

出版说明

《论检察》一书是中国检察出版社为了纪念人民检察制度重建35周年而于2013年出版的“专家论检察丛书”中的一本。该书收录了作者在2013年前不同时期有关检察制度的著述。该书不仅直接体现了作者对检察制度认识的逐渐深入过程，以及有关检察制度探讨的逐渐深化过程，而且也从侧面反映了2013年以前学界、实务界对有关检察制度的认识、探讨过程。另外，作者在本书中提出了一些对目前的检察制度改革乃至整个司法改革仍具有重要理论指导意义的观点。如认为我国检察机关的法律监督机关的定位是我国“一元分立”的国家权力架构模式所决定的，具有必然性；主张检察职能“二元论”，应当实行“二元分检”，认为检察职能具有“二元”性，即不能用法律监督取代公诉，检察机关的诉讼监督职能与公诉职能是两种不同的检察职能。目前虽因国家监察体制改革与《监察法》的通过、《刑事诉讼法》的第三次修订，以及正在进行的以审判为中心的诉讼制度改革，检察机关的职权已被作了重大的调整，原有的职务犯罪立案侦查权已绝大部分转隶新成立的监察机关，检察机关的其他职能也面临观念更新与机构调整的问题，但本书所提出的一些观点仍具有重要理论指导意义。基于此，时隔6年后，我们重新对此书进行出版。

该书所收录的相关著述在成文时间上跨度比较大，书中所涉及的很多法律法规已经有很大修改，有的甚至已作多次修改，为了更好地体现原有著述的讨论语境与所针对的问题，体现作者不同时期的思想观点，此次出版时尽量保留了原书的内容、观点与表达方式，书中所援引的法律法规条文均未作修改，均是作者成文时所援引的法律法规条文，这是读者在阅读本书时应当予以注意的。

本书由吴光升教授负责出版整理，在此表示感谢！

樊崇义教授八十华诞著作系列编辑小组

2019年8月

目 录
CONTENTS

第一章　检察学：如何才能成为一门学科①

在我国，将检察学作为一门学科的要求，其实早在20世纪80年代末就已出现，为适应这种要求，当时还出版了不少有关检察学的教材。例如，赵登举、徐欣常等人主编，湖南人民出版社出版的《检察学》；王淑贤主编，兰州大学出版社出版的《中国检察学》；王晓军、孙谦等人编写，辽宁人民出版社出版的《实用检察学》；王然冀主编，法律出版社出版的《当代中国检察学》等。但是，时至今日，实事求是地讲，虽然已时过20年，检察学在中国实际并没有取得一门独立学科应有的地位。最明显的一点就是，检察学在我国高校中实际很少被作为一门主干课程进行教学，有关检察制度的专著虽然不少，但有分量的检察学教材却是凤毛麟角。为什么会出现这种情况？这虽然与社会需求有关，但也与检察学作为一门独立学科需要解决的前提问题没有得到很好的认识与解决有关。这些问题可以归纳为三个方面：一是检察学在中国成为一门独立学科的必要性何在；二是检察学如果成为一门独立学科，它在知识体系上应当包括哪些内容；三是检察学与其他相关学科是一种什么样的关系。目前，随着司法改革的深入，司法实践中存在的问题对检察理论又提出了新的要求，检察学的学科问题又重新成为关注的重点。但是，我们认为，如果上述问题不能得到很好的解决，检察学很难真正成为一门独立的学科，还很难有质的突破。基于此考虑，以下拟对以上相关问题试作论述。

一、检察学科独立的必要性

有没有必要作为一门独立学科，这是任何一门学科首先面临的问题。检察学

① 原文刊载于《人民检察》2008年第4期，系与吴光升合作撰写。

作为一门学科也是如此。但我们需要注意的是，是否有必要成为一门独立学科与是否已经成为一门独立学科是两个不同的问题，前者是一个应然的问题，后者是一个实然的问题。有人认为，一个学科的存在，必须具备以下条件或因素：一是以本学科名称开设专门的课程；二是标志本学科存在的权威教科书的出版；三是确立本学科地位的学术人物的产生。① 也有人认为，一门学科能否成为一门相对独立的学科或学科分支，一般应具备如下前提或标志：第一，是否有学者以此为专门的学术事业或主攻学术方向。第二，是否有关于该领域的系统的理论性著作问世。第三，是否有公认的、专业性的公共学术园地。第四，是否在主流大学的专业课程设置中与教学中占有其应有的学术地位。② 我们认为，以上学者所提出的种种标准并不是一门学科应否成为一门相对独立学科的前提或标准，而只是一门独立学科是否成熟的标志。是否应当成为一门独立的学科，不在于是否存在以上前提条件，也不在于是否有自己独特的研究方法，关键在于它是否有独立的研究对象和研究领域，至于这个研究领域是否被研究得很透，是否有权威性的学术人物等，这些都是这门学科是否有人气、是否成熟或繁荣的问题。

对于检察学是否有必要成为一门相对独立的学科，时下不少人的观点认为，检察学没有自己独立的研究对象与领域，其研究对象与领域已被宪法学、诉讼法学等学科所涵盖，完全没有必要独立出来作为一门学科加以研究。我们认为，不管是从社会科学研究的角度来看，还是从我国检察制度的现实情况来看，检察学都有自己相对独立的研究对象与领域，完全有必要作为一门独立的学科进行研究。

（1）这是社会科学研究程度不断深入与分工不断细化的必然结果。从社会科学的学科发展史来看，前资本主义世界体系中的社会思想被逐渐制度化为各个学科，最早发生于 19 世纪中叶的欧美传统大学之中，现代社会科学中的诸多“研究主题”与“学科”的称谓也就是这个时候提出来的。根据美国著名社会科学家、世界体系理论的奠基人伊曼纽尔·沃勒斯坦的观点，当时最早出现的社会科学学科主要有历史学、经济学、社会学与政治学，而它们的出现主要是围绕三

---

① 舒国滢：《法理学学科的缘起和在当代所面临的问题》，载《法学》1998 年第 10 期。

② 转引自石少侠：《检察学：学科构建的必要与可能——兼谈检察学与其他法学学科的关系》，载《人民检察》2007 年第 15 期。

个方面的矛盾建立起来的：对现代文明世界的研究（历史学加上三门探寻普遍规律的社会科学）与对非现代世界的研究（人类学加上东方学）之间的矛盾；在对现代世界的研究方面，过去（历史学）与现在（研究普遍规律的社会科学）之间的矛盾；在探寻普遍规律的社会科学内部，对市场的研究（经济学）、对国家的研究（政治学）与对社会—文化的研究（社会学）之间的矛盾。[①] 但由于支配当时社会科学学科结构的基本命题是：社会科学是由一系列在知识上自恰的彼此独立的课题的“学科”构成的，再加上各个学科为了维护自己的集体利益，社会科学被人为地分割成几个互不联系的各自封闭的学科。“不仅人为地分割了有关社会现实的知识，而且也经由这些学科知识的人为视界而从根本上切割了社会现实——经济的、政治的和社会—文化的领域：经济学家坚持研究市场的运行机制；政治学家只关注政府的正当性；而社会学家则着重研究那个为经济学家和政治学家所忽略的‘新兴’社会—文化领域。”[②] 这种人为分割知识的做法严重地违反了社会科学作为一个整体而内部相互联系、相互影响、相互促进的规律，阻碍了社会科学研究的进一步发展。针对这种19世纪中叶以来的学科划分的弊端，先是在20世纪中期出现一种实为跨学科研究的“地区研究”领域，以突破被制度化的学科之间的人为界限。其中，比较有名的就是法国年鉴学派，他们著名的口号就是：历史学家对社会学“开放”，主张一种“多元学科”或“跨学科”的研究策略。[③] 随后又出现了以沃勒斯坦为代表的“世界体系理论”，对既有的各种社会科学学科的划分提出了“否思”和“否弃”，对各种既有学科是否真的就是“学科”以及一些学科的各自统一性和学术前提的正当性提出了质疑。沃勒斯坦宣称，根据自由主义意识形态而假设的三个人类集体行动领域——经济、政治、社会—文化——本身并不是自主的社会行动领域，也不具有彼此独立的“逻辑”，因此，所有据此假设的学科标准，不管是分析层面的、对象的、方法的、理论假设的，在实践中都是不真实的，根据这些标准建立的研究模式只能构成人们进一步把握知识的障碍。[④]

应当说，不管是跨学科研究理论，还是世界理论体系的研究人员，他们对

① 邓正来:《否思社会科学：学科的迷思》，载《河北经贸大学学报》1999年第3期。
② 邓正来:《中国社会科学的再思考——学科与国家的迷思》，载《南方文坛》2000年第1期。
③ 邓正来:《中国社会科学的再思考——学科与国家的迷思》，载《南方文坛》2000年第1期。
④ 邓正来:《中国社会科学的再思考——学科与国家的迷思》，载《南方文坛》2000年第1期。

19 世纪中叶所建立的传统学科划分的批评还是很中肯的。正如沃勒斯坦所说的，社会科学，其实就是一种有关社会世界的经验研究，其目的在于理解其间的“常规性变化”，进而控制社会世界。作为社会科学的研究对象，即社会的现实与历史，不仅现实与历史之间是相互联系的，而且现实之中的各种社会现象也是相互联系的。为此，作为各个社会学科的研究对象，历史的、经济的、政治的、社会与文化的社会知识也应当是相互联系的，之所以分成各个学科单元进行研究，一方面是作为个体的人能力有限，在有限的生命中不能深入研究所有的领域，另一方面是出于研究的方便。但 19 世纪中叶以后的学科制度化却在实践中变成了一种画地为牢，将各个学科人为地分割成几个互不联系的部分，这实际上也就相当于把相互联系的社会现实分割成经济的、政治的、社会文化等几个部分，这显然是不可能的。但不管是跨学科研究的年鉴学派，还是世界理论体系，如果拒绝社会科学学科的划分，则不免有矫枉过正的嫌疑。社会分工，不仅是促进社会发展的重要因素，也是社会科学研究得以向纵深发展的一个重要条件，更何况作为个体的学者，其生命是有限的。现在社会科学学科划分依然存在，并有更加细化的趋向，也说明了这一问题。

所以，我们认为，社会科学学科的划分是必要的，但这种划分并不是传统的那种划分方法，并不是必须在各个学科之间划出个明确界限，然后禁止其中的研究者跨越这一界限。学科划分的目的其实还主要在于研究的方便。因此，合理的学科划分，对于我们来说，就好比是在社会经验世界这个巨大的图画上确定一些中心点，然后让具有不同兴趣的人各自围绕他们感兴趣的中心点进行研究。也就是说，学科的划分只存在一个相对的中心点，并不存在绝对的界限，而且这个中心点的确定完全是为了研究的需要，而不是社会经验世界的本来面目。这样，出于某种社会需要，还有可能在既有的中心点外产生新的中心进而产生新的学科，如现在传统学科之间出现的交叉学科。而且，每个学科研究的深入发展与细化，其实也就相当于拓宽了该学科的研究范围，研究范围的扩大，再加上个人能力的限制，又必然会在此领域内形成第二层次的中心点，这就是各个一级学科之下的二级学科。研究得越深入，不同层次的中心点也就会越多。

研究检察机关的活动规律，首先是研究检察机关的发展历史，这涉及历史学科；其次是研究检察机关在国家机构中的地位，这涉及政治学科；再次是检察机关职能主要在于法律监督，其研究就不得不涉及法学学科；最后是检察机关的活动都是发生于具体社会之中，其研究肯定不能脱离社会学科。此外，检察机关的活动最终还得体现在具体个人的具体行为之上，而研究人的行为不能脱离心理学科。因此，可以说，有关检察制度与理论的研究处于各个学科的边缘。这样，随着各个学科研究的深入发展，势必会使这一领域的研究越来越远离各门学科的中心。在被边缘化后，有关检察机关活动的研究如果没有通过形成自己的中心而成为一门相对独立的学科，就有可能使这一领域无人问津而成为学科研究的盲区，这显然不利于社会科学的整体发展。因此，学科研究的纵深发展，使得检察学研究对象与领域得以独立就有了可能，这也就要求检察学不得不成为一门相对独立的学科。

（2）这也是由我国检察机关的特殊位置所决定的。理论研究来源于实践，其最终目的还是实践，学科的划分不能不与所在社会的现实需要相符合，完全照搬其他国家的学科划分并不是一种科学的研究方式。检察机关不管是在我国权力结构中，还是在我国诉讼结构中，都处于一种与国外检察机关不同的比较特殊的地位。这一现实需要也决定了我们在有关检察制度与理论的研究上，不能完全照搬西方国家那种学科划分方法。

在西方国家“三权分立”模式下，检察机关在国家机构中的地位一般都是被定位为一种行政机关，属于行政机关的一种，虽然现在对此定位在理论上有些争论，在实践中检察机关与一般行政机关也不完全一样。与此相应，西方国家检察机关的职权一般限于公诉，且大部分是限于刑事诉讼中的公诉，是作为刑事公诉机关而存在的，只有少部分国家的检察机关可参与民事公益诉讼。只是这种公诉机关与我们所理解的不完全一样，很多国家尤其大陆法系国家的检察机关还根据侦查权从属于公诉权的原理，在侦查上拥有相当大的权限。但不管怎么样，由于这些特点，对于检察制度与理论的研究，西方国家一般是在刑事诉讼法学中加以研究的，刑事诉讼法学这门学科也基本上能涵盖有关检察制度与理论研究的应有内容，为其单独设立一门学科的必要性不大。例如，德国、法国的刑事诉讼法学教科书除了论述检察机关的诉讼参与以外，还专门论述了检察机关的组成、检察官的职权等，它们的刑事诉讼法学已经基本上囊括了有关检察制度与理论研究的应有内容。

而在我国，在人民代表大会制度下，检察机关作为专门的法律监督机关，在国家机构中的地位完全独立于行政机关，也不从属于审判机关。在职权上，检察机关作为法律监督机关，不仅有刑事诉讼、民事诉讼、行政诉讼的诉讼监督权，而且还有侦查权、公诉权，另外还有刑罚执行的监督权。可以说，我国检察机关这种特殊的地位，是西方国家所没有的，其遇到的问题也是西方国家所没有遇到过的。我国检察机关的这种定位是否合理，它的职权配置是否恰当，检察机关应当如何恰当地参与诉讼监督，等等，这些问题既涉及法学，也涉及政治学，还涉及社会学、心理学等。在法学领域中，检察制度研究不仅涉及刑事诉讼法学、证据法学、刑法学，还涉及民事诉讼法学、行政诉讼法学、监狱学等。在这些学科中，虽然都会研究到检察制度的某些部分，但是由于前面提到的随着学科向纵深发展而带来的边缘化问题，随着研究的深入与细化，有关检察制度的研究可能会慢慢远离这些学科的正统研究的视线。再加上这些学科在研究检察机关的法律监督问题时，往往受限于本学科的研究视野，很少与其他学科结合起来研究，导致对有关检察制度的研究很难有大的突破。例如，有关我国检察机关的定位问题，很多人就仅仅从诉讼角度来研究，而没有将它放在一个更大的视野中进行研究，如结合政治学、社会学甚至心理学进行研究，从而也就很难得到一个令人信服的结论。可以说，学科研究的深入发展，检察机关在我国的特殊地位，已很难使某个学科能完全涵盖检察学的研究领域，各个学科对检察机关的研究也很难很好起到指导检察机关充分发挥其作用的功能了。在我国，目前检察实践急需理论提供指导，如何解决这一问题，最好的办法就是将检察学作为一门独立的学科，多视角地对其进行研究。我国的检察实践需要一门相对独立的检察学科。

有学者认为，检察学最早产生于近代资本主义国家，① 还有学者认为，检察学的发展历史就是关于检察制度、检察活动及其发展规律的理论、学说史，随着西方“三权分立”政体下检察制度的建立和发展，逐步形成具有大陆法系特点、英美法系特点的检察学。② 从以上论述来看，这些认为检察学已成为一门独立学科的观点是很难成立的。我们认为，如前所述，检察学作为一门学科，必须要有自己独立的研究对象与领域。在西方国家，尤其是大陆法系国家，虽然就检察机关的职能、性质等问题在检察制度建立之初就已经在理论上历经了半个世纪的论辩，而且现在依然有很多争论不休的问题。但有检察理论争论并不等于有检察学

① 周其华：《中国检察学》，中国法制出版社 1998 年版，第 15 页。
② 戴玉忠：《检察学的发展历史、研究现状与前瞻》，载《人民检察》2007 年第 15 期。

科的存在，相反，由于西方国家检察机关的职能主要限于刑事诉讼活动，有关检察机关的理论争论也主要是围绕其刑事诉讼参与行为进行的。因此，这些理论争论其实都只属于刑事诉讼法学的一个重要部分。换言之，在西方国家，有关检察制度的研究已基本上被刑事诉讼法学所囊括，检察学在西方国家并没有自己独立的研究对象与领域，其成为独立学科并没有必要性，在西方国家并没有独立的检察学科。

二、检察学的范畴体系

“范畴是内容更为抽象、概括性也更大的概念。”[①] 范畴（category），正如亚里士多德所说的，它只不过是对客观事物的不同方面进行分析归类后得出的基本概念。说得再简单点，范畴就是有关事物的基本概念，它与概念（concept）并没有实质的区别。[②] 概念是思维的基本单位与工具。“任何一门学科成熟的标志，总是表现为将已经取得的理性知识的成果——概念、范畴、定律和原理系统化，构成一个科学的理论体系。这种理论体系不是零碎知识的汇集，也不是一些定律的简单拼凑，更不是许多科学事实的机械凑合，而是有其一定内部结构的、相对完整的知识体系，或者说，是反映对象本质、对象发展规律的概念系统。”[③] 任何一门学科，在某种程度上，只不过是通过一定的逻辑方式将一系列范畴予以体系化的结果，是范畴的体系化。因此，可以说，检察学范畴体系确定了，也就相当于为检察学确立了基本理论框架。换言之，检察学要成为一门学科，首先得确定其范畴体系。我国现在缺少有分量的检察学教材，很大原因就在于不少检察学教材范畴体系不清楚、不合理。

范畴体系是一系列范畴的有机集合，个别范畴是对事物的局部反映，范畴体系则是对事物的总体反映。但是，这些个别范畴由于对事物的反映程度不一样，它们在范畴体系中的地位是不一样的，是有层次的。这些范畴可分为几个层次，在不同事物、不同时期以及不同的理论体系中是不一样的。就检察学的范畴体系来说，龙宗智教授认为，检察学的范畴体系应当由核心范畴、基本范畴与重要范畴三个层次组成。[④] 我们认为，对事物的认识有一个发展的过程，随着对事物认

① 高清海：《高清海哲学文存》（第2卷），吉林人民出版社1997年版，第285页。
② 张文显：《法哲学范畴研究》，中国政法大学出版社2001年版，第2页。
③ 转引自张文显：《法哲学范畴研究》，中国政法大学出版社2001年版，第4页。
④ 龙宗智：《检察学研究的对象、范畴与方法》，载《人民检察》2007年第15期。

识的不断深入，用以反映事物的范畴也就越多，层次也会不断增加。因此，很难绝对地肯定某个事物就是由几个层次的范畴构成。具体到检察学这一范畴体系，它应由几个层次的范畴构成并不重要，重要的是要确定其核心范畴与建立在此之上的基本范畴以及重要范畴。这些核心范畴、基本范畴与重要范畴直接决定着检察学的研究对象与范围。

（一）核心范畴

核心范畴是整个范畴体系的逻辑起点，其他范畴都是由其派生与支撑的，其认定是否准确，直接影响到整个范畴体系是否成立与是否合理。如何认定检察学的核心范畴，在我国目前尤显重要。一方面，作为一门学科，最重要的就在于确定一个研究的中心点。如前所述，学科的划分并没有一个绝对的分界线，关键在于确定一个合理的中心点。检察学的合理中心点其实也就是检察学的核心范畴。对核心范畴确定不准确，也就相当于检察学没有一个合理的中心点，检察学能否作为一门独立学科就可能成为问题。另一方面，目前我国学界有关检察权的很多争论其实都与检察学的核心范畴认定模糊有关。例如，关于我国检察机关的职权问题，有的人认为，检察机关不应当有侦查权，也不应当有诉讼监督权，应当只有公诉权。这种观点其实就是论者将公诉作为检察学的核心范畴的原因所导致的。检察学的核心范畴是什么？龙宗智教授认为，检察监督与法律监督都是检察学的核心范畴，理由是我国宪法和法律都将检察机关定位为法律监督机关，检察职能本身具有监督的特性，检察监督与法律监督无论从学理分析还是实际应用来看，都有重要价值，不宜偏废，检察监督的性质其实就是法律监督。①

我们认为，理论研究从本质上讲是工具性的，其本身并不是目的，其最终目的在于实践。这样，理论研究不能脱离所在社会的现实与需要。检察学也是如此，其目的在于解决我国检察实践中存在的问题，因此，作为检察学最核心的部分，其核心范畴的确定必须与我国社会的现实情况相适应。而在这些社会现实情况中，宪政制度是最根本的，具有决定性影响。“如今，对行为的某些方面的研究强调得过分，最极端的甚至认为‘制度’不过是一个形式的和不重要的门面装饰；而事实是，政治制度是规则的框架，在这个框架中政治环境下的行为者必

① 龙宗智：《检察学研究的对象、范畴与方法》，载《人民检察》2007 年第 15 期。

须按常规行为，而研究行为者倾向于把这个框架当作是理所当然的。”① 检察学核心范畴的确定，必须以我国宪政制度所规定的大框架作为依据。

我国宪法第 129 条和第 131 条分别规定，“中华人民共和国人民检察院是国家的法律监督机关”，“人民检察院依照法律规定独立行使检察权，不受行政机关、社会团体和个人的干涉”。人民检察院组织法第 5 条规定，检察院的职权有刑事案件侦查权，审查批捕权，侦查监督权，刑事公诉权，审判监督权，刑事判决、裁定执行监督权以及对监狱、看守所、劳动改造机关等活动的监督权等。人民检察院组织法的规定虽然有点乱，对检察权与侦查权、公诉权、诉讼监督权的关系的确定不是很清楚，但仍然可以看出，我国检察机关是一种独立于行政机关的法律监督机关，这和西方国家的行政机关定位是不同的。由于是一种法律监督机关，检察机关的所有职权都带有一种法律监督性质，这种法律监督可分为程序监督与实体监督。程序监督包括侦查监督、审判监督和刑罚执行监督等，而实体监督包括案件的侦查、公诉等。有人认为，检察机关既然是一种法律监督机关，就不应当有公诉权、侦查权，而有的人则认为，检察机关的公诉权、侦查权与审判监督权是不相容的，应当取消检察机关的审判监督权。我们认为，这是对检察机关职权的一种误解。其实，不管是审判监督，还是公诉、侦查等，它们都是一种对法律执行的监督只是监督对象不同而已。侦查、公诉是一种对严重违反实体法行为的监督，而审判监督和刑罚执行监督是一种对违反程序法行为的监督。这两种监督不仅在本质上是一致的，而且在刑事诉讼中也是相互配合的，审判监督和刑罚执行监督最终是为了实体监督的实现。可见，法律监督是检察学的逻辑起点，也应当是检察学的核心范畴。

但问题是，对法律执行予以监督，并不只是检察机关的职责，在我国还存在着其他法律监督形式，如人大监督、舆论监督等也包含了一部分法律监督。如何理解检察机关的法律监督与这些监督的关系？龙宗智教授认为，由于检察机关的法律监督即检察监督实质上也是一种法律监督，两者在检察学中都有重要价值，所以两者同为检察学的核心范畴。这有点让人迷惑，因为我们常说的核心，按一般理解只有一个，现在说法律监督与检察监督都是检察学的核心范畴，就给人一种核心范畴确定不明的感觉。我们认为，法律监督是一个范围很大的概念，不仅

① ［英］M·J·维尔：《宪政与分权》，苏力译，三联书店 1997 年版，第 9 页。

其监督主体多，监督范围也很广，从某种程度上看，几乎所有的监督都是一种对法律执行的监督，检察机关的法律监督只不过是其中一部分而已。但检察监督与其他监督相比，它是一种常规的、具有专门性的法律监督。为了体现这种特点，以检察监督作为检察学的核心范畴更为恰当，即检察学的核心范畴是检察监督而不是其他。在这里，作为检察学核心范畴的检察监督，它是指检察机关对实体违法行为和程序违法行为进行的一种监督。

（二）基本范畴

检察学的基本范畴，我们认为，它是指建立在检察监督之上的、对检察监督的基本环节与基本过程抽象而成的基本概念。检察学的基本范畴应当有哪些，学界对此研究很少。龙宗智教授的一篇文章曾涉及这一问题，但没有系统地进行论述。他认为，作为建立在核心范畴之上的基本范畴应当包括检察职能、检察权、检察官、检察组织、检察工作原则、检察官侦查、公诉、民事行政监督等，这些基本范畴及其联系构成了检察学的理论框架。① 应当说，这种概括并不全面，最明显的一点就是审判监督与公诉这两个概念的关系并没有得到体现。另外，作为检察机关基本职能的刑罚执行监督也没有被包括进去。

任何分类都应当遵循一定的内在逻辑。我们所说的核心范畴、基本范畴以及重要范畴，都是按范畴层次来划分的，基本范畴是建立在核心范畴之上的，而重要范畴又是建立在基本范畴之上的。因此，对于检察学基本范畴的确定，我们应当遵循两个标准：一是基本范畴必须是直接建立在检察监督这个核心范畴之上的，中间没有其他环节；二是作为基本范畴，它必须是对检察监督基本环节或基本过程进行抽象的结果。如前所述，检察监督是检察机关对违反实体法行为与违反程序法行为所进行的监督。为此，根据上述两个标准，我们认为检察学的基本范畴应当包括以下几个方面：

一是检察机关。这是检察学的主体范畴。检察监督也是一种法律监督，它与其他法律监督的最重要区别之一就在于它是由检察机关所进行的法律监督，具有主体的专属性。将检察机关作为检察学的基本范畴，有利于体现检察学的这一基本特点。另外，这也是考虑到我国检察机关法律监督工作的实际运作情况。与国外检察制度不同，在我国司法实践中，检察机关是作为一个整体进行法律监督

① 龙宗智：《检察学研究的对象、范畴与方法》，载《人民检察》2007 年第 15 期。

的，作为个体的检察官并没有太多的独立自主权，不能独立作出是否立案的决定，不能独立作出是否起诉的决定，等等。因此，检察官虽然是检察制度不能缺少的组成部分，但在我国检察学中，将其作为基本范畴并不恰当，它充其量也就是从检察机关这个基本范畴中派生出来的重要范畴。

二是检察侦查。这在我国是一个亟须厘清的基本范畴。在我国监察体制改革之前，检察机关的侦查可分为两种：一是对自侦案件的侦查，二是补充侦查。国家监察体制改革之后，检察机关的侦查只有后者。在大陆法系国家，检察机关有侦查权，但在审判中心主义诉讼模式下，侦查权是作为从属于公诉权的权力而存在的，因此，侦查权应当不能取得与公诉权平等的地位。但在我国，长期以来实际实行的并不是审判中心主义，而是一种诉讼阶段主义，诉讼分为侦查、起诉与审判三个阶段，三者同等重要，谁也不能超越其他两者之上。为此，侦查权是独立于公诉权的，而不是从属于公诉权的，自侦案件的侦查也是检察学的基本范畴之一。但这里也存在一个问题，即检察机关的补充侦查实质上是从属于公诉的，这样就在检察侦查中存在两个不同层次的侦查行为，难以对检察侦查的范畴作出统一安置。在目前监察体制改革与审判中心主义改革之下，检察侦查实际已从属于公诉，属于公诉范畴下的子范畴。这种定位也是比较合理的。

三是公诉。将符合起诉条件的案件向人民法院提起公诉，这是检察机关实现法律监督的最重要方式。因此，公诉作为检察学的基本范畴是没有疑义的。有问题的是公诉能否上升为检察学的核心范畴，这是目前学界讨论较多的一个问题。因为有的学者认为，检察机关应当定位于公诉机关，不应当有侦查权与审判监督权，这实质上就是要求将公诉作为检察学的核心范畴，如果他们也认为检察学是一门独立学科的话。我们认为，不管西方国家检察制度是怎么样的，检察学也应当研究西方的检察制度，但是，研究检察学主要目的是解决中国的问题，而在我国这种宪政制度下，公诉不可能成为检察机关的唯一职能，它只能是检察机关法律监督的一部分。因此，公诉不能也不应当是检察学的核心范畴。

四是诉讼监督。检察机关的诉讼监督在内容上包括立案监督、侦查监督、审判监督三个部分。其中，审判监督又包括刑事审判监督、民事审判监督与行政审判监督三种。因此，应当以诉讼监督作为检察学的基本范畴，还是以立案监督、侦查监督、审判监督等作为基本范畴，并不是没有可讨论的余地。如前述龙宗智教授的基本范畴体系中，其实就是以后者作为基本范畴的，只是不很完整而已。

我们认为，基本范畴与重要范畴之所以在层次上有区别，原因在于重要范畴是对事物某个侧面或某个具体过程的比较简单的概括，而基本范畴则是对重要范畴的高度概括与抽象。诉讼监督是对检察机关立案监督、侦查监督、审判监督等比较具体的法律监督行为的概括。因此，以诉讼监督作为检察学的基本范畴更为恰当。

五是刑罚执行监督。这是检察机关对刑罚执行过程的监督，也是我国目前研究得比较少的一个方面。刑罚执行监督，在实践中大多是对减刑、假释等行为的合法性进行监督，而这些行为又主要是由人民法院来进行的。这样，刑罚执行监督与诉讼监督之间是什么关系，很值得探讨。我们认为，虽然减刑、假释等行为是发生在判决、裁定生效之后的，但其关涉当事人的重大权益，出于程序正当化考虑，应当将其纳入诉讼范围。这样，对这些行为的监督应当属于一种诉讼监督，但对其他行为合法性的监督却不能纳入诉讼监督范围，仍属于刑罚执行监督。例如，对死刑判决执行的监督。

六是检察监督基本原则。在检察监督原则中，有所有检察监督行为都应当遵守的原则，也有某个方面监督所应当遵循的原则。这里指的是前者。检察监督的基本原则，这是对所有检察监督活动规律的一种抽象概括，并不只是从属于某方面的检察监督。因此，它与检察侦查、公诉等在范畴层次上是平等的，也属于一种基本范畴。

（三）重要范畴

重要范畴，对于检察学来说，它是指建立在基本范畴之上的、对检察监督某个具体方面或具体过程抽象而成的基本概念。在这些重要范畴之下，还会有大量的普通范畴。检察学的重要范畴应当是很多的，以下根据基本范畴进行简要论述。

一是检察机关方面。检察机关作为检察学的主体范畴，在此基本范畴之下至少应当有以下重要范畴：检察机关的组织原则、检察机关的性质、检察委员会、检察官等。在这些重要范畴下，还会有检察官任命、检察官考核等普通范畴。

二是检察侦查方面。原来主要包括渎职侵权犯罪的侦查、贪污贿赂犯罪的侦查、普通刑事案件的补充侦查等。在监察体制改革之后，则主要包括刑事案件的补充侦查、普通刑事案件的引导侦查等。另外，应当还有一种犯罪预防的重要范畴，只是对这一重要范畴的定位确实还有待深入探讨。

三是公诉方面。主要包括审查起诉、提起公诉、不起诉、抗诉等。这里要说明的是，首先，在我国检察机关的抗诉中，针对一审程序的抗诉与针对生效裁判的抗诉在性质上是不一样的。前者是公诉的应有部分，而后者应当是审判监督的一部分。其次，在提起公诉中是否应当包含民事公益诉讼。因为现在对于检察机关在民事诉讼中提起公益诉讼，是一个讨论比较多的问题。公诉，其实就是在公众利益受到侵害时，检察机关代表社会公共利益向人民法院提起诉讼。而公众利益受到侵害并不仅仅是指受到犯罪行为的侵害，也包括一般民事侵权行为的侵害。因此，我们认为，检察机关在民事诉讼中应当有权提起公益诉讼，民事公益诉讼也是检察学的重要范畴之一。

四是诉讼监督方面。如前所述，诉讼监督应当包括立案监督、侦查监督和审判监督三个方面。其中，审判监督包括刑事审判监督、民事审判监督与行政审判监督三个方面。这里争议较多的是审判监督是否应当为检察学的重要范畴。换言之，也就是说审判监督是否应当为检察监督的重要内容之一。目前，不少学者认为审判监督与检察机关公诉权有冲突，检察机关不能在审判中一方面充当当事人，另一方面又凌驾于审判机关之上。我们认为，这些学者之所以得出这样的结论，一个重要原因在于他们误解了监督的含义，认为监督就是凌驾于被监督对象之上，要求被监督对象完全听命于监督主体。其实，在现代法治社会中，基本上不存在这样的监督形式，大多数监督更多的是指一种制约。审判监督也是如此，检察机关的监督也只是针对审判违法问题提出异议，最终的决定权还是在于审判机关本身。因此，审判监督与公诉权并没有冲突，审判监督实质上是为了更好地保证公诉权得以落实，审判监督也是诉讼监督的重要范畴之一。

五是刑罚执行方面。根据监督的内容可以分为三个方面：死刑执行监督、监所执行监督、社会执行刑罚监督等。

六是检察监督原则方面。哪些原则可作为检察监督的基本原则，目前学界是很有争议的。有的学者认为，以事实为根据、以法律为准绳原则，公检法“三机关”相互分工、相互配合、相互制约原则，控审分离原则等都属于检察监督的基本原则。我们认为，作为检察监督的基本原则，一应当是检察监督所特有的，二应当是所有检察监督行为都应当遵循的。根据这一标准，上述前两个原则因为不是检察监督所特有的，不能作为检察监督的基本原则，第三个原则只适用于公诉与审判监督，而且该原则的最主要目的是在于防止人民法院又控又审，而不是在于防止检察机关越权审判，因此也不宜作为检察监督的基本原则。我们认为，能作为检察监督基本原则的只有以下几个：检察权独立行使原则、检察一体化原则、客观公正原则等。

三、检察学的内容

检察学范畴体系的确定，基本上确定了检察学的理论框架，从而也基本上确定了检察学的研究对象与范围。但是，检察学的范畴体系也只是确定了理论框架。列宁曾将客观现象比喻为一张网，范畴是这张网上的纽结，就是靠着这些纽结，人们才能把客观现象的各方面联结起来，进而得以认识这些客观现象。我们认为，把范畴比喻成人的骨架也许更为合适，就是这些骨架决定了一个人的基本体形。但是，只有骨架没有血肉是不能成为一个完整的人的。检察学也是一样，虽然范畴体系决定了这门学科的基本理论框架，但还需围绕这些范畴用相关的检察学内容来填充。关于检察学的内容，目前学界论述较多，虽然在名称上可能不一样，有的名为检察学的研究对象，有的名为检察学的理论体系，还有的名为检察学的研究范围，但在具体内容上相差不大，争议不多。为此，以下只就其作简要概括。

检察学的主要内容，用一句比较长的话概括就是，紧紧围绕检察学的范畴体系，既要研究检察制度的现实，也要研究检察制度的历史；既要研究中国的检察制度，也要研究国外的检察制度；既要研究看得见的具体检察制度和法律规定，也要研究深藏其后的理论基础。

一是研究检察监督的历史发展。任何制度都是基于一定的需求，为了解决某一问题而产生的。因此，对于检察监督，检察学必须研究其产生的历史背景，揭示是何种因素导致其得以产生，又是什么原因使其发展为目前的状况的，导致检察监督产生的因素在今天是否还存在。读史不仅能知今，还能知未来。只有认真地研究检察制度的历史发展过程，才能根据社会发展状况适时对有关检察监督制度作出相应调整，使其更好地发挥作用。

二是研究检察监督的现状。这一现状不仅仅是指宪法和有关法律对检察监督的规定，更重要的是指法律规定的检察监督在实践中的运行状况和存在的问题。检察学是一门应用性极强的学科。“法律的生命不在于逻辑，而在于经验。”罗斯科·庞德的这句话虽然有点极端，但用于检察监督却也恰当。检察监督制度不是用来观赏的，而是用来解决社会问题的，虽然需要在制度的内外上保持一种逻辑的一致性，但更重要的是考察其对社会的功用性。因此，检察学必须研究我国检察监督在社会中的实际运行状况，揭示其存在的问题，然后对有关规定作适当的调整。

三是研究检察监督的理论基础。任何制度后面都应当有相应的理论来支撑，理论之根越深厚，制度之叶才会越茂盛。就检察学来说，对检察监督基础理论缺乏深入研究，这是我国学界尤其值得检讨的。最明显的一点就是检察监督的理论基础何在，学界的研究就不是很深入。不少学者仅仅是从刑事诉讼角度来研究，因为这种狭窄的研究视野，使其得出的结果往往就是检察机关不应当有审判监督权，检察机关只是一种公诉机关，有的人甚至因此提出取消检察机关。有的学者虽然也从国家权力配置的角度进行研究，但往往在研究之前就戴上一副“三权分立”的眼镜，似乎国家权力的配置除“三权分立”之外就没有其他恰当方式了。其结果也是对检察机关的法律监督提出质疑。检察制度是我国政治制度的重要组成部分，其理论基础何在，我们认为，这需要跳出法学的藩篱，用更开阔的视野，从政治学、社会学甚至心理学的角度进行研究。

四是对国外检察制度进行比较研究。人要全面地审视自己，就必须有一面镜子。制度也是一样，是好是坏，应当如何完善，仅仅通过内向审视并不能解决问题，还必须借助一面镜子通过外向审视才能解决问题。这面镜子就是国外的相关制度。只有通过与国外相关检察制度的比较，才能更好地发现我国检察监督制度的优点与缺点，才能找准完善的方向。当然，在进行比较研究时，我们必须牢记一点，我们比较的目的在于完善自己而不是将自己变为他人，尤其是检察制度作为我国政治制度的一个重要组成部分，更不能为了改变而改变。因此，在借鉴国外检察制度时，必须考虑我国的现实国情。

四、检察学的特点及其定位

（一）检察学的特点

检察学的特点是与其他学科相比较的结果。与其他学科比较起来，检察学具有以下几个特点：

一是检察学是我国特有的一门学科。如前所述，检察学的产生虽然也是学科研究深入发展与分工细化的结果，但它更多的是我国检察机关的特殊地位所要求的。西方国家的检察机关一般被定位于行政机关，其主要职责在于刑事诉讼的公诉，而公诉是刑事诉讼法学的一个重要组成部分。在这种情况下，西方国家虽然也对检察制度进行研究，但由于没有自己独立的研究对象，检察学在西方国家没有产生的条件与需要。而在我国，检察机关是独立于行政机关的法律监督机关，除公诉职能以外，它还担负着侦查、三大诉讼的监督、刑罚执行监督等其他法律监督职能，而这些职能并不是刑事诉讼法学的研究对象所能涵盖的。可以说，正是我国检察机关的特殊地位所产生的现实需要促成了我国检察学的产生。

二是检察学是一门综合性极强的交叉学科。检察学的核心范畴是检察监督，而检察监督实质上是一种法律监督。在我国目前的权力架构中，这种法律监督权是与审判权相并列的，同时也是独立于行政权的。为什么要在国家权力中分立出一种法律监督权，这是政治学的研究对象之一，检察学必然与政治学发生关联。检察监督是对法律执行的一种监督，其监督行为必须依法进行，为此检察学又必然与法学密切相关。而且在法学当中，检察学不仅涉及刑事诉讼法学、民事诉讼法学、行政诉讼法学、侦查学等多个程序法学，而且还涉及宪法学、刑法学、民法学、行政法学、监狱学等其他部门法学。另外，由于具体执行法律监督的是个体的检察官，这些生活在具体社会中的个体的人，他们不能不受所在社会影响，因此，检察学研究不能不与社会学、心理学等发生联系。也正是由于检察学的学科交叉性，我们在检察学研究中应当有意识地使用其他学科的研究方法与研究成果，多角度地进行研究。

三是检察学是一门应用性极强的学科。检察学的核心范畴是检察监督，其目的在于研究检察机关法律监督活动的内在规律，以更好地发挥检察机关的法律监督功能。因此可以说，检察学研究的材料直接来源于实践，同时又以实践为导向，这与纯粹的学术理论研究不同。由于这一特点，检察学的研究必须注重我国的司法实践需要，注意发现我国司法实践中存在的问题，而不能脱离我国的现实情况而空谈国外的检察制度是怎样规定的，我国也就应当如何规定之类的问题。也正是由于这一要求，检察学的研究必须注重调查研究，不能只作一些书斋式的思考。

（二）检察学的学科定位

这一问题主要涉及的是检察学与其他相关学科的关系问题，目前学界讨论得并不多。一门学科尤其交叉学科应当如何定位，关键在于它的核心范畴。虽然检察机关这一主体范畴涉及政治学的范围，但由于检察学的核心范畴是检察监督，研究的主要是检察机关的法律监督活动，所涉及的也主要是相关法律现象，检察学在总体上属于法学体系的一门学科，这是没有太多争议的。有问题的是，检察学在法学体系中应当如何定位。对此问题，大致有四种不同的认识：一是认为检察学是一门新兴的综合性的法学学科；[①] 二是认为检察学是诉讼法学或刑事诉讼法学的一个分支学科；三是认为检察学属于法学体系中第二层次的宪法学、刑事诉讼法学等学科派生出来的一个法学分支，隶属于法学体系的第三层次；四是认为检察学是与部门法学同一层次的分支学科，与宪法学、诉讼法学是邻近学科。[②]

检察学在法学体系中的定位如何，首先要弄清我国的法学体系是如何形成的。我国法理学对法学学科的划分主要采取两个标准：一是根据法律部门进行划分。由于我国法律被划分为宪法、行政法、刑法、民法、商法、诉讼法等多种，法学学科便相应地被分为宪法学、行政法学、刑法学、民法学、商法学、诉讼法学等相对独立的二级法学学科，在二级学科下还有第三层次的分支学科，如诉讼法学又可以分为刑事诉讼法学、民事诉讼法学和行政诉讼法学等分支学科。二是从认识论角度进行分类。把法学分为理论法学和应用法学两种，理论法学综合研究法的基本概念、原理和规律等，应用法学则主要研究国内法和国际法的结构和内容，以及它们的制定、解释和适用。目前所说的法学体系，大多是指按第一种标准进行划分的法学体系。因此，关于检察学的学科定位问题，其实质就是要确定检察学在这一法学体系中是属于与宪法学、诉讼法学等并列的二级学科，还是属于第三层次的分支学科，如果属于第三层次的分支学科，它又属于哪一个二级学科下的分支学科。

我们认为，一个学科是否属于某一个二级学科下的分支学科，关键在于它的研究范畴尤其是大部分基本范畴能否为这个二级学科所涵盖。从检察学的基本范

---

① 石少侠：《学科构建的必要与可能——兼谈检察学与其他法学学科的关系》，载《人民检察》2007年第15期。

② 王淑贤主编：《中国检察学》，兰州大学出版社1988年版，第5页。

畴来看，虽然有的基本范畴如检察机关，主要是由宪法学来研究，诉讼法学研究得比较少。还有刑罚执行监督也有一部分在诉讼法学中研究得不多，但大部分的基本范畴，如检察侦查、公诉、诉讼监督，虽然不能被刑事诉讼法学所涵盖，但却能被诉讼法学所涵盖。因为在诉讼法学这个二级学科下，除了刑事诉讼法学外，还包括民事诉讼法学、行政诉讼法学和证据法学等。而且从检察学的核心范畴检察监督来看，虽然强调了法律监督的检察机关专属性，但重点还是在于法律监督这一内容上。而检察机关的法律监督，除了诉讼监督必须通过诉讼途径外，其他的法律监督，如检察侦查、公诉等也只能通过诉讼来实现，检察学的主要研究领域还是在诉讼领域内。因此，从目前来看，由于检察学的研究范畴已经基本上被诉讼法学所涵盖，检察学很难取得与诉讼法学这个二级学科并列的地位，将检察学定位为一门与刑事诉讼法学、民事诉讼法学、行政诉讼法学相并列的，从属于诉讼法学的三级分支学科还是比较恰当的。

五、检察学发展目前应当注意的问题

中国检察制度与西方国家检察制度具有很大差异，并且建立在此之上的检察学也是一门新兴的学科。作为一门新兴的学科，肯定会有一个不断发展的过程，而这一发展过程，从某种程度上讲，就是一个不断克服本身问题的过程。我们认为，目前检察学的发展应当克服以下几个问题：

一是在指导思想上，必须充分认识与解决法律监督的必要性与合理性问题。检察学的核心范畴是检察监督，而检察监督在实质上就是一种法律监督。如果法律监督在必要性与合理性上都存在问题，实际也就相当于检察学能否作为一门学科存在的问题。因此，论证法律监督的合理性与必要性是检察学得以成立并不断发展的前提条件之一。但遗憾的是，目前能够从理论上对法律监督进行相当深度论证的研究并不多，更多的只是从我国宪法和有关法律的实然规定来进行论证。这是一种肤浅的也是很难让人信服的论证。也正因如此，目前学界对检察监督合理性提出质疑的观点仍不时出现。因此，我们现在必须注意到这一问题的重要性，跳出以法律规定循环论证这一怪圈，从更广阔的研究视野，如从政治学、社会学与心理学的角度，为法律监督的合理性与必要性提供理论支撑。

二是必须注意检察制度的改革、创新与完善。与西方国家检察制度相比，我

国检察制度可以说是一种全新的、也更为复杂的检察制度。由于这一特点，我国检察制度存在一些问题也是在所难免的。为此，我们应当根据社会的发展，对我国检察制度进行相应的改革、创新与完善。检察学必须反映这一要求与动向。目前，有关检察制度的一个主要问题就是法律监督的监督问题。有人对此提出一个疑问，“谁来监督监督者”，这一问题虽然仔细推敲起来略显幼稚，因为在我国人民代表大会制度下并不是没有人来监督检察机关。但不可否认的是，我国检察机关虽然也有内部制约与监督，但这些内部制约与监督和人大对检察机关的外部监督都还存在监督不力的问题。对于我国检察机关目前的这种内部监督与制约，其实只要从社会心理学角度分析一下，就可以发现对之寄予太大的希望是不现实的。而人大的外部监督并不是一种经常性的监督，而且监督手段与能力也有限，很难担当得起有效监督检察机关的重任。因此，要想有效地监督检察机关，就必须建立一种有效的外部监督制度。目前实施的人民监督员制度就是一种外部监督制度，只是这种外部监督制度是否有效还有待时间的考验。

三是必须注意防止检察学的泛化现象。检察学之所以能成为一门相对独立的学科，就在于它具有与其他学科不同的研究对象。如果检察学研究没有侧重点，就有可能将自己的研究对象与其他学科的研究对象混为一谈，检察学也就因此会成为其他学科的一部分，检察学也就没有存在的必要了。因此，检察学的研究必须紧紧围绕检察学的范畴尤其是核心范畴与基本范畴进行，防止出现泛化现象。目前，主要注意的是要处理好检察学与宪法学以及刑事诉讼法学、证据法学等学科的关系。宪法学是研究社会制度和国家制度的基本原则的学科，在国家制度这方面必然涉及检察机关的性质、设置、组织和活动原则等。这样，宪法学也就与检察学有一定的重合。但是，宪法学只是从宏观上对检察制度进行研究，具体的制度研究则是检察学的任务，这是宪法学与检察学的区别。检察学与证据法学的区别也是如此。检察监督需要有证据，但检察学有关证据的研究主要集中于检察机关在法律监督过程中如何合法有效地收集相关证据，研究的重点在于检察机关的证据收集行为，而证据法学的研究主要是从证据本身出发来研究其合法性、客观性与关联性，以及与证据运用相关的制度。检察监督的主要形式就是参与刑事诉讼，检察学的相当部分基本范畴都与刑事诉讼法学有关。因此，防止检察学出现泛化现象，最主要的就是分清检察学与刑事诉讼法学的研究范围。如何进行划分，我们认为，这还得从两者的核心范畴来区别。检察学的核心范畴是检察监督，因此检察学的研究角度应当是如何保证法律监督的实现，所有研究都应当围绕检察机关的监督来进行；而刑事诉讼法学的核心范畴是刑事诉讼程序，其研究角度应当是如何保证程序的正当性与合理性，所有研究应当围绕程序的设计来进行。

四是检察学必须立足我国的国情。任何制度都有其发生作用的社会环境。我国的检察制度与西方大部分国家的检察制度不同，我国检察机关的职能比西方国家检察机关或检察官的职能广泛得多，这是由我国政治制度这一现实国情所决定的。因此，检察学的研究必须立足我国的政治制度、立足我国的现实环境，我们需要研究外国的检察制度，但必须时刻注意到国外检察制度后面的社会背景，不能机械照搬国外的检察制度。

第二章　中国检察的哲理化研究

一、法律监督职能哲理论纲①

许多文章在论证检察机关法律监督职能的正当性、科学性、必要性时，一个重要的理由或者论据就是因为我国宪法第129条规定：“中华人民共和国人民检察院是国家的法律监督机关。”这种实然性的回答，还不能令人彻底信服。我国宪法为什么要这么规定呢，其应然性何在？回应对检察机关法律监督的质疑，必须从实然走向应然，亦即从法哲学的高度（或曰深度），立足于应然性范畴，对实然性作出理性阐述，从哲理的高度进行哲理性说明才能做到有针对性，才能解决根本性问题并令人信服。

关于“法律监督”的哲理基础研究，早在20世纪80年代初期王桂五同志就指出，各种类型的检察制度都有各自的理论基础，不过理论认识的自觉程度有所不同，在理论形态的系统化和完备程度方面也有差别。封建主义的检察制度是以封建的中央集权主义作为理论基础的。资本主义的检察制度是以分权学说作为理论基础的。列宁领导创建的社会主义检察制度，则具有更加明确的指导思想，即法制统一的思想。我国检察制度是自觉地建立在马克思列宁主义、毛泽东思想基础上的。具体地说，有以下几个方面：

在政治理论方面，是以人民民主专政即无产阶级专政的理论为指导思想的。人民民主专政的国体决定检察机关的性质和任务，基于民主集中制原则的人民代表大会制度决定检察机关在国家机构中的地位和职能，人民民主专政的理论指导

① 原文为樊崇义主编：《走向正义——刑事司法改革与刑事诉讼法的修改》（中国政法大学出版社2011年版）第三章第一题。

检察机关的实践活动。

在法学理论方面，是把列宁关于法律监督的理论和中国的实际相结合，坚持法制统一的原则，并有所发展，显示出中国检察制度的特色。

在哲学思想方面，是把唯物辩证法和认识论应用于检察活动，从对立面的斗争（在哲学意义上说，法律监督就是对立面的斗争）中实现法律的要求，正确办理案件，并且形成“公、检、法”在办理刑事案件中的分工负责、互相配合、互相制约的制度。①

对检察学研究造诣颇深的王洪俊教授也指出，公、检、法三机关分工负责、互相配合、互相制约制度的制定，是把辩证唯物主义的认识论原理运用于办理刑事案件的过程。检察机关在刑事诉讼活动中，通过运用法律监督职能，与公安机关、人民法院相互配合、互相制约，就是为了发现矛盾，解决矛盾，以消除办案人员的主观随意性和片面性，排除各种客观障碍，逐步深化对案件事实的认识，最后发现案件的客观真实。检察学必须自觉运用矛盾学说和认识论的基本观点，深入分析检察人员在诉讼过程中发现和解决矛盾的特点，揭示出检察机关法律监督的客观规律。由此可见，如何从马克思主义哲学原理方面阐释我国检察机关法律监督的科学性和正当性，早已为理论界权威人士所重视，他们在20世纪80年代就提出唯物辩证法和认识论是揭示检察机关法律监督的理论武器，马列主义辩证唯物主义的认识论和方法论，更是我国宪法第129条的理论根据。但是，对这一哲理根据的具体内容是什么，深入探讨的文章并不多见。近一个时期，笔者把“法律监督”“诉讼规律”“有中国特色的检察制度原理”等命题联系起来进行了哲理思考，认为关于检察机关法律监督职能的科学性和必然性，有以下四个方面的立论。

（一）一元分立论

从具有中国特色检察制度的法律监督职能的生成来看，是有其深刻的宪政基础的。这种宪政基础，可把它概括为“权力结构模式原理”。在现代国家普遍化的分权体制下，检察权作为国家权力的一部分，必然会处于一种权力结构之中，与国家权力的其他组成部分发生各种各样的关系，从而构成一种体现检察权不同

① 王桂五：《关于检察学研究的几个问题》，载《检察学研究论文集》，沈阳市检察学会编1986年，第7页。

地位和作用的国家权力架构形式，即权力结构模式。不同国家的权力结构模式，决定着检察权的地位和作用，决定着检察职能的分工。

我国宪法规定，中华人民共和国的一切权力属于人民。人民行使国家权力的机关是全国人民代表大会和地方各级人民代表大会。国家行政机关、监察机关、审判机关、检察机关都由人民代表大会产生，对它负责，受它监督。这表明，人民代表大会制度是我国的根本政治制度，人民代表大会拥有一切国家权力，国家行政机关、监察机关、审判机关和检察机关都是由人民代表大会产生并对人民代表大会负责的国家机关，根据人民代表大会的授权行使部分国家权力。这样一种宪政制度，就决定了法律监督机关存在的必然性。[①] 因为作为国家的权力机关，全国人民代表大会和地方各级人民代表大会，享有最高的和广泛的职能，对各级行政机关、检察机关和审判机关虽然有广泛的监督权，但这种监督职能是宏观的，只能是针对具有重大影响的事项，而不可能对遵守和执行法律进行经常性的监督。按照国家权力的制约制衡原则，防止违法犯罪情况发生，防止权力走向腐败，理所当然要在一元化的人民代表大会之下设立专门的法律监督机关。所以，对人民检察院的法律监督职责的授权，是由我国人民代表大会的宪政制度所决定的。另外，在我国这种宪政体制下，隶属于人民代表大会的各个国家机关之间互不隶属，各自独立行使人民代表大会授予的权力，在权力运行的过程中，特别是对法律的统一实施和执行，也必然需要专门的法律监督机关，履行监督制约、制衡职能，以防止权力腐败，保证其正常的运行。

我国宪政体制中的权力结构模式不同于西方国家。西方国家的权力结构模式主要有两种。

一是以美国为代表的平面化权力结构模式。这种权力结构模式是洛克和孟德斯鸠等人的分权制衡理论的典型实践。该理论认为，国家权力应当分为三种权力：立法权、行政权和司法权，并应该分别由不同的人或不同的机关掌握，否则公民的自由便没有保障。在这种权力结构模式下，三种权力是不分层级而平行的，在同一个权力平台上，不同的权力主体各自行使法律规定的权力，在各自的领域内具有最终的权威，同时各种权力主体之间形成法律上的牵制关系，杜绝独尊的、绝对的权力。这种权力结构的特点在于依据权力在规范运作中的作用将权

---

① 孙谦：《中国检察制度论纲》，人民出版社 2004 年版，第 77 页。

力予以分割，但这种权力分割又不是绝对的，在每一种权力有一个中心的同时，规定其他权力的适当介入，以防止在一个领域中出现一个独裁式的权力。另外，就是辅之以复杂的制约平衡技术，使各种权力之间形成互相牵制的平衡关系，防止一种权力占有压倒性的优势，以阻止权力的集中。①

二是以英国与法国为代表的半平面化权力结构模式。这种模式主要是为了强调它们在权力结构上既有类似于美国平面化权力结构模式的地方，也有不同于后者的地方。即使在这种模式内部，英国与法国也并不完全相同。在英国，虽然也实行“三权分立”，也强调立法权、行政权和司法权的相互分立与制约，但这种分权是在形式上维护代议制机关的最高权威的基础上实行的分权。也就是说，在权力平台上，各种权力并不完全处在同一个平面上，立法权高于其他权力，只是立法权在运作时又参与到同其他权力的制约中来，因此与美国权力结构模式相比，只能称之为半平面化的权力结构模式。具体来讲，英国议会的立法权代表国家最高的权力，不受任何其他权力的控制，但可形成对行政权和司法权的权力制约。首先，内阁和首相虽然具有强大的施政权力，但下议院可通过质询、辩论、批准条约、立法和倒阁等手段对内阁进行制约，下议院若通过对内阁的不信任案或否决政府的重要法案，内阁必须集体辞职。如果内阁不愿意辞职，就由首相提请英王宣布解散议会并进行重新选举，新当选的议会下议院决定原内阁的去留。其次，法院可以通过对于控告行政当局的讼案进行救济的方式对行政权进行制约。另外，英国上议院掌握国家最高司法权，又制约着司法权的行使。在法国，根据 1958 年制定的法兰西宪法，国家权力分为立法权、行政权、司法权等权力，但是行使这些权力的主体都可以同时行使其中两项或两项以上的权力，特别是行政权表现得十分强大，行政权优位表现明显。在法国，一方面，总统的产生和权限类似美国总统，但权力更大，他有解散议会的特殊权力，以及提请再议议会提出的法律的权力。但政府要对议会负责，议会通过信任投票、弹劾等方式监督政府。当议会通过对内阁的不信任投票案、否决政府的总政策声明和施政纲领时，总理必须向总统提出政府总辞职或提请总统解散议会，进行大选。另一方面，法院可以通过司法审查权来对议会的立法权和政府的行政权进行平衡、制约，以防止立法权和行政权的膨胀、扩张或滥用。前者是由宪法法院来实施的，而后者则

① 周永坤:《权力结构模式与宪政》，载《中国法学》2005 年第 6 期。

是由行政法院来实现的。当然，法国总统也有一定的司法制约权，总统可以通过其所担任主席的最高司法会议对高等法院法官的任命及上诉法院首席法官的任命提出建议，对法官的违法乱纪行为进行监督。

不管是平面化权力结构模式，还是半平面化权力结构模式，都是“三权分立”体制的不同表现，可统称为“三权分立”的权力结构，我国的则可称为“一元分立”的权力结构。虽然不同权力结构的分权目的都在于对国家权力予以有效制约，但在不同的权力结构下产生了不同的法律监督需求，从而出现不同的检察权。监督者，监视与督促也。法律监督其实也就是通过一定的程序监视法律的遵守情况并促使相关人员遵守法律。如果说中国古代的监督权即监察权已经包含了一种实体处理权，那么在现代防止权力过度集中的分权体制下，监督权也只是一种程序性的权力，因为监督权作为一种权力也有被滥用的可能。从这一点来看，不管是我国的还是西方国家的检察权都是一种监督权，只是在不同的权力结构下，权力范围有大有小而已。在“三权分立”的权力结构之下，出于人性恶的伦理假设，认为任何不受制约的权力都有可能被滥用，最好的办法就是将权力分割成相互制约的立法权、行政权、司法权并交由不同的机构来行使，通过权力的相互制约来防止权力被滥用。由于监督的目的在于对权力实施制约，既然通过这种权力分立已经对国家权力形成了很大制约，或者说，权力监督的需求已经通过这种权力分立得到了基本的满足，另外设置专门的法律监督机关已没有必要，有必要的只是在这三种权力之下设立一些有监督性的机构。在各种国家权力之中，对公民最具现实威胁性的是国家的惩罚权，也正是为了制约这种惩罚权，西方国家通过诉讼模式改革，将掌握在法官手中的惩罚权分成裁判权与控告权，并将后者交由属于行政机关的检察机关来行使，从而形成行政权对司法权的制约。为此，在西方国家“三权分立”权力结构模式下，检察机关只是一种公诉机关，行使的只是一种具有控告性质的公诉权，检察机关的其他权力都是在此权力基础上衍生的一些附属权力。但是，由于公诉权作为一种控告权是从惩罚权中分立出来的，具有一种不同于行政权的司法性质，从而导致后来就检察权性质长期不休的争论。从某种程度上看，这种争论其实是一种权力制约与权力性质相矛盾的体现，即一方面需要对审判权进行制约，另一方面公诉权本质上又不同于行政权。导致这种矛盾的根源在于“三权分立”权力架构中没有检察权应有位置的有限容纳性，是检察权本身要求与立法权、行政权、司法权相并立的体现，只要这种权力结构没有改变，这种矛盾也就不可能得到解决。

其实，在“一元分立”的权力结构之下，在权力运行的基本逻辑起点上与“三权分立”结构是一样的，都是以权力与规范间的关系为依据所作的划分，即制定规范的权力是立法权，执行法律的权力是行政权，对行为的合法与非法作出规范性判断的权力是审判权。不同的是，在马克思主义人民主权的国家学说之下，人民是国家权力的拥有者，代表人民行使国家权力的人民代表大会在理论上拥有所有的国家权力，但由于执行法律的行政权与对行为合法与否进行规范性判断的审判权是一种经常性的权力，而人民代表大会只是一种定期性的机构，为了解决这种矛盾，只能由代表人民行使国家权力的人民代表大会产生行政机关与审判机关来行使行政权与审判权，而人民代表大会本身只行使不具有经常性的立法权。在此种情况下，权力机关——人民代表大会虽然是行政权与审判权的来源，行政机关与审判机关要对权力机关负责和受它监督，但由于人民代表大会作为一个定期性的议事机构，很难对经常性的、大量的行政活动与审判活动进行动态的有效监督与制约。为了弥补这种监督与制约的不足，就需要由人民代表大会在行政权与审判权之外设置一种经常性的法律监督权，以使之与人民代表大会的定期性监督权构成一个对行政与审判活动的监督与制约网络。而且，虽然对公民违法行为的监督在理论上可通过行政执法与审判机关的审判活动来实现，但因为审判机关的被动性和行政机关难以避免的、较强的地方性，在实践中很难保证法律得以统一执行，这也需要一个独立于行政机关和审判机关的法律监督机关来保证法律的统一性。因此，可以说，在行政权与审判权之外另设专门的法律监督权，这是“一元分立”权力架构下对权力运行和制约的必然选择，没有这种法律监督权的存在，“一元分立”的权力架构就必然难以维持。

（二）对立控制论

辩证唯物主义揭示，一切事物的发展都是矛盾对立运动的过程，对立与统一是事物发展动力的根本原因。运用对立统一的世界观方法论来观察和研究我国“一元分立”的权力结构模式，就不难看出检察机关的法律监督职能，就是把辩证唯物主义关于对立统一的规律运用于国家权力机关的运行过程中，尤其是在公、检、法三机关之间分工负责、互相配合、互相制约的办案过程中，以保证权力正常运行和科学、健康的发展。

同时，权力的对立制衡理论是任何一种形式的国家权力结构模式的普遍规律。我国不搞三权（立法、行政、司法）分立，但是，权力制衡理论却有普适性，这是由于权力作为一种社会关系，它是一种有目的地支配他人的力量，这种支配往往能给权力拥有者带来物质和精神利益。“人们追求权力不仅仅是因为权力能满足个人的利益、价值和社会观念，而且还有权力自身的缘故，因为精神和物质的报酬存在于权力的所有和使用之中。”① 正因为此，权力不仅容易成为人们追求的对象，而且也往往容易被滥用而成为权力拥有者谋取私利的工具，所以，孟德斯鸠指出：“从事物的性质来说，要防止滥用权力，就必须以权力约束权力。”② 正是因为国家权力的这些本质特征，资产阶级国家从产生到其发展，运用制衡理论形成“三权分立”的国家权力结构模式；在我国“一元分立”的权力结构模式下，作为国家权力的行政权、司法权毫不例外，同样离不开监督和制约。否则，必然导致权力的滥用和腐败，这是不以人的主观意志为转移的一个客观规律，这是由权力的本质特征所决定的。

当然，对于权力制衡原理的运用，在我国“一元分立”模式下的对立与制衡，与“三权分立”模式下的对立与制衡，有着本质的不同。一是我国是人民当家作主的国家，这种对立和制衡是代表广大人民群众的根本利益而行使法律监督职责。它的正当性和必然性不言自明。二是我国对制衡原理的具体运用的内容和方法都是与西方国家“三权分立”的制衡过程完全不同的，特别是检察机关法律监督的地位，以及进行监督的内容、形式和法律后果，更有其特殊性。在西方国家，由于检察权被定位于一种行政权，检察权的制衡范围总体上是有限的，虽然有些国家可能在民事领域有一定的制衡作用，但主要还是限于刑事司法领域，即一方面作为行政权的代表，通过行使公诉权对司法权进行制衡；另一方面在行政机关内部，通过公诉权对侦查权形成制衡。但在具体细节上，大陆法系国家与英美法系国家又有所不同。在对司法权的制衡上，虽然两大法系国家都主要通过诉审分离与不告不理的原则，由检察机关行使公诉权而防止司法权独断专横，但检察机关公诉权的范围是不一样的，大陆法系国家检察机关的公诉权除了包括审判启动权与在法庭支持控诉权以外，还包括对法院未生效判决与已生效判决的抗诉权，而不管是否有利于被告人。而英美法系国家的公诉权主要就是审判

---

① ［美］约翰·加尔布雷思：《权力的分析》，陶远华译，河北人民出版社 1988 年版，第 7 ~ 8 页。

② ［法］孟德斯鸠：《论法的精神》，张雁深译，商务印书馆 1961 年版，第 154 页。

启动权与支持控诉权，在法院未生效判决中，无罪判决一般不能上诉，而对于生效判决，检察机关不能提出再审申请。因此，相比较而言，大陆法系国家检察权对司法权的制衡力度要大于英美法系国家。在对侦查权的制衡上，大陆法系国家的制衡力度也要大于英美法系国家。在大陆法系国家公诉权与侦查权的关系上，一般认为侦查权从属于公诉权，侦查只是公诉的准备阶段，创设检察官的根本目的之一就是“以一个严格受法律训练及拘束的公正客观官署，控制警察活动的合法性，避免法治国沦为警察国”①。因此，检察权对侦查权具有很强的制衡作用。例如，德国的警察人员虽然在组织上隶属于各邦的内政部，而不是隶属于检察机关，但在功能上法律是将其列于检察机关之下，属于检察院的辅助机构。② 警察人员在侦查程序的活动一般要按检察机关的指示进行，这种指示如果是对一般警察人员适用则称为“嘱托”，如果只对作为检察机关辅助人员的警察人员适用则称为“委托”。侦查的指挥权一般属于检察官，只有在检察机关委托侦查的情况下，警察机关才有侦查的指挥权。③ 而在英美法系国家，由于检察机关与从事侦查的警察机关是相互独立的，检察机关一般只能通过不起诉这一消极措施来对侦查权进行制衡，对侦查权的制衡主要来自司法权。例如，英国的检察官与警察也只是一种建议与合作的关系，虽然1985年的《犯罪起诉法》第3条规定，检察长在认为适当的范围内，可以就所有与刑事犯罪有关的事宜向警察提出建议。但是，这种建议并不具有当然的法律效力，如果检察官认为警察移送的案件证据不足，可以要求警察补充侦查，但警察没有服从的义务，检察官唯一的制裁手段就是对案件作不起诉处理。造成这种差异的原因，有传统的因素，也有诉讼模式的因素。

在我国，由于检察权被定位于一种独立于行政权、审判权的法律监督权，检察权对审判权与侦查权具有较西方国家更广泛的制衡作用，尤其是在对审判权的制衡上，不仅仅限于刑事司法领域，还包括民事与行政诉讼领域。在对审判权的制衡上，根据我国相关法律的规定，一是通过公诉权中的审判启动权，防止人民法院主动追诉和无诉而判；二是通过起诉书限制人民法院的审判范围，防止人民

---

① 林钰雄：《刑事诉讼法》，中国人民大学出版社2005年版，第120页。

② ［德］克劳思·罗科信：《刑事诉讼法》，法律出版社2003年版，第69～70页。

③ ［德］克劳思·罗科信：《刑事诉讼法》，法律出版社2003年版，第79～80页。

法院扩大审判范围；三是通过对有错误的未生效判决、裁定提出抗诉来防止人民法院枉法裁判；四是通过对有错误的生效判决提出抗诉来保证人民法院依法裁判；五是通过审判监督权来防止人民法院审判程序违法；六是通过判决执行监督权来保证人民法院依法进行刑罚的减免与假释。在对侦查权的制衡上，目前主要通过两方面进行制衡：一方面是通过侦查监督权（包括批捕权），促使侦查机关依法立案与遵守侦查程序；另一方面通过行使起诉与不起诉权，促使侦查机关依法办案。另外，根据我国监狱法等法律的规定，检察机关还可以通过刑事判决执行监督权制衡司法行政机关的行政执法权。

（三）存在决定论

恩格斯指出，全部哲学，特别是近代哲学的重大的基本问题，是思维和存在的关系问题。[①] 这是我们观察认识世界的一个基本立场和基本方法。关于检察机关法律监督的科学性、正当性和必然性问题，亦即为什么要赋予检察机关法律监督职权，除了上述的权力结构模式和权力对立制衡原理以外，另一个重要的理由就是回归现实，回归客观存在，回归司法现状。笔者认为，法律监督是客观存在之必须，客观要求之必然，我们可以把这一思维和认识概括为：存在决定论。

什么是“存在”？什么是“现实”？首先，我国当前正处在社会主义社会发展的初级阶段，目前中国社会显现的阶段性特征是呼唤法治、要求法制的统一，因此，专门的法律监督必须加强而不能削弱。“从国内看，我国正处在改革和发展的关键阶段，经济体制深刻变革，社会结构深刻变动，利益格局深刻调整，思想观念深刻变化，社会建设和管理面临许多新课题，维护社会和谐稳定的压力加大；从国际上看，西方反华势力仍在加紧对我国实施西化、分化战略，一些境外非政府组织加紧对我国进行渗透破坏活动，对维护国家安全、维护社会和谐稳定构成了严峻挑战。这些复杂的国际国内因素，使我国社会在总体稳定中呈现出人民内部矛盾凸显、刑事犯罪高发、对敌斗争复杂的特点。在这种形势下，只有坚定不移地推进依法治国的进程，才能保证国家长治久安；只有坚持和完善中国特色社会主义检察制度，发挥社会主义司法制度的优越性，才能有效地保障法制统

① ［德］恩格斯：《路德维希·费尔巴哈和德国古典哲学的终结》，载《马克思恩格斯选集》第四卷，人民出版社 1972 年版，第 219 页。

一和司法公正。”[①] 同时，构建社会主义和谐社会，实现民主政治、公平正义、诚信友爱、充满活力、安定有序、人与自然和谐相处，检察机关的法律监督职责直接肩负着维护社会稳定，实现社会公平正义的重大责任，尤其是在惩治犯罪、保障人权、化解矛盾、调节社会关系、维护社会稳定、实现法制统一等方面所发挥的作用，是任何一个国家权力机关所无法替代的。

其次，在转型时期的中国，腐败现象的存在使得作为惩治腐败的法律监督职能只能加强而不能削弱，对于这个问题的认识，笔者想用党的十七届四中全会的《决定》中所指出的关于“加快推进惩治和预防腐败体系建设，深入开展反腐败斗争”的论述来回答。当今中国所显现的一个重大特征就是腐败现象还严重存在，中共中央的《决定》明确告诉我们：“坚决反对腐败，是党必须始终抓好的重大政治任务，必须充分认识反腐斗争的长期性、复杂性、艰巨性，把反腐倡廉建设放在更加突出的位置。”[②] 同时指出，要“加大查办违纪违法案件的工作力度。保持惩治腐败高压态势，坚决遏制一些领域腐败现象易发、多发势头。决不让任何腐败分子逃脱党纪国法惩处。严肃查办发生在领导机关和领导干部中滥用职权、贪污贿赂、腐化堕落、失职渎职案件，严肃查办商业贿赂案件和严重侵害群众利益案件，严肃查办群体性事件和重大责任事故背后的腐败案件。加强工程建设、房地产开发、土地管理和矿产资源开发、国有资产管理、金融、司法等领域专项治理。健全反腐败协调工作机制，加强查办大案要案组织协调，形成整体合力。健全反腐倡廉网络举报和受理机制、网络信息收集和处置机制。坚持依纪依法办案，完善举报人和证人保护制度，保障被调查人合法权益，依法追究诬告陷害行为。完善重大案件剖析制度和通报制度，发挥查办案件惩戒功能和治本功能”[③]。

司法领域中的腐败易发多发势头已经成为一个不容回避的客观事实。发生在司法领域中的腐败大案要案我们没必要在文中一一列举，这一客观存在的严重性已经成为人民群众反映强烈的问题，司法腐败的矛头所向，不仅仅是利用手中的

① 孙谦主编：《中国特色社会主义检察制度》，中国检察出版社2009年版，第35页。

② 《中共中央关于加强和改进新形势下党的建设若干重大问题的决定》，载《检察日报》2009年9月28日。

③ 《中共中央关于加强和改进新形势下党的建设若干重大问题的决定》，载《检察日报》2009年9月28日。

司法大权，攫取私利，更重要的是司法不公，“这既影响了法律在人民群众心目中的形象和审判权威，也妨碍了司法活动的目标即公平和正义在全社会的实现。这种客观现实，要求在诉讼程序中必须有一种有效的救济途径，使不公的裁判得以纠正。而检察机关通过提起抗诉的程序比其他任何程序都更有效。因此，加强对审判活动的法律监督，是保证裁判公正从而维护司法权威的客观需要，也是防止审判权滥用的现实需要”①。

司法权是国家权力的一部分，审判权是实现社会公平正义的最后一道屏障，其性质和地位的重要性，更显现其必须接受监督的必要性。因为“权力使人腐化，绝对权力，绝对腐化”②。权力的易腐性和寻租性是权力的固有属性。审判权的重要性，以及司法实践中出现的问题，这一客观存在就是监督职能正当性的科学根据。至于为什么主要由人民检察院来行使这一职权，它的必要性和可行性是由我国权力结构模式的宪政制度决定的，前文已作论述。至于法律监督职能与公诉职能的关系，以及两者出现的矛盾与冲突如何处置，将在下文论述。

（四）“职权二元论”

检察机关的职权，是指为了实现检察职能，国家法律赋予检察机关的各项权能。关于检察机关的职权问题，我国宪法、人民检察院组织法，以及刑事诉讼法虽然都作了明确的规定，但是对其各项职权的归类、定位、关系等方面的认识和运行，从理论界到实际工作部门均有不同的理解。尤其是关于法律监督和公诉两项职能的关系，众说纷纭，归纳起来也就是“职权一元论”与“职权二元论”之争。有观点认为，“法律监督方式和手段的多样性、多元化与法律监督本质和职能的唯一性、统一性并不矛盾。各种检察职能包括诉讼职能和非诉讼职能统一于法律监督，都是法律监督的实现方式和途径。法律监督方式和手段的多样性与法律监督性质的唯一性是统一的，共性寓于个性之中，个体体现共性。检察机关不具有与法律监督平行或并列的其他职能。我们反对检察定位和性质的多元论，即反对把公诉职能和侦查职能与法律监督职能并列，或者把检察机关定位为公诉和法律监督机关。正是在这种意义上，我们坚持法律监督一元论，因为只有一元论才符合我国宪法和法律关于人民检察院是国家的法律监督机关的规定，才具有

① 孙谦：《中国检察制度论纲》，人民出版社2004年版，第94页。

② 俞荣根：《文化与法文化》，法律出版社2003年版，第172页。

理论上的彻底性，才能理解各种检察职能之间的内在联系，发挥检察职能的整体效能，坚持检察改革的正确方向。”①

检察职能一元化的论点有一定的道理。特别是从广义上理解“法律监督”职能，法律赋予检察机关的公诉职能、侦查职能，以及其他权能，无可非议地都可以被囊括在法律监督职能之中。但是，真正从理论研究和实际工作的运作过程分析，法律监督职能与公诉职能虽有联系，可其区别与不同也是相当明显的。对这种差别的理解，笔者认为是带有实质性的问题，如果不加以区分，会直接影响两种职能的运作效果。出于这种思考，笔者坚持“职权二元论”的观点，理由如下：

第一，法律授予检察机关法律监督职权和公诉职权的目的不同，法律监督的目的是以权力制衡权力解决国家权力的滥用问题，以实现法制的统一；公诉职能则是一种诉讼职能，其目的在于体现诉讼分工，奉行“分工负责，互相配合，互相制约”的原则，以诉讼方式对侦查、审判进行制约，以共同完成诉讼任务。

第二，监督和制约的概念和内涵不同。所谓监督，是指“察看并督促”②，从旁边察看、监视；而“制约”则是“甲事物本身的存在与变化，以乙事物的存在和变化为条件，则甲事物为乙事物所制约，互相制约”③。刑事诉讼的公诉职能，一方面，公诉以侦查职能的存在和变化为条件，在公诉与侦查之间形成相互制约；另一方面，审判以公诉的存在与变化为前提和条件，在公诉与审判之间形成相互制约。整个诉讼进程，前者是后者存在的前提条件，后者是前者发展的必然结果，形成了一种结构严密的诉讼法律关系。检察机关的法律监督则不然，它与侦查、审判等各个诉讼阶段没有相互依存、互为条件的法律关系，它只是察看和督促，或程序的启动和建议。当然，在目前的司法改革中，不少学者建议，要强化法律监督，对进一步强化法律监督的启动权和建议权提出了三项建议，“一是把法律监督权仅仅定位于法律程序启动的建议权，则法律监督权的地位或效力应当低于被监督的权力，即法律监督权的全部内涵只能提出纠正建议，而不能停止决定的执行。在监督与被监督关系中，被监督者居于主导地位，法律监督

① 孙谦主编：《中国特色社会主义检察制度》，中国检察出版社 2009 年版，第 42 页。

② 中国社会科学院语言所词典编辑室编：《现代汉语词典》，商务印书馆 1983 年版，第 490 页。

③ 中国社会科学院语言所词典编辑室编：《现代汉语词典》，商务印书馆 1983 年版，第 490 页。

者居于次要地位，建议提出了，被监督者是否接受，是否按照建议的内容变更决定，则是被监督者的事，法律监督者无权干预。二是把法律监督权定位于法律实施的督促权，则法律监督者与被监督者地位应当是对等的，在监督与被监督的关系中，监督者与被监督者居于平等的地位，监督者和被监督者可以有效交换意见，发现被监督者在适用法律和认定事实存在问题时，可以督促被监督者采取措施予以变更。三是把法律监督权定位于纠正权，则法律监督者的地位高于被监督者，法律监督者认为被监督者违法执法时，有权停止被监督者的执法行为并向违法者提出纠正，被监督者应当执行监督者的纠正决定。在监督与被监督关系中，监督者居于主导地位"①。这些建议提高建议权的法律效力，提高法律监督者的地位，赋予监督者纠正权等等，笔者认为，这不仅涉及对"监督"一词的理解问题，更重要的是涉及一个立法问题，关系到法律的修改和应否修改的问题，尤其是关于监督者和被监督者的法律地位问题，监督者要高于被监督者，且有权停止被监督者的执法行为并向其提出纠正意见，被监督者应当无条件执行监督者的纠正决定。这些强化手段和措施完全需要立法的授权。同时，这些授权同诉讼规则和规律如何协调一致是值得进一步研究的。

第三，出于尊重和遵循诉讼规则和规律的需要，不能把诉讼中的法律监督职能与公诉职能合二为一。在刑事诉讼中，从立案侦查到刑罚执行，它完全是平等主体按照平衡、对等、公开、透明等原则，依照法定程序，有步骤、按次序地一步一步往前运行；在程序设计上，检察机关通过公诉求刑，各方参与人参加人民法院审判；一审宣判后当事人不服有权上诉，公诉机关有权抗诉，案件进入第二审程序；判决生效后，当事人不服还可申诉，检察机关还可通过审判监督程序进行抗诉，履行其法律监督职责，等等。这些设计严密、科学的程序，从启动到交付执行，从求刑到判决生效，完全有它自身运转的规律，笔者认为，这种诉讼规律不容违背。正因为此，一些学者提出质疑，公诉加监督，既是运动员又当裁判员。虽然以此为借口来反对或取消法律监督职能是不对的，但把两种职权合二为一，"职权一元化"的提法和做法，笔者也认为这样做既有违诉讼规律，又不利于强化诉讼中的法律监督。笔者主张，以"职权二元论"为指导，公诉与法律监督分离，检察机关借司法体制改革之机，设置专门的法律监督机构，以履行法

① 向泽选：《法律监督原理》，群众出版社 2006 年版，第 5～6 页。

律监督职责，对于诉讼中违法乱纪，滥用职权，大搞关系案、人情案、金钱案、权钱交易的腐败问题，加大惩处力度。这样做完全可以避免“运动员与裁判员”于一身的弊端，既尊重了诉讼运动规律，又强化了法律监督职责。

第四，从公诉权的产生、发展来看，公诉一直是检察机关的基本职能，我们不能在“职权一元化”的命题下，轻易地把提起公诉并于法律监督之中。纵观世界两大法系各国检察制度的发展史，包括前苏联、俄罗斯，以及中国检察制度的生成和发展，世界各国无不把公诉职能作为检察制度的一项重要的基本职能。尤其是近代和现代检察制度的发展变化，其公诉职能都在不断加强，大陆法系国家的代表德国和法国是这样，英美法系国家更是这样。根据英国《犯罪起诉法》的规定，英国自 1986 年开始，在英格兰和威尔士建立了由总检察长领导的全国性的起诉机构，以加强对公诉权的控制，扩大检察机关的职权，突出国家追诉的重要性。[①] 就对我国检察制度影响较大的前苏联和俄罗斯的检察制度而言，也并没有奉行“职权一元化”的理论设计，在倡导和奉行法制统一，强化法律监督的同时，同样是把公诉职能作为检察机关一项重要的基本职能而不断加强。笔者认为，在刑事犯罪不断攀升的今天，检察机关的公诉权，即对刑事犯罪的追诉权、提起公诉、支持公诉等一系列诉讼活动，虽然广义地理解也属于一种法律监督，但不要轻易地将它们纳入法律监督职能之内。就检察职责和权力而言，将公诉职能独立于法律监督，纳入诉讼轨道，遵循诉讼规律，有其独立的功能和价值，即可以保证诉讼渠道通畅，实现公诉职能专业化，保证公诉质量，有力回应对检察权的各种质疑，进而最终实现检察机关的法律监督职能。

综上，我们认为，检察“职权二元论”比“职权一元论”更为合理，按照“职权二元论”的理论设置检察机构，理顺诉讼渠道，遵循诉讼规律，保证公诉质量，强化法律监督，更具科学性。当然，我们在进行“职权二元论”的哲理思考时，也决不能削弱法律监督职能。笔者认为，法律监督与公诉是辩证的统一，都是我国检察权不可偏废、不可忽视的两个重要组成部分和两种基本职能，公诉职能加强了，法律监督效果必然显现出来；公诉是手段，法律监督是目的，实现法制的统一是效果。我们要用马列主义辩证统一的世界观和方法论正确审视“职权二元论”。

---

① 孙谦主编：《中国特色社会主义检察制度》，中国检察出版社 2009 年版，第 72 ~ 73 页。

二、权力结构模式与中国检察权[①]

（一）权力的本征

1. 权力的源起

权力是法学基本理论范畴之一。关于权力的起源及最初的存在形态问题，历史学、人类学和考古学的理论框架有两种主要的解释模式。中国法学界普遍接受的分析工具，是由摩尔根、恩格斯所阐述的氏族部落理论模式。摩尔根以易洛魁人、古希腊人及古罗马人为个案进行人类学考察，对权力起源及其形态演变过程形成初步了解，恩格斯在此后进行了深入的阐述。另外一种解释模式是美国学者奥伯格在 1955 年提出的以酋邦作为原始社会的最后阶段的酋邦模式，是根据对美国低地土著社会民族性的研究逐渐形成的。

通过以氏族部落为脉络，对前氏族社会中的权力、氏族组织中的权力、胞族组织中的权力、部落中的权力、部落联盟中的权力和以酋邦发展为轨迹的权力演变进行比较发现，“权力是一种结构概念，它既是一种命令——服从的意志结构，又是一种通过占有关系体现出来的经济结构，而意志结构是建立在现实的经济结构基础之上的”[②]。权力的起源及变迁，在从氏族到部落的发展过程中，基本上不存在个人性质的权力，重大事务都是由集体决策机构来决定，氏族首领对其他人不具有强制性的权力，也没有任何特权而言，其首领职位被认为是非正规的，个人权力总是屈从于集体权力。氏族部落模式下的权力主要是以部落会议、联盟会议的方式显现出来，这种模式下孕育出来的权力，很大程度上是众人妥协的结果。在两个或两个以上的社会利益集团之间，更多的是通过相互让步的方式来缓和冲突、达成共识，如恩格斯在分析氏族社会末期时所指出的，“这个社会陷入了不可解决的自我矛盾，分裂为不可调和的对立面而又无力摆脱这些对立面，这些经济利益互相冲突的阶级，不致在无谓的斗争中把自己和社会消灭，就需要一种表面上凌驾于社会之上的力量，这种力量应当缓和冲突，把冲突保持在秩序的范围以内；这种从社会中产生但又自居于社会之上并且日益同社会脱离的力量就是国家”。这种被恩格斯称之为国家的力量，其实就是权力。从这里我们可以看

---

① 原文为《检察制度原理》第二章，系与王戬、陈惊天合作撰写。

② 《马克思恩格斯全集》（第 3 卷），人民出版社 1960 年版，第 378 页。

到，孕育于氏族部落形态中的权力和国家，其主要目的在于缓和冲突，它更多地凌驾于整个社会各种利益群体之上，体现了一种经过妥协之后的最低限度的共识。

而在酋邦制度中，酋邦首领具有真正的实权，而且权力具有强制性，他对共同体成员具有人身处置权。为了实现这种权力，酋邦还建立了初步的拥有某种特权的等级化的官僚体系，从而形成了一个自上而下的权力之网，酋邦首领高居于权力的顶峰。[①] 酋邦模式下的权力起源，总是与战争和暴力结合在一起，[②]“这样由战争中强化出来的权力和族长传统相结合所构成的奇特形态与雅典和罗马国家组织截然不同”[③]。酋邦背景下的权力带有较强的个人集权性质，它几乎不受任何监督和制约，其特征是一个人对其他人实施无限制的专制统治。如果把这种形态理解为是中国几千年来君主个人专权体制的源头，那氏族部落背景下的权力主要由一个原始的代议机构掌握，它体现为一种集权分权性质的权力，这样的权力形态则和西方后来的代议民主制遥相呼应。

2. 权力的性质

如同权利的含义有各种不同的论说一样，对什么是权力也有各种不同的说法。“权力”的拉丁语是 potere，意为“能够”，或具有做某事的能力。英文的 power，法文的 pouvoir，侧重指有影响、支配、操纵他人的能力与力量。欧美学者对权力的定义有诸多说法。《权力论》作者罗素把权力解释为“若干预期结果的产生”[④]。罗素是从社会学的角度分析和认识权力的。他把权力不仅看作一种欲望和机会，而且是一种现实的行为。他认为处在社会交往中的人，权力欲是人们的重要欲望，是社会发生变化的重要动力。人对经济的追求是有限度的，是可以得到满足的。然而，人对权力的追求则是无度的，永远不会满足的。“当适度的享受有了保证的时候，个人与社会所追求的是权力而不是财富，他们可以把追求财富作为追求权力的手段，他们也可以放弃财富的增加来确保权力的发展”。美国的丹尼斯·朗从社会学和心理学的双重层面来讨论权力，他认为：“权力是某些人对他人产生预期效果的能力”，“是有意和有效的影响”，“是社会关系或

① 童恩正：《文化人类学》，上海人民出版社 1989 年版，第 222 ~ 223 页。

② 喻中：《权力的源起：一个比较法文化的考察》，载《现代法学》2003 年第 1 期。

③ 梁治平：《法律的文化解释》，三联书店 1998 年版，第 376 页。

④ ［英］伯特兰·罗素：《权力论》，吴友三译，商务印书馆 1998 年版，第 23 页。

社会互动的一种形式”。“每个人都在谋求对他人的控制权，即力图获得对他人行动和态度产生预期效果的能力”。“稳定的‘控制权’系统在广义上是‘行动权’的先决条件”，所谓“行动权”，即获得的授权和对权力的实际行使。①

《权力社会学》的作者罗德里克·马丁、《布莱克维尔政治学百科全书》的作者戴维·米勒和韦农·波格丹诺在他们的著作中介绍了17世纪以来著名的思想家关于权力的定义及争论，这些定义和争论概括为以下几种学说。②（1）关系论说，即从相互关系的角度界定权力。马克斯·韦伯认为，“在社会交往中一个行为者把自己的意志强加在其他行为者之上的可能性”，就是权力。“权力是某种社会关系中一个行动者将处于不顾反对而贯彻自己意志的地位的概率，不管这种概率所依据的基础是什么。”（2）因果论说，即从因果关系的角度界定权力。霍布斯认为，“权力和原因是一回事，原因和结果与权力和行动相对应，而且，双方是相同的事物……无论由于什么原因使行动者拥有对其对象产生作用所需的所有条件，我们认为，他只要愿意便有权力产生这种影响……所以，行动者的权力和有效的动因是一回事”。思想家罗伯特·达尔和西蒙也认为，“可以用A的行为引起B的行为这样一个论断来代替A对B拥有权力的论断”。（3）信息流论说，即从信息流的角度界定权力。巴克利认为，社会是由物质流、能量流、信息流构成的系统，而权力是信息流的一种特殊类型。权力可以“在最抽象的层次上严格地定义为一种对接受者代表着非利己活动的信息流”。马丁认为，这一定义有三个优点：其一，它澄清了权力是某种关系的属性而不是处于这种关系中的个人的属性；其二，“各种信号只有根据处于某种情境中的活动者（信号或信息流发送者，特别是接受者）的参考系才能具有意义”；其三，有效的参考系是下级的参考系，“正是对下级的利己活动的限制才表明了权力关系的存在”。（4）一维论说，即从行为主义的角度界定权力。行为主义政治学者认为，权力的行使是这样一种关系，即行为者A公然试图使另一行为者B按照A的意图去做B所不愿意做的事。如果A的“意图”得逞，那么A被认为对B拥有权力，尤其表现在A与B有分歧的问题上A对B拥有权力。（5）二维论说，即从权力使用方式

① ［美］丹尼斯·朗：《权力论》，陆震纶、郑明哲译，中国社会科学出版社2001年版。

② ［英］戴维·米勒、韦农·波格丹诺编：《布莱克维尔政治学百科全书》，邓正来译，中国政法大学出版社2002年版，第640~642页；［英］罗德里克·马丁：《权力社会学》，丰子义、张宁译，三联书店1992年版，第81~91页。

的角度界定权力。比德·巴克拉克、莫顿·巴拉兹等人认为，权力具有两面性，它既可以以公开的、看得见的方式使用，也可以以隐蔽的、难以直接被观察到的方式使用。不存在明显的挑战和公开的权力意图的事实，并不意味着权力未被使用，实际上，权力可能是被更加有效地使用着。（6）三维论说，即从权力最能实现的方式的角度界定权力。斯蒂文·卢克斯认为，一维论与二维论的前提假设本身就存在很多问题，实际上不能察觉到的权力的运用能收到更大的功效。卢克斯以一种更类似康德，而不是马克思的分析方式，坚持认为不管人们是否意识到，人类在自由意志中有其客观的利益。

权力是一个在本质上有争议的概念，尽管对权力定义界定的内容不尽相同，但权力一般都包含以下几个特性：

首先，权力是一种社会关系，是权力行使者对权力接受者形成的一种权威。“权力”是社会科学的基本概念。正如罗伯特·达尔所指出的那样，权力并不是个人所拥有的什么，而是人与人之间的一种关系，“权力是社会单元之间关系的从属关系，由此，在某些情况下，权力中单元的行为依存于其他单元的行为”①。即权力不仅存在于社会关系中，而且是作为一种特定的社会关系而存在的，这种特定的社会关系体现为影响者“在一种社会关系里贯彻自己意志的机会”②。民主国家的国家权力是通过法定程序，经人民的授权，取得行使权力的合法地位。君主的统治权虽号称是“受命于天”，一般也需按其祖宗成法袭位获得，从而得到臣民的认可。可见，符合本团体的准则和价值体系，得到作为授权者的共同体成员的认同或其他形式上的准入，就会取得行使权力的正当性。获得正当性的权力就是“影响力”，就是一种权威。

其次，权力的根本特性是运动，权力关系在本质上是一种动态的强制关系。权力不仅是一种意向性的能力，而且也是一种积极有效的行为。就权力本身具有的能量而言，拥有权力要求必须有一定的权力资源，而且这种资源足以对其他人施加影响力、支配力。权力者之所以有影响、支配他人的能力或能量，在于他拥有必要的物资或精神、文化资源，运用它能对他人产生物质的或精神的影响，达到能按照权力主体意志所要求达到的目的。权力主体一般都有一定的目的和指

① ［美］罗伯特·达尔：《现代政治分析》，王沪宁等译，上海译文出版社1987版，第33页。
② ［德］马克斯·韦伯：《经济与社会》（上），林荣远译，商务印书馆1997年版，第81页。

向，即把权力运行的方向指向权力接受者，只有权力行使者能使权力接受者按照自己指定的方向移动，权力才会形成，否则二者就不存在权力关系。这种影响力、支配力亦即强制力，是权力的基本特性之一，也是权力同权利的一个重要区别。权力的特征是能够即有能力以自己的“强制力”作为或不作为。

最后，权力具有易扩张性，对权力的运行必须进行监督和控制。权力是可交换的稀缺资源，既可以用来积极为大众服务，也可以消极地不作为，更可以加以滥用，用来攫取物质或精神私利。霍布斯曾言，“得其一思其二，永无休止的权势欲”，是“全人类共有的普遍倾向”。[①] 孟德斯鸠对此认为，“一切有权力的人都容易滥用权力，这是万古不易的一条经验。有权力的人们使用权力一直到遇有界线的地方才休止”[②]。与权利需借助权力为中介才能实现其意志和目的不同，权力自身具有直接的强制力、形成力、权威性乃至暴力性，能自仗其力，自行其是。因此，极具诱惑力的权力具有天生的侵犯性和腐蚀力，可以自行进行扩张，因而必须严加防范，采取措施进行监督和控制。

（二）权力结构模式的类型考察

从社会哲学的层面而论，社会生活由于其自身的缺陷，一方面内在地要求国家运用权力对其进行必要的协调和管理；另一方面又害怕权力出于本性进行侵略和扩张，而不得不进行防范。如果说权力控制的必然性取决于权力自身的特性，那么权力控制的必要性还要取决于人类对权力贪得无厌的本性。正如霍尔巴赫所说，“希望凌驾于别人之上并保证自己统治别人——这是自然的、人人所固有的倾向”，“掌权的人不断地想要扩大权力、无限制地行使权力并消除自己恣意胡为的道路上的一切障碍”。[③] 权力的特征表明，如果权力负面因素与人性的“恶”的方面相结合，就必然会危害公民和社会。从权力的外部控制权力，其作用是非常有限的。只有从权力内部对权力进行分解，并建立一个稳定的相互制约的权力结构，以权力之间的关系来制约权力，以强制对付强制才能有效地控制权力。也就是说，只有将权力制约问题转化为权力结构模式问题，对权力的制约才是可能的。可见，要防止权力异化，就必须为权力设立规则，按照一定的结构模式进行

① ［英］霍布斯：《利维坦》，黎思复译，商务印书馆1985年版，第72页。
② ［法］孟德斯鸠：《论法的精神》（上册），张雁深译，商务印书馆1963年版，第154页。
③ ［法］霍尔巴赫：《自然政治论》，陈太先、睦茂译，商务印书馆1994年版，第194页、第67页。

分权，使权力的行使规范化、程序化，进而实现一定程度的制约，保障权力的良性运行。因此，所谓权力结构，就是指权力的组织体系，权力的配置和各种不同权力之间的相互关系，而一国权力结构模式的发展进路，更多地体现为对权力控制进行选择所形成的权力配置格局的演变历程。

1. 平面化的权力结构模式：美国。分权理论的起源可以上溯至古希腊、古罗马时代，亚里士多德、波里比阿是其代表人物。[①] 自从亚里士多德、波里比阿等人提出分权理论以后，这个理论在很长的历史时期内，特别是在中世纪，几乎销声匿迹。直到近代，资产阶级启蒙思想家才把分权理论发展成为一种比较完整的学说。其代表人物就是洛克和孟德斯鸠。[②] 他们主张的权力制约理论成为许多西方国家政治体制的基石，体现了一种权力控制理念。这种分权模式下倡导将国家权力分为三种权力：第一种权力为立法权力；第二种权力为行政权力；第三种权力为司法权力，并要求这种三种权力分别交由不同的人或不同的机关掌握，否则公民的自由便没有保障。这种权力模式是将权力不分层级地进行平面化，在同一个权力平台上，不同的权力主体各自行使法律规定的权力，他们在各自的领域内具有最终的权威，同时各种权力主体之间形成法律上的牵制关系，消灭独尊的、绝对的权力。一般认为，权力的平面化应当实现三个目标：一是对各层级，特别是对最高层级的权力进行分割，将权力分散化。这种权力平面化意义上的分权不是随意地对权力进行分割，形成多个同质的权力中心，而是依据权力在规范运作中的作用的不同所作的区分。不同的权力主体的权能是权力规范化运作过程中的不同阶段，他们本身是规范运作的生命过程中的载体，只有被区分的权力主体的权能都得以实现，一个权力运作过程才告终结。二是这种权力分割不是绝对

① 亚里士多德根据对当时希腊各城邦现实政制的研究，把政体分为君主政体、贵族政体、共和政体三种“正常的形式”和暴君政体、寡头政体、民主政体三种“不正常的形式”。他拥护共和政体，主张由中间阶层掌握国家权力，实行温和的民主制。对于建立温和民主制政体的正当方法，他指出，“一切政体都有三个要素作为构成的基础……其一为有关城邦一般公务的议事机能；其二为行政机能——行政机能有哪些职司，所主管的是哪些事，以及他们怎样选任，这些问题都须一一论及；其三为审判（司法）机能”。参见［古希腊］亚里士多德：《政治学》，吴寿彭译，商务印书馆1965年版，第214页。

② 洛克的分权理论是在他所著的《政府论》下篇中表达出来的，他将国家的立法权、执行权和对外权三权分立。分权理论的完成者是法国的孟德斯鸠。他以建立权力约束权力、防止权力的滥用和保障人们的自由为政治理论的出发点，在发展了洛克分权学说的基础上，充分说明了自己的分权理论。孟德斯鸠指出，“每一个国家有三种权力：（一）立法权力；（二）有关国际法事项的行政权力；（三）有关民政法规事项的行政权力”。参见［法］孟德斯鸠：《论法的精神》（上册），张雁深译，商务印书馆1963年版，第154页。

的，而是在每一种权力有一个中心的同时，其他权力可适当介入，以防止在一个领域中出现一个独裁式的权力。三是在不同的权力间适当“掺沙子”的同时，辅之以复杂的制约平衡技术，使各种权力之间形成互相牵制的平衡关系，防止一种权力占有压倒性的优势，以阻止权力的集中。[①]

现代国家通常会选用不同的权力基本构件和不同的处理上下级关系的原则。美国在运用权力分立理论于实际制度设计过程中是最成功的国家之一，在制度安排上较为合理和具体地规定了三种权力在同一个平面的不同权限及相互制约关系。美国宪法制定者们在对人类本性和权力本身的预设性认识上，找到了设计分权制度的价值意义，在欧洲分权理论的指引下，在经历了殖民地时期专制制度和邦联时期中央无权的痛苦徘徊之后，出于对本国历史经验的把握和对国情的精确判断，美国1787年的联邦宪法通过制度安排实现了权力的分立与衡平。具体表现在：

在行政权与立法权的相互制约上，从美国宪法的规定中可以看出，美国总统享有广泛的权力，美国总统既是国家元首，又是政府首脑、武装力量的总司令、主要的立法创议人。美国总统对国会最强有力的制约武器，就是他拥有对国会通过的法案的批准权和否决权。美国宪法规定，如果被总统否决的法案不能以三分之二的多数在国会两院重新获得通过，该法案就算是被取消。但是，总统所批准或否定的只能是法案的全部，而不能是法案的部分。总统的否决权在事实上成为总统制约立法的最有力手段。此外，总统还拥有立法建议权，可以通过对国会的劝告施加立法影响，可以取得委托立法权，总统的行政命令甚至与法律具有同等效力。反之，立法机关也有许多限制行政权的途径：总统任命的高级军、法、政官员，均须经过参议院的同意；参议院可以对总统的违法行为进行弹劾；总统与外国缔结条约要经参议院的批准；众议院对行政机关的最大威慑是它掌握着财政大权，即所谓“国会掌管钱袋”。

在行政权与司法权的相互制约上，一方面，最高法院的法官要由总统任命。显然，在条件允许的情况下，总统无疑会任命自己信任的人来担任这一要职，这使得号称独立于党争之外的法官也必然或多或少带有党派色彩；另一方面，司法权也并非完全受制于行政权，由于9名最高法院的法官是终生任职，这有利于他

① 周永坤：《权力结构模式与宪政》，载《中国法学》2005年第6期。

们保持自己的独立地位，消除他们对于总统权威的顾虑。“法官在获得总统任命之后绝不是总统的傀儡，他们向最高法院提出的意见曾经激怒过许多总统。”①法官们可以利用自己作为美国宪法最终解释者的特殊地位，以宣布总统法令违宪的方式牵制行政机关的权力。总统因弹劾而受审时，由联邦法院的法官任主席。

在立法权和司法权的相互制约上，一方面，最高法院的法官由总统提名，但必须经过参议院的批准才能由总统任命；参议院对高级官员的弹劾之权，施及于法官。国会还可以通过一定的弹劾手续将法官免职或限制其权力，甚至可以通过修宪来取消最高法院。另一方面，司法权可以衡平约束立法权。美国的司法机关拥有强大的权力，是世界上最有力的审判机关，其同样可以利用宪法最终解释这一特殊地位制约立法权。在1803年的马伯里诉麦迪逊一案中，最高法院首次行使司法审查权并使国会的一项法律无效，从此违宪审查制度确立下来。此后，“从1803年到1972年，联邦最高法院通过行使该项权力，共宣判102件联邦法律违宪”②。美国的最高法院“有权公断国会和行政机构所颁布的法令是否符合宪法”，最高法院的责任“应当是宣布所有违背宪法明显要旨的法令无效”③。联邦法官有权宣布国会通过的法律违宪而无效。

2. 半平面化的权力结构模式：英国和法国。

（1）英国。近代英国是最早实践分权政治体制的资本主义国家，从历史传承与演变的角度分析，英国的分权模式是美国分权模式的逻辑起点。在相近的政治体制中，处理不同权力的横向与纵向原则不同，就会形成无限多样的权力结构模式。英国虽然确立并发展了权力分立的政治体制，但与美国实行同一平面权力分立的结构模式并实现“三权”基本衡平动态制约不同，英国虽然也强调立法权、行政权和司法权的相互分立与制约，但这种分权是在形式上维护代议制机关的最高权威的基础上实行的分权。在具体权力配置和运行中，更多地体现了一种妥协和权力的“融合”，即在随后的权力运行中，具有较高权威的立法权又参与到与行政权和司法权的相互制约中；在权力平台上，各种权力不完全处在同一个平面上，但是在具体的权力运作中，最高层级的权力又参与到同其他权力的制约

---

① ［英］维尔：《美国政治》，王合等译，商务印书馆1988年版，第229页。

② 赵宝云：《西方五国宪法通论》，中国人民公安大学出版社1994年版，第70页。

③ ［英］维尔：《美国政治》，王合等译，商务印书馆1988年版，第212页。

中来，我们把它称为半平面化的权力结构模式。

英国从1603年斯图亚特王朝开始至1689年《权利法案》通过，革命的核心在于以议会限制王权，实行君主立宪制。1688年英国光荣革命，实现了议会统治和主权在民，但资产阶级一方面没有强大到能够依靠自身来限制专制权力，另一方面英国的新贵族长期以来依靠议会同王权进行斗争，并保有自由的传统，限制王权的共同目标促成了二者的妥协。这种妥协使英国的资产阶级革命进行得并不彻底，并一直影响着其随后进行的各项改革。英国是“议会至上”的君主立宪制国家。根据英国宪法规定，英国议会享有立法权、财政权和监督政府权等。议会的立法权代表了国家最高的权力，不受任何其他权力的控制。按照英国宪法规定，任何法律草案都必须由两院分别以“三读程序”通过，再经英王签署批准后成为法律。议会有权制定或取消任何法律，并且英国法律不承认其他人或机构有权制定规定或规章以压倒或毁损议会法律。在法律上，立法权作为国家最高权力，超越执法权和司法权。① 但是，英国议会是最高国家权力机关的权能定位，其享有的立法权虽然形式上高于其他权力，但在具体的权力运作中，其仍然在一定范围内与行政权和司法权形成权力的相互制约。

在立法权与行政权和司法权的相互制约上，英国的最高行政机构是内阁，内阁的职能是政府决策、管理行政机关、协调各行政部门的活动等。内阁的首脑为首相。“在法律上首相主要向国王承担责任，在实践中则要为整个行政管理对全社会负责。他是整个政府政策的决策者和协调者。”② 内阁和首相虽然具有强大的施政权力，但它会受到议会的有力制约，同时也牵制着议会的权力。根据惯例，下议院可通过质询、辩论、批准条约、立法和倒阁等手段对内阁进行制约。议会下议院若通过对内阁的不信任案或否决政府的重要法案，内阁必须集体辞

① 英国议会上议院的主要职能是：提出法案；审查和修改法案；审理案件等。下议院的主要职能是：进行立法活动；代表公众观点，通过审核预算和年度财政法案控制政府收支；制定和控制国家政策；以选举委员会的方式监督行政机关。在法律上，作为立法机关，上议院和下议院拥有同等的权力，立法必须既得到上议院也得到下议院的审查与通过。这体现了一定程度的相互制约关系。自20世纪初特别是第二次世界大战以来，英国上下两院的地位随着经济社会的发展而不断变化。1999年的《上院法》明确废除了贵族世袭体制，并建立了过渡议会。改革后的上议院主要行使下列职能：提出议案；审查法律草案和委托立法，拖延立法程序；修改下议院提交的“公共提案”；通过调查行政机关活动监督行政权力。由此可见，改革后的上议院地位和作用都有较大加强，对下议院确有制衡的作用。参见张千帆：《宪法学导论》，法律出版社2004年版，第279～290页。

② ［英］戴维·M. 沃克：《牛津法律大辞典》，李双元等译，法律出版社2003年版，第897页。

职，因而相当于罢免整个内阁。如果内阁不愿意集体辞职，就由首相提请英王宣布解散议会并进行重新选举，新当选的议会下议院决定原内阁的去留。这项制度即为“责任内阁制”。实际上，英国行政首脑从议会本身产生，或者说是由议会领导组成。这样就使行政权的实施在议会的有力监控下。与此同时，议会法案或议案的通过与否又在相当程度上取决于执政党及其领袖的意志，使行政权又可通过多数党的地位制约议会，使立法权力受到约束。从一定意义上说，议会掌握立法权，内阁与首相掌握行政权，二者负有连带责任。大体而言，英国首相与美国总统、英国议会与美国国会在职权方面是基本一致的，不同的只是它们各自的组织以及二者之间的关系。英国首相不是由选民单独选出，而是由议会下议院多数党领袖担任，内阁成员均是多数党的领导人物。这种制度把立法机关和行政机关紧密联结在了一起。

在司法权与立法权、行政权的关系上，虽然英国法律中有可以拒绝司法审查的规定，有排除司法审查的法律条款，但在实践中，对于被列入司法审查范围内的政府行为，英国高等法院主要是依据“越权无效”原则进行司法审查，即法院虽然不能对议会制定的法令进行合宪性审查，但是对于控告行政当局的讼案可以给予救济。这种事实上的司法审查，一定意义上形成了司法权对行政权的制约。英国现行的司法体系源于中世纪，在几百年的演进中已经进行多次改革和简化，但依然是西方民主国家中最为复杂的一个。由于上议院掌握国家最高司法权，上议院议长同时又是内阁组成成员，加上上议院行使立法权力，这使得实际运作中的“三权”存在某种形式上的“合一性”。从这个意义上看，英国的司法独立并不彻底，虽然其有独特的陪审团制度和行政裁判所在某种程度上弥补了不足，但并不能改变司法权对立法权和行政权制约上的相对弱化。

（2）法国。法国现行政治制度是根据1958年制定的法兰西第五共和国宪法建立的。宪法将国家权力分为立法权、行政权、司法权等权力。然而，行使这些权力的主体都可以同时行使其中两项或两项以上的权力，特别是行政权表现得十分强大。它显示了国家权力结构以行政主导为中心的特点。在法国，总统的产生和权限类似美国总统，但法国总统比美国总统的权力更大。根据法国宪法规定，总统是国家独立、领土完整和遵守共同协议与条约的保证人，其监督遵守宪法，并通过自己仲裁以保证公共权力机构的正常活动。他是国家元首、军队最高统帅，虽然他不是政府首脑，但有权主持内阁会议，有权任免作为政府首脑的内阁总理以及其他高级军政官员。法国总统任期长达 7 年之久，他有解散议会的特殊权力，以及提请再议议会提出的法律的权力。在内阁发生更迭或危机的情况下，总统可以利用其特权和相对较长的任期来维护政局稳定。

在法国，总统拥有至高无上的权力，同时，法国亦强调通过实行权力分立来实现立法权、行政权、司法权的制约与协调。其中，立法机关与行政机关、司法机关的关系又因其执行主体的交叉而表现出一定意义上的“融合”，“三权”在不同的制度架构和职能安排中进行现实的牵制与配合。在法国，总统、总理和议会都享有立法权或者参与立法的权力。法国宪法规定，总统于法律最后通过并送交政府后 15 日内予以公布。在这个期限届满以前，总统有权要求议会就该项法律或该法律的某些条文重新进行审议，议会不得拒绝重新审议。总统还有权签署内阁会议所决定的法令和命令。总统对法律和政府法令的审议和签署权，使总统享有参与立法的权力。此外，法国宪法还规定，总统在与总理及议会两院议长磋商后，可宣布解散国民议会。这一规定使总统享有干预立法的权力，使国民议会这个重要的立法机构在不听招呼时被解散，使其在某种程度上被置于总统的掌控之下。议会由国民议会和参议院组成，立法的创议权属于总理和议会议员。同时，政府和议会有连带责任：政府要对议会负责，议会通过信任投票、弹劾等方式监督政府。但提出不信任案要征得 1/10 的国民议会议员签名，48 小时后才表决，获多数赞成票为通过。当议会通过对内阁的不信任投票案、否决政府的总政策声明和施政纲领时，总理必须向总统提出政府总辞职或提请总统解散议会，进行大选。法国的总统、总理、政府在一定程度上仍然受到议会的牵制。

从政治制度架构的层面上说，法国通过法院行使司法审查权来对议会的立法权和政府的行政权进行平衡、制约，以防止立法权和行政权的膨胀、扩张或被滥用。“现代国家庞大的立法和行政部门有时压制性地对大范围的活动进行干涉，给作为国家第三部门的司法机构带来新的责任。对立法和行政行为的司法审查是其中的两方面，在有些现代国家这些必须通过宪法法院和行政法院的发展来进行。强大的立法和行政之间的平衡机制同样需要一个强大的司法，这对于司法来说似乎是一项重要的任务，因为其对于类似的社会自由的存续是至关重要的，尽管不能忽视司法对政府各政治部门的监督机能所具有的危险性。必须仍然维持一种相互监督的平衡机制。”① 基于司法权对立法权制约平衡的需要，法国由宪法法院对立法机关所制定的法律是否违背宪法进行审查；基于制约政府行政权的需要，其行政法院对行政机关的行政决定的合法性进行审查。值得注意的是，在法国，司法权不仅归属于司法机关的法院，也归属于行政机关的行政法院。除此之外设最高司法委员会，总统任最高司法会议主席，保证司法独立。最高司法会议除对高等法院法官的任命及上诉法院首席法官的任命提出建议外，还负责法官的纪律检查职责。法国宪法规定，总统任命宪法委员会1/3的成员，其中包括宪法委员会主席，并于卸任后为宪法委员会的终身当然成员。可见，法国总统享有一定的司法权。此外，法国的总理也享有一定司法权。总理任国家行政法院名义院长，虽然实际工作由经内阁任命的行政法院的副院长主管，但这表明总理也有某些方面的司法权力。

权力分立并通过权力制约达到政治自由是法国思想家孟德斯鸠明确提出的资产阶级国家制度的基本原则，但从实际情况看，在法国1958年之前的大革命时期，议会至高无上并发展成相当程度的专制，行政权过于弱化无法与立法权抗衡，司法权缺少独立地位。1958年之后主张实行的权力分立在最初是强调立法权与行政权的分立，以达到加强政府权力，削弱议会一统天下的目的。然而，在削弱议会权力、制约立法权的发展过程中，其行政权的力量日益加大，总统和总理还拥有一定范围的立法权和司法权，从而使得在这种权力结构模式下，因同一主体享有不同权能而呈现的权力分立与制约具有了自身的特质，不同于他国。在权力平台上，其各种权力在形式上没有完全处在同一个平面上，与英国议会至上的立法权优位不同，法国总统权力突出，行政权优位表现明显，但是在具体的权力运作中，其优位的权力同样参与到同其他权力的相互制约中来。因此，它也是一种半平面化的权力结构模式。

3. 层级化的权力结构模式：前苏联、东欧国家及中国。

（1）苏联、东欧国家。在国际共产主义运动史上，无产阶级执掌政权之后，如何有效地加强民主监督，防止国家机关由社会公仆蜕化为社会主人，这是马克思、恩格斯首先提出的，各国共产党人不懈探索的重大课题。早在一百多年前，马克思、恩格斯就深刻总结了巴黎公社的经验与教训，鲜明地提出了无产阶级执

① ［日］小岛武司等：《司法制度的历史与未来》，汪祖兴译，法律出版社2000年版，第209页。

掌政权以后，必须实行民主监督，有效防止国家机关蜕化变质，尽最大努力将国家这个从资产阶级那里继承下来的“祸害”，转变为历史上前所未有的人民国家，为实现最广大人民群众的根本利益而服务。但是，社会主义国家权力制约和监督问题的解决不是轻而易举或者一蹴而就的事情。特别是20世纪末期的东欧剧变暴露了苏联模式的致命弊端，至今仍然启发着人们对社会主义国家政治体制——包括已有社会主义权力制约和监督模式的深刻反思。

在有关国家权力问题上，马克思主义和西方其他学说有着根本区别。资产阶级思想家们关注的是在国家机构内部追求一种权力平衡关系，而马克思主义的执行者更关心的是以人民的民主权力来约束国家权力，即实现人民当家作主。苏联东欧国家的政治体制都是按照马克思的国家学说，根据巴黎公社和苏维埃建立的经验建立起来的。按照议行合一和民主集中制的原则，国家的一切权力属于人民，人民是行使国家权力的主体，是国家权力的源泉。按照苏联东欧国家宪法和代表机关组织法的有关规定，国家权力机关处于核心地位，国家行政、审判、检察机关都由它产生，它们的组成和活动必须服从于权力机关的决定，并对它负责，受它监督。例如，苏联1977年宪法第1章第2条明确规定，苏联的一切权力属于人民，人民通过作为苏联政治基础的人民代表苏维埃行使国家权力。其他一切国家机关受人民代表苏维埃的监督并向人民代表苏维埃汇报工作。南斯拉夫联邦宪法规定，联邦议会是人民主权的代表，是联邦国家的最高权力机关，联邦行政机关要在权力机关的指导和监督下实施法律法令等。保加利亚宪法也规定，国民议会是对社会发展进行有计划指导的最高组织者，它把国家的立法和执行活动结合起来实行最高的监督。国民议会有权撤销与宪法和法律相抵触的政府决议。罗马尼亚也规定，国民议会是国家最高权力机关和唯一的立法机关，它有权监督总统和国务委员会的活动，监督检察院的活动，对各级人民委员会的活动实施一般监督等。

由此，在苏联东欧国家的权力结构中，通常是立法机关的地位高于其他机关。将主权委托于一个机关——立法机关，并赋予其最高的法律地位，这一设计的目的在于使分权理论与人民主权理论相协调，在维护代议制机关最高权威的同时实行分权，从而维护人民的意志。同时，这种设计也会产生一个以上的权力平台，对权力进行分层级规范与运作。这种权力模式，通常最高权力不参与第二层级的权力制约，监督具有单向性和绝对性特征，是一种层级化的权力结构模式。

（2）中国。权力的输出与权力的模式相关，不同的权力模式会产生不同的权力行为和权力行为结果，那么各种权力正常作用的发挥，权力滥用的防止等现实的权力难题就转化为一个权力模式的合理性问题。权力模式的合理性主要是一种形式合理性问题，虽然它包含实质合理性问题。因为权力模式的合理性问题不仅涉及合理的权力分配，也涉及权力的合理运用，合理的权力模式本身就祛除了许多实质上不合理的东西。不同的权力结构模式会形成有差异的政治体制，并相应生成不同的制度安排。科学合理的权力结构模式应当是对一国政治经济以及社会生活全面而准确的总结，是一国在特定历史阶段政治力量对比关系的根本反映。

我国宪法规定："中华人民共和国的一切权力属于人民。人民行使国家权力的机关是全国人民代表大会和地方各级人民代表大会。人民依照法律规定，通过各种途径和形式，管理国家事务，管理经济和文化事务。""中华人民共和国的国家机构实行民主集中制的原则。"这些规定体现了"人民主权"的宪法原则和人民行使权力的途径及方式，体现了人民当家作主的宪法地位和人民民主的政权性质。我国建立的政权组织结构模式，是人民代表大会制度。这种制度就是人民通过民主选举产生全国人民代表大会和地方各级人民代表大会，作为行使国家权力的机关，其他国家机关都由它产生，向它负责，受它监督，各级人民代表大会向人民负责。具体地说，人民代表大会是立法机关，又是最高国家权力机关，由它产生人民政府、人民法院和人民检察院。这样就形成县以上各级人民代表大会及其常委会拥有国家立法权、任免权、批准决定权和对法律实施的监督权、重大事项决定权；国务院和各级地方人民政府行使行政权，包括行政立法权，各级人民法院行使审判权，各级人民检察院行使法律监督权的权力结构模式。

最高权力的基本构件包含了整个政体权力模式的全部"信息"，它不但决定了下级权力的结构，同时也决定了处理下级关系的原则，从而在整体上决定了政治体的权力结构模式。① 相比较于美国、英国、法国的平面化分权模式，我国强调最高权力的不可分权的特征，但在最高权力下强调各种权力的配置与制约。人民代表大会的权力结构在法理上可以分为两个层次：② 基于权力机关而享有在总体上的所有国家权力；基于权能分工而形成的具体的国家权力的部分权能。后者

① 周永坤：《权力结构模式与宪政》，载《中国法学》2005年第6期。
② 孙谦：《检察：理念、制度与改革》，法律出版社2004年版，第427页。

又可分为两部分：一部分是人大通过宪法创立并保留给自己直接行使的立法权；另一部分是人大授权组成其他国家机关行使行政权、审判权、检察权等。这两部分权力同来源于人民代表大会集中掌握的国家权力，对人大负责，受人大监督，经过民主集中的权力运行，体现一切权力属于人民的政治理念。可见，我国的权力结构不同于美、英、法等国家，相对于平面化权力结构模式，我国的权力结构更多地表现为一种层级化结构模式。

在现代国家，一切权力属于人民的观念已是共识。正如萨托利所言，“人民”一词，在英美和大陆国家有明显的唯名论与唯实论之分，英美国家是唯名论，而大陆国家是唯实论。[①] 人民主权观念以及对“人民”的想象，在美国和在法国是截然不同的。美国虽然承认一切权力源于人民，认为这是防止专制“最基本的办法”，但他们更注重对国家各种权力的拆分和制衡，他们对“人民”的理论预设，正如《联邦党人文集》所表述的，“如果人人都是天使，就根本不需要政府了，如果是天使统治人，就不需要对政府有任何外来的或内在的控制了”[②]。在法国，明确提出人民主权并将它系统化为一种理论的是卢梭。他认为，主权是社会公约赋予政治体的、支配其成员的绝对权力，因此，主权是至高无上的，既不可分割，也不能转让，是一个集体的生命，只能由人民来掌握。艾斯曼将这一理论发展为“国民主权”理论，认为主权存在于国民，并不意味着存在于现实的每一个个人，而是存在于各个集团，人民参与这个团体的权利就是参政权。在这个理论基础之上，他又提出了代表制原理。他认为，“通过代表的统治”中的代表，是“在主权者人民授予之权限内，以人民名义自由地决定事务，人民通过他们的口以及行为来表达自己的意志”[③]。在我国，“一切权力属于人民”，这是社会主义国家人民主权理论的基石，也是社会主义国家制度的核心内容和根本准则。它弘扬“人民是历史的创造者”这一历史唯物主义的主旋律，主张并实现人民具有最高的权力，即具有最高的决定权与监督权。它将行政权、审判权、法律监督权都置于最高权力机关的领导与监督之下，使立法权直接归属于最高权力机关，即从理论与实践相结合上实现人民当家作主。人民主权理论强

① ［美］乔·萨托利：《民主新论》，冯克利、阎克文译，东方出版社 1998 年版，第 57 页。
② ［美］汉密尔顿等：《联邦党人文集》，程逢如等译，商务印书馆 1997 年版，第 264 页。
③ 转引自何勤华：《西方法学史》，中国政法大学出版社 1996 年版，第 156 页。

调主权属于人民，而且只属于人民。这就表明：人民主权既有最高性，也有排他性，也就是说，在社会主义国家只有人民主权，没有其他形式的主权。

（三）不同权力结构模式下的检察权

通常，一国权力结构形成的理论预设是将权力置于规范的权威之下，显示了对权力的基本配置与制约取向。分权理论是在西方政治实践中逐步产生发展的，由于各国资本主义生产力发展水平不同，资产阶级在政治上的诉求也不尽相同。相应地，分权制约在西方各国就表现为不同的结构模式，各具特色。以美国为代表的平面化权力结构模式，将“三权”置于同一层级的权力进行规范制约。在这个平台上，不同的权力主体各自行使法律规定的权力。某种意义上，他们在各自的领域内具有最终的权威，“三权”不存在谁高谁低问题，实现动态衡平制约。美国政治学家亨廷顿曾经指出，“美国始终存在着职能联合而权力分立的状况，而欧洲却发展为职能分化而权力集中的格局”①。分立原则在英国立法和行政之间体现得极为有限，甚至在形式上还带有一些议行合一的色彩。而法国职能分化的前提预设是总统的绝对权威。这些不同的权力结构模式都产生于各国迥然不同的革命形势、具体国情、文化传统甚至人口地理方面的差异。可见，即使是资本主义国家，在以立法权、行政权、司法权分立制约原则进行具体的制度构架时，也并不是不顾国情的照抄照搬、千篇一律，而是根据本国和本民族的历史和现实国情，灵活多样地加以运用和变通，使之真正为本国资产阶级的统治服务。所以，虽然我们指出分权理论是资产阶级治国理政的基本精神，但是其具体运用仍是各国不同的社会历史条件的产物。

英国学者维尔在《宪政与分权》一书中指出：“分权学说始终没有独自为一个有效的稳定的政治制度提供一个足够的基础。他已经结合了其他政治观点，如混合政治理论，均衡观念、制衡理论，从而构成了多种复合的政治理论（宪政理论），为现代西方政治制度提供了基础。”② 分析西方国家的宪政制度发展过程，我们会发现这样一个事实，无论是平面化的权力结构模式，还是半平面化的权力结构模式，其权力的实际运行是以权力与规范间的关系为依据所作的划分，即制定规范的权力是立法权，执行法律的权力是行政权，对行为的合法与非法作出规

① ［美］亨廷顿：《变革社会中政治秩序》，李盛平等译，华夏出版社 1988 年版，第 108 ~ 109 页。

② ［英］维尔：《宪政与分权》，苏力译，三联书店 1997 年版，第 2 页。

范性判断的权力是司法权。这种形式意义使“三权分立”成为权力哲理的基本分析工具，并实际形成了这些国家的分权形态，即不论各种权力是否完全处于同一平面，是否有相对的优位效力，均强调权力间的分立与制约。在不断的批判和改造过程中，以“三权分立”来制约与组合权力已超越了不同权力结构的个体差异，它作为一种精神在宪政理论中存在，并作为碎片在宪政实践中运行。

1. “三权分立”分权下的检察权。检察制度是现代法治秩序的重要制度因素。检察制度在国家实现法治的过程中所起的作用，以及检察制度的进一步改革完善，在根本上是其宪政地位的确定和发展问题。法治作为现代秩序的本质特征，其实现是以建立起一系列的制度和机制为条件的。制度的形成和演变离不开其他社会要素的支撑与互动，这些制度和机制的不同组合方式表现出法治的不同实现路径，也决定了作为其制度支持的检察制度特有的权能与属性。西方国家检察制度的发展和存续深深根植于其国家权力结构和社会构成的土壤之中，这是我们认识西方国家检察制度所必须牢记的一个前提性命题。

许多学者在比较我国的检察制度与西方检察制度时通常借助“三权分立”的理论为论据。“三权分立”作为一种权力分配与运作样态，是近代民主政治在国家结构上的一大特点。从国家政治结构来看，西方主要国家在文艺复兴之前，并没有形成类似于中国古代长时期的国家集权政体。这一时期，法治国家的社会自治因素开始萌芽并逐渐形成。所以，当霍布斯、洛克、孟德斯鸠等近代思想家思考和设计资产阶级的民主政体时，对国家权力加以分割、彼此制约以保障社会自治和公民权利，而不是对集中化的政府权力加以监督，成为其思考的主题。而恰恰是这一点政治理念上的微妙差别，决定了中西方国家在权力结构模式上的不同选择，并直接造成检察制度的重大差异。“西方国家由于不存在集权政治的历史传统，相反社会自治的土壤弱化了权力的聚集效应，由此在其政体设计上考虑最多的问题是如何将包含人性恶的伦理认识在内的公权力加以分割，并使其互相掣肘、制约，以换取国家权力体系的平衡。即使在人民主权原则得以确立之后，立法机关实际上也没有获得至高的地位以至于需要一个特定机构来监督它。宪法之下的国家权力配置体系需要的不是监督而是分立。”① 由此，通过“三权”之间的相互制衡来实现权力制约，是这些国家法律监督实施的方式。

① 蒋伟亮：《国家权力结构中的检察监督权》，载《法学杂志》2007 年第 4 期。

在“三权分立”的结构体系下，检察机关的权力归属一直是争论不休的问题，至今也没有达成共识。例如，认为检察权系行政权，检察人员系行政人员的观点，可以从检察机关的组织体制、行动原则具有的行政特性的角度进行论述，也可以从“三权分立”体制下，检察权既不属于立法，也不属于具有依法裁判功能并受宪法独立性保障的司法，检察官是政府在诉讼中的“代言人”，是代表第二权（行政）对第三权实施监督制衡的机关等角度进行论述。而认为检察权是司法权的观点，亦可从检察权与审判权的“接近度”，检察官与法官的“近似性”，即检察官与法官“同质但不同职”的“等同性”出发找到其理论支撑的论据。例如，德国学者戈尔克称，检察官虽非法官，但“如同法官般”执行司法领域内的重要功能。研究检察制度的著名专家洛克信教授称，检察官具有法律守护人的地位，对检察官及对法官而言，事实的查明与法律的判断，应依同一目标行事。① 单纯地将检察权的属性定位于行政权或司法权都存在一些理论与实践上的悖论，行政权说虽然看到了检察权所具有的某些行政特性，但却忽略了检察权的司法特性，很大程度上抹杀了检察官所享有的独立判断权和处置权，并且忽视了检察官受法制原则的严格限制，应当将依法办事置于上命下从的组织关系之上这一根本要求。司法权说虽然从检察权与审判权的近似性方面来论述检察权具有司法权的属性，但“相似”或“接近”毕竟有别于等同。虽然可以通过法制原则排除或在相当程度上排除行政权的外部干预（现代各国管理检察官的司法或法务部长通常对检察事务的干涉十分谨慎），即外部指令权的失效与部分失效，但内部指令权，即检察机关内部的服从关系仍然是各国检察机关组织结构的基本原则之一，其行政性难以抹杀。例如，法国学者卡斯东·斯特法尼等称：“检察院在组织方面的基本特征是，检察院有上下隶属的级别关系，也正因为如此，检察官员的队伍隶属于政府管辖。”② 双重属性说虽然较为全面地指出了检察权所具有的内在特征，但却没有将检察权进行具体定位，忽略了检察权作为一种实存的权力，它必然要求具备完整的表现形式，即或者归属于一种权力之中，或者独立

① 转引自林钰雄：《谈检察官之双重定位》，载台北《刑事法杂志》第42卷第6期。

② ［法］卡斯东·斯特法尼等：《法国刑事诉讼法精义》（上），中国政法大学出版社1999年版，第373页。

成另一种权力，而不能既属于此种权力，又属于彼种权力。①

我们认为，对检察权属性的正确理解不能局限于固有的定义性的认识，而应当结合其赖以依存的权力结构、政治体制和社会结构因子来进行正确认知。西方国家的检察制度在承担维护社会公益、行使公诉权，并在一定程度上制约司法审判权和警察权的同时，没有为自身角色划定更多的监督色彩，立法、行政、司法“三权分立”的权力体系和社会自治的深厚土壤，已经担负起法律监督的职责。因此，西方国家不管是将检察权定位为行政权，还是定位为司法权，只是表象上的差异，其基本的理念与机理没有质的分别。即在权力三分结构下，一个权力的存在，它的外在张力必然与其他权力发生制约关系，如果把检察权归位于司法权，它就必然制约立法权与行政权；如果归位于行政权，它就必然对司法权和立法权产生规制。由此，“三权分立”结构下发展完善的检察权，其运行的公诉行为本身就具有制约与监督性质，只不过这种监督与制约是其分权模式的当然表现方式，不会被冠以“法律监督”的名号，其“监督”功用作为权力存在的当然本质，并不会被单独强调。这种监督不具有任何特殊和优势地位，蕴藏于权力结构分配与权力运行机理当中。

2. “一元分立”分权下的检察权。为了防止权力的非理性扩张，对权力进行制约，按照一定的原则将权力进行职能分解，逐渐变成各国政权组成的基本形式，也反映了一国在历史发展和特殊文化、国情背景下的艰难选择。通常，平面化和半平面化的权力结构模式均强调权力的分立和制约，无论是否有优位权力，权力运行体系中的“三权”动态守衡。但是，在层级化的权力模式中，由于最高权力不参与分权，并构成其他权力的来源与基础，权力归属与运行位于不同的层级，因此，其形成的是“一元分立”的权力架构方式，即在一元权力——人

① 检察权的双重属性的观点，如有主张，检察权一方面因其有执行法律的机能，本质上属于行政权。但另一方面因公诉权与审判直接关联，从而又具有与审判权同样的司法性质……由于检察官和检察厅是兼有行政和司法两重性质的机关，所以在组织和机能上也是具有行政、司法两方面的特征。参见［日］法务省刑事局编：《日本检察讲义》，杨磊等译，中国检察出版社 1990 年版，第 7 页。台湾地区学者林钰雄对检察官法律地位问题研究所得出的结论性意见是，余非上命下从之行政官，亦非独立自主之法官，余乃处于两者之间，实现客观法意旨并追求真实与正义的司法官署！参见林钰雄：《谈检察官之双重定位》，载台北《刑事法杂志》第 42 卷第 6 期。美国学者琼·雅各比也认为，美国检察官是政府在刑事诉讼中的代表，然而他行使着一半是司法的，一半是行政的那种特殊的混合权力。参见［美］琼·雅各比：《美国检察官研究》，周叶谦等译，中国检察出版社 1990 年版，第 1 页。

民代表大会下，分设出立法权、行政权、审判权、法律监督权等，其中立法权由人民代表大会行使，行政权、审判权、法律监督权分别由行政机关、审判机关和检察机关行使，这些机关都由人民代表大会产生，向人民代表大会负责。

在马克思主义者看来，一切权力都最终属于人民，如果仅仅在权力运行的表面上来探寻权力间的相互制约，那么，这种细枝末节的争论会使人们忘记了权力的本质和根本来源，最终使权力制约问题成为不同权力执掌者们之间的权术和游戏，而权力应该为谁服务的问题始终得不到根本的解决。所以，马克思主义者不愿空谈所谓“三权分立”的权力制约问题，而是谋求现实的权力监督途径。认为只有人民群众实现了权力的监督，才是真正有效的制约；离开了人民群众的监督来谈所谓制约的问题，永远都无法找到权力制约的有效途径。所谓“议行合一”，从法律上讲，人民代表大会是国家权力机关，所有其他国家机关都由人民代表大会产生，向它负责，受它监督。人民代表大会的立法和决定事项，由其产生的人民政府、人民法院、人民检察院等国家机关执行。这种权力架构的优越性，在于权力集中，效率高，便于统一协调。但也存在一些弊端，主要表现为权力容易过于集中，缺乏长效具体的制约机制等。虽然根据相关规定，人大监督下的行政权、审判权、法律监督权都有各自的权力领域和范围，然而在实际规范中一些权力的分界过于模糊、原则，因而在具体运行中常常出现故障。与“三权分立”的权力架构相比，“一元分立”的权力架构不含有动态守衡的权力规制因素，制度安排体系中的权力运行具有单向性特质。为了弥补制约监督的不足，保证国家权力在法治轨道上正确运行，就需要在人民代表大会下设立专司监督的法律监督权能，并将该权能赋予某一机关，使其成为专门的法律监督机关，行使专门的法律监督权力。此外，在共产党内部设立党的纪律检查委员会，从而形成对权力的监督网络。因此，设立包括法律监督机关在内的监督体系，是“一元分立”权力架构下对权力运行和制约的必然选择。

在“一元分立”的权力架构下，一国专司法律监督的权能通常赋予检察机关行使，这是权力设置与运行的必然要求，也是各国综合各种因素选择的必然结果。从渊源上考察，由检察机关享有法律监督权能的法理依据，直接来源于列宁关于社会主义国家检察机关职能的认识和阐述。从国家权力方面，列宁第一次提出了检察权的概念，他认为检察权是违法监督权，是包括对民事、刑事、行政所有法律行为的监督权。列宁本人秉持的是一种“大检察观”，即突出和强化检察机关在国家法律体制甚至社会生活中的作用和影响。它基本的理论要点是基于保障社会主义国家的法制统一性，将检察机关定位为专门的法律监督机关。为此，“检察机关以法律监督为专职专责，不执行任何行政职能，受中央垂直领导，行使中央检察权”，“检察长的责任是要使任何地方当局的任何决定都不与法律相抵触”。[①] 正如苏联学者所言：“保障有效的法制保障制度是最重要的政治和法律任务之一。作为准确而严格地执行最高权力机关的法令的保证形式——检察机关的监督，应该列为最有效的法制保证，在任何一个资本主义国家中都没有类似我们这样的检察机关，它在苏维埃国家机构中处于独立自主的地位，维护着统一的、为全国制定的各种法令。检察机关在代表国家对执行和遵守法律实行最高监督时，拥有广泛的权力，这些权力使它得以顺利地完成四项相互联系的任务，保证法制的统一；对公民完成自己的义务实行有组织的监督之中，维护公民的自由和权利；同违法行为做斗争并防止其发生；积极参与法纪教育工作。1977 年的苏联宪法用独立的一章专讲检察机关。在各章中规定的检察机关活动细则具有政治性意义，它指出了作为国家活动的特殊形式的检察机关的独立性质。”[②]

由于意识形态方面的影响，权力结构模式的相似以及据以建立的政治体制的同质性，列宁对检察权力的定性及对检察机关的权力配置在社会主义国家中影响深远。新中国成立后，如何在新型权力架构中确定检察机关的职能属性是一件新鲜事物。由于我们缺乏相应的理论支撑与成功经验，因此借鉴、吸收甚至一定范围内照搬苏联有关检察机关的相关规定，把苏联的检察模式作为主要参照系数也就成了顺理成章之事。我国在 1978 年起草人民检察院组织法时，就趋向于将检察机关定位为“国家的法律监督机关”。彭真同志在就起草人民检察院组织法向第五届全国人大二次会议作说明时明确指出，确定我国检察院的性质是国家的法律监督机关，这是我们运用列宁坚持的检察机关的职权是维护国家法制统一的指导思想，结合我们的情况而作出的规定。但需要注意的是，中国检察制度的形成和发展并不是完全“苏化”的，新中国的奠基者和领导人都始终强调马列主义理论与中国革命实践的结合。中国检察制度的理论基础不仅源于列宁的法律监督思想，还吸收借鉴了包括中国古代的御史监督思想及“五权”宪法思想等分权思想。在这些

---

① 《列宁全集》(第 33 卷)，人民出版社 1957 年版，第 266～328 页。

② ［苏］K. C. 帕弗里谢夫等：《论苏联检察机关法》，陈森译，载《外国法学》1981 年第 1 期。

理论的指导下，经过半个多世纪的探索与改进，中国已形成了有别于苏联的检察制度。

综上，“一元分立”权力架构下的检察权，其本质属性就是进行法律监督。在分设的权力体系中，检察权并不依附于任何一种权力之中，而是作为独立的法律监督权，参与保障权力的有效运行。这种独立的法律监督权力的存在及对检察属性的预设，其突出的特点在于解决了在不实行“三权分立”的社会主义国家如何实现权力制约问题。“三权分立是资产阶级国家遵循权力制约规律配置国家权力的有效尝试，是对规律的一种反映形式，但是，规律本身与体现规律的形式不能混同。规律不以人的意志为转移，而形式是客观规律经过人对客观世界认识这一中介而逐渐形成的，它反映了人们的意志，是可以以人的意志为转移的。也就是说，同一规律在不同的条件下可以有不同的表现形式。”① 现代意义上的“三权分立”，是从两种职能及两权分立的基础上发展而来的。从逻辑上来说，一个依法而治的政府，内在地就有两种不同的职能——法律制定和法律实施。洛克在《政府论》中虽然将国家权力依照其职能分为立法权、执行权和对外权，但认定执行权和对外权应该由同一个机构来行使，可归为一种行政权，与立法权和立法机构相独立。② 将司法职能独立于行政职能的工作，是在17世纪英格兰的政治生活中完成的，并由孟德斯鸠进行了总结和发挥。孟德斯鸠在《论法的精神》中将裁判权和裁判职能视为与政府其他权力地位同等，以一种现代公认的形式提出政治权力的三重划分：立法就是制定法律，执行就是将法律付诸实践，司法就是宣布纠纷解决的法律是什么。但是，我们在观察这一理论时不能舍本逐末。法治的要害在于如何合理地运用和有效地制约公共权力的问题。和洛克相比，孟德斯鸠分权理论的特色不在于他的分权思想，而在于他提出的制衡理论。梁治平先生也认为：“孟德斯鸠的三权分立赖以建立的前提具有广泛的适用性和包容性，它所关心的主要不是三权或四权分立而是为权力制定界限，与其说孟德斯鸠的理论是三权分立的学说，倒不如说它是权力制衡的学说。至少，孟德斯鸠对近代政治理论最持久、最重要的贡献是在后一面。”③ 由此，我们可以说，孟

---

① 邓思清：《检察权研究》，北京大学出版社2007年版，第44页。

② ［英］洛克：《政府论》（下），叶启芳、瞿菊农译，商务印书馆1964年版，第89页。

③ 梁治平：《法辨》，贵州人民出版社1992年版，第321页。

德斯鸠“三权分立”学说的精义或核心是确立权力制约体制，而不是一定要机械地将国家权力划分为三部分，更不是以一个国家的权力结构来附会这种理论。“三权分立”作为一种分权模式存在，更作为权力协调的一种精神存在，其精髓不在于权力的真正分离，而在于保证国家权力的和谐、有效运行。

即使在西方国家，“三权分立”与制约也面临着各种挑战和怀疑。在美国，分权制度在实际政治运作中仍有与其设计初衷相冲突的地方，其原因已经超越了分权制度本身，根源在于分权制度的安排与美国总统制政体、美国的选举制度及权力机关合法性和任期之间的内在张力。因此，进一步完善分权制度的着眼点不能仅仅局限在制度本身，而应注重与其他制度之间的磨合，避免产生权力机关间的摩擦引起统治力的下降甚至宪政失控。在英国，形式上议会是最高国家权力机关，内阁居于从属地位。但近来的发展趋势是，内阁的力量逐渐加大，内阁一定程度上控制着议会，主要表现为议会通过的议案绝大多数是由内阁提出的，所谓“审议”“三读”有走形式的嫌疑。此外，由于执政内阁由下议院多数党领袖组成，所以议会对内阁的监督、质询等制约手段都不能被认为是实质性的。再加上英国司法权的独特属性，日益加强的内阁势力与正在扩张的行政权力正悄悄改变着传统意义上的“三权”关系，也影响着权力模式内的结构调整。

“结构特性具有自身调整性，这种自身调整性带来了结构的守恒性和某种封闭性，其意义是，一个结构所固有的各种转换不会越出结构的边界之外，只会产生总是属于这个结构并保存该结构的规律的成分，如在由实数组成的数群结构里，任何两个数相加得出的一定是实数，不会产生一个跑到实数数群结构外边去的数字，而且这个数字仍然遵守加减律。结构的这种自身调整性，是按照不同的程序或过程才能实现的，具有一定的‘级次’，不同的级次之间按照一定的方向通过非常有规则的运算（即构成结构的转换规律）而起作用”①。“三权分立”的权力架构为各种权力运行设置了结构的最终边界，分权运行下的检察权，无论法律属性最终如何界定，也无论这一权力具有怎样的特殊性，检察权都在其权力结构边界之内，实现对其他权力的制约。可见，在“三权分立”下，监督与制约是任何一种权力存续的根本，检察权亦不例外。不同于西方的“三权分立”，在“一元分立”的权力架构中，各种权力不具有制约与监督的当然属性，在彼此缺少权力关联

① ［瑞士］皮亚杰·詹：《结构主义》，倪连生等译，商务印书馆1984年版，第1～25页。

链条、权力难以动态守恒的情况下，单设一种独立的法律监督权力，有利于权力的良性运行，是科学分权的必然要求。因此，在“一元分立”的权力架构体系下，对检察权的正确理解，必须明确以下几点：首先，“一元分立”的层级化权力结构要求检察机关行使法律监督的职权，以保障国家法律的统一正确实施；其次，检察机关的性质和职权具有特殊性、专门性和独立性，它既不归位于行政权，也不隶属于司法权，它活动的根本宗旨就是维护法制；再次，检察机关的法律监督范围应当与国家法制的发展状况相适应，即检察机关应当全面承担起保障法律实施的责任，而不是仅仅保障某一方面的法律的实施；最后，国家检察制度的确立和检察机关的设置，要从本国的国情出发，要根据国家的体制特点、历史传统和法制状况来学习和借鉴外国的经验，而不能机械地照搬。如同社会主义国家没有固定的模式一样，社会主义国家检察制度也不存在固定的模式。只有把检察制度的基本规律同具体的国情相结合，才能充分发挥出检察制度在国家活动中的法律监督效能。

（四）我国检察机关的法律监督权

在我国，检察院的职权通常被称为检察权，以与检察机关的名称相对应。对于法院作为国家司法机关行使司法权，理论界争议较少，而对于检察院的职权属性则存有较大的争议。① 我国宪法明确规定：“中华人民共和国人民检察院是国家的法律监督机关。”但是，宪法的法律条文是否能够当然地作为我们确立检察权属性与职能的依据？理论界对宪法规范明确界定的检察权分歧颇多，这是宪法规范过于模糊宽泛的表述造成的？是疏于对权力结构的差异性分析，借用了不适用于我国的权力分析术语造成的混乱？还是对于这一权力的理解缺少宪政体制背景分析的结果？学界内部争议的、学界与理论部门分化的焦点是什么？在我国层级化的权力结构模式下，在“一元分立”的权力架构中，法律监督权的各个具

① 有论者认为检察机关是司法机关，检察权是一种司法权。参见倪培兴：《论司法权的概念与检察机关的定位——兼论侦检一体化模式》，载《人民检察》2002年第4期；刘立宪、张智辉：《司法改革热点问题》，中国人民公安大学出版社2000年版。有论者认为检察机关是行政机关，检察权是一种行政权。参见谭世贵：《中国司法改革研究》，法律出版社2000年版；夏邦：《中国检察院体制应予取消》，载《法学》1999年第7期；郝银钟：《检察机关的角色定位与诉讼职能的重构》，载《刑事法评论》第4期。有论者认为检察机关具有司法机关和行政机关的双重属性，检察权也同样具有司法权与行政权的双重属性。参见龙宗智：《论检察权的性质与检察机关的改革》，载《法学》1999年第10期；陈兴良：《从“法官之上的法官”到“法官之前的法官”——刑事法视野中的检察权》，载《中外法学》2000年第6期。有论者认为检察机关是法律监督机关，检察权是法律监督权。参见朱孝清：《中国检察制度的几个问题》，载《中国法学》2007年第2期；李征：《中国检察权研究——以宪政为视角的分析》，中国检察出版社2007年版。

体权能之间是否存有和存在着怎样的冲突？这一冲突是否具有可调和性？现实冲突背后在历史与传统上又存有哪些深层次原因？在进一步明确影响法律监督职能发挥的制约点，并在传统影响与现实选择之间寻求理论与实践的支撑点之后，改革的方向又将怎样？我们认为，有关我国检察权的内在属性，检察机关的宪法定位，检察人员的宪政职责，甚至于对中国特色的检察制度的正确理解，必须坚持在我国国体与政体框架下，在对国家权力结构的正确理解之上，做到既关注中国特殊的历史发展，尤其是检察制度自身的历史发展，又要结合现行的检察工作现状。我国检察制度的宪法定位应是法律监督制度，检察人员的最根本的宪政职责应是对法律的一种强势监督，其他职责只是这种根本职责的派生，而对于检察权，既不是完全意义上的行政权，也不是通常意义上的司法权，而是应被强化与保障的法律监督权。

我国的权力结构模式不同于西方，新中国成立后，没有采取西方国家“三权分立”的权力架构，而是根据本国的实际情况，建立了自己的宪政制度和国家权力体系，其制度安排是：将权力进行职能分工，并以人民当家作主的制度形式来监督其所分工的各项权力，即在最高国家权力机关人民代表大会下，设有三个机关——行政机关、审判机关和检察机关。从检察权的宪法属性来看，权力的应然性应当来自检察权所赖以存在的宪法确认的根本政治制度，宪政制度不同，权力性质的应然性也就不一样。我国著名的检察理论专家王桂五先生指出：“我国的人民检察制度，是由人民代表大会制度决定和产生的一项法律监督制度。在人民代表大会制度下，法律监督职能从其他国家职能中彻底分离与专门化，是历史的进步。不能仅仅把检察制度看作是一项诉讼制度，主要执行诉讼职能，应从国家政治制度的更高层次上加以研究，充分肯定其法律监督职能，才能看清楚检察制度的本质，从而完善人民代表大会制度下的法律监督机制。”① 在这种国家权力结构模式中，检察机关作为由人民代表大会产生并向人民代表大会负责的一个独立的国家法律监督机关，专门行使检察权，履行法律监督职能。

应当承认，以法律监督为内容的检察权是一个从内容到形式都十分中国化的概念。但重要的不是概念本身，而是这一概念所反映的内容是否具有正当性。在“一元分立”的权力架构下定位检察权的性质，我国“议行合一”的人民代表大

① 王桂五：《中华人民共和国检察制度研究》，法律出版社 1991 年版，第 3 页。

会制度中以法律监督为使命的检察权独立存在，有其客观必要性和现实性。人民代表大会制度赖以建立的理论基础即人民民主专政理论是我们研究中国宪政问题的现实合理性的分析工具。这种政治理论决定了中国的政治制度具有权力一元化的价值倾向。正如同英国的宪政排斥分权一样，中国的体制也因为本国的特殊国情而排斥分权。但是，对权力进行适度的分离设置和建立制约机制始终是现代法治的共同精神。于是有了人民代表大会之下的分权形式：检察机关作为二级国家权力与国家的行政权、审判权平行设置相互独立。这种体制决定了中国的分权机制特有的禀赋：权力一元之下的分权和受限制的分权。① 由此可见，我国宪政过程落实检察机关法律监督职能的过程，也是明确或落实检察权的过程。为了加强对权力的制约和监督，这一过程既吸收了权力分配与制约的精髓，又保持了我国的文化传统。

将检察权确定为法律监督权，这样的权力定位不仅符合检察权本身具有的多重属性，也是中国社会主义国家权力制约机制内在规律的必然选择，是国家权力分配和有效控制的重要保障。毕竟权力分立与制衡理论是权力协调的一种精神，而不是作为一种模式存在，其真正的目的在于保证国家权力的和谐和有效运行。我国检察机关的法律监督职能是运用程序权力的特征，通过科学分解，希望建立一种具有中国特色的检察权来制约审判权、监察权与行政权，同时确保司法公正与行政高效。虽然这种监督属性存在被弱化和空置的现象，但这应该作为我们改革这一具体法律制度的出发点，而不能作为我们质疑检察权就是法律监督权这一本质属性的理由。在传统的西方语境中的起诉权外，法律监督权可以通过对审判行为违反程序法进行事后的督察，可以通过民事、行政、刑事的抗诉权等实现对错误审判的纠正程序。因此，人民代表大会制度之下的监督机制的设置有自己的特点：实施一种积极的、源自一元权力的、集中的控制机制。这种控制机制的特点也具有人民代表大会制度的权力特征：排斥分权，强调权力集中。这种控制机制是在权力一元化之下，建立适当的职能分离和建立中央控制系统。这种中央控制系统就是检察机关的法律监督，这也是法律监督的法治化定位。在另一个层面，即权力的运行实践中，我们看到，这种权力制约机制对维护中国的法律秩序和确保法制的统一发挥着不可替代的法治化功能。法律监督的实践运作表明，这

---

① 孙谦：《检察：理念、制度与改革》，法律出版社2004年版，第31页。

项制度是中国法治化进程中的一项实在的权力，是一种实然的制度设置，是中国法治化进程的重要保障制度。

以权力架构的不同样态作为对检察权研究的出发点与落脚点，意味着我国检察权应当用人民代表大会制度来解释权力的性质，而不能以西方法理学说作为应然性的依据来给中国检察权定性。所以，西方理论预设的“三权”中的司法权是不能完全适用于我国的。从“三权分立”的角度来看，司法权是相对于立法权、行政权的第三种国家权力。与立法权和行政权相比，司法权的性质或许是不言自明的。立法机构的使命主要是创制法律，也就是制定带有普遍适用效力的法律规范。而司法机构的使命则在于对具体案件进行裁判，并通过将一般的法律规则适用到个案之中，解决业已发生的利益争端。相对于立法权而言，司法权是一种裁判权，并且是通过将一般的法律规则适用于具体案件上，来发挥其裁判案件这一功能的。但是，这样的解释总使人感到“三权分立”的权力架构与宪政体制在限制着分析者的思路。“法律监督”的概念及法律监督权力，因为超出了西方传统政治理论的分析术语范围而出现了分析工具方面的危机——它究竟是立法权、司法权还是行政权？位列于“三权”中的哪一部分？这样的疑虑与矛盾成为我国检察改革乃至司法改革的知识性挑战。因为，对于检察改革的评价是建立在一定的权力定位的逻辑前提之下的。而我国由于“一元分立”的权力架构根本有别于“三权分立”，在历史上亦不存在与近代意义上的立法、行政相对应的司法概念。在我国的权力结构模式下，司法权的概念必然不同于西方国家，检察权既不位于行政权之中，也不包含于司法权之内，而是独立为集中了二者某些性质的法律监督权。这种权力并不具有超越行政权和审判权的地位，而是与行政权、审判权处于同一权力层级，以最终维护国家权力和谐有效的运行。由此，我国“一元分立”的权力架构下，各种权力分设为立法权、行政权、审判权和法律监督权，执行这些权能的机关分别是权力机关、行政机关、审判机关和检察机关。检察机关行使法律监督权，检察权在权力本位上应是法律监督权。①

根据我国宪法和有关法律的规定，检察机关拥有法律监督权，有权监督宪法和法律的统一实施。目前，检察机关的这种法律监督主要体现在诉讼领域。在评价、分析、论述检察机关的属性和权能问题上，争议观点众多。有学者认为，我国检察机关的职权总体上呈现一种超强化趋势。检察机关职权庞杂，有些甚至发生根本冲突，不容调和。认为我国检察机关的法律监督职能应当逐渐淡化并在条件成熟时最终退出检察机关的职权范围。诉讼领域中法律的实施应当通过控、辩、裁三方相互制约和平衡的机制加以解决，而不要轻易从诉讼机制之外引进所谓的“法律监督”，否则，“谁来监督监督者”的永恒难题就不可避免地出现在制度设计和法律实践之中。有学者主张，检察机关的基本职能是公诉，检察权在本质上主要表现为公诉权，以公诉权为基本内容的检察权在本质属性和终极意义上应属于行政权。检察机关在刑事诉讼中的各项权力都是具体的诉讼程序性权力，与所谓的法律监督机关、法律监督权并不存在必然的关联性。还有学者认为，我国检察监督原则的理论基础是“大检察观”，在这种原则指引下忽略了监督权作为公诉权的派生属性，因此主张检察院不应为“专门法律监督机关”，等等。我们认为，我国检察机关的法律监督职能是我国“一元分立”权力架构与宪政发展的必然要求，我国无论是重视权力监督的立法建设，还是建立多途径、多环节的整体监督机制，建立极具特色的检察制度，就目前司法实践现状，监督职能并没有得到有效的发挥。表现为法律监督权能的检察权不仅没有“超强势化”，而是在法律监督的各个方面都存在诸多亟待解决的问题，或是法律规范欠缺，或是保障措施不完整，或是各个权能的运作机制不协调。从总体上讲，我国检察机关的法律监督呈现弱势状态。从权力结构层面分析，这种现状是由历史和现实多种原因合力的结果。

一是从历史传统上分析，在我国，由行政权力以外的权力主体来承担监督职能

---

① 我们主张慎用“司法权”概念。在我国，司法权通常在狭义上理解为由人民法院适用的裁判权，在广义上则包括由检察机关行使的法律监督权。我国应狭义理解还是广义适用的关键取决于检察权是否具备司法权的内在属性，以及是否具有外化的一系列特征。在现实生活中，我们能感受到司法权的存在，但对于司法权性质的释义和说明，则很难在理论上形成统一。在“三权分立”的权力架构下，权力三分为立法权、司法权、行政权，各个权力的边界清楚且互相制约，但是在“一元分立”的权力架构下，借用“三权分立”话语下的司法权，在权力运行层面则存在诸多灰色地带，这种内涵与外延上的多重差异，决定了我国应慎用“司法权”概念。

先天缺少强势基础。作为监督体系的重要一环，我国检察机关的法律监督主要体现在对诉讼的监督。从权力角度看待检察机关的这一监督职能，其产生与发展缺少强势权力支撑。因为，从一定意义上讲，监督是政治的本能，权力与监督总是相伴而生。虽然我国检察机关的建立相对较晚，承担监督职能也是近几十年的事情，但有关权力监督与制约问题的理论探讨从西周时候就已经开始，也是从那个时候开始有了权力监督制度建设的尝试，并且随着朝代的更换，这一制度也在不断地充实、发展、完善。例如，中国传统权力监督注重立法建制，注重建立多渠道、多环节的整体监督机制，强调监察手段的运用，有完备的监察体系等。但是，“大行政”是中国传统政治的基本特征，专制主义集权政治的本质决定在那个时候根本不可能存在横向的权力监督。统治者注意在行政的各个环节建立相应的监督机制，强化自上而下的控制与管理，法律监督只是行政内部监督的一种。在我国传统权力监督体系中，监察制度是最具延续性、完整性和权威性的一种权力监督制度。历代统治者为了树立监察官职的权威形象，保证监察权力的有效行使，都极力抬高监察官的地位，赋予这一官职以特殊的礼遇。监察官的监察之权，上自朝廷下至地方，上至公卿百官，下到地方小吏都在监察视野之内，言谏制度的对象则直指皇帝。在所监察的内容上也是无所不及，官吏的行政违法失职固在纠劾之列，甚至在公务之外的个人行为也在监督范围之内。透过监督体系的历史发展可以看出，我国传统中所谓的“监督”不是基于民主和分权产生的横向权力制约，尽管有相对独立的司法系统和监察体制，但没有形成任何独立于行政之外的“权力机关”行使监督权。自上而下的统一行政管理触角伸及社会生活的各个领域，所有权力都来自于行政权或受制于行政权，传统法律没有同位制约的生存土壤。这些使得在分权层面获得独立的监督职能难以有效发挥，由检察机关承担法律监督职能的定位与建设缺少传统力量的支持，加上“大行政”的惯性遗传，“小权力”面对“大权力”必然导致检察机关的法律监督在诉讼过程的任何环节都容易被弱化。

二是过分强调沿循国外的模式进行变革，缺少对我国“一元分立”权力模式下特有结构的分析。毋庸讳言，中国现今的各种法律改革都是在批判和借鉴的基础上进行的，批判更多的是中国的传统和现状，而借鉴更多的是国外的思想和制度。与西方视传统为动力相反，我们在前进的道路上将历史与传统视为包袱。基于传统和国情建设的制度，往往因不符合西方所谓的“标准”，不仅被西学的武器批判得体无完肤，更被一些简单的比较割裂得支离破碎。而这些同样表现在对检察权属性认知和权能的确立上。以俄罗斯检察改革为例，之所以要研究俄罗斯检察权改革的原因、背景、内容、过程和实施结果，是因为我国的检察制度就是依照列宁的法律监督理论，仿照苏联检察制度建立的。俄罗斯检察制度淡化监督职能的发展趋势，亦作为质疑我国检察机关法律监督属性的一个方面，这种质疑甚至扩大到法律监督职能最初设立的合理性和有效性。我们认为，俄罗斯检察权的改革发展进程，从一定意义上更加说明“一元分立”的权力架构下我国检察机关只能以法律监督为其本质属性并确立具体权能。首先，俄罗斯检察机关弱化监督职能，最主要的原因是其“三权分立”宪政体制的改变。监督属性在以“三权分立”作为权力组织方式的国家，没有专门的权力监督机关，对于权力的制约是通过“三权分立”、平等制衡的方式实现的，即议会、政府、法院都可以成为“监督”的主体，三种权力之间是相互制约的。因而，在俄罗斯联邦确立了“三权分立”的权力组织方式之后，权力的制约方式如果仍旧保持原来的“议行合一”制模式下的单设监督机关的方式，显然是不妥的，不符合“三权分立”的内在要求。从西方国家的实践来看，这种假设也是不能成立的。从上述分析可知，在“三权分立”模式下，法律监督权的存在失去了理论基础，也就是失去了其存在的前提和存在的合理性。而我国是坚持中国共产党的领导，在社会主义公有制的基础上进行改革，旨在建设中国特色社会主义，坚持“议行合一”的政体。就我国检察权设置的目的而言，它明显具有分权与制衡性质，无论是有限犯罪侦查权、公诉权、抗诉权、刑罚监督权等，作为专门法律监督机关的检察院，由于与政府机关彻底分离，体制上已不存在检察权附属行政权的问题，同时又与审判权相分离，使得其从外部制约行政权、审判权成为可能，进而实现既能有效地保护国家与社会公共利益，又能保障国家法制统一，监督法律实施的目标。所以，在我国社会政治经济条件下，检察权的监督属性不仅不能弱化，反而应当予以加强和完善。其次，刑事诉讼的改革方式不同，对检察权的影响也不同。我国自 1996 年颁布新的刑事诉讼法后，对于如何构建我国刑事诉讼模式的研究非常多，可以说我国是从积极引入对抗制诉讼制度、证据制度入手进行的改革。但是，我们没有实行陪审制，仍然坚持人民陪审制与合议制、独任制的审判方式；而俄罗斯的司法改革是在建立以陪审制为其核心制度的基础上，引入对抗制的诉讼模式。从建立对抗制诉讼模式的角度观之，俄罗斯的改革似乎更触及诉讼模式改革的根本，而我国则是对原有诉讼模式的完善，只能是对对抗式诉讼模式的一种借鉴。因此，对于改革控辩双方地位的迫切性要求不同，检察权具体职能的设立和发挥也就不同。最后，从法律监督权产生之初，在当时那种特定的历史背景下，由于社会制度与信仰上的契合，新生的社会主义中国在社会制度及司法制度上以苏俄制度为样板是历史作出的现实选择。但是，经过几十年的发展，我国的检察制度较之苏联的检察制度已有许多改进，是适应中国具体国情的检察制度。尽管俄罗斯的检察制度已经改革，但是，任何法律制度的发展都只能是一个渐进的过程。所以，旧的检察制度仍会在俄罗斯有较大的影响。而且，俄罗斯检察改革的具体方式也是具有渐进性的，从削弱检察机关适用强制措施决定权的具体改革上可以看出这一点。研究俄罗斯检察制度改革与发展，对我国检察改革过程中适宜采用的方式，以及具体权能的协调和制约方面具有较强的借鉴作用。

由此，我们不能简单地以其他国家检察机关没有我国检察机关所属权能为理由，对中国检察权进行重新定位和分配，甚至从传统和根本上否定这一制度。值得注意的是，检察机关的“监督”权力，并不是我国所独有，其他国家检察机关除了诉讼上的权限外，还具有其他一些权限，这些权限往往具有监督权的性质。例如，法国的检察官对下列各事项也有干预监督职权：（1）对司法辅助人员之监督；（2）对书记课之监督、检查；（3）监视司法救助制度的营运；（4）对户政官员之监督；（5）对私立教育机构之监督；（6）对无谋生能力者及无保护人者之保护；（7）对盈余分配程序及破产与审判上清算之监督；（8）对公立和私立精神病院之监督；（9）对开设咖啡店、酒店等特种营业之资格审查；（10）对新闻报纸、杂志等定期刊行物之审查，等等。[①] 应该说，检察院的这些权限本质上也是监督权。因此，我们应该理性、正确地看待中国的检察属性与权能，它是特色化的制度，而不是边缘化的产物。

三是检察机关各种职能各自为战，没有形成统一协调的体系，制约了法律监督职能的发挥。对于现今进行的各项法律制度改革，周汉华教授指出：“许多现行的改革措施明显带有中国改革过程的常见特点，即每一项改革措施各自分离，各自针对特定的问题，与整体制度设计无关。”[②] 这一问题同样反映在检察机关法律监督权能体系中。检察权作为国家公权力，其职权必须由宪法、法律规定并

① 黄东熊：《中外检察制度之比较》，台北中央文物供应社1986年版，第151页。
② 周汉华：《论建立独立、开放与能动的司法制度》，载《法学研究》1999年第5期。

授权，我国检察机关自产生之日起就被赋予了全面的法律监督职能。自新中国成立以来，尽管检察机关在国家机构中的地位、法律监督职权的范围以及实施监督的程序等都有过多次变更，但是，人民检察院作为国家法律监督机关的性质或提法却始终没有变化。新中国成立之初，检察机关除参与刑事、民事诉讼外，还有对政府、公务人员和其他人员是否遵守法律的一般监督权。1954 年宪法、人民检察院组织法明确规定，最高人民检察院对于国务院所属各部门、地方各级国家机关、国家机关工作人员和公民是否遵守法律，行使检察权。1978 年宪法沿袭了这一规定，并规定最高人民检察院对“违宪行为”行使监督权。1979 年人民检察院组织法根据我国法制发展的实际，确定了我国检察制度的发展方向，取消了一般监督的职权，将检察机关的职权主要限定在司法领域和诉讼活动之中，明确了检察机关主要在诉讼活动中，通过诉讼方式行使法律监督职能这一基本格局。从我国宪法和法律关于检察机关职能调整的过程可以看出，在一定意义上，我国检察制度最初的设计者，的确显现了“大检察”的立法思路，要设立一个对所有立法、执法、司法实施全面监督的机构——人民检察院来担负这一职责。但这一构想与我国法制实践差距甚远，一直没有通过具体制度全面加以落实。自 1979 年人民检察院组织法及 1982 年宪法修改后，我国检察机关法律监督的范围逐渐通过有关法律具体化为诉讼监督及司法监督方面，民事诉讼法和行政诉讼法将检察机关法律监督职能体现为按照再审程序提出抗诉，取消了民事案件的起诉权。而刑事诉讼法修改后，检察机关的法律监督职能更主要集中于刑事诉讼的侦查、起诉、审判、执行环节。经过国家监察体制改革后，我国人民检察院的法律监督职能更是进一步收缩，公职人员职务犯罪的侦查权被交由新设置的监察机关行使。

在诉讼职能上，我国检察机关享有的权力是多元化的，既有部分侦查权、批准逮捕权、起诉权，又有诉讼活动的监督权。检察机关的多项权力之间，涉及不同诉讼主体之间的权能冲突问题，始终是学术界探讨的热点，而且至今也没有形成一个相对统一的意见，这些都阻碍了法律监督职能的发挥。例如，对公诉权和监督权主体内部冲突问题，检察机关的自我监督问题，以及“大检察”导致的“小审判”问题等。回顾近几年司法机关为回应实践要求，在现行法律框架内实施的一系列改革措施，很少会涉及司法体制改革的核心问题，很多改革也都因为过于表面和肤浅而没有取得预期的效果。因此，要深化司法体制改革，就必须明确和解决这一问题。我们认为，司法体制改革深层次的问题在于合理地重新界定和配置司法机关之间以及司法机关与其他权力机关之间的权力，即根据诉讼规律，合理界定司法机关与其他相关主体的权力范围及相互关系。重新合理配置权力是解决我国司法现实矛盾和主要问题的根本出路。具体来说，必须正确认识和调整公安机关、检察机关、监察机关和人民法院之间的权力关系以及它们与其他权力主体之间的权力关系。其中，检察机关的法律监督权因牵连的权力最多，争议的内容也最庞杂，尤其是几种为不同主体享有的权力共同联结到一种法律职能时，其间的关系就显得尤为重要。是各种权力在本质上绝对冲突而不可调和，还是欠缺协调机制而表象冲突，对这个问题的正确理解与把握，关系着我国法律监督职能改革的基本方向和具体权力设置。

首先，就检察机关的公诉职能和法律监督权能而言，公诉权的职能属性本身就反映了法律监督的性质。刑事诉讼中检察机关进行法律监督的主要方式就是以公诉人的身份出庭控诉犯罪，实现刑事追诉并监督人民法院的审判活动，公诉权的法律监督性质是其内在属性，并不是和公诉权并列的一种职能。关于公诉职能与法律监督职能的关系问题，一方面我们要深刻地理解和认识公诉权的职能属性本身就有法律监督之意，另一方面还要充分认识二者的区别，不能简单地认为“公诉就是法律监督，法律监督就是公诉”。公诉和法律监督应该是我国检察权的两项既有联系又有区别的职能。笔者认为，我国检察机关有两种职能比一种职能好，因为我们不能违背诉讼的规律，用法律监督职能代替公诉职能，诉讼还有诉讼本身内在的规律，诉讼制约与法律监督是两个不同的概念，程序设计上也是两个不同的程序，这正是我们强调庭后监督或事后监督的原因。另外，还有公诉主体与监督主体的角色冲突问题，是人们质疑检察监督的一个核心问题。笔者认为，在司法机制改革中，应尽力实现两种角色的分离，出庭公诉由负责起诉的公诉部门承担，审判监督或侦查监督可单设法律监督庭，履行监督职责。只有角色分离，才能取得公信，才能实现司法公正。对于这个老大难问题，可寄希望于正在深入进行的司法体制和司法机制改革。如果公诉与监督的角色实现了分离，“检察机关凌驾于审判机关之上”“检察权大于审判权”“大检察小审判”等问题就会迎刃而解。同时，强调检察监督人民法院审判的主要任务是维护司法公正和司法独立的一个重要方面。检察机关的这种控诉作用可以有效防止审判权超越法定范围任意扩张而侵犯公民的合法权利，从而体现法律监督的权能。罗伯斯比尔曾指出，刑事诉讼程序，一般说来，不过是法律对于法官弱点和私欲所采取的预防措施而已。如果法官是天使，是不会犯错误的和完美无缺的人，那么法律就会向他们说：你们面前是被控诉的公民，你们认为为了弄清真实情况需要做什么就做什么，然后你想怎么审判他们就怎么审判他们；诉讼程序由你们规定，使你们信服的就是证据，你们所判定的就是真实情况。这样，任务就会很简单，只需设置法官的职位就够了。但无论法官怎么样，他们总是人。明智的立法者不会把法官当作抽象的或铁面无私的人物，因为法官作为私人的存在是与他们的社会存在完全混合在一起的。明智的立法者知道，再没有人比法官更需要立法者进行仔细的监督了，因为权势的自豪感是最容易触发人的弱点的东西。①

其次，就检察机关的公诉权、抗诉权与人民法院的审判权而言，不因法律监督关系的产生而存在实质冲突。许多学者对审判监督权尤其是检察机关的审判监督权提出质疑。他们是基于审判权的独立性和权威性、公诉权与辩护权平衡的观念，以及“请求者”“求刑者”的下位权力与审判者的“上位权力”的关系，而对审判监督权提出质疑的。具体理由是：（1）人民法院的审判具有司法的终局性，如果对人民法院审判的结果进行监督，就会破坏司法的终局性；（2）强化对人民法院审判活动的监督，其结果必然是弱化人民法院审判权行使的独立性，从而损害人民法院审判权的权威性，危及司法公正和社会正义；（3）在诉讼结构上，检察机关与被告人是诉讼的控辩双方，人民法院是居中的裁判者，如果认为检察机关是法律监督机关，兼具“公诉人”和“监督者”的双重身份，在诉讼中具有高于被告方的地位和权力，就会破坏控辩平等的现代司法理念，使控、辩、审三方的诉讼关系失去平衡，等等。对此，笔者认为，检察机关在履行审判监督职责时，要妥善处理作为监督者和检控者的角色定位问题，在诉讼机制方面尽力使公诉与监督分离，在公诉和监督的履行原则方面要求检察机关要完全站在法律的立场，客观公正地处理检法关系，使检控机关和监督机关的角色获得统一，而不能单纯从代表国家的刑事原告角度履行职责。人民检察院在行使公诉权时对人民法院的审判监督，应当严格按照法律规定的范围、程序和方式进行，这种监督并不是凌驾于人民法院之上，直接或者间接对人民法院的活动进行干涉，而主要是对人民法院审判中出现的违法行为和错误裁判提出意见，请求人民法院

① ［法］罗伯斯比尔：《革命法制和审判》，赵涵舆译，商务印书馆 1997 年版，第 30～31 页。

予以纠正。此外，通过起诉或者抗诉来强化法律监督，注重庭审中对证据的收集与认定，将推动现有的发现案件真实模式向证明案件真实模式转变，有利于控辩双方展开真正的庭审对抗，从而有利于实现法官中立裁判，摆脱传统法官过于积极主动掌控案件的局面，建立真正的控辩对抗、居中裁判的诉讼格局。司法权威不是司法强权，强调审判独立，并不意味着对审判权进行监督就会影响其公正与权威，相反，权威与监督具有较强的同质性。作为权威的主体，体现意志的内容既要符合自身利益，又要符合权威受体利益。如果只体现权威主体的利益和目标，就不是现代意义上的司法权威，而是一种司法强权；如果只体现权威受体的利益和目标，就会使权威走向原始，从而丧失权威，造成社会无序。只有充分体现权威关系各方的利益和目标，接受监督而树立起来的权威才具有令人信服的威望和公信力，才能使权威受体自愿认同，进而推动权威受体理智地行动，以致真正实现司法权威。

最后，在检察机关监督权与人民法院审判权之间不存有实质性冲突的前提下，监督过程就是各种职权协调与不断调整、改进的过程。检察机关的宪法地位已经非常明确，各项具体的检察职能要落到实处，就需要完善立法，进一步健全检察机关在刑事诉讼、民事诉讼、行政诉讼以及有关执行程序中的具体监督程序，保证检察机关的一切监督活动都在法律规定的范围内进行，增强法律监督的可操作性。同时，对于实施法律监督重要手段的各项具体权能，权能自身运作有问题的要进行及时修改，与其他职能冲突的要注意总体协调。例如，1996 年刑事诉讼法修改前规定，人民检察院认为需要自己直接受理的其他案件可决定立案侦查。这一条成为检察机关迅速扩大直接侦查案件范围的法律依据。检察机关这种权力随改革开放和经济犯罪不断增多而日益膨胀，在过去十多年中，自侦案件的范围扩展达 35 种之多，包括偷税抗税罪、投机倒把罪、挪用公司资金罪、假冒专利罪等。不断扩大的自侦案件牵扯了人民检察院过多的精力，从而影响到检察机关集中力量打击贪污贿赂犯罪及其他法律监督职能的发挥。而检察机关自侦案件又缺乏应有的监督，造成弊病甚多。1996 年修改刑事诉讼法针对检察机关自侦案件范围过宽的弊端，缩小了检察机关的职权。2012 年刑事诉讼法规定，国家机关工作人员利用职权实施的其他重大犯罪案件，需由人民检察院直接受理的，经省级以上人民检察院决定，可由人民检察院立案侦查。从而限定了检察机关立案侦查的范围，有利于从总体上发挥优势，进行强势法律监督。适应实践发展需要和职权本身运作规律进行适当调整和改进，如在侦查监督中除加强对可能侵犯嫌疑人权利方面的侦查措施加强监督外，对诸如黑社会犯罪等个别特殊案件实行检察领导侦查的监督方法，可以较好发挥监督中的各个手段的效能，从而使检察监督良性运转。

有权力就必然有监督，监督功能一定要作为独立的权力进行规范并保障。1906年孙中山先生在日本东京《民报》创刊周年庆祝大会上发表演讲，其不主张在中国搞“三权分立”，而是主张“五权”，把监察、考试这两个权力单独立出来。他说，这个监察制度是中国历史上固有的，而西方没有，应该把它加大，从而实现“权能分立”。在现代，我国没有通过明确分权的权力架构和宪政体制来强调权力制约，专门的法律监督权只能由检察机关来行使，并应通过各项权力的良性运转或实至名归而予以强化。针对于审判权，在刑事诉讼运行中，能以权力制约权力的最常态和最有效的方式就是检察权的配置。检察权本身具有的非实质意义上实体处分权的程序性特征，普遍诉讼监督对权力行使主体专业素质的要求等，使得经常性具体监督任务的承担，只有检察机关最适宜，也最符合法治国家法律职业化的要求。同时，作为前连侦查、后接审判的诉讼中间环节，检察机关行使法律监督权，有利于及时发现侦查中可能出现的违法行为，并及时加以纠正，同时对于法庭审判可能产生的错误，通过强有力的抗诉最终促使其进行纠正。

需要强调的是，检察机关作为我国宪法明确规定的法律监督机关，行使法律监督职能。但“专门”不代表“全部”，检察机关进行的法律监督不是我国法律监督的全部，也不是刑事诉讼活动监督的全部。我国的法律监督有着庞大的监督体系，网状的监督结构既强调监督的普适性也强调监督的专门性；既强调监督的常态性也强调监督的特殊性；既强调监督的单向性也强调监督的双向性。检察机关的法律监督只是也只能是我国权力监督体系中至为重要的一支，监督者本身也受到其他权力机构与权利个体的监督。我们不能不切实际地要求专门的法律监督机关完成全面的监督任务，同时也要走出一些基本的误区，通过完善、加强、协调检察机关的各项权能，以保障其监督职能的发挥。我国设立法律监督机关，并由检察机关行使法律监督职能，是“一元分立”权力架构的产物，是由国体、政体、国情及制度决定的。我国检察机关法律监督权能之所以难以有效发挥，不是我国对检察权或者检察机关权能属性的“监督”定位所造成的，而恰恰是对这一权能过于多样化认知的结果，是对检察制度的宪政地位和法治价值等重大问题难以寻求基本共识的结果，是对制度构建的历史合理性和发展的内在逻辑缺乏理性思考的结果。我们没有把这一在历史中形成并经历多年实践检验的宪政制度予以系统化的研究，并适应新的发展在具体权能或者法律关系上作出相应调整，而是一味地聚焦或者夸大其中的某些问题，导致检察机关的权能改革越来越背离其“法律监督”的宪政属性，实践操作层面也因此迷失了发展方向，各种权能“漏洞百出”，而这些又似乎反转过来，构成对检察机关法律监督制度设计正当性怀疑的最有利的依据。层级化的权力结构模式，必然体现为“一元分立”的权力架构，这种权力土壤下生成的检察权在本质上应是法律监督权，应当予以完善和强化。

三、检察监督与检察改革①

当前，我国司法改革正在有序推进，在司法体制与机制的改革中，按照中央有关文件的精神，重点就是要“加强权力监督和制约”，其具体措施是优化司法职权配置。为完成这一任务，中央提出了一系列的改革措施，尤其是检察改革，以加强法律监督、促进社会和谐为主体，紧紧抓住影响司法公正、制约司法能力的关键环节，进一步破除体制性、机制性障碍，优化司法职权配置。但是，实现这一目标涉及一个核心问题，就是检察机关法律监督的科学定位、加强检察机关法律监督的各项改革措施的正当性和必然性的问题，对其科学依据和理论支撑，有人认识但理解不深，有人还不完全了解，甚至提出质疑。因此，这里试就检察改革与法律监督的有关问题进行研讨。

（一）要从国家权力建设和构建和谐社会的高度认识对司法权的监督和制约

我国宪法明确规定：“中华人民共和国人民检察院是国家的法律监督机关。”对于这一规定对人民检察院的定性和定位，众说纷纭，争论不休。例如，有人这样回应：“因为我国《宪法》第129条作了明确规定，所以，其法律监督的地位不容质疑。”这种回答只是一种实然性的解释，没有从应然性的理解中说清问题。因此，很多质疑者仍是疑虑不断。笔者认为，既要从实然方面又要从应然方面把

---

① 原文刊载于《河南社会科学》2010年第3期，原名为《简论法律监督与检察改革》，收录时有所修改。

问题讲清楚，而且更重要的是要从应然方面，把它的科学性、合理性说明白。权力的本质属性决定必须对它加以监督和制约。权力一般包括以下几个特征。

首先，权力是一种社会关系。正如罗伯特·达尔所指出的那样，权力并不是个人拥有的什么，而是人与人之间的一种关系，“权力是社会单元之间关系的从属关系，由此，在某些情况下，权力中单元的行为依存于其他单元的行为”[①]。即权力不仅存在于社会关系中，而且是作为一种特定的社会关系存在的，这种特定的社会关系体现为影响者“在一种社会关系里贯彻自己意志的机会”[②]。民主国家的国家权力是通过法定程序经人民的授权，取得行使权力的合法地位的。君主的统治权虽号称“受命于天”，一般也需按其祖宗成法袭位获得，才能得到臣民的认可。可见，符合本团体的准则和价值体系，得到作为授权者的共同体成员的认同或其他形式上的准入，权力的行使才能获得正当性。获得正当性的权力就是“影响力”，就是一种权威。

其次，权力关系在本质上是一种动态的强制关系。权力是一种积极有效的行为。就权力本身具有的能量而言，拥有权力要求必须具有一定的权力资源，而且这种资源足以对其他人施加影响力、支配力。权力者之所以有影响、支配他人的能力或能量，在于他拥有必要的物质或精神、文化资源，运用它能对他人产生物质的或精神的影响，达到能按照权力主体意志所要求达到的目的。权力主体一般都有一定的目的和指向，即把权力运行的方向指向权力的接受对象。只有权力行使者能使权力接受者按照自己指定的方向移动，权力才会形成，否则二者就不存在权力关系。这种影响力、支配力亦即强制力，是权力的基本特性之一，也是权力同权利的一个重要区别。权力的特征是能够即有能力以自己的“强制力”作为或不作为。

再次，权力具有易扩张性，对权力的运行必须进行监督和控制。权力是可交换的稀缺资源，既可以用来积极为大众服务，也可以消极地不作为，更可以加以滥用，用来攫取物质或精神私利。霍布斯曾言，“得其一思其二，永无休止的权势欲，是全人类共有的普遍倾向”[③]。孟德斯鸠对此认为：“一切有权力的人都容

---

① ［美］罗伯特·达尔：《现代政治分析》，王沪宁等译，上海译文出版社 1987 年版，第 33 页。
② ［德］马克思·韦伯：《经济与社会》（上），林荣远译，商务印书馆 1998 年版，第 81 页。
③ ［英］霍布斯：《利维坦》，黎思复译，商务印书馆 1985 年版，第 72 页。

易滥用权力，这是万古不易的一条经验。有权力的人们使用权力一直到遇有界线的地方才休止。”① 与权利需借助权力为中介才能实现其意志和目的不同，权力自身具有直接的强制力、形成力、权威性乃至暴力性，能自仗其力，自行其是。极具诱惑力的权力具有天生的侵犯性和腐蚀力，可以自行进行扩张，因此，必须对其严加防范，进行监督和控制。

作为执政党的中国共产党的伟大实践已经证明了上述论证的正确性。特别是近几十年我国在改革开放的新形势下，不断加强党的建设，提出“坚决反对腐败，是党必须始终抓好的重大政治任务”②，这一实践过程，已经充分证明了孟德斯鸠的上述论断：一切有权力的人都容易滥用权力，这是万古不易的一条经验。因此，党中央已清醒明确地认识到这一千古不变的真理，党的第十七届四中全会的决议中明确指出要健全权力运行制约和监督机制，以加强领导干部特别是主要领导干部监督为重点，建立健全决策权、执行权、监督权既互相制约又互相协调的权力结构和运行机制，推动权力运行程序化和公开透明。③

司法权是国家权力的重要组成部分，司法权力运行中的滥用与腐败问题，同样应引起高度重视，因为司法权力的作为与不作为，关系到人民群众的生命、财产的生杀予夺，它直接与社会的公平、公正、正义紧密相连。因此，中央已把司法领域里的腐败问题列为治理的一个重点，明确指出要深化司法体制和工作机制改革，加强对司法活动的监督，健全执法过程、违纪违法责任追究等制度，保证公正司法。④ 由此可见，深化检察改革，加强法律监督，作为理政治权的基本方针被写进我国宪法，这是权力的本质属性所决定的，它是从国家权力建设的高度保障国家权力，特别是司法权的健康运行的重大决策。尤其是在目前中国现实社会所存在的人民内部矛盾凸显、利益分配格局发生了巨大变化的具有阶段性特征的情势下，为了化解社会矛盾，建构和谐社会，加强权力的监督制约更有其现实意义。当前，我国社会正处于转型期，社会聚集了诸多的利益之争和冲突，未能

① ［法］孟德斯鸠：《论法的精神》（上册），张雁深译，商务印书馆1963年版，第154页。

② 《中共中央关于加强和改进新形势下党的建设若干重大问题的决定》，载《检察日报》2009年9月28日，第2版。

③ 《中共中央关于加强和改进新形势下党的建设若干重大问题的决定》，载《检察日报》2009年9月28日，第2版。

④ 《中共中央关于加强和改进新形势下党的建设若干重大问题的决定》，载《检察日报》2009年9月28日，第2版。

及时协调和化解；社会表现出诸多的贪腐和堕落，未能及时惩处和治本；社会也压抑了诸多的诉求，未能通畅地表达，以致人们的情绪有时会表现为不平、无奈和非理性。[①] 同时，社会矛盾的关联性、敏感性、对抗性将会持续增强。因此，我们必须正视矛盾，重视矛盾，积极主动地化解矛盾，最大限度地增加和谐因素，最大限度地减少不稳定和不和谐因素，加强对司法权的监督和制约，不断地促进社会和谐。

（二）要从我国宪政基础的权力结构模式中认识具有中国特色的检察权

不同的国家有着不同的国家权力结构模式，西方一些国家的“三权分立”结构模式，与我国宪法所确立的“一元分立”的权力结构模式是不同的。我国宪法第2条和第3条规定：“中华人民共和国的一切权力属于人民。人民行使国家权力的机关是全国人民代表大会和地方各级人民代表大会。人民依照法律规定，通过各种途径和形式，管理国家事务，管理经济和文化事业，管理社会事务。”“中华人民共和国的国家机构实行民主集中制的原则。”这些规定体现了“人民主权”的宪法原则和人民行使权力的途径及方式，体现了人民当家作主的宪法地位和人民民主的政权性质。我国建立的政权组织结构模式，是人民代表大会制度，这种制度就是人民通过民主选举产生全国人民代表大会和地方各级人民代表大会，作为行使国家权力的机关，其他国家机关都由它产生，向它负责，受它监督，各级人民代表大会向人民负责。具体地说，全国人民代表大会是立法机关，又是最高国家权力机关；由它产生人民政府、人民法院和人民检察院。这样就形成县以上各级人民代表大会及其常委会拥有国家立法权、任免权、批准决定权和对法律实施监督权、重大事项决定权，国务院和各级地方人民政府行使行政权，包括行政立法权，各级人民法院行使审判权，各级人民检察院行使法律监督权的权力结构模式。这样的权力结构模式可称之为“一元分立”，即在一元权力——人民代表大会下，分设出立法权、行政权、审判权和法律监督权。这种权力结构模式明显区别于“三权分立”的权力结构模式。在“一元分立”的权力结构中，权力的监督和制约可体现在两个方面：一是由于一切权力属于人民，被授权的各个权力主体都要接受全国人民代表大会的监督，可称之为“人大监督”；二是我国宪法规定，人民检察院是国家的专门法律监督机关，特别是在诉讼中，

---

① 《深入推进三项重点工作是人民法院的重大战略任务》，载《人民法院报》2010年1月1日，第1版。

检察机关被授权对刑事、民事、行政诉讼行使监督和制约权。由于在“一元分立”下的行政权、审判权与检察权互不隶属，它不像“三权分立”下的各种权力的相互制衡，还由于“人大监督”的宏观属性，决定其必须设立专门的经常性的监督机关，代行其日常性的监督职责，这种监督职责由于历史的原因和我国传统文化的原因，全国人大赋予人民检察院专司法律监督权。这是我国权力设置与运行的必然选择。从渊源上考察，由检察机关享有法律监督权能的法理依据，直接来源于列宁关于社会主义国家检察机关职能的认识和阐述。作为国家权力，列宁第一次提出了检察权的概念，他认为检察权是违法监督权，是包括对民事、刑事、行政所有法律行为的监督权。列宁本人秉持的是一种“大检察观”，即突出和强化检察机关在国家法律体制甚至社会生活中的作用和影响。它基本的理论要点是基于保障社会主义国家的法制统一性，将检察机关定位为专门的法律监督机关。为此，“检察机关以法律监督为专职专责，不执行任何行政职能，受中央垂直领导，行使中央检察权”，“检察长的责任是要使任何地方当局的任何决定都不与法律相抵触”。①正如苏联学者所言：“保障有效的法制保障制度是最重要的政治和法律任务之一。作为准确而严格地执行最高权力机关的法令的保证形式——检察机关的监督，应该列为最有效的法制保证，在任何一个资本主义国家中都没有类似我们这样的检察机关，它在苏维埃国家机构中处于独立自主的地位，维护着统一的、为全国制定的各种法令。检察机关在代表国家对执行和遵守法律实行最高监督时，拥有广泛的权力，这些权力使它得以顺利地完成四项相互联系的任务，保证法制的统一；对公民完成自己的义务实行有组织的监督，维护公民的自由和权利；同违法行为做斗争并防止其发生；积极参与法纪教育工作；1977年的苏联宪法用独立的一章专讲检察机关。在各章中规定的检察机关活动细则具有政治性意义，它指出了作为国家活动的特殊形式的检察机关的独立性质。”②列宁对检察权力的定性及对检察机关权力配置的设想在社会主义国家中影响深远。新中国成立后，如何在新型权力架构中确定检察机关的职能属性是一件新鲜事物。由于我们缺乏相应的理论支撑与成功经验，因此借鉴、吸收甚至在一定范围内照搬苏联有关检察机关的相关规定，把苏联的检察模式作为主要参照系数就

---

① 《列宁全集》（第33卷），人民出版社1957年版，第266～328页。

② ［苏］K. C. 帕弗里谢夫等：《论苏联检察机关法》，陈森译，载《外国法学》1981年第1期。

成了顺理成章之事。我国在 1978 年起草人民检察院组织法时，就趋向于将检察机关定位为“国家的法律监督机关”。彭真同志在起草人民检察院组织法向第五届全国人大二次会议作说明时明确指出：确定我国人民检察院的性质是国家的法律监督机关，这是我们运用列宁坚持的检察机关的职权是维护国家法制统一的指导思想，结合我们的情况而作出的规定。但需要注意的是，中国检察制度的形成和发展并不是完全“苏化”的，新中国的奠基者和领导人都始终强调马列主义理论与中国革命实践的结合。中国检察制度的理论基础不仅源于列宁的法律监督思想，还吸收和借鉴了包括中国古代的御史监督思想及“五权”宪法思想等分权思想。在这些理论的指导下，经过半个多世纪的探索与改进，中国已形成了有别于苏联的检察制度。

综上，对我国“一元分立”的权力架构体系下的检察权的理解和认识，必须明确以下几点：一是“一元分立”的层级化权力结构要求检察机关行使法律监督的职权，以保障国家法律的统一正确实施；二是检察机关的性质和职权具有特殊性、专门性和独立性，它既不归位于行政权，也不隶属于司法权，它活动的根本宗旨就是维护法制；三是检察机关的法律监督范围应当与国家法制的发展状况相适应，即检察机关应当全面承担起保障法律实施的责任，而不是仅仅保障某一方面法律的实施；四是国家检察制度的确立和检察机关的设置，要从本国的国情出发，要根据国家的体制特点、历史传统和法制状况来学习和借鉴外国的经验，而不能机械地照搬。如同社会主义国家没有固定的模式一样，社会主义国家检察制度也不存在固定的模式。只有把检察制度的基本规律同具体的国情相结合，才能充分发挥检察制度在国家活动中的法律监督效能。①

(三) 要以法律监督为重点，优化检察权，推动检察改革

无论是从国家权力建设，还是从当前我国的司法现状，尤其是权力腐败的严重情况看，强化检察机关的法律监督势在必行。目前，正在进行的司法改革已经把对司法权的监督和制约列为重点。同时，我国宪法也明确规定，人民检察院是国家的法律监督机关。但是，就司法实践而言，监督不到位，制约未落实，监督者不敢监督、不愿监督、不会监督，被监督者不接受监督，甚至以种种借口不让监督，导致法律监督形同虚设。形成这种局面的一个重要的原因是立法不严，监

① 樊崇义：《检察制度原理》，法律出版社 2009 年版，第 119 页。

督缺位，只有原则规定，没有职权配置，只有空洞口号，没有具体措施。因此，在新一轮的司法体制和机制改革中，把法律监督落实在职权的优化配置之中，重点应从以下几个方面进行。

第一，完善立案监督的内容和程序。检察机关对侦查机关违反规定不应当立案而立案和应当立案而不立案的监督机制，还没有完全建立健全，尤其是对于检察机关通知公安机关立案的案件，公安机关应当向检察机关反馈立案侦查的情况，目前还没有形成一套完备的监督制约机制。我国 1996 年修改后的刑事诉讼法第 87 条规定："人民检察院认为公安机关对应当立案侦查的案件而不立案侦查的，或者被害人认为公安机关对应当立案侦查的案件而不立案侦查，向人民检察院提出的，人民检察院应当要求公安机关说明不立案的理由。人民检察院认为公安机关不立案理由不能成立的，应当通知公安机关立案，公安机关接到通知后应当立案。" 1996 年刑事诉讼法修正案增加这一规定的目的有二：一是确立了人民检察院对立案监督的地位；二是解决人民群众告状难的问题。当时这一规定出台后，深受人民群众的赞扬和肯定。但是，对于人民检察院如何履行立案监督的职责，以及立案监督的内容与程序，尤其是对立案的救济、制约程序，立法仍属空白。因此，在这一次检察改革中，应全面审视、全面设计立案监督的内容、程序，以及救济措施，以规范侦查机关有案不立、立而不侦、不破不立、先破后立以及不该立而立等行为。另外，关于立案条件，撤案、销案条件以及立案情况向检察机关反馈的制约救济措施等，均属立案监督的范围，均应通过立法或制定立案监督条例加以解决。

第二，完善侦查监督的内容和程序。即明确检察机关对侦查活动进行法律监督、纠正违法的程序，完善侦查机关对检察机关纠正意见不服的申请复议机制。关于侦查监督的内容和程序，包括审查批准逮捕和审查起诉等，1996 年刑事诉讼法虽已有规定，但很不完善。例如，刑事诉讼法第 76 条规定："人民检察院在审查批准逮捕工作中，如果发现公安机关的侦查活动有违法情况，应当通知公安机关予以纠正，公安机关应当将纠正的情况通知人民检察院。" 刑事诉讼法第 137 条关于审查起诉的内容明确规定包括"侦查活动是否合法"，等等。但是，这些规定原则、笼统，又缺少制裁和救济措施。再加上从 1996 年至今侦查监督的实施情况已经证明，执行效果极差，尤其是对非法取证、超期羁押等违法行为的纠正，立法缺少规定，其实施细则更是空白，导致监督不力，错案时有发生。

因此，在这次改革中必须通过对刑事诉讼法的修改解决六个问题：一是明确检察机关侦查监督的法律地位；二是确定侦查监督的具体内容，既包括对侦查中所适用的各种强制措施的监督和审查，又包括对各种侦查手段适用过程中的严重违法行为的监督；三是确立非法证据的排除规则和程序；四是建立检察引导侦查的证据标准；五是建立纠正违法行为的程序和制裁违法行为的措施；六是建立侦查机关对纠正违法制裁措施不服的申请复议机制和程序等。

再三，建立涉案财产的检察监督机制。这主要是要建立当事人对侦查机关采取搜查、查封、扣押、冻结等措施不服而提请检察机关或上一级检察机关进行监督的制度。我国对公民的合法财产的保护已经写入宪法。但是，在诉讼中涉案财产无论是物权强制措施的适用，还是涉案财产的返还、没收等各个环节都比较乱，人民群众反映强烈。其主要原因是立法不严，特别是关于搜查、查封、扣押、查询、冻结、移送、返还、没收等诉讼的各个环节，侦查机关适用的随意性较大，多数是由办案人打报告，侦查机关负责人批准，采用行政手段处置涉案财产，而我国还没有建立一个涉案财产的司法审查制度，更没有一个当事人不服的申请救济的机制，检察机关监督也没到位。因此，笔者认为，一要充分认识涉案财产处置程序的重要性，它是关系到当事人财产关系和直接经济利益的大问题，尤其是一些民营企业，老板出了问题，财产被冻结、银行贷款停止、企业倒闭、工人失业，它实质上是一个关系民生的大问题，我们必须予以高度重视；二要建立具有中国特色、符合中国国情的司法审查制度，即未经同级检察机关批准，不得适用各种物权强制性措施；三要建立当事人不服的申诉救济机制；四是检察机关的监督要到位，实行同步审查、同步监督的方法。

第四，改革和完善刑事审判监督。刑事审判监督的实质是诉讼中的“检、审关系”问题。这个问题是由来已久的争议问题，即审判程序要不要接受法律监督，要不要检察机关进行监督，监督职能与公诉职能的关系问题。如前所述，任何一种国家权力，失去监督必然会生滥用，这个道理不言自明。审判权也不例外。至于检察机关的监督职能与公诉职能的关系问题，笔者认为，应依照诉讼规律，两种职能必须分离，不能集公诉人于一身。在检察改革中，人民检察院为加强诉讼监督，应在机构改革中设立专门的监督机构，履行法律监督职能，坚持检察职能“二元论”，即监督与公诉两种职能并存。虽然公诉职能在一定意义上有法律监督之义，但不能用法律监督代替公诉职能、用职能“一元论”代替“二元论”，这是尊重和遵循诉讼规律的需要。我们应在检察职能“二元论”的哲理基础上解决审判监督程序改革与完善问题。关于审判监督程序改革与完善，当前紧迫的现实问题有四个：一是积极参与量刑程序改革，搞好量刑建议；二是明确检察机关参与二审程序和再审程序的法律地位，并制定和完善参与二审与再审程序的检察监督具体措施，以体现检察机关在提高案件质量和效率方面的监督作用；三是积极参与死刑复核程序的改革，列席审判委员会，积极发表意见，以保证死刑案件的质量和审判效率；四是制定监督审判程序的程序制裁和诉讼救济措施，以体现审判监督法律效果。

第五，保证法律监督的实效。依法明确、规范检察机关的调卷权，对违法行为的调查权，建议更换办案人、提出检察建议的权力，以保证法律监督的实效。

以上仅就突出法律监督的重点，推进检察改革的几个主要问题作一简要论述。其实，关于检察改革还有许多问题，如完善检察机关对民事、行政诉讼实施法律监督的范围和程序问题，以及关于检察机关自身的监督和制约问题、关于检察机关如何贯彻宽严相济刑事政策的改革问题，都需要讨论，由于篇幅所限，不再赘述。

四、检察改革与司法公信力①

如何提升检察机关的公信力，笔者认为以下四个方面问题应当引起必要的重视和研究。

第一，检察机关的法律和职能定位。这是一个重要的基础问题。关于如何提高检察机关执法公信力，很多检察机关都有一些有效的实践经验。对此，笔者认为以下问题需要进一步厘清：一是检察机关不是政府的一个部门；二是检察机关的工作与当前国家中心工作的关系；三是使群众了解检察机关，知道检察机关是干什么的，其切入点如何确定、度如何把握。简言之，检察机关执法公信力涉及两个主题，一是检察职能的本质属性，二是公众群体的公信力评价。这样一来，公信力问题似乎复杂化了。笔者认为，从检察职能的本质属性来看，检察机关执法公信力涉及法律本身的制度和结构问题，更涉及司法体制和机制问题。从评价

① 原文刊载于《人民检察》2009 年第 20 期，原名为《把公信力建设作为检察改革的一个重点》，收录时有修改。

主体来看，还涉及评价主体认知水平和道德问题、社会问题。基于以上判断，提升检察机关的执法公信力应该从理论和实践层面研究和解决以下六个问题：一是准确界定检察机关执法公信力的概念与特征；二是执法公信力与司法公正、司法权威之间是什么关系；三是检察机关执法公信力的价值和功能；四是分析当前我国社会公权力公信力缺失的原因，主要包括深刻的历史原因、体制原因、信仰方面的原因和执法司法从业者素质方面的原因；五是检察机关执法公信力的构成要素；六是检察机关执法公信力的构建，特别是在当前情况下要采取哪些措施。

第二，检察机关执法公信力的生成。笔者认为关键在于检察机关本身，只有检察机关本身才是决定其公信力高低的基础，其他外部因素主要起补充、促进作用。对于检察体制和机制的科学性、正当性，检察机关自身应当有充分的认识。就当前来说，关键是要把检察机关执法公信力问题与中央关于新一轮司法体制和工作机制中的检察体制和检察机制问题结合起来，认真研究并解决。易言之，当前要把提升公信力作为检察体制和检察机制改革的一个重点深入进行下去。把公信力建设作为检察改革的一个重点，还要认真把握两个重要问题：一是权力制约和监督，其中涉及检察监督、诉讼监督以及如何正确履行法律监督职能问题；二是执法司法行为的规范问题，这是提升检察执法公信力的重要方面。

第三，检察执法办案问题。说一千，道一万，提升检察机关执法公信力必然要面对的是案件质量问题。例如，当前检察机关批准逮捕的质量、起诉质量、支持公诉的质量等，检察机关都应该认真地分析。最近，笔者在几个地方人民检察院就同步录音录像调研时，听到有些同志说，录这么多有什么用啊，法庭上又用不上，还要专门安排人员保管。笔者认为，如果从公信力角度认识同步录音录像、律师在场问题，就不会产生录音录像无用的疑问了。一句话，要严格按照刑事诉讼程序办案，以提升检察机关执法办案的质量，这样就能有效提升检察公信力。可以说，办案质量是提升检察执法公信力的一个决定性因素。

第四，检察机关自身监督和廉洁问题。检察机关是国家的法律监督机关，监督者如何被监督是一个不断被追问的问题。检察机关如何进行自身监督，关系到其履行法律监督职能的正当性和公信力，必须予以加强。“公生明，廉生威”。廉洁对于公权力机关来说，其意义怎么强调都不为过。总而言之，只要检察机关不断强化自身监督，提高廉洁性，其公信力提升就大有希望。

五、新时期检察官思维方式的转变[①]

思维，意指在表象、概念的基础上进行分析、综合、判断、推理等认识活动的过程，是人类特有的一种精神活动，是从社会实践中产生的。[②] 刑事诉讼中检察官的思维，是指检察官对刑事诉讼的性质、目的、结构、职能、程序及其价值、诉讼法律关系等一系列问题的认识、看法、心态和价值取向的总称。思维属于主观认识范畴，它往往因人而异，不同的人有不同的思维和认识。不同的思维，不同的认识，又直接影响着诉讼的效果。思维在法律文化的结构体系中，处于深层次或隐蔽的地位。同时，思维往往还受时代的制约，随着时代的变化而变化。不同的时代，不同的社会政治、经济、文化、法律制度，会形成不同的思维。思维的变化同社会政治、经济、文化的发展变化相比，具有滞后的特点。因此，对转型时期检察官思维的研究具有现实意义和时代价值。

准确地把握检察官思维的转型，对刑事诉讼有着重要的价值和功能。第一，它是破除僵化的传统观念的有力武器。从法律文化传统看，我国几千年儒、法两家的刑事法律观深深地影响着刑事诉讼法的贯彻和执行。特别是封建特权、地方保护、等级观念、畏于诉讼等，直接干扰和影响着刑事诉讼法的实施。这些僵化的理念会直接破坏诉讼的进程和效果。只有用转型以后的新思维新观念取而代之，才能保证检察职能的全面贯彻发挥，才能保证诉讼的顺利进行。第二，只有在新思维和新观念的指导下，才能保证公诉质量和公诉效果。例如，在转型时期，检察官的思维从"权力本位"转向"权利本位"，一字之差，公诉质量和公诉效果就会截然不同。在"权利本位"思维的指导下，反映在起诉程序上，尊重和保障人权，严格按照刑事诉讼法的规定，保障被告人的辩护权、上诉权、申诉权等一系列诉讼权利，善于倾听不同的意见，被告人才会口服心服，社会和谐稳定、公平正义才能得以实现。第三，思维的转型，必然提高司法能力，进而对维护社会的和谐稳定具有重要的价值。2004 年 12 月 7 日至 8 日的全国政法工作会议强调指出，要着力提高五个能力，"着力提高政法机关对敌斗争、维护国家安全的能力，打击预防犯罪、驾驭治安局势的能力，加强基层基础工作，化解矛

---

① 原文刊载于《国家检察官学院学报》2005 年第 1 期，原名为《刑事诉讼中检察官思维的转型》。

② 《现代汉语字典》，商务印书馆 1973 年版，第 970 页。

盾纠纷的能力，严格公正执法、保障社会公平正义的能力，服务经济建设，促进改革发展的能力，为全面建设小康社会创造和谐稳定的社会环境和公正高效的法制环境”①。其核心和关键在于有一种新的思维和新的观念，或曰转型的刑事诉讼观。可以设想，沿用计划经济体制下因循守旧的思维、观念和法律观，上述五种能力是难以提高的，社会和谐稳定的局面是难以形成的。例如，在单一的、片面的“国家本位”思维指导下，诉讼中不考虑社会效果和效益，不考虑个人的合法权利，甚至为了国家而不择手段地违法侦查、起诉，刑讯逼供成风，辩护权受到限制和剥夺，就会导致冤假错案丛生，申诉、告状、上访不断发生，甚至酿成突发事件，还谈何和谐稳定的社会和公正高效的法制环境。由此可见，着力研究在刑事诉讼中检察官的思维转型，是何等的重要。在刑事诉讼中，检察官思维的转型，主要表现在以下几个方面：

（一）诉讼性质思维的转型

在计划经济体制下，尤其是在“以阶级斗争为纲”的日子里，把刑事诉讼看作是阶级斗争的工具，一切诉讼行为奉行“国家本位”的指导原则，为了国家而不择手段，刑讯逼供、冤假错案时有发生。在这种单纯、片面的“国家本位”的一元化思维下，刑事诉讼所出现的偏颇和教训是十分沉痛、十分深刻的，诉讼的进行不讲程序，不讲规则，时而有权势的个人说了算，时而发动群众，搞群众运动，脱离法治的轨道。这种做法的必然结果是诉讼当事人不服，民心不稳，社会不安，这些苦头和教训值得我们反思。其实，国家、社会、个人是三个既有联系又有区别的概念。“自从黑格尔对市民社会和政治国家作了实质性区分以来，国家与社会两个面的事实得到了基本的学理说明。马克思早期仍然借助于黑格尔的学说作为分析工具，即使其后来的经济基础与上层建筑的区分，也是在充分肯定黑格尔学说的基础上发展起来的”②。然而在我国，对这三个概念的区分长期未受到应有重视。

在刑事诉讼中，单纯的“国家本位”思维必然置诉讼参与人的诉讼权利于不顾。因为在一元化思想指导下，必然导致义务本位和权力本位错位，诉讼中的独立、平等和权利被取而代之。早在20世纪初，陈独秀在分析这种义务本位和

① 该会议内容载《人民法院报》2004年12月9日，第1版。
② 谢晖：《中国法学家法律观的转变》，载《法制日报》2000年5月7日，第3版。

权力本位的价值观时就指出，它具有四大恶果：“一曰损坏个人独立自尊之人格，一曰窒碍个人意见之自由，一曰剥夺个人法律上平等之权利，一曰养成依赖性，戕贼个人之生产力”①。按照近、现代刑事诉讼规则和标准的要求，以及对刑事诉讼本质的认识，从一元化的国家本位转变为多元化的国家、社会、个人本位的思维，是势在必行和客观所需。

第一，就刑事诉讼概念而言，近、现代人们对刑事诉讼的理解，也绝非只是国家说了算，它是由控诉、辩护、审判三种基本诉讼职能组成，取消或削弱了任何一种职能，就不是一个完整的、健康的诉讼，尤其是世界各国对诉讼中辩护职能的改革和加强的发展趋势更说明了这一点。

第二，就参与和决定刑事诉讼进程的主体而言，以近、现代的标准，更非只有代表国家的侦查、检察、审判机关作为刑事诉讼的主体，除了专门机关之外，还包括所有的诉讼参与人。法律还赋予各个诉讼参与人享有的诉讼权利。在诉讼中剥夺或侵害他们的权利，将直接影响诉讼行为的效果和效力。

第三，就刑事诉讼法的属性而言，自20世纪90年代以来，我国法学界对传统的国家主义法律观进行了全面的、深入的反思，特别是1992年以来对市民社会的讨论，直接导致法学界对法律本质研究的深化。法学家们把对法律本质研究的探讨深入到市民社会，肯定了法律多元化的存在，打破了“法律是统治阶级的意志的体现”这个一元化的论断。通过对这一观念的锤炼和升华，作为国家基本法律之一的刑事诉讼法的属性和本质问题，就不言而喻了。我们在执法思想上，必须完成从国家本位向国家、社会、个人三位一体的转变，对刑事诉讼法的实施，必须同时兼顾三者利益，向任何一方偏颇，都会导致不良的社会后果。

第四，在社会主义市场经济培育的过程中，市场主体资格制度得以确立。作为市场的法律主体，他们是相互独立的人，有完全的行为能力和责任能力，他们没有行政依附，不存在因所有制不同而产生的身份差别，他们在法律地位上是完全平等的，均可以真正独立、平等的市场主体资格进入市场，与他人竞争，这与计划经济下的法律制度，即排斥市场、否定市场主体、禁止竞争是大相径庭的。经济生活的这一重大变化，必然影响着刑事诉讼法的立法、执法。刑事诉讼中的思维必须在考虑国家利益的同时，要平等地对待社会和公民个人的合法权益。正

① 谢晖：《中国法学家法律观的转变》，载《法制日报》2000年5月7日，第3版。

因如此，党的十五大在确立“依法治国”的方略时，特别把人权保障问题提到了我国政治生活的议程之上。

第五，就国际社会而言，我国已经批准或签署加入联合国有关公约，包括进入WTO。这些变化必然要求刑事诉讼法同相应的国际规则或标准协调一致，特别是对诉讼中人权保障以及程序标准的确立和执行，如果在诉讼思维上没有一个彻底的转变，它将直接影响着我们的国家利益和民族利益。

笔者认为，在刑事诉讼中促进和保护我国公民的人权和基本自由，首先要冲破国家本位一元化刑事诉讼思维，牢固地树立国家本位、社会本位和个人本位多元化相结合的新思维，进而在刑事诉讼立法和执法上达到预期的目的。特别是作为国家专门法律监督机关的人民检察院，作为履行诉讼监督职责的检察官，更应率先做上述三种利益的捍卫者，每一个诉讼行为的实施，每一种诉讼活动的进行，都要善于把“国家”“社会”“个人”三者有机地结合起来，以实现三种利益的平衡，只有这样，才能以高水平的司法能力，为构建和谐稳定的社会添砖加瓦。

（二）诉讼价值思维的转型

关于刑事诉讼的价值思维问题，长期以来，无论在理论研究还是法律执行上，一直是沿用和秉承工具主义的法律观，认为刑事诉讼法是实施国家刑罚的工具，是无产阶级专政的工具。这是由于人们对国家法律在总体认识上的工具主义的法律观造成的。在这种法律观的指导和影响下，刑事诉讼处于“从属”“服从”“可有可无”的地位，没有独立的内在价值。长期以来，“重实体，轻程序”“程序虚无”的做法已充分地证明了工具主义的危害性。

在人类历史上，刑事诉讼法的价值与功能一直存在着绝对工具主义、相对工具主义、程序本位主义和经济效益主义四种法律观之争。所谓绝对工具主义，它在哲学上属于功利主义的一个分支，如边沁认为，“程序法的唯一正当目的，则是最大限度地实现实体法”，“程序法的最终有用性取决于实体法的有用性……除非实体法能够实现社会的最大幸福，否则程序法就无法实现同一的目的”[①]。这种理论把程序法的价值和功能归结于仅为实现刑事实体法，除此之外，它本身是没有任何价值和意义了。绝对工具主义的程序理论对后世信奉功利主义法理学

① 转引自陈瑞华:《程序价值理论的四个模式》，载《中外法学》1996年第6期。

产生了巨大的影响。毋庸置疑，绝对工具主义在我国的理论研究部门和实际执法部门也相当有市场。自新中国成立以来，一直到20世纪80年代末，多数人都认为刑事诉讼法就是保证国家刑罚权得以贯彻实施的，就连高等法学教育的教科书也持这一传统的看法，认为刑事诉讼法是手段，是工具，而不是目的，保证刑法的实施才是目的。相对工具主义、程序本位主义和经济效益主义在我国诉讼理论研究中，以及对实务工作的影响不大，本文不再赘述。笔者认为，在刑事诉讼法实施过程中，关于刑事诉讼法的价值与功能的认识方面存在的一个突出需求，就是要克服绝对工具主义的影响，把单一的工具主义的思维转变为多种价值多种功能的思维，尤其是要充分地认识到刑事诉讼法独立的、内在的价值，以充分发挥刑事诉讼法的作用。

实现和完成这一转变，首先要解放思想。因为长期以来，教科书也好，理论研究也好，实际工作也好，一直沿用“工具论”。一直片面地引用马克思的一段著名论述，即“实体法……具有本身特有的，重要的诉讼形式……审判程序和法二者之间的联系如此密切，就像植物的外形和植物的联系，动物的外形和动物的血肉的联系一样。审判程序和法律应该具有同样的精神，因为审判程序只是法律的生命形式，因而审判程序是法律内部生命的表现”①。许多教科书和学术著作根据这一论述就得出了程序法只具有工具性价值的结论，而且这一结论已经成为诉讼理论研究者和执法者的座右铭。但是，马克思就在同一篇文章中明确指出：“如果审判程序只归结为一种毫无内容的形式，那么这种空洞的形式就没有任何独立的价值了。”由此可见，程序法不仅仅是用以实现实体法的工具、手段或形式，它还具有一种独立于程序结果的内在价值。

实现和完成刑事诉讼法价值思维的转变，要求我们在执法过程中，博采各家之长，规避各家之短，以达到多功能、多效应的价值目标。即实施刑事诉讼法的执法思想，一要坚持刑事诉讼法的打击、惩罚和保护功能，使刑法得以实施，充分体现刑事诉讼法的工具价值（亦称外在价值）；二要特别重视刑事诉讼法自身独立的功能，即程序的公正性（亦称内在价值），严格依法办案；三是不能忽视诉讼经济、诉讼效益，以实现刑事诉讼法的经济效益价值，三位一体，从而形成具有中国特色的刑事诉讼法价值观。

---

① 《马克思恩格斯全集》（第1卷），人民出版社1956年版，第178页。

目前，根据我国民主与法治进程，在实施刑事诉讼法时，加强对刑事诉讼法自身价值的认识和研究并付诸实施，对推进依法治国具有非常重要的意义。因为诉讼程序独立的内在价值思维在人类历史上的出现就是一个进步，回顾和追溯刑事诉讼制度的发展史，可以说就是从绝对工具主义到程序本位的发展史，也可以说是诉讼程序的内在价值从无到有、从依附到独立的历史。这一理论的创设和实施，使诉讼程序的贯彻与执行从不自觉到自觉，从低级跨到高级，这是诉讼程序价值思维在认识上的一个质的飞跃。独立的程序价值和品位，本身就是现代文明、现代法治的一个重要组成部分。正是认识到程序自身的价值和功能，许多学者才终身从事刑事诉讼程序公正标准的研究。联合国的许多文件，尤其是《公民权利和政治权利国际公约》《经济、社会及文化权利国际公约》《禁止酷刑和其他残忍、不人道或有辱人格的待遇或处罚公约》《囚犯待遇最低限度标准规则》等一系列文件，都有许多条款明文规定刑事诉讼的程序正义标准。我国 1996 年刑事诉讼法的修改，其进步性、科学性、民主性，很大程度就是通过确认诉讼程序的独立价值体现出来的。例如，关于无罪推定原则的吸收、收容审查的取消、免予起诉的废除、辩护律师提前介入诉讼、庭审方式的改革，等等，特别是刑事诉讼法第 191 条关于第二审人民法院裁定撤销原判的规定，充分地体现了程序的独立价值。所以，它标志着我国诉讼制度的法治、民主和文明。与此同时，如果我们对程序的独立价值有了全面、正确的理解和认识，对照联合国颁布的有关文件中关于程序最低标准的规定，还会发现我国目前的刑事诉讼法规定的内容仍需要不断地改革与完善，才能使我国的诉讼程序更加科学，更加文明，司法改革的方向才会更加明确。

另外，目前我国刑事诉讼法的实施，也应把诉讼经济效益的价值思维提上议程，其价值目标是投入较少的诉讼资源收到较大的效益。在社会主义市场经济条件下，刑事犯罪日见增长，大案、要案不断增加，我们的人力、物力有限，司法人员的素质有待提高，就 1996 年刑事诉讼法而言，虽然增设了简易程序，但是使用率不高。公安司法机关的担子沉重，警察、检察官、法官在超负荷运转。解决执法中的效益问题，实现诉讼经济的价值目标势在必行，是客观所需。当务之急要做到：一是认真贯彻落实简易程序，真正做到该适用简易程序的案件，坚决适用简易程序，实施简易程序时，确实做到程序简化，以节约成本；二是尽快确立庭前证据展示制度，以便在开庭前明确控辩双方对事实、证据争执的要点，以确定庭审重点，促使法庭审判效益的提高；三是明确证明对象和标准，减少证据的收集、调查和运用中的重复劳动。特别是要转变侦查模式，将传统的由供到证的侦查模式，转变为由证到供，把侦查重点放在实物证据的收集上，以防止翻供、拉长诉讼时间，造成人力、物力的浪费。当然，实现侦查模式的转变，还要加大科技投入，科技强警、科技强检、科技强法是提高诉讼效益的必由之路。

（三）公诉模式思维的转型

公诉模式，是指公诉人在刑事诉讼法律关系中地位、职能、权利、义务关系，以及公诉人在刑事诉讼中应如何正确地对待诉讼中的专门机关和诉讼参与人。

不同的诉讼模式有着不同的诉讼法律关系。不同的诉讼法律关系决定着公诉人在诉讼中有着不同的地位、职能、权利和义务。在职权主义、当事人主义，以及混合式诉讼模式中，公诉人的思维和理念均有所不同。1996 年《刑事诉讼法》在 1979 年《刑事诉讼法》规定的程序结构、模式的基础上，有较大的改革和变化，即在职权主义模式的基础上吸收了当事人主义模式的部分做法。例如，“加强了对犯罪嫌疑人、被告人权利的保障，将律师介入诉讼的时间提前到侦查阶段，不再实行全案移送而使法官在庭前的审查主要限于程序性审查，改革了法庭审判方式，增强了控、辩双方的对抗性，从而使法官处于更为公正的地位，使诉讼结构更趋科学、合理”①。但是，这些立法上的改革与变化，在实务工作中还没有真正全部贯彻落实。同时，在新的历史时期，尤其是刑事诉讼法的再修改已经启动，有关诉讼模式的改革和立法势在必行。例如，证据展示制度、证人出庭、控辩双方对抗、进一步强化辩护权、加重控方的举证责任，等等。时代的变化，我国改革开放的发展趋势，世界范围内司法改革的潮流，都决定了对诉讼模式的科学性、民主性的要求一定会更高更严。特别是人民群众对诉讼权利的要求，决定了公诉模式的改革更为紧迫。作为检察官提起公诉、出庭支持公诉，必须具备一种与转型社会相适应的新思维、新观念，才能完成所肩负的法律监督和公诉任务。关于公诉模式思维转型的要点有以下几个方面：

一是以构建和谐稳定的社会为基本出发点，统揽公诉和法律监督两项职能。总结以往的公诉和法律监督工作，我们会清楚地看到，在刑事诉讼中如何正确地

① 陈光中、徐静村：《刑事诉讼法学》，中国政法大学出版社 1999 年版，第 51 页。

处理追究犯罪与保障人权的关系上，如何正确处理惩罚犯罪与预防犯罪的关系上，往往是顾此失彼，时软时硬，重打击轻保护，重惩罚轻预防，为打而打，为惩罚而惩罚。单纯、片面的目的刑罚论影响着公诉活动，表现比较突出的是没有从构建和谐稳定社会这一高度去思考问题和处理案件。当前，正值贯彻党的十六届四中全会精神时期，我们在解决司法能力问题的同时，不可忘记公诉能力是司法能力的重要组成部分，公诉能力之提高，首先要有一个以构建和谐稳定社会为目标的新思维。正如贾春旺检察长在全国检察长会议上的报告中所要求的，加强法律监督能力建设，必须以科学发展观为指导，要正确处理好六个关系：一是法律效果和社会效果的关系；二是打击犯罪和保障人权的关系；三是办案数量和办案质量的关系；四是事后监督与主动监督的关系；五是执行实体法和执行程序法的关系；六是检察工作的全局与局部的关系。只有这样，才能把构建和谐稳定的社会落实在公诉和法律监督工作中。

二是准确把握公诉职能与辩护职能的诉讼法律关系，实现在刑事诉讼法律关系上的控辩平等。控诉职能与辩护职能的关系包括两个方面：一方面是在刑事实体法律关系上，检察机关肩负着追诉犯罪的职能，追诉者与被追诉者显然是不平等的；另一方面是一旦进入诉讼活动，在刑事诉讼法律关系上，公诉一方同辩护一方应当说是平等、对等的，在刑事审判中，还要把最后一次发言机会给被告人。因此，在刑事诉讼法律关系上，公诉人的地位，应当说是“不是原告的原告”“不是一方当事人的当事人”，要用“原告”、“一方当事人”的思维严格要求自己，只有这样才能实现诉讼的公平和公正。具有中国特色的检察制度在立法和检察理论上，为了保障检察机关法律监督的性质和地位，我国法律并没有规定公诉人是“原告”，或曰“公诉人是一方当事人”。但是，作为检察官，不能因此而有优越感，更不能因此而高人一头，以权压人、训人。特别是在法庭上，要严格要求自己，忠于职守，平等待人，要动之以情，晓之以理，用证据说话，力争使对方心服口服，坚持公平、公正，维护法律的尊严。

三是要正确地处理好公诉职能与审判职能的关系，自觉地维护审判权威。现行刑事诉讼法所确定的诉讼模式吸收了当事人主义模式的一些做法，如强化了公诉人的举证责任，扩大了辩护权，加大了审判中的辩论和对抗，审判职能趋于中立。庭审审判职能的变化不是审判权的弱化，审判长的地位、作用和权力并没有萎缩，他仍然是一庭之长，诉讼双方要听从他的指挥。特别是作为诉讼一方的公诉人，更应率先做到这一点，自觉地维护审判权威，尤其要处理好公诉与庭审监督的关系。检察官作为公诉人出席法庭，一身二责，既要履行公诉职责，又肩负审判监督之责。在处理二者关系上，就思维方法而言，不能自恃“权大位高”，你行使审判权，我既行使公诉权，又行使监督权，不能认为公诉人同审判长相比要高高在上。要处理好事后监督与当庭监督的关系。1996 年刑事诉讼法第 169 条规定：“人民检察院发现人民法院审理案件违反法律规定的诉讼程序，有权向人民法院提出纠正意见。”这一规定明确指出，对人民法院进行审判监督的主体是人民检察院，不是公诉人个人；监督的对象是人民法院，不是直接指向法庭。刑事诉讼法的这一修改目的是淡化庭上监督，强调事后监督，以加强庭审的权威，保障法庭审判之顺利进行。

（四）人文思维的转型

人文思维，亦即人文精神，它是指一切从人出发，以人为中心，把人作为观念、行为和制度的主体。它是一套观念体系，也是一种崇高的理想。其核心是一切社会活动和行为的价值都要以人为尺度加以权衡。“人的解放和自由，人的尊严、幸福和全面发展，应当成为个人、群体社会和政府的终极关怀；作为主体的个人和团体，应当有公平、宽容、诚信、自主、自强、自律和自觉意识和观念。人文精神以弘扬人的主体性、价值性，对人的权利的平等尊重和关怀为特质。”①

人文思维发端于西方。它起源于欧洲文艺复兴时期同维护封建统治的宗教神学体系对立的资产阶级人性论和人道主义。“人文主义运动从十四世纪下半叶在意大利兴起，十五、十六世纪发展到欧洲各国。”② 人文主义思潮，“在当时是反对宗教主义和中古时期经验哲学，提倡学术研究，主张思想自由和个性解放，肯定人是世界的中心。”③ 人文主义思潮于 20 世纪传入中国。但新中国成立后由于“左”的思潮和实践的影响，人文精神被人们遗忘和抛弃。在“以阶级斗争为纲”的时代，视人文思维、人文关怀为资产阶级思想加以批判，代之以“斗争哲学”“专制思维”。尤其是在政法工作追诉犯罪这一层面上，人文思维无人问津，也不敢涉足。时代的演进，市场经济的培育和发展，民主与法治社会促使人

---

① 张文显：《法哲学的范畴研究》，中国政法大学出版社 2004 年版，第 289 页。

② 《辞海》，上海辞海出版社 1979 年版，第 698 页。

③ 《现代汉语词典》，商务印书馆 1998 年版，第 1064 页。

们从革命的思维转向经济建设型思维。在意识形态领域中，我国社会开始从“权力本位”转向“权利本位”。在权利本位的范畴中，开始引导人们从“专政思维”转向“人文思维”，回归人文精神，政府职能的履行要坚持“以人为本”，要体现人文关怀。作为刑事诉讼中的检察官思维，也不能例外，不能认为检察官是追诉犯罪的，只讲“专政”，不讲“人文”；只讲“斗争”，不讲“关怀”。笔者认为，“专政与人文”“斗争与关怀”是一种对立统一的辩证关系，“严打”要“科学地严打”，“斗争”要讲“有技巧的斗争”。即追诉犯罪活动，进行刑事诉讼，要讲程序、讲文明、讲民主，要把追诉犯罪的国家权力与被追究对象享有的权利统一起来。只讲斗争，只讲国家权力，蔑视和剥夺当事人的基本权利和诉讼权利，社会就会失去公平和正义，追诉犯罪的目的和效果同样会落空。因此，我们要善于把二者统一起来，在刑事诉讼中用人文思维、人文关怀的人文精神去构建追诉犯罪的体系和手段。

检察机关在刑事诉讼中，由专政思维转变为人文思维，其良好的诉讼效益和社会效果已经证明，实现这一转型的重要性，尤其是对构建和谐稳定的社会具有非常重要的意义。例如，广东省珠海市人民检察院从2000年以来，用“以人为本”的人文关怀的精神指导职务犯罪的侦查、起诉工作，使被追诉者心服口服，庭审中不抗辩，一审后不上诉，交付执行后不申诉，上诉率、告状率逐年下降，实现了公平、正义。他们深深地体会到“公平才能稳定”，“正义才能和谐”。再如，北京市人民检察院一分院，以“人文精神”为指导构建了一系列民主文明追诉程序，把当事人的诉讼权利落实到诉讼的各个环节，充分体现了人文精神，体现了“以人为本”的追诉思维，在所属各个检察机关推行后，收到了良好的诉讼效益和强烈的社会反响。当事人激动地说，“这才是真正的人民检察院”。一些案件的被告人在被起诉后心服口服，申诉上访的少了，无理缠诉的没了。一些公诉人激动地说：“要从人文思维中找效益，只有人文关怀才能出稳定。”

在刑事诉讼中，检察官的人文思维可概括为四个方面：一是要抓住刑事诉讼的本质，一切诉讼活动要以人为尺度，坚持做到“以人为本”。二是在诉讼中牢牢把握“尊重和保障人权”原则。诉讼中的人权保障有两层含义：首先是当事人和其他诉讼参与人的基本人权，包括他们的生存、生活、必要的休息权利，即基本的人身权利；其次是他们应该享有的以辩护权为核心的诉讼权利。三是在诉讼中要构建一整套文明、民主的诉讼程序，即体现人文精神的诉讼程序。这包括完整的限制人身自由的程序，限制物权的程序和涉及当事人隐私权利的程序。除此之外，在当事人的人身自由受到了限制或剥夺时，对其父母、子女的安排等，都要给予关怀和关注，解除其后顾之忧。四是要不断消除口供主义的影响。长期以来，罪从供定、口供主义的追诉方法，导致刑讯逼供、诱供、骗供。在新的历史时期，不仅在立法上要完善禁止和防止刑讯逼供的程序制裁措施，而且在追诉程序中要逐步建立讯问时律师在场制度、录音录像制度、非法证据排除规则，等等。总之，在诉讼中，以人文思想、人文关怀的精神构建刑事诉讼机制，不仅是刑事诉讼立法的一项艰巨的任务，更是强化检察官队伍素质建设的一项重大工程，具有人文素质的公诉队伍的形成，是我国司法现代化、文明化的必备条件。

（五）证据思维的转型

刑事诉讼证据的收集和运用是公诉活动的基础和核心。特别是检察官在整个诉讼活动中，侦监部门对立案标准的审查，起诉部门对证据的审查核实，公诉人出庭提起公诉、支持公诉等，各个环节无不同证据紧密相连。因此，作为一名检察官，证据思维问题显得特别重要。所谓证据思维，包括证据观念、证据意识、运用证据的指导思想和证据规则等一系列主观认识和思想内容的总和。

不同时代，有不同的证据制度和诉讼制度，在不同的诉讼制度和不同的证据制度下，其证据思维也不相同。证据思维也有一个转型的问题。我国由计划经济转向市场经济，反映在刑事证据领域，无论是从理论研究，还是从实务部门关于证据的运用，出现了许多新情况、新问题。例如，对证据事实的科学界定问题的争议，证据概念的争议，各种证据规则的确认问题，证据标准的争议，以及证据制度的概括和证据赖以存在的理论基础的种种看法，等等。尤其是在公诉活动中，公诉人同侦监部门，公诉人同辩护人、法官之间，有关案件事实认定的标准，什么叫案件事实清楚，什么叫证据确实充分，其认识更是各种各样、形形色色，纷争不止。出现这些不同的认识和看法的一个根本原因，就是证据思维和观念的不同。在不同的思维和观念之下，看问题的主体不同，视角不同，必然得出不同的结论。特别是在转型时期，证据思维正处于转变和变革之时，我们研究证据思维的转型，对解决上述不同的争议和看法具有现实意义，尤其是对我国刑事证据的立法和刑事证据法学科学体系的创建，更具有学术价值。

检察官的证据思维转型问题，结合公诉理论与实务，其集中表现在如何从哲学范畴思维转向法律范畴思维。长期以来，由于法律虚无主义在证据学上的反映，我国对证据法学的研究和公诉活动中证据的运用经常脱离证据规则，而片面地追求理想模式，把马列主义的认识论和辩证法的一些范畴，机械地、形式主义地搬进证据法学的范畴之中，用一般代表个别，用共性替代个性。其表现种种：

——用我党的“实事求是”的思想路线为我国证据制度命名；

——把“客观真实”、“查明真相”这些理想化的哲学范畴当作刑事案件的证明标准；

——把司法证明的结论同“真理”等同起来，认为司法证明的结论（包括人民法院的判决）属于真理的范畴；

——把实践是检验真理的标准引入司法证明之中，认为实践是检验司法证明结论的标准；等等。

在转型时期，特别是走向法治社会阶段，公诉活动的职责和任务，集中到一点就是运用证据解决一种法律纷争或曰法律事实，进而定罪量刑。笔者认为，上述列举的一系列哲学范畴是千真万确、颠扑不破的真理，它对一切社会活动（当然也包括证据的运用）带有普遍性的指导意义，从这一哲学共性视角出发，我们不能否定它们的积极意义，也是无法否定的。但是，从解决实际问题出发，从运用证据的特性说起，笔者认为，诉讼认识论不同于一般的社会认识，在坚持马列主义认识论的同时，要特别注意研究诉讼认识论的特征。公诉人对证据的运用，其证明对象即案件事实是过去发生的事实，而且是不可重演或者重现的一个事件，它不能用科学实验的方法一次又一次地去重复，它是一种事后认识；诉讼证明活动是一种法律活动，它要按照法定的时间、法定的程序进行，要受时间的限制和法定程序的约束。

从诉讼认识的上述特征出发，实现证据思维的转型，首先，必须从抽象的概念中解放出来。即从实事求是、客观全面、忠于真相……这些哲学理念转向实实在在运用证据的法定原则，也就是运用证据规则来维护公平、正义。不首先问被告人是否有罪的问题，而是要解决“是否足以证实指控的事实”这一法律层面的问题，把证据思维牢牢地建立在运用证据的客观规律上，建立在运用证据的证据规则上。只有把这些规则确立下来，并且贯彻执行好，我们才有可能达到“实事求是”的要求，才能完成查明真相的任务。关于刑事证据法的一般原则，应当包括：（1）证据裁判原则；（2）无罪推定原则；（3）不得强迫自证其罪原则；（4）直接原则和言词原则；（5）证据合法性原则；（6）自由裁判证明力原则，等等。关于证据规则的研究，应当包括整个刑事诉讼的证据规则和阶段性证据规则：(1) 关联性规则；(2) 非法证据排除规则；(3) 传闻证据排除规则；(4) 意见证据排除规则；(5) 最佳证据规则；(6) 自白规则；(7) 补强证据规则；(8) 特权规则；(9) 交叉询问规则，等等。

在运用证据的价值选择上，要从客观真实的实质合理思维转变为法律真实的形式合理思维。实质合理与形式合理是两种明显对立的价值观。所谓实质合理，是人们对事物的认识在价值的选择上所追求的是事物在实质层面上的公正与合理。可是，事实的实质合理却是一个因人们的需求不同而具有多样性的问题，每个人的背景不同，认识能力不同，经验不同，世界观、价值观、人生观不同，对实质合理的需求和标准就不同。更何况在人们认识的长河中，实质合理是一个带有终极意义的问题，即使在一时一事上能达到实质合理，按照绝对真理与相对真理的辩证关系，也只能是相对的。因此，过分地追求实质合理，非实质合理就不认同，有时就不可避免地走向形而上学，不可避免地走向专制。

形式合理是相对于实质合理而言的，形式合理又称程序正义或诉讼正义，它起源于古老的“自然公正”原则。形式合理所追求的是人们在处理事情的形式上的公正标准，形式合理是一般性实质合理的标志，形式合理的标准甚至超过实质合理本身。因为实质合理在事实上只指向某一特殊性，并不指向一般性。

在我国，由于受传统文化的长期影响，人们在处理事情的价值选择上，习惯于追求事物的实质合理。就一个法学工作者或司法实际工作者而言，也注重和垂青实质合理的法律。就实体法与程序法的比较而言，程序法所体现的自然是一种形式合理。当然，广而言之，不难发现整个法律都是形式合理的载体。但是，我们并不否认法律与实质合理的关系。离开形式合理去追求实质合理，则必然走向片面，甚至是不可能实现的幻想。近年来，法学界对法律的形式合理的认识已经发生了深刻的变化，这一变化过程就是从实质合理法律思维到形式合理法律思维的转变。

在运用证据的价值选择上，从客观真实转向法律真实的应然性有三：一是这一转型顺应和符合从实质合理的法律观转向形式合理的法律观，即符合实质合理与形式合理的辩证关系；二是就客观真实而言，由于太过于原则、笼统，缺乏一种可操作性，实践证明，它只是一种理想哲学范畴，不是法律标准；三是法律真实是“程序正义”的内在要求，是刑事诉讼法内在价值的集中体现。

证据思维从哲学范畴转向法律范畴，说到底它是让司法证明（或曰诉讼证明）从虚幻的哲学思维中走进实实在在的法律思维中，走出哲学家的课堂，面向司法实务，解决实际问题。刑事诉讼中的检察官的思维问题，属于意识形态、主观意识领域的一个范畴，其含义广泛，内容丰富。

六、刑事诉讼中检察机关的定位①

（一）关于主诉检察官办案制度

主诉检察官办案制度是2002年初人民检察院六项改革之一，它是检察机关行使起诉权的制度，它打破了长期以来集体办案、集体负责，谁也不负责任的“大锅饭”机制，它对现行的检察制度、司法制度都将产生一定的冲击和影响。因此，推行这一做法，一定要解放思想，提高认识，转变观念：一要认识到改革的必要性；二是把竞争机制引入公诉制度之中；三是对传统的组织人事制度的冲击和矛盾要正确的协调和合理的处理。总之，要鼓励能者上，平者让，庸者下，把主诉检察官队伍建设好。

另外，关于主诉检察官办案制度的法律依据问题，笔者认为，我国的宪法和人民检察院组织法不能把这样具体的问题，即公诉人的一个岗位责任制问题，写进根本大法或基本法中去，我们要以改革的精神来看待这一改革。笔者认为，主诉检察官办案制是完全符合我国的法律理论和立法精神的，它的直接法律依据应该是我国的刑事诉讼法关于公诉人的有关规定。在刑事诉讼中，检察机关的起诉权和公诉职能是通过公诉人来执行的，所以刑事诉讼法的第一审程序中都适用的是“公诉人”。由于庭审方式的改革，公诉人的职责加重，我们如何建设一支过得硬的公诉人队伍，在这个规定前提下，检察机关通过实践，创建了主诉检察官办案制，这是完全符合法律规定的。因为主诉检察官就是对“公诉人”办案制度的一个岗位责任制的改革。

（二）检察官在刑事庭审中的作用和法律监督职能的履行

按照近现代刑事诉讼的标准，刑事诉讼有三大基本职能，即控诉职能、辩护职能和审判职能，缺少或削弱任何一项职能，这个诉讼就是一个不完整的或不健

① 根据《新世纪检察》2002年第1期的专访整理而成，原访谈名为《21世纪检察机关在刑事诉讼之中的角色定位》，采访人：蒋炳仁。

康的诉讼。从诉讼职能这一原理考虑，检察官在庭审中的功能和作用就显而易见了。在庭审中，检察官执行控诉职能，他是诉讼的发起人，又是控诉的支持者，没有控诉就没有诉讼，就没有庭审。因此，检察官在刑事庭审中占据着发动诉讼、支持诉讼的重要地位。尤其是庭审改革以后，检察官作为公诉人，一要宣读起诉状，二要讯问被告人，三要对控方证据进行主询问，四要对辩方证据进行反询问，五要出示物证、书证等其他证据，六要作为辩论的重要一方参加法庭辩论。总之，他要负举证责任支持公诉。从诉讼法律关系的角度考虑，检察官是庭审中的原告（由于它又是法律监督机关，立法不把它称作一方当事人），从打击刑事犯罪的角度考虑，检察官是惩罚犯罪，维护社会稳定的主角色之一。因此，我们的检察官责任重大，是庭审中的公诉和法律监督两种职能的承担者。

在庭审中搞好法律监督是检察官的另一重要职能。履行好法律监督，要做好以下几点：（1）要以监督者身份维护法庭的权威，积极配合人民法院搞好法庭审判，提高庭审质量；（2）履行法律监督只是职责之分工，不能因此而高人一等，凌驾于法庭之上，在法庭上要听从审判员的指挥，要坚持诉讼平等，正确处理好与辩方的对等关系；（3）对于庭审中严重的违法乱纪，特别是在法庭上刑讯逼供，或严重违反程序，要坚持当庭监督，以免矛盾激化，造成更坏的影响。对一般的违法行为，即对公正判决不起决定性作用的轻微违法行为，应坚持事后（即庭后）监督的原则，以人民检察院的身份提出监督意见，促人民法院改正。

（三）在刑事诉讼中检察官与律师之间关系的协调

同检察官一样，律师在诉讼中也履行重要的诉讼职能——辩护职能，同履行控诉职能的检察官一样，只是分工不同，二者的关系是辩证统一，即对立统一的关系。检察官与辩护律师之对立是指诉讼的分工不同，即控诉与辩护的对立；其统一是指二者有同一事实根据，同一法律标准，同一诉讼任务。他们之间是“殊途同归”的关系，二者既是“对手”又是“帮手”。在诉讼中要按照这一理论作指导协调好二者的关系，结合庭审工作要做到：（1）坚持以事实为根据，以法律为准绳的诉讼原则；（2）树立正确的输赢观，不要为争胜而斗气；（3）坚持控辩双方平等的法律关系和原则，要把最后的发言权交给辩方，让人把话谈完，保证公正和正义；（4）改变辩论作风，做到“有理、有据、有节”，不要没理不让人，要谦虚谨慎，严于律己，有所节制，有一个良好的辩论形象。

（四）21世纪的刑事诉讼向检察官提出的挑战

21世纪的刑事诉讼向检察官提出的挑战可归纳为以下几点：一是随着经济的发展和经济体制的改革，犯罪率会有所上升，新型刑事犯罪会不断出现，各种智能型犯罪的增多，一定会给侦查起诉工作带来新的课题和新的挑战；二是科学技术的不断发展，作案手段也在不断变化，出现了新的情况，形成新的矛盾，新的冲突；三是经济发展的国际化，特别是“入关”以后，我国的国际地位不断提高，对刑事诉讼的标准包括程序标准、证明标准，同国际上的通行做法都要协调一致，办案的程序标准将会更严更高，这又是一个新的挑战；四是我国已经签署了《公民权利和政治权利国际公约》，其中关于刑事诉讼标准的有关规定，将来一旦由全国人大批准之后，它将是我国刑事诉讼必须遵守的规则，对照两权公约，我们还有很大差距，检察官参与刑事诉讼必须同国际标准协调一致，否则，也属于违法行为，这也是一个新的挑战；五是随着我国民主与法制进程和依法治国方针的贯彻和推进，人权保障问题将会要求更严、标准更高，国际范围内的人权斗争潮流对我国的要求也将越来越高。所有这些，都是21世纪检察官在刑事诉讼中所面临的挑战。

面对上述挑战，作为21世纪的检察官应在知识化、专业化方面大做文章。不仅要在法律业务方面不断学习，不断更新，而且还要不断学习科学技术知识，要懂经济、懂科技、懂外语，使自己成为一名高层次的侦查专家、公诉专家等专门人才，只有这样，才能适应21世纪的需要。当然，达到这一目标，非一日之功，要有一个过程，全体检察官要以此为目标，不断奋进，不断提高、不断适应，努力把自己培养成一名检察方面的专家。

（五）21世纪检察机关的发展趋势

根据21世纪检察官所面临的挑战，作为检察机关必然要进行改革。就我国当前检察机关的现状而言，必须从体制、职能、队伍建设等方面进行不断改革，才能适应21世纪的发展。其改革和发展趋势可归纳为以下几点：（1）深入进行体制改革，不断消除或者根除行政手段对检察机关的干预，为实现依法独立行使检察权创建科学的体制和机构；（2）为保证诉讼质量，逐步创建“检警一体”体制，使检察官拥有亲自侦查、指挥侦查的权力，以解决检察、公安之间相互扯皮问题；（3）取证模式的改革将是检察工作改革的一个发展趋势，因为随着科学技术的发展，我国传统的以收集言词证据为主的取证模式，即由供到证的取证思路必须加以改革，将会变为由证到供的取证模式，以消除口供主义的影响，以收集实物证据和科技证据实现证明手段的现代化、科学化；（4）检察官队伍建设的专业化，如前所述，建设一支高素质的、专家型的检察官队伍，以适应时代发展之需要；（5）随着我国法治水平的不断提高，检察职能必然出现公诉职能大大加强，法律监督职能将逐步有所减弱的趋势，这不仅是由于公民的法律水平不断提高，还在于公、检、法各部门的执法水平也将大大提高。因此，作为检察机关的重要职能——公诉职能必将大大加强，这将是历史之必然。

七、检察机关的职权①

宪法与人民检察院组织法均明确规定，人民检察院是国家的法律监督机关。为了进一步强调检察机关在刑事诉讼中的地位和作用，刑事诉讼法第 8 条规定，“人民检察院依法对刑事诉讼实行法律监督”，从而明确了检察机关的法律监督职能。作为刑事诉讼法的主要原则之一，人民检察院对刑事诉讼的法律监督贯穿于刑事诉讼的整个过程，主要表现在：一方面，检察机关对于公安机关侦查的案件进行审查并决定是否逮捕、起诉，对于刑事案件提起公诉、支持公诉；另一方面，人民检察院对于刑事诉讼程序以及专门机关和诉讼参与人的活动是否合法实行法律监督。因此，讨论检察机关的职权问题，应当以是否有利于检察机关实现法律监督职能为最高标准。以下拟就修改后的刑事诉讼法（即 1996 年刑事诉讼法）对检察机关职权之设置作一探讨，以期人们尤其是从事实务的检察机关工作人员转变观念，更好地履行法律监督职能。

（一）法律监督职能成为我国刑事诉讼的独立职能

关于检察机关的法律监督问题，修改后的刑事诉讼法同原刑事诉讼法相比较，不仅规定的内容增加了，而且关于法律监督的力度也加大了。主要体现在以下几个方面：

1. 法律直接明确了检察机关在刑事诉讼中的法律监督职能。刑事诉讼法第 8 条把“人民检察院依法对刑事诉讼实行法律监督”确立为刑事诉讼的基本原则，从而明确了人民检察院在刑事诉讼中的法律监督地位。

---

① 原文刊载于《检察理论研究》1996 年第 5 期，名为《检察机关职权新论》，系与江向阳合作撰写。

2. 检察机关依法独立行使法律监督权。修改后的刑事诉讼法作为基本原则明确规定了人民检察院依法独立行使检察权，强调这种监督具有独立性，不受任何行政机关、团体和个人的干涉。

3. 从具体职能上进一步加强了检察机关的法律监督职能。修改后的刑事诉讼法针对原刑事诉讼法中检察监督的空缺和不完善的地方进行了补充。原刑事诉讼法中某些法律监督措施相对薄弱；某些监督职权的设置也不尽合理，不能够充分服从于法律监督职能的需要，修改后的刑事诉讼法针对原刑事诉讼法中法律监督职能的空缺和薄弱环节进行了补充修正，法律监督职能范围更加广泛，包括侦查监督职能、起诉监督职能、审判监督职能和判决裁定的执行监督职能等。修改后的刑事诉讼法正是从加强法律监督这一根本标准出发，通过对各项具体职权的增设和完善，强化了法律监督职能。

4. 法律监督权要依法律规定的具体制度和程序行使。监督者也要受监督。检察职权的设置必须遵循公、检、法三机关分工负责、互相配合、互相制约原则。修改后的刑事诉讼法在具体制度和程序的设置上进行了改革，使法律监督职权的行使遵循一定的法律程序，从而从法律上保障法律监督职权的行使。

总之，修改后的刑事诉讼法明确了检察机关的法律监督职能，并且通过一系列诉讼制度、程序的保障，加强和完善了法律监督。因此，笔者认为法律监督职能是我国刑事诉讼的一项独立诉讼职能。

有人认为，修改后的刑事诉讼法削弱了检察机关的职权，如取消免诉权。笔者认为，这种观点是片面的。检察机关的职权改革之得失，关键在于其是否有利于发挥检察机关的法律监督职能。1979 年刑事诉讼法中某些职权的设置不尽合理，不利于法律监督职能的发挥，甚至会削弱检察机关的法律监督作用，理应被取消。因而，并不存在检察机关职权削弱的问题，更不能说检察机关的地位和作用降低了、检察机关成了可有可无的国家机关。相反，修改后的刑事诉讼法不仅把检察机关的法律监督职能明确为基本原则，而且在具体职权的设置中也体现了法律监督职能的加强和完善。

（二）加强和完善法律监督职能的程序体现

修改后的刑事诉讼法对于检察机关法律监督职能的加强，主要体现在以下三个方面：

1. 加强了对刑事诉讼活动的法律监督。关于人民检察院在刑事诉讼中的职权，修改后的刑事诉讼法规定，“检察、批准逮捕、检察机关直接受理的案件的侦查、提起公诉”由人民检察院负责。把检察和批准逮捕、直接受理案件的侦查、提起公诉相并列，突出了加强对刑事诉讼活动合法与否进行法律监督的重要性，贯彻了“人民检察院依法对刑事诉讼实行法律监督”的原则。立法从加强检察权（法律监督权）的角度完善了人民检察院的法律监督职能，有利于充分发挥人民检察院对刑事诉讼的法律监督作用。具体表现在：

（1）在立案阶段，增设立案监督程序。立案是刑事诉讼的独立阶段，关系到是否能正确提起刑事追诉活动。在司法实践中，立案阶段的问题突出表现为公安机关“有案不立”“不破不立”“以罚代刑”等违法情况。因而，修改后的刑事诉讼法规定了人民检察院对公安机关应当立案侦查而不立案侦查的监督程序。人民检察院认为公安机关对应当立案侦查的案件而不立案侦查的，或者被害人认为公安机关对应当立案侦查的案件而不立案侦查，而向人民检察院提出的，人民检察院应当要求公安机关说明不立案的理由。人民检察院认为公安机关不立案理由不能成立的，应当通知公安机关立案，公安机关接到通知后应当立案（第87条）。立案监督程序使得人民检察院对公安机关的立案监督有了明确的法律依据，能够在最大程度上改善司法实践中存在的应立案而不立案的状况，有利于保护国家和人民的利益，有利于打击和惩罚犯罪，维护社会主义法制的统一。

（2）完善了侦查监督的法律程序。具体包括两个方面：一是完善了批捕和执行逮捕活动的法律监督程序。1979年刑事诉讼法第47条规定，人民检察院对公安机关提请批捕的案件，根据不同情况，应分别作出批准逮捕、不批准逮捕和补充侦查的决定。修改后的刑事诉讼法第68条规定：“人民检察院对于公安机关提请批准逮捕的案件进行审查后，应当根据情况分别作出批准逮捕或者不批准逮捕的决定。对于批准逮捕的决定，公安机关应当立即执行，并且将执行情况及时通知人民检察院。对于不批准逮捕的，人民检察院应当说明理由，需要补充侦查的，应当同时通知公安机关。”根据本条规定，公安机关应当将批准逮捕决定的执行情况及时通知人民检察院。执行情况包括是否将犯罪嫌疑人执行逮捕，以及无法执行逮捕的原因，等等。如果公安机关不及时通知，根据修改后的刑事诉讼法第76条规定，人民检察院应提出检察意见，通知公安机关予以纠正，公安机关应当将纠正情况通知人民检察院。由此可见，检察机关对于批准逮捕执行情况的监督程序，对于保证逮捕决定的执行，防止徇私舞弊、私放犯罪嫌疑人情况的发生，意义重大。二是增加了对变更逮捕措施或者释放被逮捕人的法律监督程序。修改后的刑事诉讼法第 73 条规定：“人民法院、人民检察院和公安机关如果发现对犯罪嫌疑人、被告人采取强制措施不当的，应当及时撤销或者变更。公安机关释放被逮捕的人或者变更逮捕措施的，应当通知原批准的人民检察院。”如果公安机关不通知，公安机关则违反了法律，检察机关同样可以行使其侦查监督权，通知公安机关纠正其违法行为。总之，修改后的刑事诉讼法完善了决定逮捕执行情况的监督程序，增设了变更逮捕措施的监督程序，从而丰富和加强了检察机关侦查监督的内容和深度，有利于发挥检察机关的法律监督职能。

（3）加强了对审判活动的法律监督。主要体现在：一是将对审判活动监督的职能由出庭检察人员改由人民检察院承担。出庭检察人员不再有权对法庭审理中的违法情况当庭提出纠正意见，这有利于提高审判活动的权威性，并使对审判活动的法律监督职能得到正确履行。二是在二审程序中，法律规定，对于人民检察院提起抗诉的案件或者第二审人民法院开庭审理的公诉案件，同级人民检察院都应当派员出庭。这改变了原刑事诉讼法对于上诉案件第二审人民法院未要求人民检察院派员出庭的条件，人民检察院是否派员出庭不明确的状况，这对于加强人民检察院对二审人民法院审判活动的监督作用显而易见。

（4）明确规定了对于监外执行的法律监督。修改后的刑事诉讼法第 215 条规定：“批准暂予监外执行的机关应当将批准的决定抄送人民检察院。人民检察院认为暂予监外执行不当的，应当自接到通知之日起一个月以内将书面意见送交批准暂予监外执行的机关，批准暂予监外执行的机关接到人民检察院的书面意见后，应当立即对该决定进行重新核查。”原刑事诉讼法没有明确规定对于暂予监外执行的法律监督程序。在司法实践中，不当适用暂予监外执行的现象比较突出，由于各种原因造成的一些不符合法定条件的罪犯被批准暂予监外执行，有些甚至还继续危害社会，造成了不良影响，人民群众对此意见很大。根据人民检察院对刑事诉讼全过程实行法律监督的原则，强化人民检察院对刑事判决、裁定执行的监督，保障对罪犯暂予监外执行的正确适用，明确规定暂予监外执行的监督程序，使法律监督不仅有法可依，而且有具体程序可操作。这有利于纠正和消除司法实践中不当暂予监外执行的现象，有利于加强人民检察院的法律监督职能。

（5）明确减刑、假释监督程序。修改后的刑事诉讼法第 222 条规定：“人民检察院认为人民法院减刑、假释的裁定不当，应当在收到裁定书副本后二十日以内，向人民法院提出书面纠正意见。人民法院应当在收到纠正意见后一个月以内重新组成合议庭进行审理，作出最终裁定。”针对原刑事诉讼法减刑、假释活动缺乏监督程序，司法实践中时有发生减刑、假释不当的情况，增设减刑、假释监督程序，有利于发挥检察机关的法律监督职能，保证正确适用减刑、假释规定。

2. 调整检察机关的职能管辖，加大惩治腐败的力度。

（1）缩小了检察机关的职能管辖范围。修改后的刑事诉讼法规定，贪污贿赂犯罪，国家工作人员的渎职犯罪，国家机关工作人员利用职权实施的非法拘禁、刑讯逼供、报复陷害、非法搜查的侵犯公民人身权利的犯罪以及侵犯公民民主权利的犯罪，由人民检察院立案侦查。法律如此规定，旨在使检察机关集中力量对国家工作人员的贪污、贿赂、渎职等犯罪案件进行侦查，加大反腐败斗争的力度。

（2）严格了检察机关对于国家机关工作人员利用职权实施的个别重大犯罪案件立案侦查的条件、决定权限和程序。修改后的刑事诉讼法规定，对于国家机关工作人员利用职权实施的其他重大犯罪案件，需要由人民检察院直接受理的时候，经省级以上人民检察院决定，可以由人民检察院立案侦查。修改后的刑事诉讼法通过规定案件的管辖范围、决定权限和程序，既赋予检察机关对于国家机关工作人员利用职权实施的部分犯罪案件行使机动侦查权，从而加强对公安机关的立案和侦查活动的监督，又分清公安机关和检察机关的职能管辖，从而保障检察机关在刑事诉讼中正确适用侦查权，履行法律监督职能。

（3）取消机动侦查权。对于一般案件，如果存在该立案而不立案的现象，人民检察院应依据立案监督程序，通知公安机关立案。因考虑到人民检察院在刑事诉讼中需要直接立案侦查的案件范围过大，不利于加强法律监督，同时也不符合检察机关的实际情况，法律取消了原刑事诉讼法关于人民检察院对于其认为需要自己直接受理的案件可直接立案侦查的规定，这有利于检察机关集中精力做好反腐败斗争，发挥法律监督作用，履行法律监督职能。

修改后的刑事诉讼法取消了免予起诉，把原刑事诉讼法适用免予起诉的条件部分加入到不起诉的范围。即对于犯罪情节轻微，依照《刑法》规定不需要判处刑罚或者免除刑罚的，人民检察院可以作出不起诉的决定。将免予起诉的部分条件纳入到不起诉中，保留了免予起诉制度在司法实践中行之有效的部分，符合诉讼经济和诉讼效率的原则，顺应世界各国在起诉制度中采纳起诉便宜主义的刑事诉讼发展趋势。同时，又避免了未经人民法院依法判决，由承担控诉职能的人民检察院给犯罪嫌疑人定罪。因而，这一规定更加符合检察机关和审判机关之间职能作用明确的刑事诉讼规律的要求，有利于检察机关发挥法律监督职能。免予起诉制度最根本的弊病在于起诉权侵夺了部分审判权，由检察机关对犯罪嫌疑人作出实体裁断。这不仅不利于保障犯罪嫌疑人的合法权利，也导致控诉职能和审判职能不分。取消免予起诉制度，同时扩大不起诉范围，把检察机关审查起诉的权力统一为公诉权，有利于发挥人民检察院的法律监督职能作用。

3. 出庭支持公诉，承担举证责任，加大检察机关的参与力度。修改后的刑事诉讼法对于刑事庭审模式作了重大改革，增强了诉讼中的抗辩性，要求人民检察院出庭支持公诉，承担举证责任。这一方面加重了人民检察院揭露犯罪、证实犯罪的责任，另一方面也加大了检察机关的参与力度，从而通过出庭支持公诉，揭露犯罪、证实犯罪来实施法律监督，保证法庭审理正确适用法律。涉及检察机关在法庭审理中举证的法律规定有，“公诉人在法庭上宣读起诉”（第 155 条），“公诉人、辩护人应当向法庭出示物证，由当事人辨认，对未到庭的证人的证言笔录、鉴定人的鉴定结论、勘验笔录和其他作为证据的文书，应当当庭宣读”（第 157 条）。并且规定如果人民检察院举证不力，经人民法院法庭调查又未能收集到必要的证据，则导致人民法院作出证据不足、指控的犯罪不能成立的无罪判决。支持公诉、证实犯罪，是人民检察院在庭审阶段的重要职责，是公诉权的当然组成部分。举证责任履行得好坏，关系到是否能够根据事实和法律准确、及时地追究被告人的刑事责任，维护社会主义法制，因而，这是检察机关法律监督职能的集中体现。

从修改后的刑事诉讼法对于检察机关的职权之增设、改革和完善中可以看出，检察职权的设置充分体现了人民检察院对刑事诉讼实行法律监督这一刑事诉讼基本原则，并且紧紧围绕如何加强人民检察院的法律监督职能进行。因而，我们应当转变观念，真正理解检察权的本质，更好地贯彻修改后的刑事诉讼法。

八、刑事公诉的属性分析[①]

在繁荣和推进具有中国特色的检察制度理论研究的过程中，关于刑事公诉的属性问题，是不容回避的。在全国检察机关第四次公诉工作会议上，最高人民检察院明确提出，“公诉是我国检察机关核心的标志性的职能”。会后就有专家发文称，这一重要论述对公诉职能的定位更加准确、科学，既反映世界各国检察制度的普遍规律，又具有鲜明的中国特色，充分地体现出实事求是、与时俱进的思想特征。[②] 与此同时，也有学者和实务工作者提出，如果公诉是“核心”，是“标志”，那么“法律监督”是什么？法律监督职能与公诉职能的关系是什么？如此等等新问题、老问题又一齐潮涌而来。解决这些问题，涉及一个检察制度的基础理论问题，就是公诉之属性。只有对公诉的属性有一个正确的理解，才能对公诉职能有一个科学的定位，更能厘清公诉与法律监督之间的辩证关系。

关于公诉的属性，法学界一直有不同的认识。第一种观点认为，我国检察机关作为法律监督机关，其行使的多项职权都是法律监督职能的体现，如侦查权、公诉权等无一例外均属于法律监督性质的职权。例如，《检察权研究》一书在论述公诉权的法律监督属性时称“公诉权，从其功能作用上看，它的显著特征就在于其具有法律监督性质”[③]。再如，《检察学》一书称“公诉权……它具有法律监督性质”。该书还反复地宣称，“公诉权具有毋庸置疑的法律监督性质”。“公诉与法律监督二者是一体的，具有共生关系，公诉权只是法律监督的一种实现形式。”[④] 第二种观点认为，我国检察机关的性质、地位决定了检察机关总体上行使法律监督职能，具体职权的基本方向属于法律监督，但有的职权，如公诉权，并不一定属于法律监督范围。例如，郝银钟教授所著《刑事公诉权原理》关于刑事公诉权的本质属性的论述称，“程序性是刑事公诉权的本质属性之一”，或者说刑事诉讼中的刑事公诉权只能是一种程序性诉讼权力。[⑤] 第三种观点认为，

---

① 原文为樊崇义主编：《走向正义——刑事司法改革与刑事诉讼法的修改》（中国政法大学出版社2011年版）第三章第五题，原名为《论刑事公诉的属性》。

② 贺恒扬：《为什么说“公诉是我国检察机关核心的标志性的职能”》，载《检察日报》2010年7月16日，第3版。

③ 张智辉：《检察权研究》，中国检察出版社2007年版，第45页。

④ 朱孝清、张智辉主编：《检察学》，中国检察出版社2010年版，第377页。

⑤ 郝银钟：《刑事公诉权原理》，人民法院出版社2004年版，第73页。

公诉权是司法权。例如，陈光中教授指出，根据我国宪法框架和实际情况，我国检察机关应当定位为司法机关，我国检察权的司法性表现在：根据法律，检察机关依法独立行使检察权，而且检察机关在国家体制上是独立的，其独立地位与人民法院相等；其公诉活动以正确适用法律为目的，其监督职能和监督活动更具有明显的“法制守护”性质，因此我国检察活动至少在法律形式上具有突出的“法律性”；检察机关的公诉权是具有司法性质的权力。尤其是不起诉决定，与人民法院的免刑和无罪判决具有相似性的效力，是具有裁断性、终局性、法律运用性等司法特征的司法行为（适用法律进行裁决）。①

龙宗智教授认为，“检察官具有司法与行政双重属性，而建立公诉检察官办案责任制，最重要的理由就是这种办案制度符合检察官活动的双重属性，检察官的公诉活动正集中反映了检察官的司法属性。其一，这种活动是为了适用法律维护法制，即具有法律适用为目的这一特征。其二，公诉活动以其直接性和亲历性为基础，即要求公诉官员亲身经历程序，直接审查事实，从而建立内心确信，这一活动必然是个体化的，这种个体操作特征突出体现于法庭诉讼活动中。公诉检察官在法庭上的举证、质证和辩论，包括在庭上采取公诉权范围内的各种诉讼行为都只能是一种个体性操作，其他人想帮忙也帮不上。其三，由于直接性、亲历性以及个体操作特征，公诉检察官行使其职权应当相对独立，有权抵制不法干涉”②。

中国社会科学院徐益初研究员则从分析司法权的含义入手，认为公诉权（检察权）应属司法权。他指出：“从司法权的含义来看，司法是司法机关依司法程序就具体事实适用法律的活动，检察机关参加司法活动，在办理有关案件中采取措施，作出决定，是对个案具体事实适用法律的活动，符合司法权的特征。”另外，“从诉讼程序看，诉讼是行使司法权的基本方式，检察机关是诉讼活动的主要参加者，检察权较多地采用诉讼的形式进行”。“检察权和审判权的权限不同，但都是在共同的诉讼活动中，为同一个案件事实进行适用法律的活动，不能以权力行使方式上某些不同的特征为由，改变其基本性质，如把检察权的主动性（积极追诉犯罪）与司法（审判）权的被动性（不告不理）相对立，以此作为否定检察权司法性质的根据。”③

① 刘立宪、张智辉：《司法改革热点问题》，中国人民公安大学出版社2000年版，第78页。
② 龙宗智：《为什么实行主诉检察官办案责任制》，载《人民检察》2000年第1期。
③ 徐益初：《析检察权性质及其运用》，载《人民检察》1999年第4期。

中国检察理论研究所谢鹏程博士也有类似的观点，他认为："公诉权是具有司法性质的权力，公诉权是检察机关审查证据材料，决定是否起诉并在法庭上支持公诉的权力。其中，审查证据材料和决定是否起诉的行为，尤其是不起诉的决定，同法官的裁判行为极为近似，都是适用法律的行为，都以维护法律和公共利益为目标。"①

第四种观点认为，公诉权是行政权。一些学者针对我国新刑事诉讼法引进了对抗制的部分合理因素，增强了庭审对抗、法官居中裁判色彩的实际，对检察机关在诉讼活动中既履行公诉职能又履行法律监督职能提出强烈质疑，主张剥离刑事审判监督权，认为公诉权应定位为行政权，让公诉人成为与被告方平等对抗的一方当事人，使法官能够摆脱被监督地位居中裁判，实现刑事诉讼的科学化、民主化。

例如，北京大学陈瑞华教授认为，"英美与大陆法系国家在检察机构的设置以及权力配置上尽管有一定的区别，但它们所行使的权力都属于刑事追诉权，都对惩治犯罪、维护社会治安负有重大的责任，其权力的行政权属性的确是存在的。至于德国、法国检察机构所具有的准司法机构的性质，这两个国家的检察官所具有的准司法官地位，充其量不过说明检察机构在履行刑事追诉职能的同时，要注意尊重事实真相和维护法律尊严，而不应像民事诉讼中的原告那样，为达到胜诉和击败被告人的目的而不择手段或不惜一切代价。这一点，构成了对检察机关刑事公诉权的外在限制，但并没有否定这种刑事追诉权的行政权性质"。他还对我国检察机关在履行刑事追诉权的同时履行法律监督职能提出了质疑。他认为，"检察机关同时将法律监督与刑事追诉这两种相互对立的权力集于一身无法保持公正的法律监督所必需的中立性和超然性。法律监督者的角色要求检察机关尽可能保持中立、超然和公正；而刑事侦控者的诉讼角色，却要求检察机关尽可能地保持积极、主动和介入，尽量使有罪的被告人被判有罪，从而实现惩罚犯罪、维护社会秩序等国家利益。显然，这两个诉讼角色是直接矛盾和对立的"，"检察权尽管在中国目前的宪政体制下被界定为司法权，但就其权力的性质面目，也应属于广义上的行政权。只不过与警察机构相比，检察机构更强调公正地进行刑事追诉活动，甚至强调国家法律的实施。在这一意义上，检察机关确实带有一定的准司法机构的性质"。他指出，检察改革的思路应该是"检察机关的司法机

① 谢鹏程：《论检察权的性质》，载《法学》2000 年第 2 期。

构色彩应逐渐弱化，法律监督应当逐渐淡化并在条件成熟时最终退出检察机关的职能范围。”①

另一位主张公诉权是行政权而且较有代表性的学者是中国人民大学的陈卫东教授。他认为，“公诉的基本任务是代表国家追诉犯罪，将犯罪嫌疑人提交司法机关并举出证据证实犯罪。在公诉活动过程中，检察机关各项权能的运作不同于法院审判权的运作，公诉机关与被追诉方是对立冲突的，它要将双方的对立提交审判机关作出最终的裁判；对于各种涉嫌犯罪的行为，法律要求公诉机关必须代表国家而进行审查追究，而不是作为中立的第三方对冲突进行无偏倚的裁断；同时为了实现维护公共秩序，维护国家社会整体利益的目的，出于对追究犯罪的需要，公诉机关实行上下一体化的组织活动原则”，因此，“以公诉权为基本内容的检察权不可能具有我们所说的终局性、中立性、被动性、独立性的特点，检察机关的设置也不同于审判机关的组织体系，在这个意义上我们认为检察权在本质属性上，在终极意义上应该属于行政权”。②

第五种观点认为，公诉的基本属性是国家追诉权。例如，卞建林在其主编的《刑事诉讼法学》中称：“现代法治国家一般实行国家追诉原则，或者以国家追诉为主、私人追诉为辅的原则。国家追诉的方式就是公诉，即由特定机关或者人员代表国家对犯罪进行追诉，因而在实质意义上公诉权是一种国家权力，其基本属性是国家追诉权，以追究被告人刑事责任，恢复被破坏了的法律秩序为使命。”③

上述具有代表性的五种学术观点，为我们从不同的视角认识公诉权的属性提供了有益的借鉴，他们虽然都有一定的道理，但都存在有难以自圆其说的地方，都显得单薄而又偏颇。因为客观而又全面地判断一种权力的属性，仅仅从一个角度、一种视角是很难说得清楚的。对公诉权属性的判断和认识，由于它是一种国家权力，我们必须坚持三项认识标准：

一是要充分认识权力的强制性特征和属性。何谓权力呢，“权力是把一个人

① 陈瑞华：《司法权的性质》，载《法学研究》2000 年第 5 期。

② 陈卫东：《我国检察权的反思与重构——以公诉权为核心的分析》，载《法学研究》2002 年第 2 期。

③ 卞建林：《刑事诉讼法学》，科学出版社 2008 年版，第 656 页。

的意志强加在其他人的行为之上的能力”①。这就是说要想将自己的意志强加给别人，没有强制力是不可想象的。强制力是权力的本质属性，是权力区别于一般社会现象的标志。因此，恩格斯指出，“构成这种权力的，不仅有武装的人，而且还有物质的附属物，如监狱和各种强制机关”②。由此可知，对任何一种国家权力包括公诉权在内属性的研究，必须紧紧抓住强制性这一本质特征。

二是要坚持历史唯物主义的研究方法，不能脱离历史，就事论事研究公诉权的属性。公诉权从其产生到发展，尤其是在我国的发展变化，必须给予高度的重视，只有从它的历史演变中把握其本质属性，才能充分认识公诉的地位和作用，脱离历史发展的全过程，抓住一个阶段，或曰一个片段，盲从地得出一个结论，就会背离历史唯物主义的立场和观点。对于公诉权（或曰公诉制度）的产生发展，大家都知道是从 13 世纪路易九世在法国实行的司法改革，凡涉及作为王室收入的罚金和没收财产的诉讼，都不准采用私人诉讼的方法提起，转为国王代理人提起而产生的公诉制度开始，到 15 世纪的英国派遣律师代理国家起诉，再到近现代公诉制度的发展和完善，再到俄国十月革命创造的社会主义性质的公诉制度。尤其是新中国成立以来关于人民检察院的设置和公诉的定位，使我们清楚地看到，“现代检察制度无论如何设计，无论如何发展变化，但代表国家或政府履行的公诉职能始终是不变的，并且始终是最核心、最具有标志性的检察职能。也正是这一核心标志性职能，才使其从根本上有别于审判机关、警察机关以及其他国家机关。比如香港的廉政公署，尽管它和内地检察机关一样都有反贪侦查权力，但是由于它没有公诉这一检察机关的核心职能，因而它只能是行政执法机关而不能称之为检察机关。从这个意义上讲，没有公诉权，检察机关就失去了其核心职能，就缺乏其标志性意义”③。因此，笔者认为，关于公诉权的属性是不能随意改变的，对于它固有的本质特征，也就是它一成不变的属性和地位，只有从历史的演绎中才能辨别清楚。

三是要从我国的国家制度和刑事诉讼制度的实际出发看公诉属性。就国家政治制度而言，“在中国，人民代表大会制度是我国的根本政治制度。在人民代表大会制度中，人民代表大会即国家权力机关在整个国家机构体系中居于主导和支

① ［德］马克思·韦伯：《经济与社会》（下），林荣远译，商务印书馆 1997 年版，第 246 页。

② 《马克思恩格斯选集》第四卷，人民出版社 1972 年版，第 167 页。

③ 贺恒扬：《为什么说〈公诉是我国检察机关核心的标志性的职能〉》，载《检察日报》2010 年 7 月 16 日，第 3 版。

配地位，国家行政机关、审判机关和检察机关都由它产生，对它负责，受它监督。如果说在三权分立的宪政结构中国家权力呈现出一个平面三角形的话，那么在人民代表大会制度的宪政结构中，国家权力呈现出一个立体三角形。人民代表大会居于三角形的顶端，统一行使国家权力以保证国家权力的完整性。在人民代表大会之下，分别设立国家的行政机关、审判机关和检察机关，分别行使国家的行政权、审判权和法律监督权。在这样的宪政结构中，检察机关就有了独立的宪法地位。检察机关作为国家的法律监督机关，在人民代表大会制度中，是隶属于人民代表大会，与国家行政机、审判机关并行的国家机关，享有独立的法律地位”[①]。检察机关是由人民代表大会产生的法律监督机关，依法独立行使检察权；就刑事诉讼制度而言，我国刑事诉讼法第 8 条规定：“人民检察院依法对刑事诉讼实行法律监督。”第 136 条规定：“凡需要提起公诉的案件，一律由人民检察院审查决定。”[②] 这就是说，人民检察院是国家的法律监督机关，行使刑事诉讼的法律监督职责。与此同时，还肩负着公诉的诉讼职能，面对两种职能而如何对公诉定性、定位呢？对这一问题的解决，正是具有中国特色公诉制度所面临的难题。

按照上述三项标准，关于公诉属性问题，笔者有以下见解：

首先，公诉权不能定性为行政权。因为在我国“一元分立”的权力结构模式下的检察机关，与西方“三权分立”权力结构模式下的检察机关有着本质差别。我国的检察机关隶属于国家权力机关人民代表大会，按照宪法规定，检察机关由人民代表大会产生，检察机关的机构设置和职权必须由人民代表大会通过法律予以规定，检察机关行使职权必须以人民代表大会及其常务委员会制定的实体法和程序法为依据。在国家组织体系中，检察机关具有一定的独立性，无论在机构设置上，还是在职权行使上，它与国家的行政机关、审判机关互不隶属。“除了机构设置上的独立性之外，宪法还确立了检察机关依法独立行使检察权的原则，强调检察权行使的独立性。1954 年 9 月 20 日第一届全国人民代表大会通过的《中华人民共和国宪法》第 83 条规定：‘地方各级人民检察院独立行使职权，不受地方国家机关的干涉。’1982 年 12 月 4 日第五届全国人民代表大会通过的《中华人民共和国宪法》第 131 条专门规定：‘人民检察院依照法律规定独立行

① 孙谦：《中国特色社会主义检察制度》，中国检察出版社 2009 年版，第 109 页。

② 这是 1996 年刑事诉讼法第 136 条的规定，在 2012 年刑事诉讼法中，是第 167 条规定的内容。

使检察权，不受行政机关、社会团体和个人的干涉。’这些规定，以根本大法的形式确立了人民检察院依法独立行使检察权的宪法原则。为了强调检察机关依法独立行使检察权的重要性，1953 年《人民检察院组织法》和 1979 年颁布、1983 年修订的《人民检察院组织法》，1979 年颁布、1996 年修订的《刑事诉讼法》和 1995 年颁布、2001 年修订的《检察官法》都重申了依法独立行使检察权的宪法原则。”①

我国检察机关独立行使的检察权（含公诉权）与国家的行政权有着本质的区别。持“检察权就是行政权”观点的理由有三：一是检察机关在组织形式上具有高度的行政性；二是权力行使的方式上具有上命下从、检察一体的行政性；三是权力行使特征具有主动性、非中立性、非终局性，等等。② 笔者认为这三个理由所讲的行政因素，无非是检察机关的执业与事务管理中的行政性，任何一个国家权力组织要想正常运作，都必须拥有一定的事务性保障，但这并不是其职权的本质，检察机关所行使的检察权，尤其是公诉权，其本质在于其依法行使的国家追诉属性。

其次，不能笼统地把公诉权的属性定位为法律监督。把公诉属性说成是法律监督，不是没有道理，只不过法律监督并不是刑事公诉最直接、最本质的第一位属性，法律监督属性只是公诉职能（或曰公诉权）的第二位属性。持“公诉就是法律监督”观点的主要理由是因为“公诉的对象是犯罪，犯罪包括两种情况：一种是一切社会活动主体都可能实施的严重违反法律构成犯罪的各种行为；另一种是依照法定职责行使国家权力或公共管理职能的国家工作人员在职务活动中实施的严重违反法律构成犯罪的行为。无论对哪种犯罪主体提起公诉，都具有三个方面的功能：一是通过对犯罪的刑事追究，使行为人痛切地感受到犯罪行为在危害社会的同时也必然会给自己带来不利的法律后果，强迫其尊重和遵守法律；二是通过对犯罪的刑事追诉，防止违法状态继续存在；三是教育一切社会活动主体自觉遵守法律，促进法律的正确实施。因此，刑事诉讼中的公诉活动，从国家法治建设的角度看，其本身具有监督法律实施、维护法律尊严的功能。这种功能表

① 孙谦：《中国特色社会主义检察制度》，中国检察出版社 2009 年版，第 112 页。
② 郝银钟：《检察权质疑》，载《中国人民大学学报》1999 年第 3 期。

明公诉权具有法律监督的性质”[①]。对于这一论述和分析，笔者是完全同意的，它是从广义、宏观的视野，从国家法治的角度，来论证公诉权属性的，这种论证不无道理，也有一定的说服力。但这种论证和定位没有讲明公诉权的第一位属性，没有抓住决定公诉权本质的属性。同时，把公诉笼统地定性为法律监督，有许多立论上的难题也很难解释清楚。例如，“为什么检察机关的侦查是法律监督，而公安机关的侦查就不是监督？公诉、自诉均属于原告的求刑权，如果说检察机关的公诉是一种法律监督，那么自诉为什么就不是法律监督？如果说检察机关的批捕是一种对侦查的监督，国外法官行使这一权力为什么不称其为‘监督’？此外，从诉讼的角度看，检察机关承担公诉职能，如何平衡控辩双方的关系，又如何平衡检、法之间的关系？如果检察机关在行使公诉职能时又行使监督职能，使中立的法院处于检察院的监督之下，如何使法院保持中立、客观的地位而实现司法公正？”[②]

笔者认为，公诉权与诉讼中的法律监督权二者虽有契合，但是二者所适用的主体、客体，以及适用过程中所遵循的规律都有着原则的区别。公诉是由公诉机关针对被追诉人的犯罪行为，遵循诉讼规律和各项诉讼原则，按照“分工负责，互相配合，互相制约”的运行规则而进行的追诉和求刑活动；而诉讼中的法律监督是人民检察院为保障国家法律的统一适用，针对诉讼活动中的违法行为而开展的一项监督活动，这一活动体现着国家权力的制衡和制约规则。更为重要的是，诉讼监督是一种权力对另一种权力的单向制衡行为；而公诉活动在诉讼中体现双向的相互制约行为。另外，从人民检察院在诉讼中监督的特点来看，诉讼中的法律监督，“它基本上属于程序性监督，即主要是依法启动程序或作出程序性的决定来发挥监督作用，一般不具有实体性的处分权或司法裁决权，必须接受权力机关或司法机关的裁决，而这些裁决本身就构成了对法律监督权的监督和制约”[③]。而公诉权则不然，它不仅具有程序的启动作用，还决定着庭审的范围，在起诉和不起诉上，在对案件的实体处理上，产生着重大的影响，甚至在一定意义上起着决定性作用。总之，诉讼监督权的启动性、建议性特点，同公诉权的强制性有着

① 张智辉：《检察权研究》，中国检察出版社2007年版，第45页。

② 陈国庆：《检察制度原理》，法律出版社2009年版，第103页。

③ 孙谦：《中国特色社会主义检察制度》，中国检察出版社2009年版，第54页。

本质之区别。因此，我们不能笼统地、原则地把公诉属性定位于法律监督，而应当实事求是地按照公诉的本来面目，亦即其在我国检察职能中的核心地位和标志性作用给予科学的界定。

关于公诉属性的界定问题，我们曾于2010年《人民检察》第1期上发表了《法律监督哲理论纲》一文，文中提出“检察职权二元论”的观点，把公诉职能从法律监督职能中分离出来，变检察职权“一元论”为“二元论”。其理由有四：一是公诉权和法律监督权，两项权力授予的目的不同；二是监督和制约的概念和内涵不同；三是两种权力运行的规则和规律不同；四是公诉权的产生、发展的历史，其固有属性不能用法律监督来替代。基于“检察职权二元论”的思考，我们认为公诉属性应界定为国家追诉权（或曰求刑权）。其特征有以下几个方面：第一，公诉权是国家权力。公诉权本质上是国家对犯罪的追诉权，其体现的是国家和社会的意志和利益。检察机关是根据国家法律赋予的职责，代表国家追诉犯罪的机关。公诉权的这一特征，在世界各国概莫能外。即使在刑事诉讼实行当事人主义的国家，检察官起诉的案件也是以国家为一方，被告人为另一方。当然，在实行联邦制的国家，如美国，州检察官起诉的案件，在案由表述中，州为一方，被告人为另一方，这与其国家结构形式直接相关，但并未改变公诉权作为国家权力的特征。第二，公诉权是追诉犯罪的权力。公诉权的行使是以犯罪行为的发生为前提的。只有发生了侵害国家社会利益的犯罪行为，检察机关才能行使公诉权。检察机关行使公诉权的目的，是使实施犯罪行为的人受到追究和惩罚，维护国家利益和社会公共利益，恢复被犯罪行为破坏的法律秩序。第三，公诉权是请求权。这一特征的含义是，公诉权的行使是为了启动追诉犯罪的审判程序。在诉讼发展史上，曾经有过诉审合一的制度，为了节制审判官的权力，防止专权擅断，发生了诉审分离的重大诉讼变革。在现代刑事诉讼中，法院审判程序的发动，必须以起诉为前提，无起诉即无审判。因此，公诉权在形式上表现为请求法院对案件进行审理并作出裁判的权力。一般情况下，检察官的起诉必然会启动审判程序。第四，公诉权是程序性权力。就实质而言，公诉权不是实体处理权，这是其区别于行政权和审判权的重要特征。公诉权的行使可以推动诉讼程序的发展，使犯罪受到追究，对国家刑罚权的实现具有重要意义，但其本身不能解决定罪量刑的实体问题，一般不能进行最终处置，其只是一种程序性权力。在现代刑事诉讼中，对案件的实体处理是审判者的权力，检察官启动审判程序，但不能决定案件的定罪量刑问题。这种机制有利于实现诉讼目的，是人类诉讼制度进步的一个重要标志。[①]

把公诉属性定为“国家追诉权”，笔者认为它是公诉权最直接、最本质的属性，它也是中外公诉发展史所得出的必然结论。即使在我国从学习苏联，依托列宁关于法制统一而建立起来的检察制度，到新中国成立以来，我国关于人民检察院在国家政权建设中的定位，都没有改变公诉权作为国家追诉权的定性和定位。众所周知，我国宪法规定，“人民检察院是国家的法律监督机关”、“人民检察院依照法律规定独立行使检察权，不受行政机关、社会团体和个人的干涉”。从这些规定中可以看出，包括公诉权在内的检察权来源于统一的国家权力，同时又与国家的行政权、审判权并列，受立法权制约，向最高权力机构负责。人民检察院组织法确定了检察机关享有对刑事案件的公诉权、对刑事裁判活动的诉讼监督权以及对刑罚执行的诉讼监督权。民事诉讼法也规定“人民检察院有权对民事审判活动实行法律监督”，并在相关条文确定了检察机关对民事案件生效裁判的抗诉权。刑事诉讼法进一步完善了检察机关对刑事案件的公诉权、对刑事裁判活动的诉讼监督权以及刑罚执行监督权，还规定了对刑事案件的侦查监督权。另外，行政诉讼法也规定“人民检察院有权对行政诉讼实行法律监督”，并规定了人民检察院对人民法院已经发生法律效力的行政判决、裁定的抗诉权。从以上这一系列法律规定可以明确地看出，我国立法已经赋予人民检察院法律监督权，但是，法律监督权的立法授予并没有改变诉讼规律和规则所固有的公诉权就是国家追诉权的定性与定位。公诉权是检察机关固有的职权，也是世界各国公认的职权，更是检察权的核心和标志。一句话，应该说它是检察机关的立命之本。其国家追诉权的属性不容变更，更不能随意取代。诚然，它与法律监督有共生共存的联系，公诉权之加强，也会强化法律监督的力度和效果。但它的根本属性是不容用法律监督所代替的。这是由诉讼规律和规则决定的，是由刑事诉讼的结构所决定的，科学发展的规则和规律是不容改变的，“法律监督制度，也可能只具有应对现实的相对合理性，并不具有不可变更的性质，因为这种制度存在很难完全克服的法理上的矛盾，即作为控诉当事人与作为法律监督的角色冲突，以及相关的其他矛盾，因此，它与成熟的、依靠诉讼自身机制实现公正的司法制度可能产生冲突”[②]。

---

① 朱孝清、张智辉主编：《检察学》，中国检察出版社2010年版，第376页。

② 龙宗智：《两岸检察的同与不同》，载《检察日报》2010年12月8日，第3版。

最近，最高人民检察院副检察长孙谦同志在多种场合讲话或撰文，提到诉讼监督谦抑性的问题，笔者认为，这是一种很有理性的见解。他指出："诉讼监督对于维护司法公正、树立司法权威确实非常重要，但不能夸大它的作用。必须依法进行监督，超越法律就走向了反面。同时，监督本身有一个合适的问题，过度了就会适得其反。所以在社会转型中，在法治发展过程中，检察权作为一种公权力，一定要自省、内敛和谦抑，否则，检察权也是会被滥用的。"① 笔者认为，诉讼监督谦抑论对于我们正确理解"检察职能二元论"，对于公诉属性的正确理解，具有非常重要的现实指导意义。不要"一刀切"，不要盖棺定论，要实事求是，是什么就是什么，不能随意扩大法律监督的内涵和适用范围。最高人民检察院司改办主任王洪洋在一次研讨会上指出："从理论上来说，检察机关的法律监督应当是覆盖了三大诉讼的全过程以及相关行政执法活动，但是检察机关的监督权，特别是诉讼监督权不是无所不包、无所不能的，不能包打天下，应当做到谦抑、克制、严守分际，有所为、有所不为，这样才能突出重点，起到好的效果。"② 最高人民检察院检察委员会专职委员童建明则认为，诉讼监督要坚持拓展性与谦抑性相结合。他指出，"目前诉讼监督的范围还不够完善，手段还不够充分，要通过司法改革和立法来完善监督的范围，增加、补充监督的手段，健全监督的程序。但在拓展监督手段和程序的时候，特别要注意谦抑原则。为什么要谦抑？第一，检察机关的诉讼监督是整个诉讼监督体系中的一支力量，而且保证诉讼活动正常进行主要靠政法机关自身提高纠错的功能。第二，检察机关监督的效力也只是启动相应的诉讼法律程序，不应去直接纠正这些违法。第三，从目前案件的实际情况看，大量的案件，尤其是大量的民事案件，检察监督不可能实现全覆盖，从提升监督实效来讲，也必须突出重点。"③ 这些观点和论述十分精辟，颇有建树，我们既要解决当前法律监督难的问题，树立敢于监督、善于监督的信念，完善监督的手段和方法，变软监督为硬监督，又要科学监督，去掉盲目性，不能用原则而又笼统的法律监督取代公诉的属性，不仅要使法律监督硬起来，还要使公诉职能强起来，为国家法治之统一而充分发挥检察职能的作用。

① 王志国：《2010年诉讼监督论坛综述》，载《法学杂志》2010年第11期。
② 王志国：《2010年诉讼监督论坛综述》，载《法学杂志》2010年第11期。
③ 王志国：《2010年诉讼监督论坛综述》，载《法学杂志》2010年第11期。

第三章　检察制度基本原理[①]

一、研究检察制度基本原理的路径选择

什么是原理，为什么要研究检察制度原理？这是研究中国特色检察制度原理首先要解决的问题之一。

“原理”一词，是在各个专业理论研究中经常使用到的词语。有作为研究题目一部分使用的，有作为论文关键词使用的，有的甚至将“原理”作为最便捷的论证依据，如用“根据某某原理”、“从某某原理来讲”之语，将所要用于论证主题的理论一笔带过。但对“原理”的具体内涵是什么，有些作者并没有一个清晰的概念。从这些作者运用“原理”一词的上下文来看，真正从原理的本义来使用该词的并不多，大多数作者是将“原理”等同于“理论”来使用的。其实，虽然在古汉语中有关“原”字的词语并不少，但我们常使用的“原理”一词却并不是本土语，而是外来语，其来源于日本语中的 genri，而该词又是英语 theory、principle 的意译，汉语的意思就是“具有普遍意义的道理”[②]。商务印书馆的《古今汉语词典》对该词的解释基本上是相同的：“具有普遍意义的可作为其他规律的基础的规律；也指具有普遍意义的道理。”[③] 这样解释虽然略显简单，但也体现出原理的一些基本属性。一是作为原理，它必须是具有普遍意义的，具有广泛的适用范围，即具有普遍性。当然，这种普遍性是相对而言的，并不是说可以适用于任何事物、任何领域。要知道，真理再向前一步就是谬误。

---

① 原文为樊崇义主编：《检察制度原理》导言（法律出版社 2009 年版），系与吴光升合作撰写。

② 刘正谈：《汉语外来词词典》，上海辞书出版社 1984 年版，第 398 页。

③ 《古今汉语词典》，商务印书馆 2000 年版，第 1803 页。

二是作为原理，它的内容必须具有基础性。这是原理具有普遍性的必然要求与逻辑结果，越是基础的事物才越具有普遍性。这也是原理不同于理论体系之处，原理只是理论体系中最核心、最基础的部分。因此，笔者认为，所谓原理，也就是关于事物或自然现象产生或运作的基本规则或法则，而作为一种制度的原理，也就是该制度的基本构成要素以及该制度功能得以产生的机制，它是该制度理论的核心部分，它包括该制度的理论基础、制度的构成要件、制度的运作方式与制度功能等。其中，制度的理论基础是制度原理的基石，它总是建立在一些有关人与社会之本质的基本假设之上；制度的构成要件是制度原理的“硬件”，是制度原理得以存在的基本条件；制度的运作方式其实也就是制度构成要件的组合方式，它既是制度的形式要件，也是制度的实质要件；制度功能是制度产生的目标，是制度所具有的客观效果，是制度存在的意义所在。

作为一种制度存在，检察制度也有其理论体系；既然有自己的理论体系，检察制度相应地也有其制度原理。为什么要研究检察制度原理，这涉及理论在社会制度生成中的作用问题。而理论是人类理性的产物，因而该问题归根到底涉及人类理性在社会制度的生成中的作用问题。

对于社会制度是如何生成的，向来有进化主义与构建主义之争。这种争论实际来源于它们各自的哲学基础即经验主义与理性主义的对立。经验主义与理性主义的划分有两种方式：一种是经典的划分方式。在这种划分方式中，理性主义指的是以笛卡尔、斯宾诺莎、莱布尼茨等为代表的大陆理性主义，而经验主义指的是以洛克、贝克莱、休谟等为代表的英国经验主义。另一种划分方式是“补充的”划分方式。它指的是英国哲学中经验主义和理性主义两种倾向的对立和区分。后一种划分方式之所以是补充的，是因为它与前一种经典方式相比较而言，它是次要的、支流的、有所差别的。① 现在所说的经验主义与理性主义的对立与划分，一般指的是前一种划分方式。作为两种在认识论领域的不同观点，理性主义与经验主义的对立，一般认为，主要是围绕知识的来源以及如何获得知识的问题而展开的，它们主要涉及以下几个方面：一是人类知识的根本源泉是感觉经验还是先天观念；二是哪一种知识具有无疑的确实性和真理性，是经验的知识还是理性的知识；三是知识的获得是通过经验的归纳法还是理性的演绎法；四是人的

① 周晓亮：《西方近代认识论论纲：理性主义与经验主义》，载《哲学研究》2003 年第 10 期。

认识能力是否是至上的，它是否囿于一定的范围和界限。[①] 在知识的来源上，理性主义与经验主义的对立是绝对的。理性主义认为，普遍知识起源于心中固有或与生俱来的天赋观念，这些观念是自明的、无误的，通过对它们进行理性推演就可以形成普遍知识的体系；而经验主义认为人心只是一块“白板”，并无所谓的天赋观念，因而人类一切知识都来源于经验，普遍知识只有在经验的基础上才有可能。由于知识来源不同，这也就带出它们在知识判断标准方面的对立性。经验主义认为，知识确实性与有效性的判断标准在于感觉经验，有感官经验来源的知识才是科学知识，没有感官经验来源的知识都不是科学知识。而理性主义认为，判断标准在于知识本身是否“清楚明白”，而不在于是否有经验的支持。但在其他方面，理性主义与经验主义的对立似乎并不是绝对的，而只是一种倾向，即理性主义倾向于认为理性的知识才具有确实性与真理性，知识主要通过理性演绎所得，人类理性是至上的，而经验主义则是相反的倾向。

经验主义与理性主义的对立体现在社会科学研究中就是进化主义与构建主义的分野。构建主义是建立在理性主义哲学基础之上的，这种观点的一个总的特征就是相信人类理性的力量，相信仅凭人类的理性就能够设计出一套完美无缺、运行良好的社会制度。这种思想其实并不是在近代才出现的，在古希腊就已有萌芽，当时新生的自然法观念实际上就是这种制度构建主义传统的先河。例如，如柏拉图就认为“理性的命令就是法律”，人定法是理念法的摹本。亚里士多德也认为，法律是不受主观愿望影响的理性。[②] 古罗马人也继承了这种理性主义精神，把法分为永恒的自然法和制定法。例如，西塞罗指出，自然法的本质就是正确的理性，它存在和发展于人类心灵中，指导着人们应当做什么而不应当做什么。[③] 而托马斯·阿奎那则认为，理性的规则就是自然法。[④] 经过文艺复兴时代的洗礼之后，人类理性被从神学的压制下解放出来，西方自然科学获得了长足的发展，由此带来的结果是，人类的理性替代神而成为人类膜拜的对象。表现在社会科学研究上就是制度构建主义获得前所未有的支持。例如，霍布斯就认为：“约法对于每一个臣民来说就是国家以语言、文字或其他充分的意志表示命令他

① 周晓亮：《西方近代认识论论纲：理性主义与经验主义》，载《哲学研究》2003 年第 10 期。
② ［古希腊］亚里士多德：《政治学》，吴寿彭译，商务印书馆 1981 年版，第 163 页。
③ 张乃根：《西方法哲学史纲》，中国政法大学出版社 1993 年版，第 60 页。
④ 田成有：《理性主义与经验主义之争的法律视角》，载《甘肃政法学院学报》2002 年第 4 期。

用来区别是非的法规；也就是用来区别哪些事情与法规相符、哪些事情与法规相违的法规。”① 从制度的产生来看，罗尔斯的公平正义理论也可归入构建主义之列。因为从罗尔斯的《正义论》来看，罗尔斯实际上吸收了康德的先验理性方法，其所指称的两个正义原则是人的合理慎思的结果，是理性人在原初状态中进行反思平衡的结果，也是公民运用公共理性达成的重叠共识，是人在理性多元化的文化背景中对政治价值的共享性理解。②

与构建主义相反，进化主义似乎对人类理性能设计出一套完美无缺的社会制度持一种怀疑态度，持进化主义立场的人一般认为，制度的源头不在于构建与设计，而是与生物进化一样，在于通过成功竞争且存续下来的传统与习惯，立法可以发现并记载一切，但却不能凭空制造一切，那种希望脱离实践而通过人类理性构建一个合理制度，从而创制出一个崭新秩序的诉求是不符合现实的。其代表人物除前述经验主义人物洛克、休谟等人以外，还有德国历史法学派之代表人萨维尼、英国法史学家梅因、纯粹法学创立者凯尔森、现实主义法学家卡尔·鲁维林以及哈耶克等人。萨维尼认为，每个民族都有自己的传统和习惯，法律规则就是由这些传统与习惯逐步发展形成的。梅因也通过研究大量的古代法资料后认为，法律是沿着神观念时代到“习惯法”时代再到“法典”时代的历史线索演化和发展的。凯尔森则完全抛弃了传统法理学把自然、理性和正义列入法学概念的做法，认为事实上能为人人都提供幸福的、合乎“正义”的秩序根本不存在，因为每个人的幸福观都是主观的、相对的，正义的价值观念因人而异，正义只不过是人类不能认识的理想，如果正义的社会秩序可以通过自然、理性或神的意志加以认识，“那么国家立法者的活动，就如在煊赫的阳光底下点灯一样无聊”③。卡尔·鲁维林也认为，法律制度是十分复杂的，它不仅是由许多原则、概念组成的规范体系，更包括许多精心设计的技术手段，如先例方法等，而后者往往是由一批法律如何执行的经验组成的，而所有这一切都受控于“法律人”的实践活动。④ 在这些制度进化主义的支持者之中，也许哈耶克的“自生自发秩序”理论最具体系性，

---

① ［英］霍布斯：《利维坦》，黎思复、黎廷弼译，商务印书馆 1985 年版，第 206 页。

② 贾中海：《哈耶克进化论理性主义对罗尔斯理性建构主义的批判》，载《学习与探索》2006 年第 4 期。

③ 刘全德：《西方法律思想史》，中国政法大学出版社 1996 年版，第 234 页。

④ 田成有：《理性主义与经验主义之争的法律视角》，载《甘肃政法学院学报》2002 年第 4 期。

且对制度构建主义最具有震撼力。出于对人类理性有限性的认识，哈耶克首先从他最擅长的经济学入手，通过批判具有严重理性构建主义倾向的计划经济和国家干预主义是个人自由的最大敌人，从而建立一个以保障个人自由为目标的涵盖经济、政治与法律等各方面的制度生成理论体系。哈耶克认为，人的智识是有限的，世界上没有全知全能式的人物，即使那些所谓最有知识的人，也只是掌握了全部知识中的一小部分，因此，仅凭一人或一个团体就能设计一个合理的社会制度，那是人类理性的“致命的自负”。“正是对理性的力量的高估，才致使人们反对服从抽象的规则。建构论唯理主义之所以拒不承认需要对理性进行规诫，实是因为它自欺欺人地认为理性能够把握所有的特定细节。”① 这种“致命的自负”的结果只能使个人自由遭受践踏，从而走向被奴役之路。合理的制度是如何形成的，哈耶克为此将秩序分为内部秩序与外部秩序，内部秩序是指“人之行动而非人之设计”的自生自发的秩序，而外部秩序是内部秩序演化的结果或规则安排，即通过立法者之手而形成的各种制度。因此，在哈耶克看来，制度安排虽然要借助于立法者之手，但制度并不是立法者理性设计的结果，而是立法者发现并固定内部秩序即自生自发秩序的结果，先有自生自发之秩序而后才有各种制度。也就是说，人之理性在制度形成过程中的作用在于感悟、发现已有的内部秩序并将之转化成各种有形的制度，而不在于凭空设计未有的制度。至于自生自发的秩序如何成为可能，哈耶克认为，这是自由的个人长期互动与博弈过程的结果，此过程既是人们不断试错的过程，也是人们不断相互调适、相互适应的过程。在此过程中，遵守传统是一个不可缺少的因素，正因为传统的这种重要作用，哈耶克认为，“一个成功的自由社会，在很大程度上，将永远是一个与传统紧密相连的并受传统制约的社会”②。作为这种制度形成过程的生动体现，哈耶克认为最典型的是英美普通法的形成过程。

如何评价上述两种不同的制度生成观点，笔者认为还得从其所依赖的哲学基础来看。极端的理性主义即“唯理论”将理论与经验完全割裂开来，正如诸多哲人所批判的，它完全是错误的，因为在人类心灵中根本就不存在任何不依赖经

---

① ［英］哈耶克：《法律、立法与自由》（第一卷），邓正来等译，中国大百科全书出版社 2000 年版，第 38 页。

② ［英］哈耶克：《自由秩序原理》（上），邓正来译，三联书店 1997 年版，第 76 页。

验知识的先验的知识，某个特定时空的人也许会拥有一些没有经过自己经验检验的知识，这些知识表面看起来是先验的，但它实际上依然是来源于经验知识，来源于前人的经验知识。相应地，建基于唯理论哲学基础上的、认为仅凭人类理性就可以设计出一整套社会制度的极端构建主义也是不足取的。因为社会制度作为特定时空的人类文化的组成部分，也是此特定时空之下人们的一种生活方式，是这种生活方式的常规化或制度化。而作为一种生活方式，它必定是人们与所处环境进行互动的结果。在这种互动过程中，虽然不能排除人类在理性指导下的能动作用，但也不能脱离人类通过感官与外界相接触的经验。而且，社会制度是否符合社会发展的需要，还离不开经验性的实践检验。换句话说，也就是传统与经验在社会制度的生成过程中并不是可有可无的因素，社会制度往往就是在一种不断实践与修正的过程中向前发展的。

经验主义反对唯理论的先验理论，认为知识的最终来源是经验，这是应当肯定的。但其怀疑人类的理性，贬低理论的作用，认为只有可经验的东西才是科学知识，却是走向了另一个极端。因为经验的积累离不开理论，理论对经验具有一种主导作用。首先，不仅理论的增值可以促进经验的增值，而且有时候理论的汇聚和收敛同样可以促进经验的增值。如某种理论获得接受后就往往可以使各种科学实验朝特定方向进行深化与扩展，从而产生更加精确的经验。其次，理论对经验有一种共时构建作用，即在人的知觉层次上，观察渗透着理论，对于相同的感官刺激，主体背景信念不同，可以产生完全不同的知觉模式；在经验的表达上，理论为描述经验提供了基本的语言框架，不同的理论表述会形成完全不同的认知经验。最后，理论会影响经验的事后解释，同样的经验，在不同理论的解读下，意义会完全不同，从而导致经验的认识价值也有所不同。① 经验价值的实现离不开理论的指导，与此相应，那种怀疑理性，拒绝理性构建作用的制度进化主义也是不足取的。尊重传统，这是制度进化主义的特点。确实，我们不能无视传统因素在制度生成过程中的作用，但是，如果我们将传统的地位推崇到极端就难免会染上保守主义的习气。虽然制度进化主义拒不承认自己的保守性，但由于其将传统因素置于备受膜拜的地位，保守性还是像鬼魂附身一样让其难以摆脱。因为过于推崇传统，往往会使进化主义只看到已经存在的制度因素，使其迷恋于眼前已有

① 蒋劲松：《理论对于经验的主导作用与整体主义》，载《自然辩证法研究》2003 年第 11 期。

的制度而不能自拔。也正因为传统因素在制度进化主义中的核心地位，制度进化主义持有者的眼光是向后看的，而不是向前看的，只知从已有的传统中寻找制度因素，而不知利用自己的理性作必要的构建。传统其实也就是一种习惯，而习惯只有通过多次的重复才能得以形成，是一种时间的积淀。这样也就意味着进化主义者的制度往往只能解决已存在许久的老问题，而不能解决即将来临或刚刚出现的新问题。这也就注定进化主义持有者构建的社会只能频繁地在失范和有序之间来回摆动。而且，这种制度进化主义在实践中也是难以行得通的。且不说哈耶克的自生自发秩序理论体系所推崇的英美普通法的形成正如有的学者所批评的，它们并不完全是通过个体长期互动而自生自发地形成的，其中也掺杂了诸多的理性构建因素。[①]最重要的是这种进化主义尤其是哈耶克的自生自发秩序理论是以西方社会为模板的，论述的是西方社会制度的形成过程，虽然带有很大的理想成分，这对于像中国这样的非西方社会的制度形成具有多大的启示是很值得怀疑的。这是因为，西方法治社会的各种制度中有不少确实是经过长期的发展而形成的，传统因素确实在其中充当了重要的角色，但对于非西方社会来说，由于本身并没有法治社会的那种传统因素，如果不通过借鉴西方社会，不通过一种理性的构建，而只是按进化主义所要求的那样，一味地从传统中寻找制度生成的因素，其法治社会的形成虽说不是不可能，但至少也要像西方社会那样历经上百年才能形成，这显然不是非西方社会所愿意看到的。哈耶克认为，人类理性是有限的，制度的构建往往会压制个人的自由。其实，从哈耶克的分析来看，这种压制个人自由现象的出现并不是因为制度构建的理性因素，而是因为制度构建过程中的不理性，是因为制度构建者打着理性的旗号，将自己的欲求强制地或理所当然地作为全体公民的欲求而上升为制度的原因，这种阴影在哈耶克内部秩序形成的过程中也不能完全摆脱。其实，通过在程序上用哈贝马斯的理性沟通予以制约，使产生的制度能最大限度地反映每个个体的需求，这种问题虽然不能完全避免，但也可将其控制到最小化。

因此，笔者认为，社会制度的生成并不完全是理性构建的，极端的理性构建主义是对人类理性的一种“致命自负”；社会制度的生成也不完全是经由传统进化而成的，制度进化主义是对人类理性的一种悲观主义。制度的生成中既有理性构建的因素，也不能完全摆脱传统因素的影响，在不同的时空中有可能是理性构建占优势，也可能是

① 刘磊：《自生自发的秩序——哈耶克自由理路的迷思》，载《法制与社会发展》2006 年第 2 期。

传统占优势。这并不是我们好中庸之道，而是基于对理论与经验在人类认识过程中相互依存、相互补充、相互渗透、相互转化而共同构成的认识活动的整体认识。我国是一个缺少法治传统的非西方社会，已有的传统并不能让我们逐步走向法治社会。因此，在我国建设法治社会虽然不能忽视传统的因素，但更重要的是要利用我们理性的力量构建新制度，即制度的构建是我国目前走向法治社会不可回避的过程。制度构建需要理论的指导，而原理是一个制度理论中的核心部分，只有把握了制度原理才能对制度作整体性的认识，才能准确认识制度的过去、现在与未来。检察制度也是一样。但遗憾的是，在我国目前有关检察制度的理论研究中，受对策性研究的制约，较多的是对检察制度理论的某些枝节问题进行论述，对检察制度理论的深层原理问题缺少研究，更别说对检察制度的原理问题进行系统研究了。受此影响，我国检察制度不仅在理论上，而且在实践中也存在诸多悬而未决的争议，在近年司法改革的语境下，这种问题尤其明显。制度要改革，理论必先行；理论要深化，原理为中心。这也是本课题选择检察制度原理作为主题进行研究的一个初衷。

二、检察制度基本原理的本土化

检察制度自法国大革命正式产生以来，在西方社会已存续了二百多年。任何制度都有一个不断完善的过程，而这种完善过程是以有关该制度理论的深化与完善为前提的。因此，在此二百多年间，西方社会理论界对检察制度也已形成了一个较为完整的理论体系。我国检察制度总体上讲是一个舶来品，既然西方理论就检察制度已有一个较为完整的理论体系，我们为什么不在引入检察制度的同时，也将其理论体系引入，而要对中国检察制度的原理进行研究呢，这是我们研究中国特色检察制度原理首先要解决的另一个问题。

笔者认为，之所以要研究中国检察制度的原理而不是直接借用西方检察制度的原理，这是实现检察制度与理论的本土化，避免我国检察制度与理论边陲化的需要。

所谓边陲化，在这里也就是指由于西方发达资本主义国家在文化上具有一种优越的生机控制性，[①] 导致非西方的后工业国家对其在制度与理论上都具有一种依赖性，制度上以西方发达国家制度为圭臬，并以移植后者为目标；在学术理论

① 这是指一个个体或社群所具备保证自身或其成员足以控制外在环境，以谋维持独立生存的机会或保证人格发展的有利条件的程度。参见叶启政：《社会理论的本土化构建》，北京大学出版社2006年版，第35页。

上习惯于西方的思考与理解模式，奉西方国家建构的知识体系为正朔，并产生亦步亦趋的移植现象。在社会科学方面，一般的边陲化指的是理论的边陲化，但由于社会理论是以社会制度为研究对象且以社会制度的构建与完善为取向的，社会理论的边陲化往往会导致社会制度的边陲化。因此，就社会科学而言，边陲化包括理论边陲化与制度边陲化两个方面。就其消极后果而言，制度的边陲化比理论的边陲化更甚，因此，制度的边陲化更应当避免。

边陲化的出现是以中心化的出现为前提，以不同社会的相互交往与互动为条件的。在欧洲尤其是西欧社会，在文艺复兴之后，随着上帝的逐渐退隐，人类理性的逐渐解放，以及个人价值的逐渐回归，作为人类对自己所处外部世界的认识成果的科学技术得到了迅速的发展，这种科学技术的发展反过来又带动了西欧社会各方面的快速发展。西欧社会为此逐渐在实质上取得了世界文化格局的中心地位，只是由于西欧社会与亚非拉等国家的交往并不多，这种依赖性还没有显现。19世纪开始的西欧各国在世界各地进行的殖民运动其实不仅仅是一种经济掠夺行为，也是一种文化征服行为。在这种血腥的文化交锋中，西方国家以科学技术为主导的文明占尽优势，致使这些非西方国家不仅在政治与经济上受到西方国家的压迫与牵制，而且整个社会结构、文化形态、价值、信仰以及认知体系都受到严厉的冲击而发生改变。19世纪末到20世纪初的亚非拉民族解放运动虽然使这些非西方国家取得了国家独立，但西方国家依靠优势文化而取得的对非西方国家的统制关系并没有结束，而是在非西方国家求强谋发展的心理驱使下，又像一只无形的手一样悄悄地继续隐存于学术文化与经济层面，并通过此而影响其他的制度构建。[①] 通过这种不平等的交往，非西方国家这种对西方国家制度与理论具有明显依赖性的边陲化特征也就逐渐形成。

边陲化既有学术理论上的，也有制度上的。为此，边陲化所带来的负面后果也可以分为学术与制度两个层面。在学术层面上，一方面容易使边陲社会的学术丧失独立自主的性格。这是因为，面对西方国家的优势文化，边陲社会的知识分子往往是以一种缺乏反省与批判意识的膜拜心态来接受与学习的，这种状况持续既久，不仅会使非西方国家社会普遍产生一种边陲性的自卑心态，往往会以西方国家的中心文化作为界定一个行动之正当性的权威依据，而且也会

① 叶启政：《社会理论的本土化构建》，北京大学出版社2006年版，第34页。

使边陲社会的知识分子进而整个边陲社会的学术以学习中心文化为己任而丧失了独立自主的学术风格。另一方面，在边陲化过程中，旧有文化传统逐渐萎缩而沦为边陲，西方国家优势文化则成为一种文化的中心。作为这种过程的结果，边陲社会旧有文化传统的优势因子也会逐渐从边陲社会的学术视野中消失。其原因在于，面对劣势文化时，优势文化具有一种扩散性，即“当一个文化中的某些基素占优势时，则此优势地位有扩散至其他基素的趋势”①。“爱屋及乌”，此成语用在此处也许不是很贴切，但也足以说明问题。这种优势文化的扩散性，往往会加大劣势文化采纳优势文化的范围，使优势文化中本不占优势的部分也成为劣势文化学习的内容，劣势文化中本具有优势因子的部分反而像婴儿一样连同洗澡水一起被倒掉。作为上述两个方面的结果，就是使得知识构建作为边陲化学术的结果很难具有一种“本土的契合性”，即构建的知识体系很难引起所在社会成员感知上的共鸣和满足他们在认识上的需求，让他们感到这些知识是与他们的生活经验贴切而有用的。这是因为，“任何一个社会的文化传统因子多少都会产生一定的磁滞作用”，劣势文化既有的一些文化传统与行事模式是无法完全被淘汰掉的，在人们的日常生活世界里，旧有的结构与实际可操作的理路仍然有着一定承启作用。② 在制度层面，由于其相对于学术理论的滞后性，在边陲化特征的体现上也许没有学术边陲化来得明显，但其带来的负面结果却要比学术边陲化严重，这种严重结果就是使得边陲化的社会制度难以适应所在的社会，在制度上形成显性制度与隐性制度之分，破坏制度的权威性与有效性。这是因为，制度作为一种文化，它是人们与所处世界进行互动的生活方式的常规化，而作为一种生活方式，它必须与所处环境相契合，这种环境既有自然的环境，也有社会的环境。边陲化的制度，虽然在中心社会中可能会游刃有余，在边陲社会中也会经过立法成为一种显性制度，但是，“本土传统文化也会因长期的累积与渗透，往往稳固地沉淀于人们的象征认知与感受的底部，持续地形塑着人们的身心状态与支配着行为模式”③，从而转变成一种与边陲化制度这种显性制度相异但实际却支配着人们行为的隐性制度。

---

① 叶启政：《社会理论的本土化构建》，北京大学出版社 2006 年版，第 37 页。
② 叶启政：《社会理论的本土化构建》，北京大学出版社 2006 年版，第 78 页。
③ 叶启政：《社会理论的本土化构建》，北京大学出版社 2006 年版，第 69 页。

科学知识可分为社会科学知识与自然科学知识。应当说上述所说的学术边陲化问题主要存在于社会科学知识中，自然科学知识是以寻找普遍规律为目标，这种普遍规律应当具有很强的普适性，不管对中心社会还是对边陲社会都是有效的，它虽然也存在一个相对于政治的内向性边陲化问题，但并不存在我们上述的那种外向性边陲化问题。再者，制度的边陲化在很大程度上源于学术的边陲化，为此，以下所探讨的边陲化如何得以形成问题，主要关注的是学术理论边陲化的形成问题。社会理论的学术边陲化是如何形成的，这虽然有中心社会优势文化“一美遮百丑”的因素在内，但最重要的原因还是在于边陲社会的社会理论研究者缺乏一种批判意识，误入了一种“自然科学模式”的研究套路，将社会科学知识等同于自然科学知识，认为社会科学知识与自然科学知识一样，也具有一种放之四海而皆准的普遍性。在这些研究者看来，一是自然科学与社会科学都是在同一条原则上发展的，自然科学的方法也可直接适用于社会科学，如有不同，也只是研究方法的发展成熟与否问题；二是社会科学与自然科学的研究目的是相同的，都是为了寻找一种普遍性的规律；三是社会科学与自然科学一样，都具有一种技术性格，可以是价值中立的。[①] 由于受这种“自然科学模式”的影响，这些研究者往往认为，既然西方中心社会已经就相关社会科学领域作了相当的研究，而且中心社会的实践经验证明是行之有效的，边陲社会可以进行移植而没有必要另起炉灶。在这些观念的指导下，研究者往往是以西方中心社会的学术体系作为标准，向其看齐，以西方中心社会的思维模式来思考所处社会出现的问题。这种状况持续既久，就在无形中形成了中心社会学术理论对边陲社会学术理论的统制关系，学术边陲化为此逐渐形成。

在中国，边陲化的现象不容乐观。自清末以来，伴随着传教士与西方帝国主义势力渐入中土，近代西方国家以科技为主导的文化也对中国的制度与文化提出了巨大的挑战。鸦片战争、甲午中日战争、八国联军入侵，帝国主义列强对中国的侵吞急剧地从英美式的商业扩张升级为旧俄式领土攘夺，并大有瓜分中国之势。西方帝国主义国家对中国的这些殖民活动，不仅打破了当时国人的天朝大国之梦，也使中国从政治、经济到文化等各方面成为西方列强以科技为主导的文化的统制对象。面对西方国家的优势文化，当时中国社会各阶层打出了救亡图存的

---

① 叶启政：《社会理论的本土化构建》，北京大学出版社2006年版，第14页。

旗号。也正是在这种救亡图存的群体意识下，中国知识分子忍受牺牲民族自尊与对文化传统的胶着情感，而大幅度地学习和模仿西方国家优势文化与制度。[①] 在中西文化交锋之初，由于中国传统文化是一种具有浓厚道德伦理色彩的、注重个人修养的内向性知识，而西方国家文化是一种以科学为核心、意在控制外在事物的外向性知识，这两种知识从表面上看有一种功能互补的作用，此时的学习主要以学习西方国家的科技知识为主，此即张之洞等洋务派所主张的“中学为体，西学为用”、“师夷长技以制夷”。但此后的实践尤其是甲午中日战争的失败证明，仅靠学习西方国家的“长技”并不能让中国摆脱民族危机，要想救亡图存，还得学习西方国家的制度。中国19世纪末的维新变法就是在这种背景下进行的一种制度学习与模仿运动。此次变法虽然失败，但其后由于国家权力对学术的功利性干预，如派遣大量学生出国留学，建立西式学校，传授西方知识等，西方知识与制度逐渐在中国扎下根来，并形成一个崭新而逐渐扩张的学术传统，中国学术与制度的边陲化特征逐渐显现。新中国成立后，由于意识形态的差别和国家权力的介入，边陲化特征被一度弱化。但自20世纪80年代后，由于改革开放政策的实施，中国社会的逐渐转型，西方国家各种学术思想在中国的传播，更重要的是经济发展的差距，边陲化现象再度出现。例如，有些学者对我国现有制度的评价，总是习惯以西方国家的思维模式、理论架构和西方国家的制度为模板，不符合者就加以大肆挞伐。由于对西方国家制度推崇有加，这些学者在对我国相关制度的构建上往往奉西方国家现有制度为标准，以其作为论证依据，但对这些引证的制度背景不加深究。再者就是在学术研究过程中，不管研究的主题是什么，往往言必称欧美，且以引用西方国家文献资料的多少作为评价学术作品的重要标准，而对中国文化传统却论述较少。这些边陲化现象目前虽然还主要体现在学术研究层面，但理论往往是实践的先行者，是为新的制度实践造势的，如不及时扭转这种学术风气而任其发展，制度的边陲化也就为时不远了。

体现在检察制度的研究上，这种学术边陲化现象最主要的有以下几点：一是在我国检察制度所处的权力框架上，虽然明确主张“三权分立”者还没有，但从有些学者的论述来看，对“三权分立”的推崇之心已溢于言表；二是因推崇西方国家的“三权分立”，在我国检察权的定位上，有些学者往往不顾我国的实

---

① 叶启政：《社会理论的本土化构建》，北京大学出版社2006年版，第6页。

际情况，而是总以西方国家“三权分立”的思维模式来理解我国检察权的性质，认为检察权的性质是一种行政权，应当取消检察机关的法律监督权，有的甚至主张取消检察机关的建制；三是在我国的检法关系上，有些学者往往以西方国家的检法关系模式作为正朔，认为我国检察制度不应当有对人民法院的司法监督权，不应当凌驾于人民法院之上（其实我国检察机关并没有凌驾于人民法院之上，只是论者的一种理论推演的结果），因而应当取消检察机关的抗诉权。

制度与人一样，仅从本身来看是很难真正发现自己所存在的问题的，只有与其他制度进行批判性的比较后才能真正发现症结所在。而且，根据“有限变异原则”，针对同一种问题，解决的办法总会有相似性，或在基本原理上是一样的。因此，我们并不反对学习西方国家的制度与理论，甚至也不反对在必要的时候移植西方国家的一些制度与理论。就检察制度而言，我们反对的只是那种只知其形不知其意、只知制度的现在而不知制度的过去、只知欧美而不知本土的不加批判的、具有边陲化倾向的拿来主义，而主张一种检察制度和理论的本土化研究。制度与理论的本土化，从本质上讲是一种制度与理论的反中心的多元化主张，其意图在于反省隐藏于西方制度与理论后面的深层哲学基础，以摆脱、修饰或超越西方国家制度与理论体系几近全盘垄断的局面，并进而运用本土所累积、形塑的文化认知历史经验，树立另一个具有独特性的制度与理论体系。[①] 因此，我们主张检察制度与理论的本土化，其实也就是主张我国检察制度的制度构建与理论研究要有中国特色，而不是对西方国家的检察制度与理论亦步亦趋地模仿与学习。如果说，我们反对制度进化主义在于肯定人类理性的构建能力，那么我们主张检察制度与理论的本土化或中国特色化则是在一定程度上肯定本土传统文化对检察制度生成的制约作用。

首先，中国检察制度生成与发展的社会土壤有别于西方国家的检察制度。这种社会土壤其实也就是不同社会的成员与其所处环境长期互动而形成的文化模式或体系。组成这些文化模式或体系的成分中，既有显性的，如各种规章制度，也有隐性的，如社会成员共享的各种价值理念。在这些文化模式或体系中，对检察制度的生成与发展有重大影响的是后者，即隐性文化，这也就是法国社会学家布迪厄所说的习性。这种隐性文化有些可能会随着社会的变迁而更新，有些则可能随着社会成员的代代相传和长期浸透而在社会成员的深层意识中潜伏下来，向社

① 叶启政：《社会理论的本土化构建》，北京大学出版社2006年版，第58页。

会成员“提供‘游戏感’或‘实践感’，允许人们提出无数的策略以成功地应付无数的处境”①，却未能被社会成员有意识地觉察到。这种因不同社会而有不同的隐性文化或习性，如果要为其贴上一个标签，“国民性格”也许是适宜的。在西方国家，长期以来由于受基督教的影响，正如梁漱溟先生所指出的，在人与人之间的关系、个人与家庭的关系上，与中国传统文化有极大差异。因为根据基督教的要求，所有人都是上帝的子民，世俗的父子、上下级关系在上帝面前是不存在的，家与国的观念也不是基督教所提倡的。例如，《新约》里有一段记载，耶稣说：“假若任何人到我这里，而不憎恶他的父母妻子儿女兄弟姊妹，甚至一己的生命，他就不能做我的门徒”，“我来并不是使世界安宁的，而是使它纷扰的；因为我来了将使儿子与他父亲不和，女儿与她母亲不和，媳妇与她婆婆不和”。②为此，在西方人的观念中，家庭概念是很淡薄的，上帝成了维系人与人之间关系的纽带。也正是因为如此，在上帝退隐之后，为了不致使人与人之间成为一盘散沙而造成社会秩序的混乱，法成为了上帝的替代物，法成为了维系人与人之间正常关系的纽带，法在西方人眼中并不是一种约束而是一种需求，守法也因此成为西方人的一种习性。而在中国却如费孝通先生所指出的，由于受儒家观念的影响，长期以来，家庭在中国人的观念中占据核心地位，人与人之间的关系也就像水的波纹一样，是从家庭这个核心一层一层地推演出去而形成一种“差序格局”，人情关系的远近而不是法成为了人际关系交往的标准，“在西洋社会里争的是权利，而在我们却是攀关系、讲交情”③。这种人情关系不仅代替法成为社会互动的标准，还会对法的规范效力产生一种消解作用。也正是因为中国人的这种习性，虽然中国法律并不少，但其实际效力却并不尽如人意，与人情关系相关的各种潜规则在各行各业都有存在。这是因为，法律作为社会结构的一个重要组成部分，它虽然能够对身处其中的社会成员进行规范制约，但社会成员并不是被动地受这种规范约束的，不仅如英国社会学家吉登斯所说的参与了社会结构的形成，而且还往往将这些规范作为一种行动的策略，需要突破这些规范时就会千方百计地予以突破。制度是用来规范人的行为的，正是由于中国人这种不同于西方

---

① ［英］帕特里克·贝尔特：《二十世纪的社会理论》，瞿铁鹏译，上海译文出版社2005年版，第26页。

② 梁漱溟：《中国文化要义》，上海世纪出版集团2005年版，第67~68页。

③ 费孝通：《乡土中国生育制度》，北京大学出版社1998年版，第26~27页。

人的性格，也就决定了我们在构建中国检察制度时必须反省西方检察制度的人类学基础，而不能盲目地照搬西方的检察制度。

其次，中国检察制度的产生与发展过程有别于西方国家检察制度。作为一种制度，检察制度也是功能性的，是为了满足某种社会需求而产生的，不同的产生与发展过程决定了中国检察制度不可能与西方检察制度完全相同。在西方检察制度的产生与发展过程中，笔者认为有两个方面对西方检察制度的形塑具有决定性的作用。一方面是西方检察制度萌芽时的司法割据局面。一般认为，现代检察制度起源于13世纪的英国与法国。此时的英国与法国的一个共同特征就是都处于一种封建割据状态。与此社会状况相应的是，在司法管辖上并不是统一的，除了王室法院以外，还有领主法院、庄园法院、教会法院等，分别对领地居民行使司法权，王室法院只能管辖王室领地内的案件。后虽经一系列旨在强化王室权威的司法改革，如司法令状、陪审制度等，将一些重大案件的管辖权专属于王室法院，但仍有部分案件由其他法院与王室法院共享平行管辖权。也就因为这种司法的不统一，导致国王为了维护自己的利益不得不借鉴产生于罗马法的代理人制度，向各种法院派驻代理人以应对危害国王利益的诉讼，加强各种税收的征收，监督赎金和各种罚没的执行。这是因为，司法管辖往往是王室收入的一个重要来源。比如在当时的英国，根据当时由诺曼人传入英格兰的重罪处罚规定，在重罪①诉讼中，如果被告败诉，他立即被处以绞刑或者肢体刑，他的土地占有权首先由国王剥夺，国王有权取得土地上的一切财产，然后再把土地本身作为可继承的地产交还领主。② 在所谓的“王权诉讼”中，王室也能取得一种财产罚没的利益。③ “罚金和没收财产成为新的财源。”④ 在法国也有同样的现象。例如，在腓

① 这里的“重罪”和我们一般理解意义上的重罪不一样，它是一个带有封建性内涵的概念，本意为一个违反了对其领主所负的基本的忠诚义务。对于这种犯罪，不仅受害人男性亲属有起诉权，而且领主或者封臣也有权起诉。参见［英］S·F·C·密尔松：《普通法的历史基础》，李显冬等译，中国大百科全书出版社1999年版，第463页；［美］哈罗德·J·伯尔曼：《法律与革命——西方法律传统的形成》，贺卫方等译，中国大百科全书出版社1993年版，第552页。

② ［英］S·F·C·密尔松：《普通法的历史基础》，李显冬等译，中国大百科全书出版社1999年版，第464页。

③ ［英］S·F·C·密尔松：《普通法的历史基础》，李显冬等译，中国大百科全书出版社1999年版，第462页。

④ ［德］K·茨威格特、H·克茨：《比较法总论》，潘汉典、米健等译，法律出版社2003年版，第275页。

力二世时，王室可以从邑吏主持审判的案件中获得各种收入，包括从诉讼人获得的实际诉讼费和向与该审判有关社区征收的税务。[①] 这些代理人就是现代检察官的起源。另一方面是西方国家“三权分立”宪政制度形成时社会对检察制度的可欲性。“三权分立”作为一种通过权力分立来限制权力的政治法律思想并不是从来就有的，“政府有立法、行政和司法三种职能，这一现代观点是在许多世纪间慢慢衍化起来的”[②]。最早对政府职能进行区分的是古希腊人亚里士多德，他认为每一个政府都具有深思性要素、管理性要素和司法性要素，其中深思性要素既与现代立法职能有关，也与司法、行政职能有关。[③] 但一般认为，对“三权分立”制度的形成作出最重要贡献的还是洛克与孟德斯鸠。洛克在其名著《政府论》中出于效率和限制权力的目的，将政府权力分为立法权和执行权，分由国会和国王行使。“如果同一些人有权制定法律，手中又握有执行法律的权力，这对人们想攫取权力的弱点是一个极大的诱惑，因此，他们也许会免除自己服从自己制定的法律的义务，并在法律的制定和执行中使法律适应自己的私人利益。”[④] 1748 年，孟德斯鸠在其名著《论法的精神》中提出现代意义上的政府职能三重划分的观点。他主张政府权力可以分三个职能：立法、行政、司法，这三种权力应当由立法机关、行政机关、司法机关分别行使。[⑤] 至此，现代意义上的“三权分立”思想最终确立起来。随着资产阶级革命的胜利，“三权分立”思想也就被付诸实践，成为各国组织国家权力体系的重要理论基础之一。而在此时，英法等国的检察权却没有取得与立法权、行政权、司法权相抗衡的重要地位。14 世纪中叶，法国在刑事诉讼中设置国王检察官，其职责在于代表国王对各地封建主是否遵守国王法令实行监督；以国家公诉人的身份对犯罪提起诉讼并参加审判；在涉及王室利益的民事诉讼中，出庭维护国王利益。[⑥] 但是，由于从中世纪末期始，法国刑事诉讼从控告式变为纠问式诉讼，“任何法官都是检察官”，在检察官没有提出起诉的情况下，法官也可依据控告而主动发动公诉，并且仅仅需要将

---

① ［美］哈罗德·J·伯尔曼：《法律与革命——西方法律传统的形成》，贺卫方等译，中国大百科全书出版社 1993 年版，第 572 页。

② ［英］M·J·维尔：《宪政与分权》，苏力译，三联书店 1997 年版，第 20 页。

③ ［英］M·J·维尔：《宪政与分权》，苏力译，三联书店 1997 年版，第 21 页。

④ ［英］洛克：《政府论》（下篇），叶启芳译，商务印书馆 1983 年版，第 54 页。

⑤ ［法］孟德斯鸠：《论法的精神》（上册），张雁深译，商务印书馆 1963 年版，第 185～186 页。

⑥ 曾宪义主编：《检察制度史略》，中国检察出版社 1992 年版，第 310～311 页。

诉讼的进展情况告知检察官,[①] 检察官已有的权力如公诉权被转移到法官手中。由于检察官应有的作用没有得到发挥，此时的检察机关甚至成为一种可有可无的机构。这种状况一直延续到资产阶级革命胜利、纠问式诉讼被废除时为止。纠问式诉讼被废除后，取代它的是一种混合式诉讼：审前程序实行纠问式诉讼，审判程序实行控告式诉讼。在这种诉讼程序中，法官的追诉权力包括侦查权、公诉权又逐渐回到检察机关手中，检察机关的重要性也日益显现。1808 年的《重罪审理法典》规定由检察院发动公诉，追诉职权原则上属于检察机关。[②] 英国检察权的崛起比法国更晚。1461 年，作为国王代理人的律师更名为总检察长，同时另设国王辩护人。1515 年，国王辩护人更名为副总检察长，英国检察制度正式建立。但是，此时作为检察制度主要代表的总检察长的主要职责不在于诉讼，而是为政府提供各种法律服务，如作为王室的诉讼代理人出席涉及王室利益的案件审理，作为政府法律顾问和成员为政府各部门起草法律案时提供法律意见，在议会中代表政府答复有关法律方面的质询。在 1895 年以前，他甚至还可以作为私人律师操业。[③] 在控告式诉讼下，总检察长在刑事方面的职权也仅限于对重大刑事案件的起诉和支持公诉，大部分刑事案件是由公民个人或者大陪审团提起诉讼。在 1829 年英国成立近代式警察后，刑事起诉的重任又落在警察的身上。虽然根据 1879 年通过的《犯罪追诉法》，在伦敦建立一个叫公诉处的国家检察机关，并在伯明翰和利物浦两地设立分处，在总检察长的直接领导下开展刑事追诉工作，但只有严重的犯罪案件才由公诉处进行起诉，其他大部分案件还是由警察自行决定是否起诉和聘用律师来起诉。直到 1985 年颁布《犯罪起诉法》，在英格兰和威尔士设立一套垂直领导的独立、统一的检察机构皇家检察署，并扩大检察官检察职权时为止，英国检察机关的地位才开始显出重要性。

从以上西方国家检察制度与“三权分立”制度的产生与发展过程来看，我们可以得出两点结论：一是检察制度在西方国家的出现，其初始目的主要在于维护国王的利益，只是后来随着王权的削弱或资产阶级革命的胜利，才适应控辩式

---

① ［法］卡斯东・斯特法尼等：《法国刑事诉讼法精义》（上册），罗结珍译，中国政法大学出版社 1999 年版，第 79 页。

② ［法］卡斯东・斯特法尼等：《法国刑事诉讼法精义》（上册），罗结珍译，中国政法大学出版社 1999 年版，第 79 页、第 89 ~ 90 页。

③ 曾宪义主编：《检察制度史略》，中国检察出版社 1992 年版，第 344 页。

诉讼的要求而取得越来越重要的地位；二是造成西方国家检察权在国家权力格局中的这种状况，更多的是出于历史的无奈，即检察制度的起源虽然要早于“三权分立”思想的形成，但在“三权分立”思想产生到付诸实践之时，检察权由于其在各个国家中所起的作用微弱，根本无法与立法权、行政权和司法权抗衡，因而也就不可能在权力分立体制中得以体现。这是因为，一个社会需求要想在某个法律制度中得到体现，就必须在该法律思想上升为法律制度之前出现，并有在该法律中加以规定的必要。如果是在此后出现，即使很有必要加以规定，也由于法律稳定性的需要会遇到重重阻力。由于事关国家权力分配的重大利益，作为宪政基础的“三权分立”制度更是如此。但是，由于检察权既具有司法权的属性，又具有行政权的属性，在这种无奈中也透露出诸多的反抗，自近代以来西方国家就检察权的属性长期争议而又悬而未决就是这种反抗的体现。

而中国的检察制度走的却是另一条不同的发展道路。对于我国的检察制度，虽然在与我国古代监察御史制度的关系上有些争议，如有的学者认为监察御史制度就是古代的检察制度，但对于我国现代的检察制度属于舶来品却争议不大。其实，同属于舶来品，但我国前后的检察制度却有不同的来源：清末后出现的检察制度学的是欧美国家，而新中国成立后的检察制度却是伴随其他政治制度配套来自于苏联。也就是说，从一种客观的立场来看，在中国检察制度的产生与发展过程中间有一个历史的断裂。因此，要厘清我国现有检察制度的来龙去脉，还得从苏联检察制度的产生与发展说起。虽然在沙俄时期尤其是1864年的沙俄司法改革后就已建立了比较成熟的检察制度，但苏联的检察制度却主要是根据列宁的监督理论建立起来的。1920年以后，卫国战争的胜利开启了苏联法制建设的序幕，也就是在此过程中，苏联的检察制度逐渐建立起来。对于如何建立苏维埃的检察制度，苏联在检察制度建立之初曾经就检察机关的领导关系与职权问题有过重大争议。但列宁针对当时多数人的意见指出，为了保持法制的统一，只能实行垂直领导而不能实行双重领导。他认为，在农业、工业、行政或管理机关方面，虽然各省有不同之处，“但是法制应当是统一的。我国全部生活中和一切不文明现象中的主要症结是放任半野蛮人的旧俄观点和习惯，他们总希望保持卡卢加的法制，使之与喀山的法制有所不同”，[①]“我们无疑是生活在违法乱纪的汪洋大海

① 《列宁全集》（第33卷），人民出版社1957年版，第326页。

里；地方影响对于建立法制和文明制度是最严重的障碍之一，甚至是唯一的最严重的障碍”,[①] 为此，“检察长的唯一职权和必须做的事情只是一件：监视整个共和国对法制有真正一致的了解，不管任何地方的差别，不受任何地方的影响”[②]。虽然在双重领导与垂直领导问题上后来有过反复，但列宁的监督法制统一理论对苏联检察制度的建立产生了巨大影响，苏联的检察制度也主要就是在此监督法制统一理论上建立起来的。例如，1922 年的《检察监督条例》就规定检察机关的任务在于“为了监督是否遵守法律和正确进行同犯罪所作的斗争”，检察机关的职权除了有公诉权、司法监督权外，还有一般监督权。虽然我国的国情与苏联建国初期的情况有所不同，但这种以监督法制统一为目的的检察制度在中国新民主主义革命时期就被引入当时的革命根据地，这应当有划清革命阵营的政治意识形态的因素，也有制度配套与契合的因素。例如，1946 年的《陕甘宁边区政府命令》就规定，检察机关的任务和职权是对于一切破坏民主政权、侵犯人民权利的违法行为，各级公务员触犯行政法规的行为和违反边区政策的行为进行检察。关东行署颁布的《关东各级司法机关暂行组织条例草案》也规定：“关东所有各机关各社团工作人员或一般公民，对于法律是否遵守之最高检察权，均由检察官行使之。”新中国成立后，这些监督法制统一的理论也逐渐随着检察制度的正式建立而在有关检察制度的法律文件中得到了体现。新中国成立之初的《中央人民政府组织法》第 28 条规定：“最高人民检察署对政府机关、公务人员和全国国民之严格遵守法律，负最高的检察责任。”1949 年 11 月 2 日，最高人民检察署第二次检察委员会会议通过了《中央人民政府最高人民检察署试行组织条例》。根据该条例，检察机关的职责之一就是检察全国各级政府机关及公务人员和全国国民是否严格遵守人民政协共同纲领及人民政府政策方针与法律、法令。此后，虽然检察机关的职权有所调整，但检察机关的法律监督目的却没有改变，我国宪法也明确将检察机关定位为法律监督机关。

从以上论述可以看出，虽然我国检察机关与西方国家检察机关在具体职权上多有重合之处，但由于产生的历史环境不一样，它们的初衷或目的是不一样的，所赖以建立的理论基础也是不一样的。西方国家检察机关建立之初衷在于维护王

---

① 《列宁全集》（第 33 卷），人民出版社 1957 年版，第 327 ~ 328 页。

② 《列宁全集》（第 33 卷），人民出版社 1957 年版，第 326 页。

室利益，随后才因社会的发展、诉讼模式的转变而演变为维护公共利益，其理论基础在于“三权分立”与权力制衡。而我国检察机关的建立，其目的在于监督法律的统一实施，其理论基础在于人民主权与列宁的法律监督理论。制度目的在某些程度上能决定制度的功能与构建，由于这些不同，也就决定了在我国检察制度的构建与研究过程中，不能盲目模仿西方国家的检察制度，不能唯西方国家检察理论是从。

最后，也正是由于赖以存在的社会土壤存在差异、经历不同的产生与发展过程，我国检察制度具有不同于西方国家检察制度的内容，体现出不同于西方检察制度的中国特色。在内容上，其实不止我国检察制度与西方国家检察制度有差异，西方国家内部即大陆法系国家与英美法系国家由于历史传统的不同，也体现出较大的差异性。例如，大陆法系国家检察机关有较多侦查权，警察在理论上是检察机关的辅助机构；而在英美法系国家，检察机关与警察机构相互独立，检察机关的侦查权只是一种例外。这也从另一个角度说明检察制度并没有放之四海的普适标准。就我国与西方国家检察制度的内容来说，在检察机关的具体职能上有相同的地方，如公诉权、侦查权，与大陆法系国家相比还都有侦查的监督权，但这些只是形同而意不同；更明显的是差异，如我国检察机关具有司法监督权，可以监督审判机关的刑事、民事、行政裁判行为，而西方国家检察机关则很少有或几乎没有这些权力。造成这些差别的原因主要在于前面所述的检察制度的宗旨或目的不同，我国检察制度的目的在于法律监督，虽然也有公共利益维护的功能，但这只是法律监督目的的衍生功能，是法律监督的逻辑结果；而西方国家检察制度的目的在于公共利益的维护，虽然也有法律监督的意义，如大陆法系国家的检察官就被视为“法律的守护人”，但这些都是维护公共利益的要求。也正因为目的不同，虽然检察机关都有公诉权、侦查权，但其出发点是不一样的，我国在于法律监督，西方国家在于维护公共利益，形同而意不同。

我国检察制度与西方国家检察制度相比主要有以下特色：一是检察机关的法律监督性。宪法和有关法律明确将我国检察机关定性为法律监督机关，即检察机关的任务在于通过诉讼方式督促和纠正有关法律执行、实施中的严重违法行为，这是我国检察制度最为重要的特征。检察机关的所有职能都是围绕这一点设置的。这与其他国家将检察机关作为行政机关一部分的公诉机关定位相比，法律监督机关这一定位具有明显的优势，解决了西方检察机关因既具有司法性又具有行政性而难以准确定位的难题，从而为我国检察机关充分发挥作用解除了理论上的束缚。二是检察机关的外部制约性。检察机关作为监督者本身也需要予以监督。在我国，检察机关并不是没有监督者，因为根据我国政治制度，共产党作为执政党是社会主义事业的领导核心，检察机关必须在党的领导下履行各项职责；而且，人民代表大会作为我国的权力机关统一行使国家权力，在整个国家机构中居于主导地位，检察机关由它产生、对它负责、受它监督。但这种制约与西方国家检察机关受行政首长制约是不同的，它只是一种宏观的制约，而不是具体的制约，这样也就保证了检察机关具有相对独立性，以充分有效地行使监督职能。三是检察机关的整体独立性。在我国，检察机关具有相对独立性，但这种独立性与西方国家“检察一体”原则下检察官个人独立是不同的，它只是检察机关作为一个整体独立于行政机关、社会团体或个人而依法行使监督职能，而不是检察官个人独立行使职能，检察官只能代表国家以检察院名义进行各种履行职权的活动，实行“检察院独立”而不是“检察官独立”。四是检察机关的双重领导。即我国检察机关实行上级领导下级，同时又接受同级人大监督的领导体制。只是这种上下级的领导主要体现为业务工作上的指导关系，人员任免、经费保障主要由同级党委、人大、政府负责、管理和监督。五是检察机关职权的广泛性。由于我国检察机关是一种法律监督机关，以法律监督为己任，因此享有较为广泛的职权。在刑事诉讼中，我国检察机关有侦查权、公诉权、诉讼监督权和判决执行监督权等职权，在民事与行政诉讼领域具有诉讼监督权等。而西方国家的检察机关，由于定位的限制，并不具有诉讼监督权。六是检察机关侦查权的有限性。在我国，长期以来，检察机关在侦查管辖方面与公安、国家安全等机关具有明确的分工，检察机关只有职务犯罪侦查权，其他犯罪的侦查权由公安、国家安全等机关行使。这既不同于大陆法系国家检察机关理论上的广泛侦查权，也不同于英美法系国家检察官极其有限的侦查权。应当说，这是有一定优势的，既考虑了检察机关力量的有限性，也考虑了公诉权与侦查权的紧密关系，只是还需要从理论上加以厘清。目前，我国检察机关的职务犯罪立案侦查权被取消后，这种差别更为明显。七是检察机关设置的行政区域性。由于我国检察机关由同级人大产生，因此是按县级以上行政区域设置的。这与其他国家按司法区域设置有较大的不同。它的优点在于整齐划一，问题是易受地方、部门保护主义的影响，使检察机关独立行使职权缺乏相应体制上的保障。八是检察机关的民主集中性。在职权的运作方式上，我国检察机关实行的是在检察长领导下的民主集中制原则。即检察长领导检察院的工作，设立检察委员会讨论决定重要事项和疑难复杂案件，检察官一般没有相对独立的办案权，侦查、审查逮捕、审查起诉等基本上按照行政模式加以管理。应当说，这种运作方式具有一定的优点，但也存在与诉讼规律不完全符合的缺点，还需要进一步完善。九是检察机关的内部制约性。在我国，检察机关内部组织机构是按主要职权进行设置的，各内设机构形成了在检察长统一领导下的分工合作、互相制约关系，这有利于保证检察权的正确行使。

总之，社会制度作为特定时空下人类的一种文化或生活方式，并没有跨越时空的具有普适性的制度存在。作为以制度为研究对象的社会科学研究必须避免陷入边陲化的陷阱，而应当进行一种本土化的研究。中国检察制度由于不同的深层哲学基础与产生、发展过程，具有不同于西方国家检察制度的中国特色。就是这种中国特色决定了中国检察制度的理论研究不能以西方国家检察制度理论为模板，更不能在制度构建与完善上对西方国家检察制度亦步亦趋。

三、中国检察制度的基本原理

社会的变迁必定会带来制度的变迁。中国社会目前正处于一种重大转型过程之中，这种转型必定会影响到检察制度的变化。理性的立法需要一种理性的研究，如何把握这种变化而使其有序地、稳妥地进行，由于前述的原因，关键在于进行必要的本土化研究。这种本土化研究如何达成，对于学术研究来说，本土化实质上是“一种始于对‘意义’的理解、诠释与建构体系进行革命性的塑造与回转”，“是对既有的优势知识论述体系进行典范的回转”。[①] 因此，检察制度的本土化研究并不只停留在方法论的改变，或在于使用具有本土传统色调的概念、数据对于本土的问题进行研究，也不在于关闭学术的大门而就本土的问题、数据进行分析研究，更不在于不加批判地打着“全球化”旗号进行检察理论的移植或靠拢，而是在于走入西方国家检察制度与我国检察制度的传统，对检察制度赖以存在的哲学基础进行比较分析，对有关检察制度的重要概念、思想进行历史性的理解，从而厘清不同检察制度得以产生、发展与运作的基本理路，然后在此基

① 叶启政：《社会理论的本土化建构》，北京大学出版社2006年版，第91页。

础上回到我国的现实状况，以实证研究的方法对我国有关检察制度方面的社会需求或问题进行分析，提出解决对策。从方法论上讲，前一部分是一种宏观性的研究，一种原理性的研究，而后一部分则是一种微观性的研究，一种经验性的研究。由于前述的理论对经验的主导作用，可以说，前一部分是一种基础性的研究，后一部分是一种应用性的研究。没有坚实的基础也就不可能有稳固的知识大厦，检察理论研究亦然。正是出于此因，我们将中国特色检察制度原理，按制度基础到制度功能，再到制度程序或制度运作的逻辑结构概括成七大原理进行研究。以下对这七大原理作简要的概括。

（一）权力模式原理

有人群的地方必然会存在权力关系，权力是社会秩序得以维持的不可缺少的条件之一，但由于权力在本质上是一种动态的强制关系，且极具扩张性，不对其进行必要的控制与监督，必然会导致腐败。现代国家一般在承认权力正当性的同时，又按一定逻辑将权力予以分解，交由不同的组织或机构行使。也就是在现代国家这种普遍化的分权体制下，检察权作为国家权力的一部分，必然会处于一种权力结构之中，与国家权力的其他组成部分发生各种各样的关系，从而构成一种体现检察权不同地位与作用的国家权力架构形式，即权力模式。

在不同的权力结构中，检察权的地位与作用是不同的。从现代各国的权力架构来看，可以分为以下几种权力结构模式：

一是以美国为代表的平面结构模式。这种权力结构模式可以说是洛克和孟德斯鸠等人的分权制衡理论的典型实践。这种分权理论认为，国家权力应当分为三种：立法权、行政权和司法权，并应该分别由不同的人或不同的机构掌握，否则公民的自由便没有保障。在这种权力结构模式下，这三种权力是不分层级而平行的，在同一个权力平台上，不同的权力主体各自行使法律规定的权力，在各自的领域内具有最终的权威，同时各种权力主体之间形成法律上的牵制关系，杜绝独尊的、绝对的权力。这种权力结构的特点在于依据权力在规范运作中的作用将权力予以分割，但这种权力分割又不是绝对的，在每一种权力有一个中心的同时，规定其他权力的适当介入以防止在一个领域中出现一个独裁式的权力，另外就是辅之以复杂的制约平衡技术，使各种权力之间形成互相牵制的平衡关系，防止一种权力占有压倒性的优势，以阻止权力的集中。① 这种权力结构的典型是美国。在美国，根据宪法规定，以总统为首的行政权与立法权相互制约，被总统否决的法案不能以三分之二的多数在国会两院重新获得通过的，该法案就算被取消。另外，总统还拥有立法建议权，可以通过对国会的劝告施加立法影响，可以取得委托立法权，总统的行政命令甚至与法律具有同等效力。此外，总统任命的高级军、法、政官员，均须经过参议院的同意；参议院可对总统的违法行为进行弹劾；总统与外国缔结条约要经参议院的批准；众议院对行政机关的最大威慑是它掌握着财政大权，即所谓"国会掌管钱袋"。行政权与司法权也相互制约，一方面，联邦最高法院的法官要由总统任命；另一方面，联邦最高法院法官终身任职，有相对独立性，可以利用自己作为美国宪法最终解释者的特殊地位，以宣布总统法令违宪的方式牵制行政机关的权力。立法权和司法权也是相互制约的，联邦最高法院的法官由总统提名，但必须经过参议院的批准才能由总统任命；参议院对高级官员的弹劾权，施及于法官。联邦最高法院可以通过违宪审查权而有权宣布国会通过的法律因违宪而无效。

二是以英国与法国为代表的半平面化权力结构模式。这种半平面化的概括其实主要是为了强调它们在权力结构上既有类似美国平面化权力结构模式的地方，也有不同于后者的地方，在这种模式内部英国与法国并不是完全相同的。在英国，虽然也实行"三权分立"，也强调立法权、行政权和司法权的相互分立与制约，但这种分权是在形式上维护代议制机关的最高权威的基础上实行的分权。也就是说，在权力平台上，各种权力并不完全处在同一个平面上，立法权高于其他权力，只是立法权在运作时又参与到同其他权力的互相制约中来，因此与美国权力结构模式相比，只能称之为半平面化的权力结构模式。具体来讲，英国议会的立法权代表国家最高的权力，不受任何其他权力的控制，但可形成对行政权和司法权的权力制约。首先，内阁和首相虽然具有强大的施政权力，但下议院可通过质询、辩论、批准条约、立法和倒阁等手段对内阁进行制约，下议院若通过对内阁的不信任案或否决政府的重要法案，内阁必须集体辞职。如果内阁不愿意辞职，就由首相提请英王宣布解散议会并进行重新选举，新当选的议会下议院决定原内阁的去留。其次，法院可以通过对于控告行政当局的讼案进行救济的方式对

① 周永坤:《权力结构模式与宪政》，载《中国法学》2005 年第 6 期。

行政权进行制约。另外，英国上议院掌握国家最高司法权，又制约着司法权的行使。在法国，根据1958年制定的法兰西宪法，国家权力分为立法权、行政权、司法权等权力，但是行使这些权力的主体都可以同时行使其中两项或两项以上的权力，特别是行政权表现得十分强大，行政权优位表现明显。在法国，一方面，总统的产生和权限类似美国总统，但权力更大，他有解散议会的特殊权力，以及提请再议议会提出的法律的权力。但政府要对议会负责，议会通过信任投票、弹劾等方式监督政府。当议会通过对内阁的不信任投票案、否决政府的总政策声明和施政纲领时，总理必须向总统提出政府总辞职或提请总统解散议会，进行大选。另一方面，法院可以通过司法审查权来对议会的立法权和政府的行政权进行平衡、制约，以防止立法权和行政权的膨胀、扩张或滥用。前者是由宪法法院来实施的，而后者则是由行政法院来实现的。当然，法国总统也有一定的司法制约权，他可以通过其所担任主席的最高司法会议对高等法院法官的任命及上诉法院首席法官的任命提出建议，对法官的纪律进行检查。

三是以苏联、东欧国家以及我国为代表的层级化权力结构模式。在这种模式中，国家权力机关处于核心地位，国家行政、审判、检察等机关都由它产生，它们的组成和活动必须服从于权力机关的决定，并对它负责，受它监督。也就是说，在国家权力平台上会产生一个以上的权力层级，而且最高权力一般不参与第二层级的权力制约，监督具有单向性和绝对性特征。这种权力结构模式的目的在于使分权理论与人民主权理论相协调，在维护代议制机关最高权威的同时实行分权，从而维护人民的意志。例如，我国全国人民代表大会是立法机关，又是最高国家权力机关，由它产生中央人民政府、最高人民法院和最高人民检察院，这些国家机关必须向它负责，受它监督。立法机关拥有国家立法权、任免权、批准决定权和对法律实施的监督权、重大事项决定权；国务院和各级地方人民政府行使行政权，包括行政立法权；各级人民法院行使审判权；各级人民检察院行使法律监督权。

不管是美国的平面化权力结构模式，还是英国和法国的半平面化权力结构模式，都是“三权分立”体制的不同表现，可统称为“三权分立”的权力结构，而苏联、东欧国家及我国的则可称为“一元分立”的权力结构。虽然不同权力结构的分权目的都在于对国家权力予以有效制约，防止其成为危害社会成员的祸源，但不同的权力结构下产生了不同的法律监督需求，从而出现不同的检察权。

监督者，监视与督促也。法律监督其实也就是通过一定的程序监视法律的遵守情况并促使相关人员遵守法律。如果说中国古代的监督权即监察权已经包含了一种实体处理权，那么在现代以防止权力过度集中为目的的分权体制下，监督权已只是一种程序性的权力，因为监督权作为一种权力，也有被滥用的可能。从这一点来看，不管是我国的检察权还是西方国家的检察权都是一种监督权，只是在不同的权力结构下，权力范围有大有小而已。在“三权分立”的权力结构之下，出于人性恶的伦理假设，认为任何不受制约的权力都有可能被滥用，最好的办法就是将权力分割成相互制约的立法权、行政权、司法权并交由不同的机构来行使，通过权力的相互制约来防止权力被滥用。由于监督的目的在于对权力实施制约，既然通过这种权力分立已经对国家权力形成了很大制约，或者说，权力监督的需求已经通过这种权力分立得到了基本的满足，另外设置专门的法律监督机关已没有必要，有必要的只是在这三种权力之下设立一些有监督性的机构。在国家权力之中，对公民最具现实威胁性的是国家的惩罚权，也正是为了制约这种惩罚权，西方国家通过诉讼模式改革，将原本掌握在法官手中的惩罚权分成裁判权与控告权，并将后者交由属于行政机关的检察机关来行使，从而形成行政权对司法权的制约。为此，在西方国家“三权分立”权力结构模式下，检察机关只是一种公诉机关，行使的只是一种具有控告性质的公诉权，检察机关的其他权力都是从此权力衍生出来的一些附属权力。但是，由于公诉权作为一种控告权是从惩罚权中分立出来的，具有一种不同于行政权的司法性质，从而导致后来就检察权性质长期不休的争论。从某种程度上看，这种争论其实是一种权力制约与权力性质相矛盾的体现，即一方面需要对司法权（审判权）进行制约，另一方面公诉权本质上又不同于行政权。导致这种矛盾的根源还在于“三权分立”权力架构没有检察权应有位置的有限容纳性，是检察权本身要求与立法权、行政权、司法权相并立的体现，只要这种权力结构没有改变，这种矛盾也就不可能得到解决。

其实，在“一元分立”的权力结构之下，在权力运行的基本逻辑起点上与“三权分立”结构是一样的，都是以权力与规范间的关系为依据所作的划分，即制定规范的权力是立法权，执行法律的权力是行政权，对行为的合法与非法作出规范性判断的权力是司法权（审判权）。不同的是，在马克思主义人民主权的国家学说之下，人民是国家权力的拥有者，代表人民行使国家权力的人民代表大会在理论上拥有所有的国家权力，但由于执行法律的行政权与对行为合法与否进行规范性判断的审判权是一种经常性的权力，而人民代表大会只是一种定期性的机构，为了解决这种矛盾，只能由代表人民行使国家权力的人民代表大会产生的行政机关与审判机关来行使行政权与审判权，而人民代表大会本身只行使不具有经常性的立法权。在此种情况下，权力机关人民代表大会虽然是行政权与审判权的来源，行政机关与审判机关要对权力机关负责和受它监督，但由于人民代表大会作为一个定期性的议事机构，很难对经常性的、大量的行政活动与审判活动进行动态的有效监督与制约。为了弥补这种监督与制约的不足，就需要由人民代表大会在行政权与审判权之外设置一种经常性的法律监督权，以使之与人民代表大会的定期性监督权构成一个对行政与审判活动的监督与制约网络。而且，虽然对公民违法行为的监督在理论上可通过行政执法与审判机关的审判活动而达到，但因为审判机关的被动性和行政机关难以避免的、较强的地方性，在实践中很难保证法律得以统一执行，这也需要一个独立于行政机关和审判机关的法律监督机关来保证法律的统一性。因此可以说，在行政权与审判权之外另设专门的法律监督权，这是“一元分立”权力架构下对权力运行和制约的必然选择，没有这种法律监督权的存在，“一元分立”的权力架构就必然难以维持。

权力存在的目的在于整合社会秩序，权力结构的探索在于谋求一个有效规范与制约权力而不致使其背离权力存在目的的方式或方法。“三权分立”体制也许符合这种权力结构，但它并不是终极的、具有普适性的真理，社会制度并没有终极性的真理，“三权分立”体制下的平面化权力结构与半平面化权力结构的存在与差异也说明了这一点。我国采取的人民代表大会制这种“一元分立”的权力结构虽然可能不是最好的，但几十年来的实践经验证明是符合我国国情的。制度的好坏不在于本身是如何符合逻辑，而在于是否与所处的整体制度架构和社会环境相契合。我国的检察制度虽然有些方面还有待完善，但总体上是与我国的权力结构相适合的，我们既然选择了目前的国家权力结构，也就必然要选择我国目前这种定位于法律监督权的检察制度。目前有不少人认为，检察机关的法律监督权定位过高，有凌驾于审判权之上而损害司法（审判）权威的嫌疑，应当将检察权定位于一种行政权，将检察机关定位于一种从属行政机关的公诉机关。且不说这种观点因为缺乏对西方国家检察制度与我国检察制度的一种历史理解，缺乏对西方制度的批判性解读而陷入一种制度与理论的边陲化陷阱，单从国家权力结构模式来看也是不恰当的。从前面论述可以看出，西方国家检察权之所以被定位为一种公诉权而从属于行政权，从权力结构来看，主要在于通过立法权、行政权与司法权三种权力的动态分权与制约已基本上满足了对行政权与司法权予以监督与制约的需求，不需要另外设立一种独立于行政权与司法权的法律监督权，因而检察权被萎缩为行政权的一部分。用一个不是很恰当的比喻，这种权力结构就好像是行政权、立法权与司法权三只脚支撑起一个隐形的大脑——人民主权。由于三个支点是最稳固的，自然也就不需要第四个支点了。但是，检察权在本质上并不是与行政权同质的，它们之间总存在一种张力。这也就是西方国家就检察权性质存在长期不休的争议的缘故，这也是英美国家检察权不断扩大而出现独立检察官等的原因。而在我国"一元分立"权力结构下，由于行使立法权的权力机关缺乏一种对行政机关与审判机关进行动态监督与制约的机制，就必须有一种独立于行政权与审判权的法律监督权来对它们进行制约与监督，检察权只能定位为一种法律监督权。如果按上述论者所主张的，将法律监督权萎缩为行政权的一部分，虽然不一定就会因此缺少对审判权的制约，但必然会导致对行政权监督与制约的弱化。这就相当于将支撑人民主权的三个支点拔掉其中一个，国家权力构架因此难免崩溃。因此，虽然我国检察制度还有需要完善的地方，但这种完善绝对不能是砍掉法律监督权这个支点，而只能是根据社会需要调整法律监督权这个支点与其他两个支点的关系，调整这个支点与作为人民主权的代表权力机关之间的关系，以及调整这个支点的合理架构。

（二）权力制衡原理

权力作为一种社会关系，它是一种有目的地支配他人的力量，这种支配往往能给权力拥有者带来物质的或精神的利益。"人们追逐权力不仅仅是因为权力能够满足个人的利益、价值和社会观念，而且还有权力自身的缘故，因为精神的和物质的报酬存在于权力的所有和使用之中。"① 正因为如此，权力不仅容易成为人们追逐的对象，"爱好权力，犹如好色，是一种强烈的动机，对于大多数人的行为所发生的影响远远超出他们自己的想象"②，而且也往往容易被滥用而成为权力拥有者谋取私利的工具。因此，只要有权力的存在，就必须有权力的制约。

① ［美］约翰·肯尼思·加尔布雷思：《权力的分析》，陶远华、苏世军译，河北人民出版社1988年版，第7～8页。

② ［英］伯特兰·罗素：《权力论》，吴友三译，商务印书馆1998年版，第189页。

如何对权力进行制约，在不同的国家、不同的历史时期，权力制约表现为不同的形式。这些不同的权力制约形式根据制约主体可分为两大类：一是权力对权力的制约，二是权利对权力的制约。以权利制约权力，也就是公民、社会组织或法人通过合法的权利对抗非法行使的公共权力达到制约的目的。而以权力制约权力则包括权力的纵向制约，即上位权力对下位权力的制约；又包括横向制约，即平等权力之间的制约。横向制约也称为权力制衡，它主要指在国家权力行使过程中，一种国家权力依法与另外一种或几种相对具有独立性的国家权力的相互制约，在权力与权力之间形成一种法定的强制性限制和约束关系。这种权力制约措施与其他权力措施比较起来，具有如下几个特点：一是公权力性，即制约主体国家机关依据的是本身所拥有的公权力，采取的制约手段往往具有一种强制性；二是法定专属性，即制约权属于特定的国家机关，而且这种制约权是不可让渡的；三是相互对等性，即在权力制衡这种制约方式中，制约主体与被制约主体在法律地位上是平等而相对独立的，而且这种制约是相互进行的，制约主体也是被制约者，被制约者也是一种制约主体；四是结构交融性，即制约者与被制约者的权力范围往往有交叉。从这点来看，前面所述的不管是“三权分立”权力结构模式，还是“一元分立”权力结构模式，分权并不是它们的目的，通过分权后达到的权力制衡才是各种权力架构的目的。分权是制衡的手段，制衡是分权的目的。也正因为如此，西方国家“三权分立”的政治理念往往是与权力制衡联系在一起而不可分的。

权力制衡是对权力制约的一种重要措施，社会秩序的稳定也是每个理性的统治者所追求的。因此，不管是古代社会，还是现代社会；也不管是西方国家，还是中国，权力制衡措施一直是存在的，差别在于权力制衡的范围大小以及权力制衡措施的科学与否。例如，古罗马把政府分为人民大会、元老院和执政官三个部分，其实就是出于权力制衡的需要。我国古代监察御史制度也是一种权力制衡措施。只是现代社会中，由于社会分工的逐渐细化，权力制衡措施更复杂，也更精致。

从检察制度的发展过程来看，可以说检察制度是为权力制衡而生的，在司法领域，权力制衡措施的完善也是检察制度逐渐完善的结果。在 12 世纪的英法国家，由于封建割据，司法不统一，除了王室法院外，还有领主法院、教会法院、城市法院等，为了维护自己的利益，对封建领主、教会的权力有所制约，国王向这些法院派出自己的代理人，以行使监督制约之职。现代检察官就是从这些国王代理人发展而来。在中世纪的欧洲，由于实行一种纠问式诉讼，法官集侦查、控诉与审判于一身，这种司法权力的过度集中，导致司法擅断现象丛生，被追诉人的权利得不到任何保障。为了改变这一现象，资产阶级革命胜利后，将纠问式诉讼改为一种控辩式诉讼，将侦查与控诉之权交由检察官行使，从而形成对法官司法权的一种制衡。可以说，正是由于检察制度的制衡作用，才有现代各国的司法文明。

当然，检察制度在现代各国中的制衡作用是不一样的。在西方国家，由于检察权被定位为一种行政权，检察权所制衡的范围总体上是有限的，虽然有些国家的检察权可能在民事领域有一定的制衡作用，但主要还是限于刑事司法领域，即一方面作为行政权的代表，通过行使公诉权对司法权进行制衡；另一方面在行政机关内部，通过公诉权对侦查权形成制衡。但在具体细节上，大陆法系国家与英美法系国家又有所不同。在对司法权的制衡上，虽然两大法系国家都主要根据诉审分离与不告不理原则，由检察机关行使公诉权而防止司法权独断专横，但检察机关公诉权的内容是不一样的，大陆法系检察机关的公诉权除了包括审判启动权与在法庭支持控诉权以外，还包括对法院未生效判决与已生效判决的抗诉权，而不管是否有利于被告人。英美法系国家的公诉权主要就是审判启动权与支持控诉权，对于法院的未生效判决，无罪判决一般不能上诉，而对于生效判决，检察机关不能提出再审申请。因此，相比较而言，大陆法系国家检察权对司法权的制衡力度要大于英美法系国家。在对侦查权的制衡上，大陆法系国家的制衡力度也要大于英美法系国家。在大陆法系国家公诉权与侦查权的关系上，一般认为侦查权从属于公诉权，侦查只是公诉的准备阶段，创设检察官的根本目的之一就是“以一个严格受法律训练及拘束的公正客观官署，控制警察活动的合法性，避免法治国沦为警察国”①。因此，检察权对侦查权具有很强的制衡作用。例如，德国的警察人员虽然在组织上隶属于各联邦的内政部，而不是隶属于检察机关，但在功能上法律将其列于检察机关之下，属于检察院辅助机构。② 警察人员在侦查程序的活动一般要按检察机关的指示进行，这种指示如果是对一般警察人员适用被称为“嘱托”，而如果只对作为检察机关辅助人员的警察人员适用则被称为“委

① 林钰雄：《刑事诉讼法》（上册总论篇），中国人民大学出版社 2005 年版，第 120 页。
② ［德］克劳思·罗科信：《刑事诉讼法》，吴丽琪译，法律出版社 2003 年版，第 69～70 页。

托”。侦查的指挥权一般属于检察官，只有在检察机关委托侦查的情况下，警察机关才有侦查的指挥权。[①] 而在英美法系国家，由于检察机关与从事侦查的警察机关是相互独立的，检察机关一般只能通过不起诉这一消极措施来对侦查权进行制衡，对侦查权制衡主要是通过司法权进行。例如，英国的检察官与警察只是一种建议与合作的关系，虽然1985年的《犯罪起诉法》第3条规定，检察长认为在适当的范围内，可以就所有与刑事犯罪有关的事宜向警察提出建议。但是，这种建议并不具有当然的法律效力，如果检察官认为警察移送的案件证据不足，可以要求警察补充侦查，但警察没有服从的义务，检察官唯一的制裁手段就是对案件作不起诉处理。造成这种差异的原因，有传统的因素，也有诉讼模式的因素。

在我国，由于检察权被定位为一种独立于行政权与审判权的法律监督权，检察权对审判权与侦查权具有较西方国家更广泛的制衡作用，尤其在对审判权的制衡上，不仅仅限于刑事司法领域，还包括民事与行政诉讼领域。在对审判权的制衡上，根据我国相关法律的规定，主要体现在：一是通过公诉权中的审判启动权，防止人民法院主动追诉和无诉而判；二是通过起诉书而限制人民法院的审判范围，防止人民法院扩大审判范围；三是通过对有错误的未生效判决、裁定提出抗诉来防止人民法院枉法裁判；四是通过对有错误的生效判决提出抗诉来保证人民法院依法裁判；五是通过审判监督权来防止人民法院审判程序违法；六是通过判决执行监督权来促使人民法院依法进行刑罚的减免与假释。在对侦查权的制衡上，目前主要通过两方面进行制衡：一方面是通过侦查监督权（包括批捕权），促使侦查机关依法立案与遵守侦查程序；另一方面通过行使起诉权与不起诉权，促使侦查机关依法办案。另外，根据我国监狱法等法律规定，检察机关还可以通过刑事判决执行监督权制衡司法行政机关的行政执法权。

应当说，虽然在如何划定我国检察机关的制衡范围与程序上还有不少需要厘清与完善之处，如检察机关是否应当有量刑建议权、检察机关是否应当有机动的侦查权、侦查机关强制措施的审查权是否应当由检察机关行使等，但总体上讲，我国检察权的这种制衡作用是与我国检察权的定位、与我国的权力结构相适应的。在我国检察权的制衡范围上，有的观点认为，应当取消我国检察机关的审判监督权。其理由有：控辩平等的需要、避免检察官角色冲突的需要、损害判决权

---

① ［德］克劳思·罗科信：《刑事诉讼法》，吴丽琪译，法律出版社2003年版，第79～80页。

威性等。笔者认为，这种观点在我国的具体语境下是站不住脚的。首先，这是我国目前这种权力结构下实现对审判权进行制衡的需要。审判权作为一种纠纷裁判权，相当于社会正义的最后一道防线，其被滥用的恶果远远胜过其他权力被滥用所导致的恶果。因此，加强对审判权的制衡尤为必要。而在我国这种“一元分立”的权力结构下，如前所述，权力机关并不能对审判权形成一种动态制约，行政权虽然可以起到一定制约作用，但行政权由于权力覆盖范围广而杂，有不少纠纷本身就涉及其利益，要想其发挥有效制约作用往往很难。在这种情况下，就必须有一个独立于行政权与审判权的法律监督权来对审判权进行制衡。而审判权最需要制衡的不仅仅是审判结果，更重要的是其审判过程中的行为。检察机关如果没有这种针对具体审判行为的审判监督权，也就不可能对审判权形成一种有效制衡。其次，审判监督权只是一种程序性权力，并不会侵害法院的审判权，也不会影响判决的既判力。从我国检察机关审判监督权的行使来看，其对审判行为的监督只是一种要求审判机关对其审判行为重新进行审查的行为，并不是代替审判机关改变审判结果，是否改变还取决于审判机关重新审查后得出的结论。这只是一种程序性的制衡权力，并不会危害审判机关的实体处理权，也不会影响审判机关的权威。最后，检察机关的审判监督权并不会导致控辩双方诉讼地位的失衡。其实，在诉讼中导致控辩双方诉讼地位失衡的情况主要有两种：一是检察机关的权力范围过大；二是辩护方的权利受到太多限制。如果属于前者，确实需要对检察机关的权力进行限制；如果属于后者，解决办法则在于扩大辩护方权利而不是限制检察机关的权力。从我国目前的情况来看，导致控辩双方失衡的原因在于后者而不是前者，我国检察机关目前已有的权力都是法律监督目的得以实现所必需的，但辩护方所有的权利却并不能满足其有效行使辩护权的需要。因此，我国解决控辩平衡的出路在于扩大并保障被告人的诉讼权利，如律师的刑事辩护要到位，辩护律师的阅卷权、会见权、调查权等要得到保障，还有非法证据排除权等，而不在于取消检察机关的审判监督权等权力。

（三）公平正义原理

在现代社会中，社会制度都是以社会秩序的整合为目标的，而社会秩序的整合关键在于社会成员间的利益互惠性，利益互惠性越高，社会秩序的整合也就越可能成功。而利益的互惠性涉及的是在社会成员之间如何合理分配资源与机会的问题，这是一个社会公平正义的问题。因此，从这个角度来看，任何社会制度都是社会公平正义得以实现的一种手段。“正义是社会制度的首要价值，正像真理是思想体系的首要价值一样。一种理论，无论它多么精致和简洁，只要它不真实，就必须加以拒绝或修正；同样，某些法律和制度，不管它们如何有效率和有条理，只要它们不正义，就必须加以改造或废除。”① 作为社会制度的一个组成部分，检察制度也不例外。

虽然公平正义是社会制度的首要价值目标，自古希腊以来，各个时代的思想家尤其是哲学家、伦理学家、政治学家、法学家都对这个问题提出了各种各样的观点，但对于何为公平正义却没有一个定论。“自古以来，什么是正义这一问题是永远存在的。为了正义的问题，不知多少人流了宝贵的鲜血与痛苦的眼泪，不知有多少杰出思想家，从柏拉图到康德，绞尽了脑汁；可是现在和过去一样，问题依然未获解决。”② “正义有着一张普洛透斯似的脸，变幻无常、随时可呈不同形状并具有极不相同的面貌。”③ 这些争论主要集中在公平正义是普遍的还是相对的，是抽象的还是具体的，公平正义的规范性内容应当有哪些等问题之上。

我们认为，公平正义是一套不断发展变化的有关行为和制度的道德评价标准，这包括三个方面的含义：

1．公平正义属于一种道德评价标准。从有关正义的讨论来看，虽然分歧很大，但有一点是没有太大争议的，那就是都认为正义并不是一整套实在的规范体系，而只是一套用以评价人的行为和社会制度的道德标准，是一种正当性的评价标准。例如，罗尔斯的正义理论就是如此，“我希望强调，正义观只是一种理论，一种有关道德情感的理论，它旨在建立指导我们的道德能力，或更确切地说，指导我们的正义感的原则”④。德国学者奥特弗利德·赫费也认为，正义是一种道德约束力，是对社会具有重要意义的行为或社会关系进行评价第三个层次，“在法和国家批判中发生的规范性评价可以按三种方式来理解：可以从技术或策略的意义上，继而从实用的意义上，最后是从合道德的意义上称之为好或坏；而正义只涉及第三种意义，即批判性评价的合道德的意义”。“借助于政治的正义性，

① ［美］约翰·罗尔斯：《正义论》，何怀宏等译，中国社会科学出版社1988年版，第3页。

② 转引自张文显：《二十世纪西方法哲学思潮研究》，法律出版社1996年版，第575页。

③ ［美］E·博登海默：《法理学：法律哲学与法律方法》，邓正来译，中国政法大学出版社1999年版，第252页。

④ ［美］约翰·罗尔斯：《正义论》，何怀宏等译，中国社会科学出版社1988年版，第50页。

就可以区分合法与不合法的法和国家形式；政治的正义性成了法和国家道德批判的基本概念。”①

2. 正义的主题是人与人之间的利益冲突如何合理解决。这可以说是所有探讨正义理论的思想家的出发点与共识。例如，休谟明确指出，“正义只是起源于人的自私和有限的慷慨以及自然为满足人类需要所准备的稀少的供应”，因此，“使我们确立正义法则的乃是对于自己利益和公共利益的关切”，② 正义的应用范畴是财物，而正义的作用是妥善分配物品。③ 罗尔斯也认为，“正义原则处理的是分配社会合作所带来的利益时的冲突要求，它们适用于在若干个人或若干团体之间的关系”，正义的作用是确定一套原则来指导人们在决定利益分配的不同社会方案中作出选择，并能够为有关恰当分配的协议提供一种保障。④

3. 正义是一个不断发展的追求目标。首先，正义在于调和不同人之间的利益冲突。虽然出于人共同的生理构造、心理特征以及人的知性能力，不同时代、不同地域的人都有一些共同的要求，如基本的生理需要、保存生命、保护身体的完整性等，导致不同时代、不同地域之人有一些共同不变的正义要求。⑤ 但人的需求是多方面的、多层次的，不仅不同时代的人与人之间，即使同时代的人与人之间也还有很多不同的需求，这也就导致用以调节这些利益冲突的正义原则不可能完全相同，而必须随着所处社会状况的变化而不断发展与变化。其次，正义并不是一个已经完全实现的任务，而只能是一个不断接近的目标。一方面是因为前面所述的人的需求是随社会发展而不断发展的，在满足某一个正义要求后，又可能在此基础上提出更高的正义要求；另一方面在于正义的实现需要各方面的条件，这些条件可分正义的主观条件和正义的客观条件两个方面。正义的主观条件不仅仅是利他主义的缺乏，还有人与人之间的善观念的冲突。在这两个条件中，虽然我们可以通过争取达到物质资源的尽可能丰富，在一定程度上克服正义的客观条件而接近正义，但正义的主观条件是不可能完全克服的。因此，正义在任何

---

① ［德］奥特弗利德·赫费：《政治的正义性——法和国家的批判哲学基础》，庞学铨、李张林译，上海世纪出版集团 2005 年版，第 1 页、第 29 ~ 32 页。

② ［英］休谟：《人性论》（下册），关文运译，商务印书馆 1980 年版，第 536 页。

③ 慈继伟：《正义的两面》，三联书店 2001 年版，第 68 页。

④ ［美］约翰·罗尔斯：《正义论》，何怀宏等译，中国社会科学出版社 1988 年版，第 16 页、第 126 页。

⑤ ［美］E·博登海默：《法理学：法律哲学与法律方法》，邓正来译，中国政法大学出版社 1999 年版，第 273 ~ 277 页。

时候都不可能彻底地、全面地得以实现。“关于正义的判断不是事实的结论，这种结论也可以单纯从联系行动或联系人们的态度或联系假定的标准予以证实。正义不是一个事实，而是一项任务：给我们的头脑和我们的心灵规定的一项任务。”①

社会的公平正义涉及各方面的利益分配，但是我国检察机关的法律监督权只是一种法律实施的监督权，不包括立法的监督权。而且，我国检察机关的法律监督权只是众多法律监督权体系中的一个部分，虽然是最重要的部分，但并不包括对公民一般违法行为的监督，而只是对公民、团体的重大违法行为即犯罪行为与诉讼违法行为的监督。因此，检察制度作为公平正义实现手段的领域是有一定范围的，只限于司法正义领域。司法正义，也就是一种评价纠纷解决活动的道德标准，它的要求就是所有纠纷的解决都应当通过正当的法律程序，查明纠纷事实并将确定的实体法规范适用于该纠纷而得出一个合理的裁决。它包括三个方面一是适用的法律程序本身应是正义的，即程序正义。程序正义其实也就是一个如何在诉讼过程中分配程序权利与义务的问题。虽然现在就程序正义的具体要求还没有完全达成共识，但一般认为包括程序参与性、法官中立性、程序对等性、程序自治性、程序理性（程序必须符合理性的要求，而不能是任意的和随机的）程序及时性与终结性、程序公开性等。二是程序得出的结果是正义的，即实体正义。其要求是，判决应当以事实为根据、判决应当准确地适用法律、判决对诉讼双方实体权利与义务的重新分配或确认是合理的。三是应当严格遵守法定程序和实体法律规范，即形式正义。从罗尔斯、贝勒斯等人的论述来看，这其实也就是一个适用法律平等的原则。它包括两个方面：对合法权利的平等保护与对违法行为的平等惩罚和制裁。

从检察机关的职能来看，我国检察制度对司法正义的实现具有一种有力的促进与保障作用。首先是对程序正义的实现。这主要通过两个方面来实现，一方面是通过检察机关独立于审判机关，将公诉权独立于审判权而为法官中立性提供一个重要的保障。法官中立，这是司法正义的最重要要求。我国检察制度明确规定检察机关是一种独立于审判机关的法律监督机关，公诉权是检察权的一个重要组成部分，这也就为程序的参与性、程序的对等性创造了条件，从而为司法正义的

① 转引自杨一平：《司法正义论》，法律出版社1999年版，第23页。

实现扫平了最重要的障碍。另一方面是通过侦查阶段的适度介入，在侦查阶段形成一种诉讼性而促进程序正义的实现。在我国，审判机关并不介入侦查阶段，侦查程序具有很强的行政性，如果没有检察机关的介入，几乎成了一种侦查机关与犯罪嫌疑人的双方对抗活动。检察机关通过侦查监督权如批捕而适度介入侦查阶段，为侦查机关与犯罪嫌疑人的对抗起到一种裁判作用，这虽然不能使目前的侦查程序与审判程序具有一样的诉讼性，但毕竟为其赋予了相应的诉讼色彩。其次是对实体正义的实现。我国检察制度对于实体正义的实现主要通过两个途径来实现：一是通过诉讼监督权促使侦查机关与审判机关遵守诉讼程序来保证实体正义的实现。程序是实体正义实现的保证，虽然遵守程序不一定就能绝对地实现实体正义，但遵守程序实现实体正义的机会总要比不遵守程序的机会大。二是通过侦查权与公诉权的实施来促使实体正义的实现。犯罪行为由于其隐蔽性与对抗性以及主体的特殊性，公民个人或团体很难完成取证与追诉行为，而检察机关不仅是以国家作为后盾的，而且还独立于行政机关，能在一定程度上防止犯罪行为人利用职务来干扰追诉行为。因此，检察机关的补充侦查取证与公诉，可最大限度地防止有罪不罚现象的出现，从而保证实现实体正义。最后是对形式正义的实现。程序正义是指程序本身的设计要符合正义的要求，而形式正义是要求执法人员排除一切法外因素，将程序法与实体法平等地适用于所有公民。我国检察机关是一种法律监督机关，这种法律监督既监督公民的犯罪行为，更重要的是对侦查机关与审判机关遵守法定程序的监督，法律是抽象而适用于所有公民的，从这点来看，我国检察制度的最大功能就在于保证司法的形式正义。

当然，我国检察制度对于司法正义的实现途径并不是没有问题的，相反还有诸多需要完善的地方，如检察机关侦查权的范围问题、检察机关如何实现对侦查机关的监督问题、检察机关如何在对审判机关进行监督的同时又不损害判决的权威性问题，等等。但是，绝对没有一些学者所说的我国目前这种定位于法律监督权的检察制度有碍公平正义的实现。例如，有些学者就认为检察机关的审判监督权可能损害法官中立性，从而损害司法正义。对于这种观点，前面已从权力制衡的角度进行了相应的论述，在此再从司法正义的角度作简要说明。不能保持中立性，也就是导致法官偏向一方，从论者的逻辑来看，它是指审判监督权的存在可能导致法官偏向控诉一方。能导致个人作出某个行为的，除了物理强制，就是通过利益分配来影响。检察机关是法律监督者，只要法官没有违法行为，检察机关是不可能对其作出羁押等强制行为的；而在利益分配上，审判机关与检察机关是相互独立的，都受权力机关的监督与制约，检察机关并没有直接影响法官利益分配的途径。只要法官没有违法行为，检察机关是没有合法途径来影响其利益的；如果因为检察机关有监督权而屈服于检察机关，那并不是检察机关的原因，而是法官自己的原因，因为“身正不怕影子歪”。因此，只要法官能严格遵守法律规定，检察机关的审判监督权就不会影响到法官的中立性而损害司法正义。

（四）公共利益原理

根据《辞源》的解释，“公”有无私的意思，“公”和“共”两个字连在一起都有“共同”的基本含义。[①] 因此，从逻辑上看，公共利益概念的存在是以个人利益存在差异作为前提条件的，共同利益也就是某特定社会群体的个人利益的最大公约数，即所有个人利益中相同的部分。但是，利益作为一种好处，都是相对于某一需求而言的，而个人需求不仅不同时代不同地域的人不同，而且相同时代相同地域的人也有所不同，同一个人不同时期的需求也是不同的，尤其在有阶级分层的社会中，某个阶层认为是公共利益的，另一个阶层却不以为然。这样也就存在一个多大群体、多宽地域的利益才属于公共利益的问题。正因如此，公共利益的含义至今还没有定论。马克思认为，公共利益不仅作为一种“普遍的东西”存在于观念之中，而且首先作为彼此分工的个人之间的相互依存关系存在于现实之中。[②] 哈耶克则认为，“自由社会的共同福利或公共利益的概念，绝不可定义为所要达到的已知的特定结果的总和，而只能定义为一种抽象的秩序。作为一个整体，它不指向任何特定的具体目标，而是仅仅提供最佳渠道，使无论哪个成员都可以将自己的知识用于自己的目的”[③]。德国学者 C. E. Leuthod 提出的公共利益概念则为“任何人、而不必是全体人们的利益”，并在此基础上提出了“地域基础”理论。这一理论主张将公共利益界定为“相对空间内关系人数的大多数人”的利益。[④] 但究竟什么是“相对空间内关系人数的大多数人”，其他地区的人是不是可以跨越地区享受公共利益资源等则很成问题。为了解决这一问题，

① 《辞源》，商务印书馆 1979 年版，第 311 页、第 314 页。

② 《马克思恩格斯全集》（第 3 卷），人民出版社 1960 年版，第 37 页。

③ ［英］哈耶克：《经济、科学与政治——哈耶克思想精粹》，冯克利译，江苏人民出版社 2000 年版，第 393 页。

④ 陈新民：《宪法基本权利之基本理论（上）》，三民书局 1992 年版，第 37 页。

德国学者纽曼提出了“不确定多数人理论”。根据这一理论，判断公共利益的标准是利益效果所及范围内受益人的多寡，只要大多数的不确定数目的利益人存在，就有公共利益。① 但这也存在一个范围界定问题。面对这种歧义，美国行政学家库伯甚至认为，要想给出一个能在理论界或者实际工作者中公认的社会公共利益的定义，是不可能的。

我们认为，公共利益的含义之所以难以达成共识，关键原因在于个人利益差异性过大，而无法取得基本的公约数，尤其是在阶级对抗严重的社会里。在我国，由于统治阶级作为一个阶级已经被消灭，虽然社会层次的差别还在一定范围内存在，但基本的共同利益需求还是存在的，因此，公共利益并不是可遇而不可求的，关键在于如何确定公共利益的内容范围。从不同角度出发，概括的公共利益范围也就有所不同。从程序法的角度来看，我们认为，公共利益应当包含以下几层含义：一是社会的安全与秩序。社会的安全与秩序是人类得以生存和发展的必要条件，这是因为个人虽然有不同的利益需求，但生命的存在是人类最基本的需求，只有在此需求得以满足后其他的利益需求才有存在的意义，而社会安全与秩序的维持是生命安全的前提条件。二是社会的经济利益、道德利益和可持续发展的利益。正如心理学家马斯洛所言，生命安全只是人类最基本的需求，人类在此需求被满足后必定会产生出更高层次的需求，如物质上的需求、精神上的需求（得到别人的尊重与爱等），社会也就是在人类不断地追求更高层次的需求满足过程中得以向前发展的。而社会的经济利益、道德利益和可持续发展利益正是个人这种需求得以满足的外在条件，因而也就应当成为一种公共利益加以维护。三是当事人的利益特别是犯罪嫌疑人的个人利益。公共利益是个人利益的公约数，因此公共利益并不排斥个人利益，只有在个人正当利益得以维护的前提下公共利益才能得以实现，公共利益就是体现在个体利益之中的。打击犯罪而维护社会的安宁和秩序固然是公共利益的重要诉求，但是这并不意味着国家在追诉犯罪的过程中就可以完全置个人的权益（包括被害人和犯罪嫌疑人、被告人的权益）于不顾，公共利益不仅体现在无辜的个人利益之上，也体现在犯罪嫌疑人、被告人甚至罪犯的正当利益之上。

虽然法律在奴隶制、封建制社会里只能是少数统治者利益的体现，法律稳定

---

① 陈新民：《德国公法学基础理论》，山东人民出版社 2001 年版，第 185 ~ 186 页。

的最大受益者是这些少数统治者，但在现代民主社会中，通过合理的、民主的程序而制定的法律虽然不能完全代表所有社会成员的利益诉求，但也应当体现了大多数人的利益即社会公共利益，法律得到遵守的主要利益者应当是社会大众。而检察机关，不管是大陆法系的检察机关，还是英美法系的检察机关，虽然并不定位于法律监督机关，但也是以法律的维护为目标的，这且不说以追诉犯罪行为为目标的公诉行为，即便是大陆法系检察机关对侦查机关的监控行为，也包含一种要求侦查遵守法律的目的在内。因此，虽然西方国家的检察机关在其萌芽之初是以维护王室利益为目标的，但现代西方国家中，维护社会公共利益也成了检察机关的目标，至少理论上是如此的。这主要表现在两个方面：一方面是检察机关无论是在直接侦查案件过程中，还是在指挥和领导侦查活动中，不仅要关注国家控诉犯罪的利益，还必须保持一种客观义务和诉讼关照义务，以保障诉讼参与人——特别是犯罪嫌疑人、被告人的个体利益。例如，德国《刑事诉讼法》第160条明确规定："检察院不仅要侦查证明有罪的，而且还要侦查证明无罪的情况，并且负责提取有丧失之虞的证据。"在英国，"规范检察官的主要规则是他们不能不惜代价地谋求胜诉。控方律师对被告人负有公正义务并应当公正行事。正如阿沃瑞法官先生所说，检察官'不应当追求不利于（被告人）的裁决，他们应该进入协助实现正义的执法者的角色'。现行的《律师行为守则》把这一责任表述如下：'控方律师不应当千方百计地希望获得定罪，他不应把自己视为一方当事人出庭。他应当公正无偏地向法庭展现构成控诉案件的全部事实，并应当在本案可能出现的所有法律问题上协助法庭'"①。另一方面是检察机关在决定是否起诉犯罪行为时，除了要考虑有罪证据是否充足外，还必须考虑起诉是否符合公共利益。如果起诉有违公共利益，即使有罪证据充足，也不能向法院起诉。例如，英国《皇家检察官守则》第6条就规定，在每一个案件中，在具有足以定罪的证据时必须考虑公共利益。德国《刑事诉讼法》第153条也明确规定，如果犯罪行为轻微，且追究刑事责任对公共利益没有什么意义时，检察机关在征得法院同意后可以通过多种途径中止诉讼。

在我国，由于人民民主专政的国体，我国的法律是最广大社会成员利益的体

① ［英］迈克·麦康威尔：《英国刑事诉讼导言》，载《英国刑事诉讼法（选编）》，中国政法大学出版社2001年版，第70页。

现，保证法律得以遵守就是公共利益得以实现的最重要的途径。我国检察机关是法律监督机关，以监督法律得以严格执行为己任。从这一点来看，我国检察机关是与公共利益紧密联系在一起的，公共利益的维护就是我国检察机关的最终目标。我国检察机关各项职能的设置也体现了这一点。当然，在我国检察机关对公共利益的维护上，也有一些需要厘清或完善的问题。首先是在检察机关客观公正与诉讼关照义务的履行上还需要进一步完善。在我国，虽然不少法律规定都体现了检察机关的这种客观公正与诉讼关照义务，如刑事诉讼法规定，检察人员在收集证据时，除了必须依照法定程序收集能够证实犯罪嫌疑人、被告人有罪、罪重的证据外，还要收集能够证实犯罪嫌疑人、被告人无罪、罪轻或者减轻处罚的证据。但在司法实践中，这些义务却难以落到实处。例如，在侦查过程中，由于追诉犯罪的职业心理，有的检察人员比较注重对犯罪证据的收集，而忽视对无罪、罪轻证据的收集；在司法实践中，我国检察机关很少为了被告人的利益而主动地按二审程序提出抗诉或者按再审程序提出抗诉。对此，我们应当通过扩大被追诉方的权利和建立证据展示制度等措施进行完善，确保检察机关客观公正与诉讼关照义务得以切实履行。其次是对我国检察机关的起诉裁量权限制过多，且没有以公共利益作为主要考虑因素。在我国，虽然检察机关有一定的自由裁量权，可以对一些案件作不起诉处理，但往往有案件性质的限制，只有轻微案件可以作不起诉处理。而且在考虑是否适用不起诉时，更多的是从案件性质是否严重、是否需要判处刑罚来考虑，其他公共利益很少进入考虑的范围。为了改变这种状况，我们一方面应当在立法上明确规定检察机关在作出不起诉决定时应当考虑的公共利益因素，如社区的安定与和谐、被害人权利的保障、被追诉人重新回归社会的需求等；另一方面是立法应当放宽对检察机关起诉裁量权的限制，取消作出酌定不起诉的现有限制条件，赋予检察机关为实现公共利益对较为严重的犯罪作出不起诉决定的权力。再次是关于检察机关的公益诉讼权问题。所谓公益诉讼，是指特定的国家机关或者公民个人和社会组织，为了维护国家利益、社会利益和公众利益而对侵害这些利益的行为提起诉讼，要求人民法院予以审判的行为。应当说，提起公益诉讼是最能体现公共利益维护的行为。正因为如此，世界多数国家检察机关都有提起公益诉讼的权力。在有些国家，检察机关甚至是提起公益诉讼的最为重要的主体。例如，法国现行《民事诉讼法典》第 421 条规定，检察院于法律规定的情形中，代表公众得为主当事人进行诉讼，或者为从当事人参加诉讼。德国检察机关不仅可以提起公益民事诉讼，还可以提起公益行政诉讼。德国《民事诉讼法典》规定，检察官对于宣告婚姻无效案件、申请禁治产案件、雇佣劳动案件等都可以提起诉讼，或者参加诉讼，可以独立地提出申诉并提起上诉。而德国《行政法院法》规定，联邦最高检察官、州高等检察官和地方检察官分别作为联邦、州和地方公共利益的代表人，以诉讼参加人的身份参与不同层次的行政法院的行政诉讼，依法享有上诉权和请求变更权。

笔者认为，我国检察机关也应当有权提起公益诉讼。一是检察机关提起公益诉讼有着深厚的历史渊源。早在新中国成立初期，我国检察机关就被赋予了提起公益诉讼的职能。例如，1949 年 12 月颁布的《中央人民政府最高人民检察署试行组织条例》第 3 条规定，检察机关对于全国社会及劳动人民利益之有关民事及一切行政诉讼，均可代表国家公益参与之。二是检察机关提起公益诉讼有着坚实的制度基础。根据我国宪法规定，检察机关是国家的法律监督机关，是国家利益和社会公共利益的代表。三是我国现行法律的有关规定也为检察机关提起公益诉讼奠定了良好的基础。我国刑事诉讼法规定，如果是国家、集体财产遭受损失的，人民检察院在提起公诉的时候，可以提起附带民事诉讼。此外，根据我国民事诉讼法的有关规定，机关、社会、团体、企事业单位对损害国家、集体或者个人民事权益的行为，可以支持受害单位或个人向人民法院起诉。四是有现实的需要。近年来，随着我国经济的飞速发展，侵害公共资源的各类事件愈演愈烈、层出不穷。而对于这种行为，单个的个体往往难以胜任诉讼救济行为，只有以国家为后盾的检察机关才有能力提起诉讼。最后，就司法实践的情况来看，我国不少地区的检察机关已经成功开展提起公益诉讼的尝试，为公益诉讼制度的构建积累了丰富的实践经验。

（五）法制统一原理

法制，一般来说就是指一国所制定的法律制度，包括法律的制定、执法、司法等。而法制统一则是指已有法律在一定区域内得到普遍而严格的适用和遵守，恪守法律效力至上和平等适用的精神。它包括两个方面的要求：一是所有法律在体系上必须是完整的、在逻辑上必须是自恰的，而不能有所遗漏或相互冲突；二是法律在主权效力范围之内都应当得到普遍的执行，例外情形必须由法律加以规定。因此，虽然法制与法治并不是同义语，两者含义相差甚大，但法制统一却是法治的必备要素。“规范性制度的存在以及对该规范性制度的严格的遵守，乃是在社会中推行法治所必须依凭的一个不可或缺的条件。”① 首先，体系完整、逻辑自恰的法律制度是法治的前提条件。法律制度只有在内部不存在内容冲突、效力抵触等状况，才能为具体的行政决定、命令及排除纠纷的司法裁判提供明确的、有权威效力的法律渊源，而不致发生法律执行和适用的矛盾、混乱等情形。其次，法制统一与法治在法律应当得以普遍执行的要求上是相同的。法治的本质在于法的正当性与法效力的普适性，其中法效力的普适性也就是要求法律在主权范围内应当得到所有人的遵守，不管是公民还是执法者，而这也是法制统一的基本要求。最后，法制统一与法治在社会秩序的整合目的上也是相同的。法制统一，不管是对体系内部的完整性与自恰性要求，还是在效力上的普适性要求，其最终的落脚点还是在于社会秩序的整合，而法治的正义性要求与普遍性守法要求，其实也是在于防止社会秩序的混乱。因此，法制统一虽然并不一定就会产生法治，但法治的实现必须以法制统一作为前提要件。

在西方社会，法治是其社会得以不断发展的一个不可缺少的促进因素，因此可以说，法制统一也是其社会得以发展的一个重要因素。在检察权与法制统一的关系上，由于西方国家检察权一般都定位于一种行政权，其作用主要限于刑事司法领域，因此它在法制统一中的作用似乎并不那么显眼。其实，检察机关在西方国家法制统一中也是不可或缺的。这且不说检察机关对犯罪行为的追诉本身就是维护法制统一的一个重要手段，即使在对侦查机关的监控与对审判权的制约中也隐含了一种维护法制统一的意蕴。这是因为，滥用权力相对于公民的违法行为，其对法制统一的威胁性更大。也正是因为如此，在大陆法系国家中，检察官常常被视为一种“法律守护人”。法律守护，意在法制统一也。当然，由于各国国情不同，检察机关对法制统一的要求是不同的，在联邦制国家如美国等，法制统一中的普适性对不同层次的法律要求是不同的，联邦法律与州法律的适用范围都有其限制。

在我国，检察机关是一种专门的法律监督机关，检察权是一种法律监督权，而法律监督并不是为了监督而监督的，其直接目的在于保证法律在全国范围都得以普遍遵守，即法制统一。因此可以说，我国检察机关至少在形式上是为法制统一而生的，为法制统一而发展的。首先，在检察机关理论基础上，我国检察机关

① ［美］E·博登海默：《法理学：法律哲学与法律方法》，邓正来译，中国政法大学出版社 2004 年版，第 255 页。

的建立在很大程度上是根据列宁的法律监督理论建立起来的，而在列宁的法律监督理论中，法制统一是法律监督的根本目的。列宁认为，“但是法制应当是统一的。我国全部生活中和一切不文明现象中的主要症结是放任半野蛮人的旧俄观点和习惯，他们总希望保持卡卢加的法制，使之与喀山的法制有所不同”，[①]“检察长的唯一职权和必须做的事情只是一件：监视整个共和国对法制有真正一致的了解，不管任何地方的差别，不受任何地方的影响”[②]。当然，从列宁的这些论述来看，他所说的法制统一主要在于执行上的统一，对我们所说的法律制度内部的统一还没有过多涉及。其次，从逻辑分析来看，对法律的实施进行监督，意在防止违法行为的发生，而违法行为的发生是破坏法制统一的最重要的因素。因此，我国检察机关既然是一种法律监督机关，法制统一应当是其所有职权行为的目的所在。最后，由检察机关通过法律监督来保证法制统一有其现实必要性。除了我们前面所说的由于我国的权力结构模式需要检察机关对行政权、审判权进行权力制衡以保证法制统一外，还在于法律的抽象性特征与我国目前的社会状况。法律的抽象性虽然可以扩大适用范围，但也带来含义的模糊性，影响对法律的统一理解。尤其是受“立法宜粗不宜细”的思想影响，我国不少法律法规概括性、原则性较强，伸缩弹性大，导致在司法实践中对法律的解释和适用存在很大的差异，严重影响法制的统一性和司法的权威性。而且，我国目前正处于经济和社会发展的重大转型时期，经济利益主体出现多元化现象，这也使得在立法和执法过程中各利益主体间的博弈现象日益突出，从而加剧了法律实际运作中的冲突与人为割裂，诱发了地方保护主义和部门保护主义。这些都需要检察机关通过法律监督权将其尽量控制在一定范围内。

从我国目前来看，由于我国检察机关是一种专门的法律监督机关，其所拥有的职权都是以维护法制统一为取向的，这些职权有公诉权、职务犯罪侦查权、诉讼监督权等，另外还有与此相联系的最高人民检察院的司法解释权。公诉权在于通过运用提起公诉、出庭支持公诉等手段，追究犯罪人的刑事责任，从而保证刑事法律的执行；诉讼监督权通过采用通知立案、审查批捕、审查起诉手段对公安等其他机关的调查、侦查行为进行监督，通过提出纠正意见、抗诉等监督法院的

---

① 《列宁全集》（第33卷），人民出版社1957年版，第326页。
② 《列宁全集》（第33卷），人民出版社1957年版，第326页。

刑事审判行为，监督监狱、看守所等机关的刑罚执行活动和对民事、行政诉讼活动实施监督；职务犯罪侦查权则通过采取侦查措施，对职务犯罪进行追诉，从而保证公权力的正确实施；司法解释权则旨在通过对职权范围内法律适用进行解释而保证检察机关的法律监督严格依法进行。从这些监督措施来看，我国检察机关对法制统一的监督具有这些特点：一是程序性。即检察机关对于违法行为的法律监督，只能启动相应的法律程序，请求人民法院及其他主管机关审查行为事实和作出实体裁判、处分，它本身并不能对被监督事项直接进行实体处理，具有有限性、非终局性。二是主动性。即检察机关不同于审判权的被动性，它在发现职权范围内的违法行为时必须主动采取措施进行监督，有时甚至需要在违法行为发生之前就采取措施进行预防性监督。三是独立性。即检察机关依法独立行使检察权，独立于行政机关与审判机关。四是检察一体性。在我国，虽然检察机关是独立行使检察权的，但并不是检察官独立行使而是检察机关作为一个系统独立行使检察权，检察官是不独立的，只能代表检察机关行使职权。五是有限性。我国检察机关的法律监督只是一种重点监督与有限监督，一般只限于对犯罪行为与诉讼行为的监督，而对立法性行为与一般违法行为不能进行监督。

我国检察机关的这种法律监督特点虽然对我国法制统一产生了积极的作用，但也存在一些不足。首先是检察机关现有的职权配置与其作为国家法律监督机关的宪法地位不相符合。我国目前检察机关的法律监督主要集中在刑事诉讼领域，其他可能有违法制统一的领域则缺乏有效的监督措施。例如，民事、行政诉讼中的检察监督就因立法规定上过于原则简单，在实践中遭遇到诸多问题而导致监督难以发挥实效。此外，检察机关对于行政立法、地方立法等下位立法活动监督的缺位，导致行政法律规范与上位法律相抵触的现象普遍存在，严重损害了行政法律体系的统一与稳定。针对此问题，宜考虑对检察监督的内容予以改进，赋予检察机关对有关立法进行监督的参与权，使其具有可提出审查相关法律合法性问题的程序性权力，同时完善与拓展民事、行政诉讼监督，增加相应的具体监督措施。其次是检察机关独立性的保障问题。检察机关要有效地维护法制统一，就必须独立于监督对象，避免受外来势力的操纵和干扰。然而我国现行的检察体制却由于在人事、财政等方面严重地附属于地方管理，本为维护法制统一而设置的检察权有蜕化成“地方性权力”的倾向，这很不利于法制统一的监督。因此，有必要借鉴国外检察制度的经验，在立法及实务层面将“检察一体”予以明确化和具体化，以保证检察机关能独立、公正地行使法律监督权。因为“检察一体”存在双重目的与功能，一是以组织一体化保证对外的整体独立，抵御外部势力的非法干预；二是保持检察权行使活动整体的统一，防范检察权受各种因素干扰而出现滥权或失误的危险，从而更有效地发挥检察效能。最后是检察官独立行使职权的问题。如前所述，我国检察制度强调的是检察机关作为独立行使检察权的主体，而不是检察官，检察官缺乏独立办案的权力，这往往会导致执法主体的地位与责任不够明确，妨碍法律监督的有效进行。例如，在刑事司法实践中的层层审批、集体负责为主要内容的办案机制，虽然有利于正确执法，提高办案质量，有利于加强对检察官的监督，但也带来了责任推诿与责任不清等负面效应。一般来说，工作任务越明确与具体，该任务也就越能有效完成。因此，我们应当针对检察机关不同职权的规律与特点，适当地提高检察官个体的独立性，通过明确责任来保证法律监督的有效性。

（六）人权保障原理

人权概念在西方国家是一个具有悠久历史渊源的概念，虽然就其内涵至今还没有一个所有人都能接受的定论，但发展到今天，它已经是一个具有人本主义精神的概念，是一个以人为中心，以人为价值本位的基本概念。从法学角度来说，人权，是指在一定的社会历史条件下，每个人按其本质和尊严享有或应该享有的基本权利，如生命安全、人身自由、人格尊严、基本的社会保障等。例如，西方有的学者和人权组织就根据世界各国人权法和国际人权法将人权概括为六个方面的内容：(1) 生命权。包括人身不受伤害和杀害的权利，得到保护以免遭伤害和杀害的权利，取得维持生命和最低限度的健康保护的物质必需品。(2) 自由权。指一般意义上的自由权，也指特定的自由权，如思想自由、言论自由、宗教自由、结社自由和活动自由。(3) 财产权。即拥有基本财产的权利，以及财产受法律保护的权利。(4) 关于公民个人地位的各种权利。例如，国籍权和各项民主权利。(5) 涉及政府行为的权利，尤其是涉及法治和司法行政的权利。例如，不受任意逮捕的权利和受到公正审判的权利。(6) 经济、社会和文化权利。例如，受教育、工作、社会保险、休息、娱乐，以及足以维持个人健康和福利的生活水准的权利。

人权概念并不是一个凝固的概念，而是随着社会发展而不断改变的社会历史范畴，不同的社会也应当有不同的人权概念。例如，有的人权学者就曾提出“三代人权”学说，认为第一代人权形成于美、法两国革命时期，其目的在于要求国家权力受到限制，以保护公民自由，免遭国家专横行为之害，可称为消极的权利；第二代人权形成于俄国革命时期，又受到了西方“福利国家”概念的影响，主要是指人权公约中所称的经济、社会和文化权利，由于它们要求国家积极采取行动，因而可称为积极的权利；第三代人权涉及人类生存条件面临的各种重大问题，如维护和平、保护环境和促进发展等，这些都需要通过国际合作来加以解决，因而可称为“连带关系”权利。[①] 而我国学者徐显明教授则提出了第四代人权的观点，认为和谐权就是第四代人权。[②] 在我国，根据社会发展状况与已经参加的国际人权公约，我们认为，我国的人权内容应当包含以下内容：一是生存权、人身人格权；二是政治权利和自由；三是经济、社会和文化权利。其中，生存权和人身人格权是最低限度的权利或首要权利，是人权的逻辑起点；政治权利和自由是核心权利；经济、社会和文化权利是基础权利。

人权保障，也就是要求国家保护公民所享有的上述基本权利免受来自国家机关、法人或其他组织，以及其他公民的侵害和破坏。由于对人的价值的重新认识，人权保障在当今世界已经作为一个世界性的潮流和趋势，不仅大多数国家都不断加强社会制度的构建与完善，以加强对本国的人权保障，而且世界各国还在国际范围内达成了一系列的人权保障公约，如《世界人权宣言》《公民权利和政治权利国际公约》等。由于法律的功能一方面在于对社会成员的权利与义务进行分配或固定，另一方面还为这些权利的实现提供保障措施，法律是人权保障的最重要途径。而检察机关作为法律的守护者或法律监督者，其势必成为人权保障的一支不可缺少的力量。“尽管各国检察官的职责各有不同，但作为检察官必须尊重和保障个人的权利。检察官不仅在执行法律方面起着关键性的作用，而且更重要的是在确保权利（当然包括人权）之全面有效方面发挥着重要作用。无论检察官在一个国家的刑事司法制度中具体承担什么职责，他（她）都必须承担‘维护人权的职责’。作为检察官，我们应当永远铭记人权的最佳保障和维护来自国内。检察官应当在他们国家的实践中扮演人权守护者的重要角色”[③]。检察制度的产生与发展过程以及检察机关在现代国家中所扮演的角色也说明了这一

① 沈宗灵、黄枬森主编：《西方人权学说》（下），四川人民出版社 1994 年版，第 13、14 页。

② 徐显明：“和谐权是第四代人权”，http：//news. thebeijingnews. com/0565/2006/11 －23/014@041434. htm，上传时间：2006－11－23，访问时间 2012－01－25。

③ 国际检察官联合会：《检察官人权指南》，杨宇冠、李立译，中国检察出版社 2005 年版，第 1 页。

点。从检察制度在英法等国的产生与发展历史来看，虽然如前所述，其源于国王利益的代表者，但其在国家政治生活中扮演重要角色的基础却是公共利益与人权保障的维护者。在中世纪的纠问式诉讼中，由于法官集控审权力于一身，法官既是控诉者，又是裁判者，“当时纠问法官所奉行者，实乃由警察国家精神发展出来的调查手法：不计代价，穷追猛打被告”①。在这种诉讼模式下，公民的人权毫无保障，尤其被告人纯粹是刑事诉讼的客体，面对心中早存有罪预断的法官，被告人根本就难脱有罪的判决。“控告人如果成为法官，就需要上帝作为律师。”② 当初人们让渡一部分自由组成国家的根本目的在于使保留的那部分自由更有保障、更安全，而不是使自己受到奴役与压迫。为了保障人权，革命胜利后的资产阶级实行控审分离原则，将纠问式法官的权力分为控诉权和审判权，并分别授予检察机关和法院行使，没有检察机关的合法起诉，法院不能主动地启动审判程序并对被告人定罪判刑。正是通过制约司法权专横行为的这一平台，检察机关从单纯的国王利益维护者变成了人权保障的旗手。在现代西方国家，检察机关不仅通过对司法权进行制衡而保障人权，而且还通过对侦查权的监控而保障人权。“警察官署的行动自始蕴藏着侵害民权的危险，而经验告诉我们，警察人员经常不利关系人，犯下侵犯民权的错误。检察官的根本任务，应为杜绝此等流弊并在警察一行动时就赋予其法的基础”。所以，“检察官之创设，乃催生法治国并克服警察国之明显标志”③。这在视检察官为法律守护人的大陆法系国家中表现得比较明显，而在英美法系国家则表现得比较内隐。现代英美法系国家的侦检关系较大陆法系那种带有指挥性的紧密型检侦关系要松散，检察官并不能直接指挥警察进行侦查，但检察官通过行使起诉与不起诉权仍然可以对警察侵害人权的侦查行为进行制约。因为证据的有效性（证据力）往往是检察官决定是否起诉的一个重要考虑因素，而证据是否有证据力，关键在于取证行为是否合法。

在我国，检察机关是一种专门的法律监督机关，而法律是人权保障的最重要措施。因此可以说，检察机关是人权保障的专门维护者。首先从宏观上看，追诉犯罪是检察机关的基本职责，检察机关的诸多职能都与此有关，而犯罪行为往往

① 林钰雄：《刑事诉讼法》（上册总论篇），中国人民大学出版社 2005 年版，第 43 页。
② ［德］拉德布鲁赫：《法学导论》，米健等译，中国大百科全书出版社 1997 年版，第 121 页。
③ 林钰雄：《检察官论》，台北学林文化事业有限公司 1999 年版，第 17 页。

是人权的最直接侵害因素，检察机关追诉犯罪就是在维护人权。其次是从检察机关在控审分离诉讼结构下的作用来看，我国检察机关与西方国家检察机关一样，承担的是控诉角色，这样我国检察机关也在制度上通过对审判权进行制衡而发挥一种人权保障作用。再次是执法行为，尤其是刑事司法行为，由于直接关涉公民基本权利的处置，往往可能造成对公民尤其是犯罪嫌疑人、被告人人权的侵害。例如，侦查机关各种强制性侦查行为，以及司法机关、行政执法机关的判决、裁定执行行为，都易造成对相关人员的人权侵害。我国检察机关通过诉讼监督与判决、裁定执行的监督，就可以在一定程度上防止这些侵害人权现象的发生。

当然，上述我国检察机关对人权保障的维护作用更多的是从理论与制度规定的角度来分析的，具有相当的应然性质，但从司法实践到目前的制度构建来看，仍有很大的完善空间。首先是出于对人权内容的理解偏差，我国对人权的保障主要在于人身权方面的保障，而对于财产权却不够重视，导致我国检察机关对公民财产权的保障存在制度性的空白。这主要表现在两方面：一方面是对民事、行政的监督仅限于对人民法院的生效判决的监督，而对于大量的侵害公民财产权但又没有进入诉讼程序的民事、行政行为却缺乏有效的法律监督依据。最明显的表现就是当前就检察机关的公益诉讼权仍没有达成一种共识。另一方面是对侦查行为的诉讼监督，检察机关主要限于通过批捕权来监控侦查机关的侦查行为，防止其侵害犯罪嫌疑人的人身自由权，而对于侦查机关可能侵害犯罪嫌疑人甚至其他公民财产权的侦查行为，如搜查、扣押、冻结等行为却没有有效的监督措施，而只能由侦查机关便宜行事。对判决、裁定执行过程中有关财产部分的监督也存在这些制度空白的问题。其次是在对犯罪嫌疑人、被告人人身自由权的保障上，我国检察机关也缺乏一种有效的保障措施。在我国，虽然检察机关可以对侦查程序进行监督，但往往是一种事后监督，并不能有效防止人权侵害现象发生，一般只是提供一种人权侵害现象发生后的救济渠道。更有问题的是，即使这种事后救济也只限于逮捕措施，对于同样可能侵害人身自由权的拘留措施，以及监视居住措施，都是侦查机关自己决定进行，检察机关几乎没有合法渠道、合法措施来进行监督与救济。此外，起诉与审判程序中的羁押措施也是一样，检察机关与人民法院采取的羁押措施都有可能侵害人权，但却没有有效的措施与渠道进行监督。针对以上问题，笔者认为，一方面是立法上要从权力制衡的角度出发，适当扩大检察机关的监督范围，将侦查机关、人民法院甚至检察机关本身的各种可能侵害人权的行为都纳入监督范围。尤其是要将侦查的各种强制性侦查措施与人民法院所采取的逮捕与财产扣押、冻结行为都纳入监督范围。另一方面在于赋予检察机关相应的具体的监督权限，从事后监督适当提前到事中或事前监督。尤其是在侦查机关与检察机关的关系上，可以适当借鉴大陆法系国家的侦检关系模式，重新厘清侦查与公诉的关系，加大检察机关对侦查行为的监控力度，防止其侵害人权现象的发生。

（七）正当程序原理

正当程序，也称为正当法律程序，是指国家在剥夺或限制公民、法人的权利时，必须经过正当合理的法律程序，否则就不得作出此类决定。正当程序的功能，一方面在于使权力行使的形式合法化，即可促使决策的最佳化、吸收当事者的不满、限制决定者的恣意、减轻决定者的责任风险、增强决定的可预见性、权威性和可执行性等；另一方面在于保证权力行使的实质合法性。最合理的权力行使不仅要在形式上合法，还应当在实质上合法。也正因为正当程序的这些功能，正当程序起源并在早期发展于英国后，在美国获得了巨大发展，并从一个少数国家的权力行使基本原则发展为一个区域性人权保障原则，并最终成为一个国际性的人权保障原则，为《联合国宪章》《世界人权宣言》《公民权利和政治权利国际公约》《执法人员行为守则》《禁止酷刑和其他残忍、不人道或有辱人格的待遇或处罚的公约》《关于司法机关独立的基本准则》《联合国少年司法最低限度标准》《保护所有遭受任何形式的拘留或监禁的人的原则》《关于律师作用的基本原则》《关于检察官作用的准则》所吸纳。

虽然正当程序目前已经为大多数国家的法律所确立，但对于正当程序的内容应当包括哪些却不无争议。在这些问题中，焦点有两个方面：一方面，正当程序保护的客体是什么；另一方面，什么样的程序才是正当程序。对于第一方面的问题，美国联邦宪法第五修正案规定：“未经正当法律程序，不得剥夺任何人的生命、自由和财产。”即正当程序保护的客体是生命、自由与财产。但是，自由是一个比较模糊的概念，既包括消极的自由（不受别人干涉的自由），也包括积极的自由（要求他人作为或不作为的自由）；既包括行为自由，也包括精神自由。因此，此一规定并没有对正当程序的保护客体作出可操作的规定。任何制度都不能离开本国现实情况而作抽象的规定，因此正当程序的保护客体也不可能作出一个普适性的规定。但是，将联合国《世界人权宣言》中明确规定的以下基本权利作为最低限度的保护客体却是符合各国情况的：（1）生命健康权，包括生命安全权和身体安全权。（2）自由权，包括人身自由权、意志自由权和政治自由权，人身自由权包括不受奴役，不受任意逮捕、拘禁和放逐等消极权利以及迁徙自由等积极权利；意志自由权包括思想、良心和宗教自由；政治自由权包括主张、发表意见自由以及集会结社自由等。（3）平等权，包括在享受权利方面的平等、法律地位上的平等以及受法律保护的平等。（4）财产权，包括财产所有权和财产不受任意剥夺的权利。（5）人格权，包括私生活、家庭、住宅、通信不受任意干涉的权利以及名誉、荣誉不受侵犯的权利等。（6）诉讼权，包括由独立无偏倚的法庭进行公正、公开审讯的权利以及无罪推定权利。而对于第二个方面问题的回答更多的却是一个需要不断发展的历史范畴，不同时期不同国家很难有一个完全相同的标准。这也导致学者们众说纷纭，莫衷一是。例如，英国的自然正义原则是要求任何人不得在与自己有关的诉讼案件中担任法官；法官在作出裁判时应听取双方当事人的陈述，并须给予所有与案件有利害关系的人以充分陈述意见的机会。英国的丹宁勋爵则认为："我所说的经'法律的正当程序'，系指法律为了保持日常司法工作的纯洁性而认可的各种方法：促使审判和调查公正地进行，逮捕和搜查适当地采用，法律援助顺利地取得，以及消除不必要的延误，等等。"① 美国学者萨默斯却认为，程序正当有10项基本内容：程序参与性、程序正统性、程序和平性、人道性及尊重个人的尊严、保护个人隐私、协议性、程序公平性、程序法治、程序理性、及时性和终结性。② 现在引用较多的是美国学者戈尔丁的正当程序三个方面9项原则：第一，中立性。包括：（1）与自身有关的人不应该是法官；（2）结果中不应含纠纷解决者的个人利益；（3）纠纷解决者不应有支持或反对某一方的偏见。第二，劝导性争端。包括：（4）对各方当事人的诉讼都应给予公平的注意；（5）纠纷解决者应听取双方的论据和论证；（6）纠纷解决者应只在另一方在场的情况下听取一方的意见；（7）各方当事人都应得到公平机会来对另一方提出的论据和证据作出反响。第三，解决。包括：（8）解决的诸项条件应以理性推演为根据；（9）推理应论及所提出的论

① ［英］丹宁：《法律的正当程序》，李克强等译，法律出版社1999年版，前言第1页。

② 陈瑞华：《通过法律实现程序正义——萨默斯"程序价值"理论评析》，载《北大法律评论》（1998）第1卷第1辑，第187～191页。

据和证据。[①] 另外，美国学者迈克尔·D·贝勒斯提出的正当程序标准也为人所熟知：(1) 和平原则，程序应是和平的；(2) 自愿原则，人们应能自愿地将他们的争执交由法院解决；(3) 参与原则，当事人应能富有影响地参与法院解决争执的活动；(4) 公平原则，程序应当公平——平等地对待当事人；(5) 可理解原则，程序应当能为当事人所理解；(6) 及时原则，程序应提供及时的判决；(7) 止争原则，法院应作出解决争执的最终决定。[②] 笔者认为，正当程序的标准不应当有完全相同的标准，但可以有最低的标准，这些最低标准应当有以下几点：(1) 程序法定，即程序必须事先由法律明确规定；(2) 程序人道，即程序必须以尊重人的基本尊严、保护人的基本权利和自由的方式进行；(3) 程序中立，即裁判者在双方当事人之间严守中立，不存有针对任何一方当事人的偏见；(4) 程序平等参与，即给予受实体结果影响的当事人以平等的、充分的机会和便利参加诉讼，并保证其参与对裁判者的裁判产生实质性影响；(5) 程序自治，即裁判的结果必须产生于程序自身，排除一切非程序因素的干扰；(6) 程序公开，即程序不仅要向受程序结果影响的双方当事人公开，也要向社会公众公开，从而使程序正义真正成为"看得见的正义"。

从以上有关正当程序的争议来看，更多的是集中在程序如何才是正当的问题上，是一种静态的分析，更多的是对立法的要求，而对于正当程序的动态分析，即执法方面的正当程序却较少关注。其实，一个完整的正当程序，它有两个方面的要求：一是法律规定的程序必须是正当的，这就是众多论者所讨论的静态的正当程序的内容；二是权力的行使必须遵守通过法律规定的程序，此即动态的正当程序。静态的分析只是为权力行使提供一种规范，还只是权力行使正当的可能性，可能性转变为现实，关键还在于实践的权力行使切实遵守了这些程序。从这一点来看，正当程序既是检察机关的目标，也是对检察机关的要求。

正当程序是检察机关的目标，这是从检察机关的法律监督定位来看的。有关权力行使的法律程序虽然具有正当性，如果有关机关在行使权力时不遵守这些具有正当性的法律程序，程序正当的价值追求仍然不能被实现。而检察机关通过法

---

① ［美］马丁·P·戈尔丁：《法律哲学》，齐海滨译，三联书店1987年版，第234～240页。

② ［美］迈克尔·D·贝勒斯：《法律的原则——一个规范的分析》，张文显等译，中国大百科全书出版社1996年版，第34～37页。

律监督促使这些机关在行使权力时遵守具有正当性的法律程序，也就成为正当程序目标得以实现的关键一环。从这一点来看，检察机关的法律监督旨在保证程序正当的实现。程序正当是对检察机关的要求，是从检察机关也是一种权力执行者来说的。从我国检察机关的职能来看，检察机关的法律监督行为也往往会关系到公民的权利、义务的分配与承担。例如，检察机关的补充侦查与公诉行为就直接关系到公民的权利与义务，而诉讼监督虽然只是监督其他机关遵守正当的法律程序，但也间接地影响到了公民的权利与义务。因此，检察机关进行法律监督时也必须遵守正当法律程序。这两方面是相互联系的，检察机关法律监督程序的正当性往往会影响到其监督目标的实现，如果监督程序有不正当性，不仅不能促使有关机关遵守正当法律程序，反而会使这些机关的权力行使脱离正当程序的轨道。我国目前检察机关的法律监督缺乏实效性，其实就与检察机关本身的监督程序的正当性存在问题有关。

对其他国家机关的权力行使进行监督，这主要体现在检察机关的诉讼监督权，即在刑事诉讼中对公安机关、人民法院以及监狱、看守所等刑罚执行机关的诉讼行为合法性和在民事、行政诉讼中对人民法院的审判、执行行为进行监督。从目前来看，这种诉讼监督的有效性不尽如人意。首先，事后监督和书面监督方式导致检察监督效力大打折扣。根据法律规定，无论是侦查监督、审判监督还是执行监督，除批捕工作之外，人民检察院均采取事后监督的方式，特别是对侦查活动的合法性监督只能通过审查批捕、审查起诉这种书面方式来进行。事后监督既不利于检察机关及时发现非法行为并给予当事人救济，也会导致证明非法行为（如刑讯逼供行为）的证据灭失，从而影响对非法行为的查证和处理。而书面监督一般建立在被监督机关自己移送的案卷材料的基础之上，很难客观反映被监督机关实施的非法行为。其次，对于在诉讼监督过程中发现的违法侵权行为，缺乏相应的程序性法律后果的规定。根据有关法律规定，人民检察院行使诉讼监督权的具体方式有两种：（1）对于情节较轻的违法行为，如属个别人员的违法，应当向违法者本人口头提出纠正意见；对于带有普遍性的违法行为，应当向所在机关的负责人提出纠正意见。（2）对于侦查、审判、执行机关在诉讼活动中比较严重的违法行为，应当报请检察长批准后，向其发出《纠正违法通知书》，有关机关应立即纠正违法行为并将纠正的情况回复检察机关。但是，检察机关的纠正意见对于侦查、审判、执行机关并没有多大的约束力，如果侦查、审判、执行机关拒不接受检察机关的纠正意见，检察机关也无计可施。“这就形成了这样一种现象：监督者的监督意图能否实现取决于被监督者是否配合；如果其不配合，则监督权就落空”①，诉讼监督也就成了一种“乞丐式监督”。

另外，对检察机关本身的法律监督行为也需要进行监督，但有关法律却没有建立相应的有效的监督措施。我国目前对检察权的监督制约主要有：在内部监督层面是上级检察机关对下级检察机关的领导和制约、检察机关内部各业务部门的职能分工和互相制约等；在外部监督层面是程序外的监督和程序内的监督，前者包括党的领导、人大及其常委会的监督、人民群众和新闻媒体的监督以及人民监督员的监督等，后者则指诉讼内的公安机关、人民法院、当事人、律师等对检察机关的监督。这些监督制约措施在实践中往往很难发挥应有的作用。就内部监督而言，上命下从、“检察一体”的领导体制决定了一旦上级机关的检察权运用失当或违法，检察机关依靠自身根本难以纠正错误。同时，固然检察机关内部存在业务部门的职能分工，但检察长负责制和检察委员会讨论决定重大案件制度完全有可能消弭业务部门分工所具有的权力制约功能。就外部监督而言，党的领导是一种宏观领导、政策领导，人大及其常委会的监督也应是集体监督、宏观监督和事后监督，人民群众和新闻媒体的监督则有赖于检察业务公开的范围和程度，因此这几种监督方式很难对检察权的行使形成直接、有效的制约。人民监督员制度是近年来检察机关大力推行的监督制约机制，这种监督在形式上具有个案监督、事中监督、直接监督的特点，相对于上述其他外部监督机制而言，其有效性是较为明显的。但由于人民监督员制度建立的时间较短，目前仍处于探索阶段，在具体制度上存在许多缺点和不足。例如，人民监督员欠缺中立性（如人民监督员由检察机关选任、监督办公场所由检察机关负责安排、监督员的物质补助由检察机关支付），监督范围的有限性，监督结果的非强制性（人民监督员只提出监督意见）等，这些缺点在很大程度上影响着此种监督制约机制的效果。就程序内的外部监督而言，公安机关、人民法院对检察权的行使未能形成有效制约，检察机关在对公诉案件进行审查决定是否起诉时，其裁量权虽受到公安机关一定程度的制约，但这种制约是以公安机关向检察机关提请复议、复核的方式而存在，是否起

① 张建伟：《从权力行使型到权力抑制型——刑事程序构造的重新设定》，载《政法论坛》2004年第3期。

诉的决定权最终仍掌控于检察机关之手，人民法院对此没有任何制约；对于检察机关提起的公诉，人民法院没有进行实质性审查的权力，只要起诉符合法律规定的形式要件，人民法院必须开庭审理；在审判过程中，检察机关变更、追加、撤销公诉的权力几乎不受人民法院的监督和制约；案件审结后，只要检察机关认为人民法院的生效裁判在认定事实、适用法律上确有错误，就可以通过抗诉启动审判监督程序，不论抗诉是否有理，人民法院必须对案件进行再审，等等。

如何解决上述这些问题，我们认为，其实上述两个方面在解决措施上是有联系的，即关键在于对检察机关的法律监督程序进行正当化改造，一方面可以解决检察机关本身的法律监督程序的正当性问题，另一方面可以解决检察机关诉讼监督的有效性问题。具体来讲，就是根据正当程序原则对检察权的运行程序进行一种诉讼化改造，如将事后监督、书面监督改造为事先、事中以言词方式进行，将当事人、诉讼参与人的申诉、控告改造为告诉，将对违法行为的口头或书面纠正意见改造为程序性制裁机制，将审查起诉程序改造为一种类似听证式的诉讼程序，使法律监督成为具有较强公开性和参与性的程序，同时为当事人提供充分的救济途径，将检察权的行使置于当事人、诉讼参与人及其他诉讼机关的监督之下，在解决谁来监督监督者问题的同时，解决法律监督的实效性问题。

从这七大原理的内容与要求来看，权力模式原理与权力制衡原理属于检察制度的结构性原理，它们解决的是影响检察制度本身内部结构与组成的外部制度环境问题，说明了不同的国家权力结构之下往往会形成不同的检察制度。我国检察制度是我国人民代表大会制这一政权组织形式所决定的，在检察制度的理论研究与制度完善过程中应当避免一种不加批判的移植或模仿。公平正义原理、公共利益原理与法制统一原理是检察制度的功能性原理，功能往往是对某种需要的满足，因此，这三个原理其实也就是我国检察制度所要实现的三个目标。其中，法制统一旨在公平正义与公共利益的实现，而公平正义与公共利益又是相互促进的，没有不要公共利益的公平正义，也没有能远离公平正义的公共利益。只有通过公平正义才能实现公共利益，只有包含公共利益，公平正义才是真正的公平与正义。人权保障既是检察制度的目标，也是公平正义、公共利益得以实现的手段。因此，人权保障既是检察制度的功能性原理，也是检察制度的工具性原理。正当程序原理则是检察制度诸多功能得以实现的途径，只有通过正当程序原理，公平正义、公共利益、人权保障以及法制统一才有可能实现。因此，正当程序原理也就是检察制度的运作性原理。如果将检察制度比喻成一个运动着的物体，权力模式原理与权力制衡原理揭示的是该物体的内部构造，正当程序反映的是该物体运行的轨道，而其他原理则是该物体运行所指向的目标。没有正当程序的规范，检察制度不可能实现上述各种功能；没有这些功能的指引，检察制度就失去行动的方向；没有权力模式原理与权力制衡原理的支撑，检察制度既不能走向正当程序，也不会达到预定的目标。因此，在检察制度的理论研究与制度构建中，必须全面考虑这七个方面的内容，只有这样，才有可能避免陷入一种理论的边陲化陷阱，才能适应我国目前的社会状况，建立一套具有中国特色的检察制度。

第四章　社会管理创新与检察改革

一、创新发展和检察工作一体化机制①

在我国现行司法体制中，检察机关作为专门的法律监督机关，其独立行使检察权的地位已被宪法认可。我国宪法明确规定："人民检察院依照法律规定独立行使检察权，不受行政机关、社会团体和个人干涉。"既然国家以根本法的形式赋予了检察机关独立行使检察权的权力，那么如何从制度上保障检察机关依法独立行使检察权也就成了司法改革议题中一个不容回避的问题。而"检察一体化反映了由检察权的特殊性所决定的检察权运作的内在规律，是运用检察权时必须遵循的基本原理，因而也是整个检察制度构建的基本点"②。要按照检察制度的内在规律进行检察改革，克服检察工作的地方化，就必须推行和完善检察一体化制度。

（一）"检察一体化"概念的厘清及在我国的现状

1. "检察一体化"概念的厘清。对"检察一体化"这一概念的理解，学界可谓众说纷纭，莫衷一是。有学者认为，"检察一体化"主要是指"各级检察机关是一个不可分割的有机整体，每个检察官的活动都是整个检察机关活动的有机组成部分，各级检察机关在工作中要相互配合，协调一致，共同完成检察任务"③。有学者将"检察一体化"理解为有广义与狭义之分，广义的"检察一体化"，对外是指检察机关依法独立行使检察权，不受法定机关、事项及程序以外

---

① 原文为樊崇义主编：《走向正义：刑事司法改革与刑事诉讼法的修改》（中国政法大学出版社2011年版）第三章第三题，原名为《我国检察一体化的现状及完善》，系与申君贵合作撰写。

② 张智辉：《试论检察一体化的基本特征》，载《人民检察》2007年第8期。

③ 张智辉、谢鹏程主编：《中国检察》（第5卷），中国检察出版社2004年版，第663页。

的干涉；对内是指业务一体化，即检察机关上命下从的关系。狭义的“检察一体化”仅指检察业务一体化，主要包含三项内容：一是上命下从的关系；二是跨区域的检察活动；三是职务继承与转移权。[①] 有学者认为，“检察一体化”是指检察权的行使保持整体统一，不受外来的势力，特别是来自现实政治力量的不当影响，进而实现维护公共秩序和尊重人权的国家目的。[②] 还有学者在阐述日本检察官一体化原则时指出：“除了上级对下级的指挥和监督权、事务调取权和转移权、代理权等权限外，检察官一体化原则还包括诉讼法上的效果，即出席法庭的检察官即使中途替换，也不影响诉讼法上的效果。”[③]

从以上这些有关“检察一体化”的定义中，我们不难得出这样的结论，即“检察一体化”主要包括三层含义：一是检察机关是一个不可分割的整体，依法独立行使检察权；二是强调检察机关上下级之间的关系以及同一检察院内部上下级检察官之间的关系；三是在同一案件诉讼中途更换检察官并不违反法律。所以，我们认为完整意义上的“检察一体化”应该是指整个检察系统是一个完整而不可分割的有机整体，检察院作为一个主体独立行使检察权而不受任何其他机关或个人的干扰；上下级检察机关之间是一种上令下从的领导关系，各级检察机关在行使检察职权的过程中互相配合、协调一致，共同完成检察任务；在检察院内部，上下级检察官之间也遵循上令下从的领导关系，每个检察官的活动都是整个检察机关活动的有机组成部分。

2. “检察一体化”与检察官独立的辩证关系。在论及“检察一体化”原则时，不得不提到的一个概念就是“检察官独立”。所谓检察官独立，是指检察官是检察权行使的主体，在诉讼活动中具有相对独立性，在检察业务方面能依据事实和法律独立地进行判断并付诸实施。然而，我国宪法和相关法律并未明确规定检察官独立原则。在我国“检察一体化”的追求下，检察官履行职责是以检察机关的名义出现的，各检察官对案件作出的处理决定并非检察官个人意志的表露，而是整个检察机关意志的表露。

依据检察官独立原则，检察官在办理具体案件过程中完全基于自己对案情的

---

① 庄建南主编：《和谐社会语境下的中国检察制度》，中国检察出版社2007年版，第51～52页。

② 董潘舆：《日本司法制度》，中国检察出版社1992年版，第191页。

③ 裘索：《日本国检察制度》，商务印书馆2003年版，第28～29页。

判断独立地行使检察权，但是依据“检察一体化”原则，下属检察官必须服从上级检察首长的指挥、调度。表面上看，检察官独立与“检察一体化”之间似乎有不可调和的矛盾。其实不然，因为我国检察机关的检察权具有行政性和司法性的双重性质，检察权的行政属性决定了它必须在一定程度上体现“上令下从”的关系，司法属性也决定了它在某种程度上必须体现出司法的独立性，而检察官独立理应是检察权司法独立性的体现。从这个意义上说，检察官独立与“检察一体化”并不矛盾，甚至可以说，要实现“检察一体化”，还必须以检察官独立为前提。上级检察首长虽然依据“检察一体化”原则对下级检察官具有指挥调度权，但是这种权力的行使必须以尊重下级检察官对法律的独立判断为前提。也就是说，检察官独立与“检察一体化”并非不能融合，而只是在“检察一体化”过程中不侵及检察官的独立性、正确处理两者之间的关系即可。正因为如此，有学者指出，没有检察官独立的检察一体制是一种纯粹的行政体制，没有检察一体的检察官独立是一种纯粹的司法体制，都不符合检察工作的特点和要求。[①] 所以，我们所要建立的检察一体制并不是排斥或否定检察官独立的一体制，而是要寻求建立一种既有利于检察官独立行使检察权，又有利于检察职能充分有效发挥的检察一体制。因此，在我国当前的检察体制改革过程中务必要处理好检察官独立与“检察一体化”的关系。

3. 我国“检察一体化”的现状。

（1）我国“检察一体化”的立法现状。“检察一体化”这一法律术语并未明确规定在我国的相关法律中，但相关法律中有关检察机关领导体制的规定与“检察一体化”原则是相符合的。我国宪法规定：“人民检察院依照法律规定独立行使检察权，不受行政机关、社会团体和个人的干涉。”人民检察院组织法也作了同样的规定，这就为检察机关依法独立行使检察权提供了法律依据。另外，宪法还规定了上下级人民检察院之间的关系，即“最高人民检察院是最高检察机关。最高人民检察院领导地方各级人民检察院和专门人民检察院的工作，上级人民检察院领导下级人民检察院的工作”。人民检察院组织法也作了同样的规定。虽然“检察一体化”在我国相关立法中没有明确的表述，但宪法和人民检察院组织法的这些规定足以说明我国检察机关的组织原则体现了一体化的特征。

① 孙谦：《中国检察制度论纲》，人民出版社 2004 年版，第 224 页。

（2）“检察一体化”在司法实践中的体现。我国宪法和人民检察院组织法虽然没有明确规定“检察一体化”原则，但检察职权在司法实践中的运行机制已经明显地呈现出了一体化的特征。根据宪法和人民检察院组织法的规定，上下级人民检察院之间是领导与被领导的关系。也正是这种领导与被领导的关系，使得检察机关依这一领导体制确立了一系列体现“检察一体化”原则的制度，如请示报告制度、指令纠正制度、案件调取制度、案件交办制度、备案制度以及报批制度，等等。这一系列体现“检察一体化”的制度，不仅有利于整合检察机关内部力量，发挥其整体优势，而且对于保证检察机关的办案质量、提高办案效率，促使其更好地履行法律监督职能也具有重要作用。

（3）我国“检察一体化”原则在运行过程中存在的问题。虽然我国法律并未明确规定“检察一体化”这一原则，但检察机关内部这种“上令下从”的关系已经明显呈现了“检察一体化”的特征。这一原则在保证检察机关整体性、独立性以及检察活动的有效性和检察人员的可替代性上确实有不可估量的作用，但这一原则或者这一体制安排并非没有任何瑕疵，尤其是在有关这一原则的某些核心内容规定缺位的情况下，其存在的问题更加明显。

首先，我国宪法和人民检察院组织法所规定的仅是人民检察院在行使职权时的整体独立，强调的是人民检察院的整体协调性，而对检察官的独立未作规定。这就使得我国的“检察一体化”在追求组织的统一和协调时，使检察官个体丧失了责任感，制约了检察官个人的主观能动性和积极性，进而影响了整个检察机关整体效率的发挥。

其次，上级人民检察院拥有过多的权力，使下级检察机关的独立性难以充分发挥。现行宪法和人民检察院组织法仅规定了上下级检察机关之间的领导关系，并未对上级检察机关如何领导、在进行领导时拥有哪些权力进行明确的规定。在实践中，上级检察机关有权向下级检察机关发布命令、指示，可以到下级检察机关检查工作，可以调取下级检察机关办理的案件，也可以向下级检察机关交办案件，有权纠正下级检察机关在行使职权不当或者处理案件不当时出现的错误，等等。由于上级检察机关拥有过于宽泛的权力，并且又无相应的机制对其进行制约，这就使得司法实践中时常出现上级检察机关插手、干预下级检察机关独立行使职权的现象，严重影响和制约了下级检察机关检察职能和独立性的充分发挥。

最后，由于检察机关的人、财、物都受制于地方人民政府，使司法实践中检察机关难以真正保持外部独立。目前，全国各级检察机关的经费大部分都是由当地人民政府供给的，由于检察机关的经济命脉掌握在当地人民政府财政部门的手中，可想而知检察机关在办案的时候极易受到地方行政部门的干预，使得检察机关的外部独立缺乏必要的保障。这也在某种程度上制约了“检察一体化”原则的有效贯彻。

（二）关于“检察一体化”的外国法考察

在国外，“检察一体化”是大多数国家检察权运作过程中所必须遵循的原则。尽管这些国家可能对“检察一体化”在法律规定上各不相同，但是各国有关这种机制的运行理念应该是一致的。因此，我们希望通过对域外“检察一体化”原则的考察，认识“检察一体化”运行的基本规律，进而为完善我国的“检察一体化”机制提供借鉴与参考。

1. 法国的“检察一体化”原则。在法国，检察机关是行政权力机关的代表，因此检察机关在级别上有严格的上下级隶属关系，并且法国的检察院具有完全独立的地位。检察院的司法官要接受并服从上级的命令，而且还必须受上级长官的领导与监督，并且统一受掌玺官（检察官级别的最高层）的权威领导。法国《刑事诉讼法典》第 37 条规定：“检察长对上诉法院辖区内的检察院的所有官员拥有上司的权力。”该法典第 44 条规定：“共和国检察官有权指挥驻在其管辖区内各违警法庭的检察院官员。他可以把告诉自己的违警罪通知各该检察院官员并命令他们起诉。”在每一级别，检察院的各成员都由其上级长官与检察长进行评价。正是这种上下级的隶属关系使检察官有义务服从上级，而且检察机关的司法官可以被撤换或解除职务。除了检察官队伍具有“下级服从上级”的级别特点外，检察机关还有不可分割的性质。也就是说，在法国，属于同一检察院的司法官在法律上都被看作是同一个人，检察官采取行动、出面说话，并不是代表他本人，而是代表整个检察机关进行活动。所以，检察院的各成员始终可以相互替代履行职责，即使是在对某一案件进行审判的过程中，本检察院的各成员也可以相互替代。除了上述两个特征之外，法国“检察一体化”的第三个重要特征在于检察院具有独立的地位。在法国，检察院的独立地位是相对于受到损害的当事人来说的，当事人有权在刑事法院成为民事当事人并由此发动公诉，即使检察院并未采取行动，或者当事人提出与检察院相反的意见，民事当事人也有此权利。但是，受到损害的当事人采取何种态度，对检察机关并无任何约束力。此外，受到损害的当事人不采取行动丝毫不能禁止检察机关提起公诉。①

2. 日本的“检察官一体化”原则。日本奉行“检察官一体化”原则，也就是检察官行使检察权应保持整体的统一。其具体内容是：作为各自独立官厅的全国检察官，在检察系统内部遵循上命下从的关系，法务大臣位于这种命令的顶点，检事总长监督指挥所有检察厅的职员，高等检察厅的检事长和地方检察厅的检事指挥监督本厅及其管辖区域内下级检察厅的职员，上级检察官对下级检察官处理的事务具有调取权与转移权，并通过这种调取权和转移权，可以使作为独立官厅的一个检察官的事务，由其他官厅的检察官处理，而且不会影响其诉讼法上的效果。另外，日本的“检察官一体化”原则在诉讼法上也具有相同的意义，如出席法庭的检察官即使中途替换也不会产生诉讼法上的效果。“检察官一体化”原则还意味着检察官在检察事务中应有相互协调的精神。虽然日本检察官在行使检察权上被置于上级指挥、监督的地位，但这并不否定“每个检察官是行使检察权的意志决定机关”这一原则，即使处于上级的指挥和监督之下。但是，行使检察权的权限仍由各检察官自己掌握。所以，日本“检察官一体化”原则的实质是既要保持检察官的独立性，又通过建立适当的监督体制兼顾检察工作的分工与合作，使检察权的行使做到全国一致。②

3. 美国的“检察一体化”。美国没有一个全国统一的、上下层次分明的检察系统，其检察体制具有“三级双轨、相互独立”的特点。所谓“三级”，是指美国的检察机构建立在联邦、州和市镇这三个政府“级别”上。所谓“双轨”，是指美国的检察职能分别由联邦检察系统和地方检察系统行使，这两个检察系统相互平行，互不干扰。而且，美国的检察机构无论“级别”高低和规模大小，都是相互独立的。也就是说，在联邦、州和市镇检察机构之间没有隶属关系，甚至也没有监督和指导关系。虽然美国检察系统的联邦部分内有一定程度的集中性，但是从总体上来说，美国“检察一体化”的程度是非常低的。③

美国联邦检察系统官员由司法部中具有检察职能的部门和联邦地区检察官办事处组成，联邦检察系统的首长是联邦总检察长，由司法部长兼任，联邦检察长

---

① ［法］卡斯东·斯特法尼、乔治·勒瓦索、贝尔纳·布洛克：《法国刑事诉讼法精义》（上册），罗结珍译，中国政法大学出版社1998年版，第123～130页。

② 董潘舆：《日本司法制度》，中国检察出版社1992年版，第232～233页。

③ 何家弘：《论美国检察制度的特色》，载《外国法译评》1995年第4期。

和联邦检察官都由总统任命，参议院认可。由于美国绝大多数州的检察长由州议会选举产生，地区检察官也由本地区的选民选举产生，所以美国的检察官仅对选民负责，而不对上级检察机关负责。此外，美国通过《政府道德法》（后改为《独立检察官法》）确立了独立检察官这一制度，独立检察官专门针对某一高级政府官员的贪污受贿或其他违法渎职行为进行调查和起诉，由司法部长根据国会两院的任命决定。①

4. 英国“检察一体化”。早期英国的检察制度很不完善，长期没有一个从中央到地方的完整的检察机关体系，具有分散性。从20世纪80年代开始，英国效仿大陆法系国家建立了自成一体、完整独立的检察机构。在中央设置皇家检察院作为全国的最高检察机关，领导全国检察机关，全国被分成若干个检察区域，每个区域设立检察署，由一名检察长和若干名检察官以及少量助理检察官组成，每个检察署设若干检务区。在每个区内又设置若干检察分院，作为检察机关的最基层机构。英国检察系统是分级设置、上下统一的。它分别由检察总长、检察长、首席检察官、分部检察官、助理分部检察官以及高级检察官和检察官组成。检察总长是政府大臣，同时也是皇家检察院的部级首长，主要职能是监督检察长的工作，而检察长则作为皇家检察院的首脑指挥检察官的工作。英国在每一个皇家检察院的检务区设首席检察官，负责本检务区的检察工作。这种分级设置、垂直管理的检察机构，对地方当局保持了较大的独立性。②

以上各个国家有关“检察一体化”的法律规定表明，由于历史文化等方面的原因，各国“检察一体化”原则的内容和制度安排都各有特色，有的“检察一体化”程度比较高，有的一体化程度比较低。归纳而言，大陆法系国家的“检察一体化”程度一般要比英美法系国家的“检察一体化”程度高。而且，法国和日本的检察机关奉行的是比较严格的一体化，在这两个国家，检察院上下级之间有明确的行政隶属关系，检察院的司法官不仅要接受和服从上级检察机关的命令，接受其领导和监督，而且即使在同一检察院内部，这种“上令下从”的关系也必须严格遵守。另外，同一检察院的检察官们在法律上被视为同一个人，检察职责吸收了他们的个人身份，同一检察机关的所有官员都被看作是一个整

① 张福森:《各国司法体制简介》，法律出版社2003年版，第7页。
② 张福森:《各国司法体制简介》，法律出版社2003年版，第52~53页。

体，检察官所采取的行动、所表达的意思都是代表整个检察院，都是以整个检察院的名义进行活动，因此，即使在审判过程中，中途更换出庭的检察人员也不会影响公诉的效果。相比之下，英国和美国的“检察一体化”程度就显得弱一些，特别是美国，甚至可以说“检察一体化”原则在美国检察系统内体现得非常不明显。美国“三级双轨，相互独立”的检察体制使美国的检察系统极具分散性，这种分散性的检察体制使不同的检察机关之间难以在执法和打击犯罪等工作中形成有效合作。然而，英国却在20世纪80年代效仿大陆法系国家建立了全国统一的检察机构，并形成了以“财政独立”为主要特色的“检察一体化”制度。英国的这种“检察一体化”制度从根本上摆脱了地方行政势力的控制和影响，为检察权的独立行使提供了强有力的保证。

（三）我国“检察一体化”的完善

从世界范围来看，大多数国家特别是大陆法系国家，将“检察一体化”作为维护检察权的权威性、统一性的制度安排和基本活动原则。“检察一体化”在国外是检察权完全独立于立法权、行政权的必然结果，尽管各国在“检察一体化”的表述上存在众多差异，但其基本运行理念是一致的。通过分析我国“检察一体化”以及考察域外相关国家有关“检察一体化”的法律规定，我们认为，要完善我国的“检察一体化”必须从以下几个方面入手：

首先，在“检察一体化”运行过程中，我们不得不处理好其与检察官独立之间的相互关系。因为检察独立并不仅仅体现在检察机关的组织独立上，还应体现在检察官的独立性上。检察机关的“检察一体化”并不是绝对的，而是与检察官独立相结合的“检察一体化”。但是，我国法律并未规定检察官在行使职权的过程中具有独立的地位，而仅规定了检察机关的整体独立。我们认为，要完善“检察一体化”，应当明确检察官的独立地位，以充分发挥检察官的主观能动性。我们看到国外相关立法在述及“检察一体化”时，都十分强调检察官的独立性，特别是在日本。目前，我国很多地方试点的主诉检察官制度在强调检察官独立性方面取得了明显的效果。主诉检察官不是一种职称、职务，而是指能对案件的审查起诉、出庭公诉负有主要责任，独立承担指控任务、享有处理案件特殊权力，并承担主要义务的一种检察职权。主诉检察官履行职责的最终目的是能够成功地在法庭上完成检察机关的指控职责，独立完成审查起诉、出庭支持公诉等工作，并对此负有主要责任。这种主诉检察官制度无疑是在不改变“检察一体化”的大背景下，对检察官个体责任缺失寻求补偿的一种机制，这种制度在某种程度上弥补了现行法律对检察官个体意志的忽视。但是，在协调“检察一体化”与检察官独立之间的关系时，一个不容忽视的问题是要如何将检察官的个人负责制与有效监督结合起来，以防止权力被滥用。我们认为，对主诉检察官的监督除了最高人民检察院规定由检察长监督、检委会监督、部门负责人监督检查等措施之外，还应建立对检察官的纪律处分机制，以实现对主诉检察官的监督管理。检察长、上级检察官、同级检察官以及任何公民、机关和社会团体均有权提起针对具体案件或检察官的纪律处分程序，还可以考虑由专业机构通过定期审查、抽查等方式发现检察官的违纪行为，提起违纪处分程序，① 对特别严重的违纪行为，构成犯罪需要追究其刑事责任的，交由司法机关处理。

其次，要细化、完善检察机关上下级领导关系的法律依据。目前，涉及检察机关领导体制的法律主要是宪法和人民检察院组织法，虽然这两部法律都对检察机关上下级领导关系进行了规定，但均过于原则，根本就没有对上级检察机关的领导范围、权限、程序及后果等进行规定，严重影响了下级检察机关的独立性。我们认为，应当修订和完善人民检察院组织法，按照宪法的原则和精神，明确规定上级检察机关对下级检察机关进行领导的范围、权限、程序以及后果等，以保证检察权的独立、统一、正确行使。

再次，赋予下级检察机关一定条件下的拒绝执行权。根据检察制度的特点，上级检察机关对下级检察机关有领导监督权，但是这种领导监督权并非没有任何限制。上级检察机关有权依法向下级检察机关发布指示、命令，下级检察机关应该遵照执行，以维护“检察一体化”制度，但我们认为上级检察机关不应当就具体案件发布指示、命令。下级检察机关在自己的职权范围内完全独立地行使职权，在处理案件时不受上级检察机关的支配，对于上级的指令与自己的意见不一致时，检察官有权向上级提出异议；对于上级检察机关或检察官明显违背法律的指令，检察官有权拒绝执行。

最后，确保检察机关财政独立。检察机关要想完全摆脱地方人民政府的控制和影响，就必须建立独立的财政制度，从经济上独立于地方人民政府。只有这样，才能保证检察权不受行政权的干预，才能使检察权真正独立于行政权，才能

---

① 谢鹏程：《论检察官独立与检察一体》，载《法学杂志》2003 年第 3 期。

使检察机关不受制于地方人民政府。在这方面，可以借鉴英国检察系统的财政制度，保证检察机关经费独立预算。可以规定每年由最高人民检察院根据全国各级检察机关的实际需要拟定财政预算，提交全国人大审议通过。经审议通过的财政预算，由中央财政全额划拨，再逐级下拨到各级人民检察院，将检察经费彻底地从地方财政中分离出来，最大限度地保证检察权不受行政权的干预。只有在财政上不依赖于立法机关和行政机关，检察机关才能真正独立自主地行使职权，才能确保自身的存在和职责的履行。

总之，检察权的运行有其自身的规律，研读国外很多国家的检察制度，我们发现“检察一体化”是大多数国家检察机关权力运行的基本工作机制，它是检察机关正确行使检察权的重要保证。在我国现行检察制度中，要建立和完善完整意义上的“检察一体化”，必须既要遵循检察权运行的基本规律，又要在符合国情的基础上充分借鉴国外有关“检察一体化”运行机制的成功经验，才能最大限度地发挥检察机关的职能。

二、检察管理创新的基本理念①

我国刑事诉讼法的修改工作，按照本届人大立法计划正在紧张地进行。我国检察机关在刑事检察工作中遇到的理论和实践问题，特别是在转型时期面临的新情况、新问题，需要在刑事诉讼程序方面进行改革和完善。其中的许多问题不仅仅是一个程序设计问题，更重要的是一个观念更新的问题，只有观念更新、理论创新，制度和程序才能加以改革，这就是我们经常所说的“制度创新，理念先行”。回顾和总结近两年来在刑事诉讼法修改过程中涉及检察理论问题主要有以下几个方面：

（一）确立公益原则或曰公众利益保护原则

公益原则是人民检察院一切活动的根本原则，它是检察机关的立命之本。在俄罗斯刑事诉讼法中，把它作为一项基本原则来对待，在英国把“公众利益的考虑”作为是否起诉的第一条标准。英国的皇家检控署检控守则规定：“如果检察官认为呈报的案件中存在充分有效的证据证明被告人实施了犯罪行为，其必须根

① 原文《制度创新，理念先行——刑事诉讼法修改中的几个检察理论问题》，载《人民检察》2006年第1期。

据公众利益考量提起何种诉讼，对公众利益的考量包含有对多种冲突性利益的考量，它们包括被害人的利益、被告人的利益、社会大众的利益。对公众利益进行考量时应当考量的因素常常因案而异。”笔者认为，从我国人民检察院的性质和定位出发，作为国家的法律监督机关，并行使国家公诉权，应当把公益原则确立为刑事诉讼法的基本原则。要明确规定公众利益考量的标准和因素，不能把公益原则片面地理解为只考量国家，不考量社会；只考量被害人一方，不考量被告人一方；只考量从重，不考量从轻减轻等。

（二）构筑客观义务的理念

检察官在刑事诉讼中的客观义务理念起源于19世纪末的德国，随后为欧洲大陆法系各国采纳。其基本内涵是，检察官在刑事诉讼中不是一方当事人，而是客观真实义务的忠实公仆，无论是有利于或者不利于被告人的事实和证据都要被关注，执行职务有偏颇的嫌疑时要回避。

客观义务这一理念不仅在欧洲大陆法系各国广为适用，而且作为英美法系的英国检察机关，也特别注意在刑事诉讼中既对不利于被告人的证据要负举证责任，在法庭上一一出示，而且对有利于被告人的证据，也要在法庭上出示，或庭前交给辩护律师。在英国检察机关的检控守则和起诉标准规定中，还全面体现了检察官的客观义务理念。例如，在控诉的证据标准中规定：“若对重要证据的可靠性产生严重及深度怀疑，便不宜进行刑事司法程序。”还规定：“检控人员会考量到被告人的健康问题或其他负面的个人环境因素，并在需要时有权酌情采取其他行动而不检控。”“检控人员可能截获可靠的资料，显示被告的行动情有可原，例如被告受到极端性挑衅而考虑减刑。若在考量案件的其他因素认为减刑最恰当的话，检控人员可能决定不作检控会较符合公众利益。基于同样道理，若被告愿意赔偿损失，而受害人接纳建议的话，检控人员可能会在考量案件的其他因素后决定不作检控，而以其他适当的方法处理案件。”“在全面考量案件的所有客观情况后，检控人员可能认为要解决案件的重心问题，包括冲突和其他问题在内，进行民事诉讼会比较合适。若案件中一方享有按民事法索偿的权利，加上其他环境因素，都有可能促使检控人员考量不作检控及销案。”

我国从“人民检察院是国家的法律监督机关”这一定位出发，对检察官的客观义务问题也有比较充分的体现。例如，刑事诉讼法规定：“审判人员、检察人员、侦查人员必须依照法定程序，收集能够证实犯罪嫌疑人、被告人有罪或者无罪、犯罪情节轻重的各种证据。”另外，在审查起诉、提起公诉、支持公诉等各个阶段，立法特别强调保护无辜，并注意贯彻“重重轻轻”的刑事政策，对于法定不起诉或者酌定不起诉、证据不足不起诉的各项规定，都在一定程度上体现了人民检察院是国家的法律监督机关的性质，体现了在诉讼中检察官的客观义务理念。但是，有关客观义务理念问题，无论是检察官在思想观念或认识层面上，还是在我国刑事诉讼法的立法层面上，均存在差距。因此，在检察理论研究中，不仅要深入研究如何使检察官的思维牢固地树立客观义务的观念，更重要的是在诉讼程序的立法上，使之更加完善并宜于操作。例如，在庭前证据展示和庭审证据调查程序中要明确规定，必须同时出示有利于被告人的证据。再如，对诉讼中争议问题的处理和解决，可以增设“有利于被告人”的处理原则，以更好地运用起诉裁量权对案件进行处理。还有诉讼中的抗诉问题，不能只抗轻不抗重，如果无罪判有罪，罪轻判罪重，从客观义务出发，仍然可以抗诉，它不仅体现了客观义务原则，而且更能彰显法律监督的本质。

（三）增设人权保障原则

我国的宪法修正案已明确规定了“国家尊重和保障人权”。为了贯彻落实这一修正案的精神，在刑事诉讼法的基本原则中，要增设“人权保障”原则，还要把刑事诉讼法的宗旨“惩罚犯罪，保护人民”修改为“惩罚犯罪，保障人权”。如何正确理解和认识这一原则，以及在诉讼程序立法上如何彰显这一原则，是值得深入研究的。解决这一问题，还必须从我国刑事诉讼活动的现状和存在的问题出发，出台切实可行的措施。作为检察机关应当解决两个问题：

一是被害人的权利保护问题。刑事被害人的权利保护问题，应该说是我国规定得比较好的举措。1996 年刑事诉讼法的修改，不仅提高了刑事被害人的诉讼地位，而且还扩大了被害人的诉讼权利，尤其是为了解决告状难的问题，增设了刑事公诉转化为自诉的程序，即“被害人有证据证明对被告人侵犯自己人身、财产权利的行为应当依法追究刑事责任，而公安机关或者人民检察院不予追究被告人刑事责任的案件”，被害人可以直接向人民法院起诉。但是，多年来的实践证明，对这一规定贯彻落实得并不好，包括检察机关代表国家提起公诉及被害人自诉的案件，即使案件已经判决，仍有被害人申诉不止的现象。解决这个问题，可以从英国得到一点启示。英国各级检察机关近年来都成立了被害人办公室，专司被害人的人权保护工作，他们及时向被害人通报案件信息，及时向被害人通报诉讼的进展及效果，特别是针对一些疑难案件，向被害人解释法律的适用问题。通过这些措施，使被害人心顺口服，以达到及时消除矛盾的效果。笔者认为，刑事诉讼法修改应以人为本，增设对被害人权利保护的程序，使检察机关做到既是被害人的代表，又不是被害人的代言人，把矛盾、激愤化解在诉讼过程中，以实现被害人与被告人人权保障的平衡。

二是被告人人权保障问题。关于犯罪嫌疑人、被告人的人权保障问题，应从两个方面加以理解：一方面要加强被告人在诉讼中的人身权利保护，另一方面还要保护其以辩护为核心的诉讼权利。对当前我国出现的辩护难问题，全国律协把它总结为“六难”：会见难、阅卷难、调查难、申请变更强制措施难、律师的正确意见得到采纳难、维权难。作为法律监督机关，为了实现法制的统一，保障诉讼的质量，检察机关应协助律师解决这些困难，应该认识到辩护律师参与诉讼，对公诉人而言是“帮忙”而不是“添乱”。刑事诉讼法的修改，应针对“六难”问题采取相应措施，出台得力的办法加以破解。关于犯罪嫌疑人、被告人人身权利的保护，突出的问题是如何严禁刑讯逼供。刑事诉讼法必须改变长期以来对刑讯问题只说教和只禁不止的做法。立法虽然规定严禁刑讯逼供，但并未规定对刑讯逼供的制裁措施。这次刑事诉讼法的修改，一要明确规定非法证据排除规则，向世人宣告凡是采用暴力或精神折磨的方法收集到的证据，一律不得作为定案的根据；二要构建侦查讯问中的律师在场、全程录音录像制度，从源头上消除或减少刑讯。关于讯问时律师在场制度，鉴于我国的律师资源、物质条件有限，可逐步展开，先作出附条件的适用，即对适用案件的范围加以限制。讯问中全程录音录像问题，立法应作出明确规定，除了轻微刑事案件外，对可能判处有期徒刑5年以上的刑事案件，均应采用全程录音录像，以遏制刑讯逼供的屡禁不止。

（四）构建诉讼分流机制

由于司法资源有限，在构建节约型社会的形势下，诉讼成本的计算更是势在必行。居高不下的刑事犯罪与有限诉讼资源之间的矛盾日趋尖锐。就司法实际情况而言，监狱、看守所人满为患，侦查人员、检察人员、审判人员超负荷运转，已经不堪重负。解决这一问题只靠增加人力物力、扩大机构编制是不现实的。根据一些发达国家的经验和做法，按照诉讼的科学发展规律，必须构建诉讼分类的机制，即要区别对待刑事犯罪，实行“重重轻轻”的刑事政策，按照轻重缓急，在诉讼过程中分流处理，不一定有案必诉、有罪必判；不一定案案都要上法庭，实行起诉法定与起诉便宜相结合政策。只有这样，才能从根本上解决居高不下的刑事犯罪率与有限诉讼资源之间的矛盾。因此，如何构建诉讼分流的科学机制是修改我国刑事诉讼法所面临的一个重大理论和实践问题。诉讼分流与检察机关联系比较密切的问题包括：（1）如何正确地理解和认识诉讼分流原理；（2）检察机关实行诉讼分流是否分割了人民法院的审判权；（3）从我国实际情况出发，实行诉讼分流的必要性和可行性；（4）在刑事诉讼法规定的基础上能否再扩大不起诉的范围；（5）检察官自由裁量权的设置；（6）是否增加暂缓起诉，暂缓起诉适用的对象条件和程序；（7）有学者提出，鉴于暂缓起诉考察和适用的复杂性，主张用终止诉讼的决定或附条件不起诉的决定使诉讼终结，这种分类是否可行。

总之，在修改刑事诉讼法的过程中，检察机关构建诉讼分流机制势在必行。在对上述问题充分研究并取得共识的基础上，赋予检察官一定的自由裁量权，以“重重轻轻”“区别对待”的刑事政策做指导，在刑事诉讼法的修改中，扩大不起诉的范围，确立暂缓起诉或终止诉讼的制度，改变案案必诉的传统做法，以达到诉讼分流的目的。起诉便宜，非诉讼化解决刑事案件，已成为多数国家的发展趋势。改革开放的中国，应该顺应世界各国的发展潮流，构建诉讼分流机制。

（五）对刑事诉讼控辩平等的认识和理解

在这次刑事诉讼法的修改过程中，许多人提出要增加规定“控辩平等”原则。这个问题一提出，就有人对这种命题和提法表示疑惑。有人认为，检察机关身为法律监督机关，在刑事诉讼中既行使公诉职能，又行使法律监督职能，谈何与辩方平等？这种疑虑源自对诉讼法律关系认识和理解的问题，其核心是把刑事实体法律关系与诉讼程序法律关系混为一体而造成的。

刑事诉讼法律关系，是指基于刑事诉讼法律规范的规定，公安司法机关和诉讼参与人在刑事诉讼活动中所形成的权利、义务关系，它区别于刑事实体法律关系。就刑事实体法律关系而言，“作为控方的国家公诉机关与作为辩护方的被告人之间在力量上是明显不平等的。作为国家公诉机关的检察机关代表国家追诉犯罪，因此，它在诉讼资源的配置方面有整个国家的人力、物力、财力做后盾，而且在技术层面，它还可以获得拥有强大的犯罪侦查能力的警察机关的辅助，这些都是作为个人的被告人所不可比拟的"①。

由此可见，公民个人或单位犯罪，检察机关作为国家的代表行使追诉权，在追诉与被追诉之间，当事人是不平等的。但这仅仅是指刑事实体法律关系，其追诉的过程，亦即定罪量刑的诉讼程序，必须把双方置于平等的地位，使诉讼过程体现一种公平、公正和正义的诉讼价值。同时，实现控辩平等也是刑事诉讼机制的本质要求。刑事诉讼机制和程序的设计，只有在控辩双方真正平等相待的机制下，才有可能展开平等的对话交流与沟通，才能冷静地搞好法庭调查、交叉询问和对等辩论。就我国的诉讼机制而言，由于人民检察院是法律监督机关，公诉人在诉讼中有两种职能：一是肩负着公诉职能，二是肩负着监督职能。因此，在立法中没有把公诉人定位为诉讼一方的当事人。但是，根据控辩双方平等的诉讼理论，检察官在刑事诉讼中理应把自己定位为不是原告人的原告人、不是当事人的当事人，只有这种定位才能保证控辩平等，才能实现诉讼的公平和正义。

基于上述考虑，在这次刑事诉讼法修改中，不仅应在诉讼原则中增加规定"控辩平等"，而且还要在诉讼的各个阶段扩大和保障被告人一方的辩护权，尤其是在庭审程序的设计中，要充分体现这一对等原则，交叉询问、证据调查、法庭质证、认证以及庭审辩论各个程序都要体现平等原则。只有这样才有利于查清案件事实，才能实现实体正义和程序正义。

三、检察量刑建议②

定罪与量刑是刑事诉讼进入审判阶段以后最为重要的两项任务。长期以来，我国司法机关存在"重定罪、轻量刑"的观念，注重认定被告人的罪与非罪、此罪与彼罪，忽视了刑罚适用，导致出现量刑不公，影响了司法机关的公信力和权威性。从2005年开始，最高人民法院对量刑规范化进行调研论证，起草了《人民法院量刑指导意见（试行）》和《人民法院量刑程序指导意见（试行）》，并于2009年6月1日交付全国法院系统进行试点，力图将独立的量刑程序纳入法庭审理过程。事实上，量刑程序的运行尤其需要控辩双方的参与与配合，检察

① 谢佑平：《刑事司法程序的一般理论》，复旦大学出版社2003年版，第58页。

② 原文题目为《检察量刑建议程序之建构》，载《国家检察官学院学报》2009年第5期，系与杜邈合作撰写。

机关作为国家的公诉机关和法律监督机关，如果没有完备的量刑建议程序，则很难收到好的效果。量刑建议权属于公诉权的一项独立权能，是指检察机关在提起公诉或出庭支持公诉活动中，依据被告人的犯罪事实、性质、情节及其他社会危害程度，对被告人应当被判处的刑种、刑度、执行方式等向人民法院提出具体的建议。我国1996年刑事诉讼法第160条规定，经审判长许可，公诉人、当事人和辩护人、诉讼代理人可以对证据和案件情况发表意见并且可以互相辩论。该法条可以视为检察量刑建议的直接法律依据。近年来，检察机关为确保量刑规范化工作的深入、有序开展，在理论和实践上逐步探索量刑建议程序的建立。早在1999年，北京市东城区人民检察院即开始试行“公诉人当庭发表量刑意见”，并在2000年初确定为公诉改革的课题之一。有些检察机关还出台了具体规范，如四川省郫县人民检察院制定了《量刑建议制度的操作规程》，明确提出量刑建议的案件类型。① 2005年6月，最高人民检察院《关于进一步加强公诉工作强化法律监督的意见》指出：“为更加充分地发挥公诉职能，强化对审判机关量刑活动的监督制约，保证案件公正处理，要在总结一些地方探索量刑建议经验的基础上，进一步积极稳妥地开展量刑建议试点工作。”2005年7月，最高人民检察院正式下发《人民检察院量刑建议试点工作实施意见》，这标志着量刑建议程序作为刑事诉讼程序改革的一项重要内容，正式在全国各地人民检察院推行。迄今为止，检察机关发表量刑意见的案件越来越多、范围越来越广，从最初对简易程序案件提出量刑意见，发展到现在的普通程序简化审案件、未成年人犯罪案件以及其他事实定性无争议的案件，越来越多的量刑建议被各级人民法院采纳。但是，由于我国检察机关没有统一的量刑建议操作规范和标准，导致在具体行使量刑建议权时经常遇到疑难与困惑，影响了提起公诉和法律监督的效果。随着量刑规范化工作的深入开展，如何构建完备的检察量刑建议程序，就成为理论界和实务部门面临的重大问题。

（一）检察量刑建议程序的价值蕴含

1. 有利于行使公诉职能。公诉权，是指具有公诉职能的检察机关为追诉犯罪而向法院提起诉讼，请求对被告人定罪处刑的一项诉讼权力。公诉权包括定罪请求权和量刑建议权，前者注重从事实上揭露犯罪、证实犯罪，而后者则在前者

---

① 赵阳：《中国量刑建议制度八年探索历程披露》，载《法制日报》2007年11月30日，第3版。

的基础上侧重提出犯罪人应受何种刑事处罚，是前者的必然结果。在某种意义上说，公诉权的实质就是一种量刑建议权，即请求法院通过审判对被指控人适用刑罚。[①] 与之相应，检察机关的公诉程序应包括两部分：一是请求法院对被指控的犯罪予以确认的程序，这是在行使定罪请求权；二是请求法院在确认其指控的犯罪的基础上予以量刑的程序，这是在行使量刑建议权。从立法和理论来看，量刑建议程序并不是检察机关凭空创设的，它是公诉程序的下位程序，是公诉权得以实现的一个不可或缺的环节。在实践中，构建量刑建议程序还有利于提高公诉人审查案件和公诉的水平。为提出科学的量刑建议，公诉人要对案件进行反复斟酌和分析，从而加强对整个案情包括对定罪情节的把握。

2. 有利于强化法律监督。根据我国宪法和刑事诉讼法的规定，检察机关是国家的法律监督机关，有权对人民法院的刑事审判活动实行法律监督。事实上，法律监督是一项系统工程，既应包括事后监督，也应包括事前监督和事中监督，量刑建议正是检察机关行使法律监督权的一种重要方式。[②] 我国刑法规定的量刑幅度较大，且存在相当的“法律空白”和“法律边缘”地带，对一些事实和情节相当的案件，人民法院与人民法院之间，甚至同一人民法院的量刑可能差异悬殊，这就影响了司法公正。在实践中，检察机关一般通过抗诉的形式进行监督，但是刑事抗诉毕竟只是一种事后监督，往往显得不够及时。构建量刑建议程序，有利于加大刑事审判监督的力度，对法官的自由裁量权形成制衡。检察机关通过量刑建议，提出对被告人量刑的具体请求，这就使人民法院在量刑时有了明确的“参照物”，防止出现量刑畸轻畸重等情况。

3. 有利于实现司法公正。我国刑事诉讼法规定，人民法院、人民检察院和公安机关进行刑事诉讼，应当分工负责，互相配合，互相制约。这要求任何一种权力运行都必须考虑权力之间的合理制约与平衡。在刑事审判中，自由裁量权主要包括定罪裁量权和量刑裁量权，如果控辩双方只注重定罪问题，而对量刑问题不进行质证、辩论，这就形成了法官量刑的封闭空间，容易导致量刑权力被滥用。量刑建议程序正是对法官刑罚裁量权的制约。在独立量刑程序的框架下，检察机关率先提出量刑建议，被告方的答辩意见也能得到充分表达，这就形成了控

① 张少林：《量刑请求权的法理依据》，载《检察日报》2001 年 4 月 16 日，第 4 版。
② 赵阳：《中国量刑建议制度八年探索历程披露》，载《法制日报》2007 年 11 月 30 日，第 3 版。

辩双方对法官量刑权力的制约，量刑程序就处在一个公开、透明的环境下，控、辩、审三方达到了一种平衡的状态。

4. 有利于加强人权保障。惩治犯罪和人权保障是刑事诉讼目的不可分割的两个方面。在刑事诉讼中，检察机关对被告人的追诉活动体现了国家权力的行使，而国家是社会组织中最强大的实体，被告人处于相对弱势的一方，其力量很难抵御受到的不法侵害。在刑事诉讼改革的过程中，我国借鉴了英美法系当事人主义诉讼模式的一些合理要素，力图在庭审中形成控辩双方互相对抗的局面。检察机关提出量刑建议，本身就是对被害人和社会公众实施保护的一种活动，被告人也会充分行使辩护权，对不利于自己的控诉进行对抗，从而形成控辩双方针对罪与非罪、量刑的种类和轻重等问题展开全面辩论。法官在兼听的基础上，对证据和有关情节进行审查判断，容易作出公正的判决。这样，被告人的诉讼主体地位能够真正得到落实，更好地维护其合法权益。同时，被害人、被告人通过量刑辩论，能够知悉量刑的依据和过程，对判决的公正性有了更好的理解，这也有助于减少不必要的上诉缠访。①

5. 有利于促进刑事诉讼制度与国际刑事司法准则的协调。构建量刑建议程序是刑事诉讼制度国际化的迫切需要。随着我国国际交往和国际合作的空前扩大，我国政府已于 1997 年以来先后签署并加入了联合国《公民权利和政治权利国际公约》等条约，这就要求我国的刑事诉讼制度与通行的国际准则协调一致。这种协调不仅体现在无罪推定、程序公正等原则上，更在于确保这些原则实现的具体制度上。目前，世界上许多国家的公诉人在代表国家对犯罪提起追诉时，都明确提出相应的量刑要求，并因法律制度和法律传统的不同，而形成各具特色的量刑建议程序。大陆法系国家的量刑建议制度一直贯穿于审判过程之中，主要是通过检察官在诉讼活动中提出量刑建议及这一建议对法官的效力等一系列规定或习惯做法体现出来的。英美法系国家的量刑建议制度鲜明地存在于量刑阶段，在量刑听证程序中，控辩双方都可以就量刑问题提出自己的看法，充分发表意见。② 构建量刑建议程序并使之与国际准则协调一致，不仅是我国改革开放的需要，也是我国应当履行的国际义务。

---

① 朱晓文：《关于赋予检察机关量刑建议权的思考——从许霆盗窃一案说起》，载《政法学刊》2008 年第 3 期。

② 曾康：《国外量刑建议制度考评与借鉴》，载《求索》2004 年第 7 期。

（二）检察量刑建议程序的设计

在我国，量刑程序的提出及构建在一定程度上是在检察机关提出并试行量刑建议制度的背景下发生的。[①] 因此，构建检察机关的量刑建议程序，既应考虑其与庭审量刑程序的紧密联系，又要注意保持独立之特色；既应借鉴吸收先进的国际经验，又要立足我国刑事司法的实际。我们认为，检察量刑建议程序应从以下几个方面进行设计。

1. 量刑建议的主体。行使量刑建议权的权力主体是提出公诉的检察机关。“检察一体化”是我国检察机关遵循的一项重要组织原则，该原则要求检察机关上下级之间形成合力，以破除行使量刑建议权的种种干扰。“检察一体化”对外是指检察机关依法独立行使检察权，不受行政机关、社会团体、个人的干涉；对内是指业务一体，即检察机关上命下从，作为共同体统一行使检察权。

具体从检察机关内部来说，在法庭上提出量刑建议的主体只能是公诉人。然而，量刑建议的决定主体还要结合我国公诉工作体制来确定。如果是实行主诉检察官办案责任制的，应当由主诉检察官对案件事实和证据进行认真的审查核实，深入研究与案件有关的法律、政策，依法决定并提出量刑建议；如果是实行“三级审批”办案制的，应当由承办人拟定量刑建议并阐明法律、法理依据，经公诉部门负责人审核后报主管检察长批准，最终由公诉人提出量刑建议；如果是检察长直接办理的案件，应当由检察长决定并提出量刑建议；[②] 如果是检察委员会讨论的重大、复杂、疑难案件，应当由检察委员会集体决定并由公诉人提出量刑建议。应该说，由于定罪和量刑具有密不可分的关系，因而案件审批和量刑建议的提出也是不可分割的。赋予量刑建议行政上的审批程序不仅非常必要，而且符合“检察一体化”的组织原则。[③] 除主诉检察官办案责任制和检察长办理的案件之外，公诉人在庭审中发现事实发生变化需要改变原有量刑建议的，应及时向原决定主体进行汇报，待批准后再向法庭提出量刑建议。

---

① 顾永忠：《试论量刑与量刑程序涉及的关系》，载《人民检察》2009 年第 15 期。

② 根据最高人民检察院《关于各级人民检察院检察长、副检察长直接办理案件的意见》，各级人民检察院检察长、副检察长对于在当地有重大影响的案件；疑难、复杂案件；新类型案件；对于履行法律监督职能具有重大创新意义的案件；由检察长、副检察长直接办理更为适宜的其他重大案件这 5 类案件，在职务犯罪侦查、审查逮捕、审查起诉、诉讼监督和控告申诉检察等环节，抓住重点，有选择地直接办理。

③ 王跃凤：《检察机关量刑建议权若干问题探讨》，载《法商论丛》2008 年第 1 期。

为确定科学的量刑建议主体，还应注意以下问题：第一，适用死刑的量刑建议。死刑是对犯罪人适用的最为严厉的刑罚措施，有必要对适用死刑的建议权进行特别限制。我们建议，对于案件拟提出适用死刑建议（特别是死刑立即执行）的，一律由主管检察长参加研究决定，重大、疑难案件由检察委员会作出决定，以体现对被告人生命权的重视，提高检察机关提出适用死刑建议的严肃性。第二，从宽的量刑建议。量刑建议是根据有关法律规定，结合案件具体情况，经过系统的司法推理后作出的判断，为避免个别检察人员的主观臆断或滥用权力，对于提出减轻、免除刑罚或对被告人适用缓刑量刑建议的案件，一律由主管检察长参加研究决定。第三，被害人的地位。我国刑事诉讼法规定："人民检察院审查案件，应当听取被害人和被害人委托的人的意见。"这里既包括对被告人定罪的意见，也包括对被告人量刑的意见。作为犯罪行为的侵害对象，被害人遭受的经济、社会、肉体和精神的损害是不可忽视的。据此，检察机关在提出量刑建议前，应当听取被害人、被害人的近亲属或其委托的诉讼代理人的意见。鉴于我国被害人的法律意识和法律水平有限，特别是被害方大多不可避免地存在非理性情绪，在量刑建议程序中，被害方主要享有表达意见的权利，对量刑建议的提出不具有约束力。

2. 量刑建议的范围。量刑建议的范围，是指检察机关对哪些案件或在哪些情形下可以提出量刑建议。目前，我国理论界和实务部门对量刑建议的范围主要有以下观点：第一种观点认为，只要经过检察机关的认真审查，所有刑事案件都能向人民法院提出量刑建议。① 第二种观点认为，对于控辩双方对事实、证据没有争议，但是在量刑问题上存在异议的，可以提出具体的量刑建议；对于控辩双方对定罪问题存在较大争议的，应当避免提出量刑建议，以防止因量刑结论与量刑建议不一致而将检察机关推入尴尬地位。② 第三种观点认为，对适用普通程序的以及普通程序简化审的案件，可以充分行使量刑建议权；对于适用简易程序的案件，可以暂时不提量刑建议。③ 第四种观点认为，量刑建议适用案件类型应以被告人认罪案件、未成年人犯罪案件和无受害人案件为主，公诉人在量刑建议时

---

① 徐清：《小议检察机关量刑建议权》，载《犯罪研究》2005年第4期；蔡金芳、朱明棣：《关于检察机关量刑建议权制度的规范化》，载《前沿》2005年第6期。

② 王跃凤：《检察机关量刑建议权若干问题探讨》，载《法商论丛》2008年第1期。

③ 王顺安、徐明明：《检察机关量刑建议权及其操作》，载《法学杂志》2004年第5期。

应当尽量避免有受害人案件。①

我们赞同第一种观点，即量刑建议适用于各级人民检察院提起公诉的各类案件，而不能局限于某一类案件而排除另一类案件。这是因为，公诉权贯穿于刑事审判的全过程，无论是在案件的一审、二审、再审乃至死刑复核程序中，检察机关均有权提出量刑建议。后三种观点主要从量刑建议的效果考虑，具有一定的合理性。但是，如果对量刑建议的范围进行限制，将有损量刑答辩程序的完整性，从而影响案件办理的效果。当然，此种形式无形中增加了检察机关的责任，但在法制日趋完善的今天，公诉人必须努力增加自身的素质才能真正做到“法律面前人人平等”。②

最高人民法院、最高人民检察院、司法部制定的《关于适用普通程序审理“被告人认罪案件”的若干意见》第7条第4项规定，对于“被告人认罪案件”，控辩双方主要围绕确定罪名、量刑及其他有争议的问题进行辩论。由此可见，在审判过程中，如果被告人否认有罪，则庭审的首要任务是查清犯罪事实问题，在犯罪事实查清、确认被告人有罪后，才能启动量刑程序。③ 我们认为，检察机关的量刑建议程序具有相对的独立性，无论被告人是否认罪，均不影响检察机关依法提出量刑建议。第一，公诉权本身就包含“定罪”“量刑”两重建议权，作为控方既然已经对案件提起公诉，就应当对定罪及量刑有同样的决心。如果检察机关仅就被告人构成何罪向人民法院提起公诉，在程序上是不够完整的。第二，量刑建议是检察机关行使法律监督权的一项重要职责，如果放弃行使或怠于行使，显然会影响对量刑工作的监督力度。第三，量刑建议并不意味着具体的刑种、刑期，而是包括绝对确定、相对确定或概括的量刑建议等类型。如果控辩双方对案件事实、定性问题存在较大争议，或者被害方情绪较为激动的，检察机关可以根据具体情况的差别，灵活提出量刑建议，以收到更好的法律效果、社会效果和政治效果。

当前，量刑建议程序作为公诉改革的重要举措，涉及情况复杂，各地的试点经验尚处于完善之中，应当立足我国司法现状，循序渐进地稳步推进。我们建议，量刑建议可重点适用简易程序、普通程序简化审和未成年人犯罪案件。在这些案件中，或是由于量刑幅度有限，量刑严重不当的可能性相对较小；或是由于

① 《适用量刑建议值得注意的几个问题》，载《江苏法制报》2005年2月21日，第3版。

② 蔡金芳、朱明棣：《关于检察机关量刑建议权制度的规范化》，载《前沿》2005年第6期。

③ 胡云腾：《构建我国量刑程序的几个争议问题》，载《法制日报》2009年6月18日，第3版。

庭审出现变数的几率较低，人民法院确认宣告刑的幅度相对稳定，这就能够确保量刑建议工作获得较好的效果。对其他类型的案件，如果对事实认定与法律适用无争议的，可以大胆提出量刑建议，对因定性分歧较大、社会影响面广的案件，要在取得经验并经调研论证的基础上，逐步开展量刑建议工作。

3. 量刑建议的形式。目前，我国理论界和实务部门对量刑建议的形式主要有以下几种观点：一是公诉意见。检察机关与其事先提出量刑建议，待遇到情况变化后再变更建议内容，不如当庭通过公诉意见提出量刑建议。① 二是起诉书。检察机关应在起诉书中以书面方式提出量刑建议，这样可以受到社会公众的规制。② 三是量刑建议书。检察机关制作独立的量刑建议书，其内容应包括量刑情节和具体量刑意见，将其作为一种新的法律文书，连同起诉书一并提交给人民法院、被告人及其辩护人。③ 四是综合量刑建议书和公诉意见。公诉人出庭的案件，量刑建议应当以公诉意见的形式当庭发表；对于适用简易程序的案件，在公诉人不出庭的情况下，应当以量刑建议书的形式单独提出量刑建议。④ 五是综合起诉书和公诉意见。对于适用简易程序的案件，应在起诉书中提出量刑建议；对于适用普通程序（包括普通程序简易化）审理的案件，应将量刑建议作为公诉意见的一个组成部分，在法庭辩论阶段发表公诉意见时说明。⑤

综合这五种观点来看，量刑建议包括口头提出和书面提出两种形式。口头提出一般是在法庭辩论阶段，由公诉人在发表公诉意见时提出，其优点是公诉人可以根据庭审情况及时调整对策，较为灵活，但也存在缺乏规范、效力不足等缺陷。书面提出是通过起诉书或量刑建议书向人民法院提出，其优点是较为正式、规范，缺点是一经提出即较为固定，难以应对案件情况的变化。

我们赞同第五种观点，由于案件类型是复杂多样的，检察机关应根据不同的诉讼程序和阶段，灵活采用多种形式提出量刑建议，使之相辅相成，将量刑建议

① 王顺安、徐明明：《检察机关量刑建议权及其操作》，载《法学杂志》2003 年第 6 期。

② 冀祥德：《设置量刑建议权要体现控辩协商的价值》，载《检察日报》2006 年 3 月 1 日，第 3 版；徐清：《小议检察机关量刑建议权》，载《犯罪研究》2005 年第 4 期。

③ 徐日丹、段善策：《北京：检察机关首份量刑建议书发出》，载《检察日报》2009 年 7 月 6 日，第 4 版。

④ 朱晓文：《关于赋予检察机关量刑建议权的思考——从许霆盗窃一案说起》，载《政法学刊》2008 年第 3 期。

⑤ 章强明、沈欢芝：《对检察机关量刑建议权的定位思考》，载《法制与经济》2008 年第 20 期。

的效果发挥至最大。具体而言，检察机关应以综合起诉书和公诉意见的形式提出量刑建议。一方面，起诉书是检察机关提交人民法院的最权威之法律文书，法律效力较强，社会影响力也更大。同时，我们不赞同在起诉书之外另行制作专门的量刑建议书，这从诉讼经济的角度来考虑似无必要，且不宜将量刑和定罪割裂开来。另一方面，公诉意见是指公诉人在法庭上就案件的事实、证据、定罪量刑等问题在法庭调查结束、法庭辩论开始时集中阐发公诉机关的意见。由于我国尚未建立证据开示制度，检察机关在提起公诉时可能没有掌握全案的证据。随着庭审的进行，案件情况亦可能发生变化，这时可采用公诉意见的形式提出量刑建议。

对于适用简易程序审理的案件，由于检察机关一般不派员出席法庭，这时应通过起诉书提出量刑建议。在此类案件中，公诉人通常对指控的犯罪事实、情节、被告人的态度和证据证明力有充分、全面的了解，可通过起诉书提出较为具体的量刑建议。对于适用普通程序审理的案件，如果检察机关认为证据、定性存在争议，或者庭审情况可能发生变化的，可首先在起诉书中对被告人的定罪量刑予以表述，并由公诉人在发表公诉意见时对起诉书的建议作更进一步的补充，书记员应在出庭笔录上详细记载量刑建议的发表及辩论情况。此时，起诉书中的量刑建议可以是概括的量刑建议，即指出应适用的法律条、款、项或建议从重、从轻处罚。随着法庭调查、法庭辩论的进行，犯罪事实、量刑情节逐渐清楚以后，公诉人可提出相对确定乃至绝对确定的量刑建议。应当注意的是，在“三级审批”的办案体制下，公诉人在庭审中发现犯罪事实、量刑情节有变化后，可以申请法庭延期审理，在请示主管领导后，及时调整建议的内容，在庭审时再正式向人民法院提出量刑建议。

4. 量刑建议的时机。量刑建议的时机和形式之间存在密切的联系，但又是两个不同的问题。目前，我国理论界和实务部门对量刑建议的时机主要有以下几种观点：一是庭前提出。检察机关应在审查起诉阶段结束、向审判机关提起公诉时提出量刑建议。[①] 二是当庭提出。有观点认为，检察机关应在法庭调查阶段提出量刑建议；另有观点认为，检察机关应在法庭调查结束后法庭辩论开始时提出量刑建议；还有观点认为，检察机关应在法庭辩论结束后，被告人作最后陈述之

① 冀祥德：《设置量刑建议权要体现控辩协商的价值》，载《检察日报》2006 年 3 月 1 日，第 3 版。

前时提出量刑建议。[1] 三是庭后提出。检察机关的量刑建议应当在庭后进行，这样在量刑建议得不到采纳时，可以减少被告人的不服判因素。[2] 四是综合提出。适用简易程序或普通程序简易审的被告人认罪的案件，可以在提起公诉时提出量刑建议；使用普通程序审理的案件，则当庭通过公诉意见提出量刑建议。[3]

我们认为，第四种观点区分不同的案件情况是较为合理的，但也需要进一步补充。前三种观点均具有合理之处，但不够全面，因为每个案件的情况不同，如果固定于某一个特定的阶段进行操作，反而有碍案件办理的效果。就量刑建议的时机而言，既要将其放置于整个量刑程序中来考虑，又要区分案件的不同类型，做到原则性和灵活性相结合。

第一，无论是适用简易程序还是普通程序的案件，检察机关均应在庭前提出量刑建议。至于量刑建议是概括性、相对确定还是绝对确定，应视案件具体情况而定。[4] 检察机关的公诉权包括定罪请求权和量刑建议权，在提起公诉时一并行使，能够保持求刑权行使的完整性。从我国刑事诉讼控辩对抗的原理来看，检察机关在庭前提出量刑建议，能够给予辩方一定的准备时间，有利于确保量刑答辩程序的充分性。对于适用简易程序审理的案件，由于检察机关一般不派员出席法庭，检察机关应在庭前提出量刑建议；对于适用普通程序审理的案件，检察机关可在庭前提出概括性的量刑建议，随后根据庭审情况予以修正。

第二，对于适用普通程序的案件，如果存在争议或庭审情况发生变化的，检察机关可以当庭提出量刑建议。具体时机应把握在在法庭调查结束后的法庭辩论阶段，经过法庭证据调查，控辩双方对各自出示的证据进行了充分质证后，公诉人对被告人犯罪事实、量刑情节有了更加清楚的认识，提出的量刑建议也更有针对性和

---

① 王顺安：《检察机关量刑建议权及其操作》，载《法学杂志》2000 年第 6 期。

② 秦奕明：《量刑建议存在的必要性及可行性》，载《法治快报》2008 年 5 月 6 日，第 5 版。

③ 密然：《公诉人如何提出量刑建议》，载《检察日报》2004 年 1 月 30 日，第 4 版。

④ 当然，我们提出此种观点主要立足于我国的刑事司法现状，如果我国将来建立了有效、公正的庭前证据开示制度，公诉人在庭前对案件证据有全面的了解和把握，就可以在庭审前提出完整的量刑建议。

说服力。[1] 在随后的法庭辩论中，辩方有足够的机会针对量刑建议提出异议，发表意见，有利于法官全面考虑各种情况，公正量刑，实现案件处理的公正性。[2]

第三，无论是适用普通程序还是简易程序的案件，检察机关均不应在庭后提出量刑建议。庭后提出量刑建议，有悖诉讼公开、公正的准则，被告人及社会公众很难知悉量刑建议的内容和采纳情况，容易引发对司法机关"暗箱操作"的质疑。

5. 量刑建议的内容。量刑建议的内容是指检察机关依据案件事实和刑法规定，在认定行为人构成犯罪的基础上，建议人民法院对犯罪人判处何种刑罚，判处多重的刑罚，以及所判的刑罚是否立即执行等。我国刑法规定了管制、拘役、有期徒刑、无期徒刑和死刑5种主刑与罚金、剥夺政治权利、没收财产和驱逐出境4种附加刑，以及法定量刑情节、酌定量刑情节、特殊量刑因素，它们相互补充、相互配合，共同组成了我国的刑罚体系。检察机关在确定量刑建议的内容时，既应考虑刑事程序法的相关规定，又应以刑事实体法为依据。总体来看，量刑建议的内容应包括以下几个部分。

（1）对宣告刑的建议。宣告刑是审判机关对具体犯罪案件中的犯罪人依法判处并宣告的应当实际执行的刑罚，它着眼于具体犯罪案件及犯罪人的特殊性。检察机关对宣告刑提出建议，其依据主要是法定刑——刑法分则规定的适用于具体犯罪的刑罚种类和量刑幅度。以量刑建议的明确程度为标准，又可将对宣告刑的建议分为概括的量刑建议、相对确定的量刑建议和绝对确定的量刑建议三类。在实践中，检察机关可以根据案件的不同情况，灵活组合、运用这三类量刑建议。检察机关在审查案件后，对于认为应当适用死刑（包括缓期执行）、无期徒刑、剥夺政治权利、驱逐出境和没收财产（包括全部或部分）的案件，应当提出绝对确定的量刑建议；对于认为应当适用有期徒刑、拘役、管制、罚金的案件，一般根据犯罪情节提出概括的量刑建议或者相对确定的量刑建议，只有在极有把握的情况下，才可提出绝对确定的量刑建议。

---

① 由此，量刑建议的提出时机与最高人民法院发布的《人民法院量刑程序指导意见（试行）》（以下简称《意见》）达成了衔接。根据《意见》规定，适用普通程序审理案件时，法庭审理分为三个相对独立的"两部分"：（1）在法庭调查阶段，根据情况先调查犯罪事实，后调查量刑事实；（2）在法庭辩论阶段，根据情况先辩论定罪问题，后辩论量刑问题；（3）告知被告人可以就定罪和量刑等问题进行最后陈述。适用简易程序和普通程序简化审时，在查明被告人系自愿认罪后，可以简化有罪事实的法庭调查内容，将庭审转化为量刑等问题。参见刘金林：《量刑规范化：四大争议亟需解决》，载《检察日报》2009年6月12日，第3版。

② 章强明、沈欢芝：《对检察机关量刑建议权的定位思考》，载《法制与经济》2008年第20期。

第一，概括的量刑建议，是指仅仅指出适用的法律条、款、项，或建议人民法院从重、从轻处罚。检察机关对于疑难、复杂或控辩双方对于定性存在较大争议的案件，可视情况提出概括的量刑建议。例如，我国刑法第 238 条规定，非法拘禁他人或者以其他方法非法剥夺他人人身自由的，处 3 年以下有期徒刑、拘役、管制或者剥夺政治权利；非法拘禁他人致人重伤的，处 3 年以上 10 年以下有期徒刑；致人死亡的，处 10 年以上有期徒刑。如果检察机关认定被告人非法拘禁他人致其死亡，应建议适用刑法第 238 条第 2 款之规定，请求人民法院依法惩处。

第二，相对确定的量刑建议，是指在法定刑幅度内进一步压缩量刑空间，在一个较窄的量刑幅度内获得相对确定的量刑值。对于犯罪事实清楚、证据确实充分、适用法律明确的案件，检察机关可以提出相对确定的量刑建议。具体方式是检察官根据审查起诉中认定的事实、证据、情节等情况，根据法定刑幅度内的基准刑，结合其从重、从轻、减轻处罚的情节，提出量刑建议，如果庭审情况和被告人态度发生变化，还应对原有的量刑建议进行补充完善。在实践中，相对确定的量刑建议应主要适用于应当判处自由刑的被告人，原则上不适用于应判处罚金刑的被告人。这是因为，罚金刑的数额除了依据基本犯罪情节外，往往还要考虑到其他一些因素，如被告人财产状况等，检察机关很难对此情况进行全面掌握。如果对自由刑提出相对确定的量刑建议，我们建议在法定刑之内再确定一个较小的幅度，如果法定刑在 3 年以下的，量刑建议的幅度在 6 个月至 1 年为宜；法定刑在 3 年以上的，量刑幅度在 1 至 3 年为宜。此外，适用缓刑的建议是量刑幅度建议的一种特殊形式。检察机关综合分析犯罪情节和悔罪表现，如果认定被告人确实不致再危害社会后，可以向人民法院建议缓期执行，其实质属于刑罚执行方式的建议。

第三，绝对确定的量刑建议，是指向人民法院提出被告人应适用的具体刑罚，包括刑罚种类、刑期以及是否缓期执行等。在案件事实清楚、证据充分的下列情况下，检察机关可提出确定的量刑建议：一是刑法条文为某种犯罪规定了绝对确定的法定刑。在这种情况下，检察机关如果认可被告人的相应犯罪事实，即应提出绝对确定的量刑建议。例如，根据我国刑法第 239 条规定，检察机关只要认定被告人犯绑架罪，并致被绑架人死亡或者杀害被绑架人的，如果没有特别的从宽情节，即应建议适用死刑，并处没收财产。又如，根据我国刑法第 50 条规定，检察机关如果认定被告人犯危害国家安全犯罪，应建议附加剥夺政治权利。二是对常见罪名有研究并制定出量刑建议标准的情形，可以提出绝对确定的量刑建议。在这种情况下，人民法院可适用的刑罚种类较为单一，犯罪的情节与对应刑之间有明确的对应关系，按照一般量刑标准可以确定具体的量刑。例如，对罪行极其严重的放火、爆炸、投放危险物质、故意杀人、强奸、抢劫、绑架等严重暴力犯罪、重大毒品犯罪和经济犯罪案件，可以建议适用死刑；如果存在法定、酌定从轻情节，可不立即执行的，可以同时建议适用死刑缓期二年执行。三是对特定犯罪人的案件，可以提出绝对确定的量刑建议。例如，对于犯罪的外国人，检察机关认为其人身危险性较强，不适宜居留于我国境内的，可以建议人民法院适用驱逐出境刑。

（2）对量刑情节的建议。量刑情节包括法定量刑情节和酌定量刑情节，前者是指刑法明文规定的在量刑时必须予以考虑的能够影响刑罚轻重的事实情况，如自首、立功、累犯、未成年人等；后者是指法律无明确规定，而由司法人员根据立法精神和司法经验，在量刑时具体掌握酌情适用的情节，如犯罪时间、地点、动机、手段、后果、被害人过错等。就量刑建议的内容而言，对量刑情节的建议是非常重要的组成部分。

在我国刑法中，法定量刑情节和酌定量刑情节均有较大的自由裁量余地。法定量刑情节包括“应当型”和“可以型”两种。“应当型”情节是指只要存在该种情节，人民法院就必须根据该情节进行处罚，而没有自由裁量的余地；“可以型”情节是指虽然存在此种情节，但究竟如何适用，由人民法院根据具体情况来决定。酌定量刑情节需要由公诉人依赖办案经验，通过对社会危害性、人身危险性的分析，以及对刑事政策的掌握作出评价。我们认为，无论是法定情节还是酌定情节，检察机关的建议均应当是具体的，即明确建议人民法院从重、从轻、减轻或免除处罚，否则就缺乏实际意义。同时，量刑建议中应全面体现法定、酌定量刑情节，对同时具备多个从严情节和从宽情节的，应在综合考虑案件事实、情节的基础上，选择从重、从轻、减轻或者免除处罚。

数罪并罚是刑法规定的一人犯数罪情况下的一种量刑情节。有学者认为，就数罪并罚提出量刑建议容易使量刑建议复杂化，因而数罪并罚后决定执行的刑期以由人民法院综合裁量为宜。[①] 我们不赞同这种观点，鉴于我国刑法确立了以限制加重为主，以吸收和并科为补充的数罪并罚原则，对于数罪并罚的案件，检察机关应先对每一个罪名提出量刑建议，然后区分不同情况，提出合并执行的量刑建议。

（3）对特殊量刑因素的建议。除法定量刑情节之外，我国刑法还规定了若干特殊的量刑因素，直接影响着犯罪人的刑事责任。检察机关在提出量刑建议时应注意根据案件情况，对这些量刑因素提出相应的建议。例如，根据我国刑法第10条规定，检察机关如果查明被告人在中华人民共和国领域外犯罪，又在外国已经受过刑罚处罚的，可以提出从宽处罚的量刑建议。又如，根据我国刑法第63条规定，检察机关如果认为案件在政治、外交、国防或在犯罪事实等方面具有特殊性，导致其社会危害性发生变化，从而符合刑法规定之“特殊情况”时，可建议原审人民法院报最高人民法院核准，再在法定刑以下判处刑罚。

由此可见，量刑建议的内容具有多样性特征，既可以提出从严的建议，又可以提出从宽的建议；既可以提出对主刑的建议，又可以提出对附加刑的建议。应该说，量刑建议除了向人民法院提出对被告人适用刑罚的要求之外，还包括相应的理由和论证。检察机关在提起量刑建议时，应当阐明相应的事实根据和法律根据，包括法律、司法解释和法理等各方面的内容。[②] 只有在理由充分的情况下，才能与辩方进行抗辩，从而确保量刑的公正。同时，加强说理论证有利于说服人民法院和社会公众接受检察机关的量刑建议，确保公诉改革的顺利进行。

6. 量刑建议的效力。量刑建议的效力是整个量刑建议程序的重要组成部分。作为检察机关的一项法律行为，量刑建议必然产生相应的法律后果，否则在整个刑事诉讼活动中就失去了意义。同时，量刑建议的效力应当限定在法定之检察权范围内，不能侵犯审判权的独立行使。从时空顺序上看，量刑建议应当具有以下效力：

第一，引发控辩双方的量刑辩论。量刑建议是检察机关行使求刑权必然导致的结果，也是为了引发法庭对被告人适用刑罚的公开论辩，增加量刑的公正性和透明度。检察机关发表量刑意见后，被告人及其辩护人不仅对定罪问题提出辩护意见，在量刑问题上也有了明确的辩驳对象，可以通过对检察机关量刑意见的有理由的辩

---

① 密然：《公诉人如何提出量刑建议》，载《检察日报》2004年1月30日，第4版。

② 万龙：《论量刑建议制度的完善》，载《中国检察官》2006年第12期。

驳，来争取审判机关在事实和法律的范围内作出对被告人最为有利的刑罚裁判。① 在实践中，如果检察机关提出具体的量刑建议，而被告人不认罪或辩方作无罪辩护，实质上属于“不应追究被告人刑事责任”的答辩，不影响量刑辩论的进行。如果检察机关就疑难案件提出概括的量刑建议，辩方以具体的量刑建议进行反驳，在此情况下，公诉人应根据事实和法律作出回应，也不影响量刑辩论的进行。

第二，作为人民法院判决的重要参考。量刑建议不具有强制力，不影响人民法院刑罚裁量权的独立性和最终决定性，人民法院判决可以不采纳、部分采纳或全部采纳量刑建议。然而，量刑建议作为国家的公诉机关和法律监督机关提出的建议，人民法院在判决时必须认真对待。从权力属性上看，检察机关的量刑建议也是一种司法请求权，代表了国家公权力的行使，应当成为人民法院量刑时的重要参考，并在裁判文书中予以体现。有学者认为，为避免侵犯审判权独立原则和审判权终局性原则，不宜将量刑建议写入判决书中。② 我们不赞同这种观点，人民法院应在判决书中对是否采纳检察机关的量刑建议作出说明，这有利于加强对刑事审判的法律监督，增强司法程序的透明度。具体而言，如果检察机关提出量刑建议，而人民法院作出了完全一致的判决，应在裁判文书中称为“依公诉机关建议适用××刑罚”并写明理由；如果检察机关提出量刑建议而人民法院没有采纳，也应该在判决书中写明理由。

第三，作为提起抗诉的依据。量刑建议既是检察机关提供给人民法院作为量刑的重要参考，也是对人民法院量刑进行法律监督的重要依据。如果在判决前未提出量刑建议，如何衡量人民法院判处刑罚的适当性就缺乏明确的标准。在提出量刑建议后，检察机关应将其作为“参照物”对人民法院的判决结果进行审查，如果被告人、辩护人没有就检察机关提出的案件事实、定性、量刑提出异议，人民法院原则上应在量刑建议的幅度内进行判决。如果人民法院判决没有采纳量刑建议，则应从判决偏离的程度，以及是否存在正当理由等方面进行考虑。在确定判决结果有误的情况下，检察机关应依法提起抗诉，切实履行审判监督的职责。同时，量刑建议也是对检察机关行使抗诉权的一种制约：如果人民法院判决偏离量刑建议幅度较小的，检察机关可视情况决定是否提起抗诉，对于不符合抗诉条

---

① 吴孟栓：《检察机关量刑建议的效力》，载《检察日报》2001年9月11日，第3版。

② 袁承东、文明：《判决书中不宜写入量刑建议》，载《人民代表报》2006年7月4日，第7版。

件但属量刑不当的，可以依法提出检察建议；如果人民法院判决偏离量刑建议较大又无正当理由的，检察机关应当提起抗诉；如果人民法院判决采纳了检察机关的量刑建议，检察机关则不宜再以对案件认识发生变化为由提起抗诉。

量刑建议权是公诉权不可分割的组成部分。鉴于公诉权包括变更公诉、撤销公诉等内容，量刑建议的效力也将随之发生变化。如果检察机关追加被告人或变更被告人，补充起诉遗漏的犯罪事实或变更指控的犯罪事实，指控被告人犯有新的罪名或变更指控的罪名，应对相应的量刑建议进行补充完善；如果检察机关发现起诉不当或不宜对被告人提起公诉而撤回起诉的，也应撤回相应的量刑建议。

（三）检察量刑建议程序的贯彻落实

量刑建议程序作为一种具体的制度，是一个国家刑事诉讼制度的有机组成部分，是与刑事立法和其他诉讼制度、机制相互联系、相互衔接的。为确保量刑建议程序的贯彻落实，还应重点开展以下几项工作：

一是完善量刑建议的法律依据。我国刑事诉讼法等立法并未对检察机关的量刑建议权作出专门、明确的规定，最高人民检察院制定的《人民检察院刑事诉讼规则》也未要求公诉人提出具体的量刑建议。为进一步明确检察机关的量刑建议权，我们建议，应当在刑事诉讼法及相关立法中明确赋予检察机关量刑建议权，使之成为量刑建议程序的法律依据。

二是制定统一的量刑指南。我国现行刑法存在较多的“法律空白”“法律边缘”地带，对很多罪名没有具体的量刑标准，这是导致法官自由裁量权过大、出现量刑偏差甚至量刑不公的重要原因。在构建量刑建议程序的同时，最高人民法院、最高人民检察院可共同以多发、常见的犯罪为突破口，逐步制定统一的量刑指南，对具体犯罪的量刑幅度、量刑情节和量刑方法进行细化，提出相对具体的标准，以指引检察机关提出合理的量刑建议，这样才容易被人民法院接受而获得实效。

三是重视先例判决的指导作用。同案同判要求此后的案件在没有特殊的和特别的案由时，应该比照前例作出判决。① 检察机关提出量刑建议，应在案件事实和法律的基础上，综合以往判例的量刑情况而拟定。检察机关可以参照最高人民法院、最高人民检察院公布的判例，同时也可以参照辖区范围内人民法院的生效

---

① 张宏杰：《解放思想，构建适合我国国情的量刑建议制度——兼论赋予检察机关量刑建议权的现实可行性及设想》，载《法商论丛》2008 年第 1 期。

判决，对类案判决进行统计分析，这可以引导公诉人提出合理、适度的量刑建议，避免出现量刑不公、枉法裁判等情况。

四是将量刑建议纳入工作考核。为确保量刑建议工作的规范化，检察机关应将量刑建议的质量确立为工作考核的指标之一。应制定量刑建议案件质量评定标准和考核办法，通过全面系统的考核，促使公诉人更加重视量刑建议工作。如果公诉人提出的量刑建议内容准确、说理充分，属于量刑建议质量较高，应给予相应的奖励；如果公诉人提出的量刑建议失当，甚至出现滥用量刑建议权的情况，应依法依纪追究相应的责任。

四、刑事立案监督的创新和完善①

人民检察院是我国的法律监督机关，依法对刑事诉讼实行法律监督，这是宪法赋予人民检察院的法律监督权。刑事立案监督是人民检察院法律监督的一个必不可少的组成部分，对保证刑事诉讼程序的公正进行、维护当事人的合法权益、保障人权具有重要意义。刑事诉讼法及相关司法解释虽然明确赋予了检察机关对公安机关的刑事立案监督权，但由于相关法律对立案监督的规定比较粗疏简略，加之在司法实践中人们对法律条文的理解不一，使检察机关的立案监督权在运行中遇到了不少障碍。因此，完善我国的刑事立案监督权，于立法、于司法实践都具有重要意义。以下拟对刑事诉讼立案监督立法的完善问题进行分析和探讨。

（一）我国刑事立案监督的立法现状及问题

1. 我国刑事立案监督的立法现状。刑事诉讼法规定：“人民检察院认为公安机关对应当立案侦查的案件而不立案侦查的，或者被害人认为公安机关对应当立案侦查的案件而不立案侦查，向人民检察院提出的，人民检察院应当要求公安机关说明不立案的理由。人民检察院认为公安机关不立案理由不能成立的，应当通知公安机关立案，公安机关接到通知后应当立案。”该条有关立案监督的规定是目前检察机关行使立案监督权最直接的法律依据。此外，《人民检察院刑事诉讼规则》就检察机关对公安机关及其自侦部门的立案活动进行监督的操作规则作了具体的规定，主要是对刑事诉讼法上述条文的细化。以上这些规定都是人民检察

① 原文为樊崇义主编：《走向正义——刑事司法改革与刑事诉讼法的修改》（中国政法大学出版社2011年版）第三章第四题，原名为《刑事立案监督的立法完善》，系与申君贵合作撰写。

院立案监督权的主要法律依据。

通过对刑事诉讼法上述规定进行分析，我们不难看出：第一，该条规定了立案监督的对象和范围，即公安机关应当立案而不立案的案件；第二，明确了案件线索的来源，即检察机关发现或者被害人向人民检察院提出；第三，规定了立案监督的程序，即先由人民检察院要求公安机关说明不立案的理由，人民检察院认为公安机关的不立案理由经审查不能成立的，通知公安机关立案；第四，规定了监督的方式，即由人民检察院向公安机关发立案通知书；第五，规定了立案监督的法律效力，即公安机关接到人民检察院的立案通知书后应当立案。

刑事立案监督权是1996年刑事诉讼法赋予检察机关的一项新的监督权力，它与刑事侦查监督、审判监督以及执行监督一起构筑了检察机关对整个刑事诉讼程序的监督。宪法和刑事诉讼法除明确规定检察机关有法律监督权外，还都明确规定公、检、法三机关在办理刑事案件的过程中，应当分工负责、互相配合、互相制约，以保证准确有效地执行法律。其中“互相制约”就含有“监督”之意。所有这些规定都表明人民检察院有权对刑事立案进行监督。由此可见，人民检察院对刑事立案进行监督有充分的法律依据。

“要防止权力的滥用，就必须以权力制约权力。”①在司法实践中，还存在着立案主体违法立案、随意侵犯公民合法权益的现象，以及有案不立、有罪不究、以罚代刑案件背后的贪赃枉法、徇私舞弊等不法行为。要遏制司法实践中出现的这些现象，检察机关及时有力的监督是必不可少的。法律之所以设立立案监督制度，其目的也就在于防止司法实践中立案权的滥用，减少国家权力行使的随意性，同时也及时制止立案主体的违法行为，保障司法程序公正、顺利地进行。

2. 我国刑事立案监督立法存在的主要问题。通过以上对我国刑事立案监督的立法现状的分析，我们可以发现其所存在的主要问题有：

（1）刑事立案监督对象不全。刑事立案监督是人民检察院对刑事立案主体的立案活动是否合法所进行的监督。然而，我国刑事诉讼中有权立案的主体不仅包括公安机关，还有人民法院、人民检察院，此外，国家安全机关、军队保卫部门、监狱以及海关走私犯罪侦查部门对特定案件也享有立案侦查权。但是，刑事诉讼法仅规定了人民检察院对公安机关的立案活动享有监督权，对其他刑事立案

① ［法］孟德斯鸠：《论法的精神》，张雁深译，商务印书馆1961年版，第154页。

主体的立案行为能否进行监督均未作明确规定，这就使得这些立案主体的立案行为游离于检察机关的监督之外。由于检察机关对这些部门的监督于法无据，导致对其立案监督处于空白状态，司法实践中极易造成立案权的滥用，从而不利于加强对公民合法权益的保障。而且，将刑事立案监督的对象仅限于公安机关的立案活动，也大大局限了检察机关立案监督的对象。

（2）刑事立案监督范围狭窄。依刑事诉讼法规定，检察机关对公安机关立案活动进行监督的范围主要限于“人民检察院认为应当立案侦查而公安机关不立案侦查”这种“应立而不立”的消极立案行为，而对“公安机关不应当立案而立案”即“不应立而立”的积极立案行为能否进行监督却丝毫没有提及。从理论上讲，法律这样规定立案监督权是不全面的。我们知道，检察机关的刑事立案监督应当是对刑事立案主体的立案行为进行的全面监督，应该既包括对消极立案行为的监督，也包括对积极立案行为的监督。如果检察机关只监督消极立案行为，而不对积极立案行为进行监督，那么违法立案的行为就得不到及时的纠正，立案的合法性也就失去了保障，这样的立案监督制度本身就是片面的、不科学的。更为重要的是，公安机关“不应立案而立案”的积极立案行为比“应立案而不立案”的消极立案行为更具有社会危害性。因为“应立而不立”是在放纵犯罪分子，而“不应立而立”则是在侵犯人权。[①] 所以，对公安机关“不应立案而立案”的行为更需要监督。而刑事诉讼法对这种积极立案行为的监督根本就没有规定。

（3）刑事立案监督手段乏力。虽然刑事诉讼法规定人民检察院立案监督的手段有“要求公安机关说明不立案的理由”和“通知公安机关立案”两种，即赋予了检察机关有询问不立案理由和通知公安机关立案的权力，但是法律对公安机关接到立案通知后仍不立案，以及公安机关在说明理由或接到通知后虽然立了案，但立而不侦、侦而不结、消极应付的行为能否进行监督、如何进行监督，法律未作明确规定，这使得公安机关的这些行为成为检察机关立案监督的盲区。加上法律对公安机关的这些行为未规定任何程序性的法律后果，这就使得在司法实践中检察机关对公安机关在接到人民检察院立案通知后拒不立案和拒不说明不立案的理由的行为如何处理束手无策。因为法律未规定任何强制手段和处罚措施来

① 周洪波、单民：《关于刑事立案监督的几个问题》，载《人民检察》2004 年第 4 期。

保证公安机关接受监督，所以实践中经常出现侦查机关规避、抵制监督的现象。由于法律在以上问题上的规定缺位，使得立案监督缺乏足够的权威性和独立性，缺乏科学的运行机制和强制性手段，影响了立案监督的效力。①

（4）刑事立案监督的具体监督部门不明。刑事诉讼法仅对立案监督的主体作了比较笼统的规定，将其规定为人民检察院。《人民检察院刑事诉讼规则》将刑事立案监督的主体具体化为人民检察院审查逮捕部门和控告申诉部门。审查逮捕部门主要负责监督在审查批捕工作中发现的刑事立案活动中的违法行为，控告申诉部门主要受理当事人在刑事立案活动中发现的违法行为的申诉。诚然，将立案监督权赋予这两个部门确实能发挥这两个业务部门熟悉侦查情况，同公安部门紧密联系的优势，又能使控告申诉部门广泛联系群众，掌握较多的案件线索。但是，刑事立案监督是独立于刑事侦查监督、刑事控申监督的一种法律监督形式，其性质、对象、监督措施等与其他形式的法律监督有本质的区别，法律将本应由一个专门部门独立行使的职权人为地分割开来，将其依附于侦查监督权的行使部门，不仅混淆了刑事立案监督与刑事侦查监督的界限，抹杀了立案监督的独立性，弱化了立案监督的效果，使检察机关无法充分履行好立案监督的职能，②而且也分散了审查逮捕部门和控告申诉部门的力量。

（二）刑事立案监督的价值

整个刑事诉讼程序包括立案、侦查、起诉、审判和执行，而立案是刑事诉讼的开始阶段、必经程序。刑事案件只有立了案，才能进入随后的诉讼程序。因此，立案对刑事诉讼程序的推进具有重要作用。对立案进行监督是宪法和法律赋予检察机关的权力，是检察机关法律监督职能的重要组成部分，是防止和纠正公安机关等机构有案不立、有罪不究、以罚代刑等违法行为，保护公民的合法权益，维护司法公正的重要保证。为了保证进入刑事诉讼程序的案件的质量，顺利完成刑事诉讼追诉犯罪、保障人权的目标，法律赋予检察机关立案监督权是十分必要的。刑事立案监督自身所具有的价值体现在以下四个方面：

1. 刑事立案监督具有强化检察机关法律监督职能的价值。我国宪法明确规定：“中华人民共和国人民检察院是国家的法律监督机关。”刑事诉讼法也明确

---

① 陶建旺、元明：《完善刑事立案监督的立法构想》，载《人民检察》2008 年第 3 期。

② 张智辉、杨诚主编：《检察官作用与准则比较研究》，中国检察出版社 2002 年版，第 108 页。

规定："人民检察院依法对刑事诉讼实行法律监督。"刑事诉讼监督贯穿刑事诉讼的始终，它包括立案监督、侦查监督、审判监督以及执行监督，其中立案监督是最初的监督，是人民检察院法律监督职能的重要内容，是纠正司法实践中有案不立、有罪不究等违法问题的有力措施。人民检察院的法律监督应该是全方位的监督，应该是对整个刑事诉讼程序的监督。立案是刑事诉讼的开始程序，理应受到人民检察院的监督。忽视立案监督的重要性，从某种意义上讲就是削弱了人民检察院的法律监督权，是一种残缺的、不完整的监督。

2. 刑事立案监督具有保障程序公正实现的价值。立案是刑事诉讼的开端，对立案进行监督是整个刑事诉讼程序公正、顺利进行的第一道保障程序。通过立案监督，检察机关可以及时发现立案主体的违法行为并及时提出纠正意见，使实践中有案不立、不应立案而立案等情况得到有效的制止，确保公安司法机关从立案开始就严格、正确地适用法律，保障刑事诉讼程序从一开始就朝着公正、合法、有序的道路进行。因此，健全和完善刑事立案监督机制，有利于整合法律监督资源，优化立案监督制度，使刑事诉讼程序朝着公正、合法的方向前行。

3. 刑事立案监督具有加强人权保障的价值。刑事案件立案与否，直接关系着实施犯罪行为的人是否会成为刑事追诉的对象，是否会被采取严厉的刑事强制措施，甚至关系到他们是否会失去人身自由或生命。可见，只有把好立案这一关，刑事诉讼才能从一开始就能保障公民的合法权益不受公安司法机关的非法侵害。正因为如此，法律赋予了检察机关监督立案的权力。在立案阶段，检察机关可以通过监督来纠正刑事立案主体在立案活动中的违法行为，使没有实施犯罪行为的人不受刑事追究，也使实施犯罪行为受到刑事追究的人的合法权益受到保护，防止立案主体借国家的名义来侵犯公民的合法权益，这也充分体现了我国社会主义法制尊重人权的原则。

4. 立案监督具有避免权力被滥用的价值。胡锦涛同志在纪念全国人大成立50周年大会上指出："权力不受制约和监督，必然导致滥用和腐败"。法律之所以赋予检察机关立案监督权，是因为立案权本身在不受限制的时候容易出现偏差和违法，从而导致立案权被滥用。特别是在刑事诉讼法赋予检察机关立案监督措施极为软弱的情况下，立案权就越容易被滥用。所以，刑事立案权的行使需要其他权力机关的监督，包括国家权力机关、检察机关的监督，实现以权力制约权力，从而避免刑事立案权被滥用。

（三）完善刑事立案监督立法的措施

刑事立案监督是刑事诉讼监督的开端，是刑事诉讼中加强和完善法律监督的第一个环节，是整个刑事诉讼程序公正、顺利进行的第一道保障。虽然立案监督在刑事诉讼中具有不可替代的作用，但我国刑事诉讼法和相关司法解释对有关这一制度的规定存在众多缺陷，为了使检察机关在刑事立案活动中能更好地发挥监督职能，首先必须从立法上完善有关立案监督的相关规定。

1. 扩大刑事立案监督的对象。现行刑事诉讼法仅把公安机关作为人民检察院立案监督的对象，法律的这种规定使得其他刑事立案主体的立案活动在人民检察院监督范围之外，我们认为这样的规定是不全面的。既然法律赋予了检察机关立案监督权，那么所有立案主体的立案活动理应在检察机关监督的范围之内。所以，应当在刑事诉讼法关于检察监督的原则性规定的基础之上，将人民法院、国家安全机关、监狱、军队保卫部门和海关走私犯罪侦查部门的立案活动都纳入到立案监督的体系中来。

2. 拓宽刑事立案监督的内容。目前，对“不应立案而立案”的行为进行监督尚没有明确的法律依据，仅1999年《人民检察院刑事诉讼规则》第378条作了这样的规定：“对于公安机关不应当立案而立案侦查的，人民检察院应当向公安机关提出纠正违法意见。”另外，2000年最高人民检察院关于《人民检察院立案监督工作问题的解答》第19条规定：“人民检察院发现公安机关不应当立案而立案侦查的，应当认真慎重地审查，公安机关确属不应当立案而立案的，根据《人民检察院刑事诉讼规则》第378条的规定，对公安机关没有提请批准逮捕的，可以向公安机关提出纠正违法意见。在办理此类案件时，要从严掌握。”2012年《人民检察院刑事诉讼规则》（试行）第553条也作了类似规定：“当事人认为公安机关不应当立案而立案，向人民检察院提出的，人民检察院应当受理并进行审查。”虽然最高人民检察院的上述规定对立案监督的范围作了适当扩大，但其仅为司法解释，缺乏基本法的普适性，难以对公安机关产生制约作用。因此，从立法完善的角度来看，我们认为应在刑事诉讼法中明确规定检察机关立案监督的范围还应包括公安机关等有关机关不应立案而立案的行为，具体表述为：“人民检察院认为公安机关对不应当立案侦查的案件而立案侦查的，或者被立案侦查的犯罪嫌疑人或其近亲属认为公安机关不应当立案侦查而向人民检察院提出的，人民检察院应当要求公安机关说明立案的理由。人民检察院认为公安机关立案的理由不能成立的，应当通知公安机关撤销案件，公安机关接到通知后应当撤销案件。”

3. 强化刑事立案监督的措施。从法律层面上理解，权力、义务和责任这三者应是相辅相成的，没有相应责任作后盾，权力就不可能真正发挥作用，没有责任制约的义务就不会得到认真履行。[①] 由于现行法对检察机关在立案监督过程中所采取的监督措施仅为“要求公安机关说明不立案的理由”和“通知公安机关立案”两种，对实践中出现的公安机关“立而不侦”“先立后撤”“以罚代刑”以及“通知立案后仍不立案”等违法行为未规定任何处罚措施，这在某种程度上使检察机关的立案监督权失去了保障，所以，强化检察机关立案监督的措施就显得尤为必要了。我们认为，应当赋予检察机关一定的人事处分建议权。对于侦查人员在接到检察机关立案通知后仍不立案以及立而不侦、先立后撤等情况，检察机关立案监督部门有权依监督处罚程序就刑事立案过程中滥用立案权以及接到立案通知后仍不立案等拒不接受监督的人员，向该人员所属机构或上级机关的人事部门提出处罚意见，该侦查机关应该予以配合，严厉查处，并将处罚结果通报给人民检察院。对于构成犯罪的，检察机关应移送给有关部门追究其刑事责任。另外，作为程序性制裁后果，检察机关在立案监督过程中对其发现的侦查人员的违法行为而提出意见，但侦查人员拒不接受的，刑事诉讼法必须明确规定在该种情况下所进行的诉讼程序无效，所取得的证据必须予以排除。2012 年《人民检察院刑事诉讼规则》（试行）对此要求有了很大体现，在第 560 条规定：“人民检察院通知公安机关立案或者撤销案件的，应当依法对执行情况进行监督。公安机关在收到通知立案书或者通知撤销案件书后超过十五日不予立案或者既不提出复议、复核也不撤销案件的，人民检察院应当发出纠正违法通知书予以纠正。公安机关仍不纠正的，报上一级人民检察院协商同级公安机关处理。”

此外，依《人民检察院刑事诉讼规则》第 377 条规定：“对于公安机关管辖的国家机关工作人员利用职权实施的重大犯罪案件，人民检察院通知公安机关立案，公安机关不予立案的，经省级以上人民检察院决定，人民检察院可以直接立案侦查。”2012 年《人民检察院刑事诉讼规则》（试行）第 561 条也规定：“对于由公安机关管辖的国家机关工作人员利用职权实施的重大犯罪案件，人民检察院通知公安机关立案，公安机关不予立案的，经省级以上人民检察院决定，人民

① 张建良：《我国刑事立案监督立法的完善》，载《中国人民公安大学学报》2005 年第 3 期。

检察院可以直接立案侦查。”有学者认为，法律应赋予检察机关一定的机动侦查权，即对于非国家机关工作人员又非利用职权实施犯罪的案件，如果人民检察院通知公安机关立案，公安机关不予立案的，人民检察院可以直接立案侦查。[①] 我们认为，建议法律作这样的规定有一定的道理。首先，如果对于这种案件的监督法律不作规定，必然导致对这种案件监督的空白；其次，立法赋予检察机关在公安机关严重不作为情况下享有一定的立案侦查权，将有利于国家追诉权的有效行使，同时也使检察机关的立案侦查职能与法律监督职能有机结合，有利于检察机关更好地进行立案监督。但是，法律必须对检察机关的这一权力从程序上作严格限制，如法律明确规定检察机关只有在公安机关拒绝接受监督而不立案的情况下才能自行立案侦查，以及自行立案侦查必须经省级人民检察院批准或决定等，以防止权力被滥用。[②]

4. 组建专门的刑事立案监督部门。2012 年《人民检察院刑事诉讼规则》(试行) 第 554 条规定：“人民检察院控告检察部门受理对公安机关应当立案而不立案或者不应当立案而立案的控告、申诉，应当根据事实和法律进行审查，并可以要求控告人、申诉人提供有关材料，认为需要公安机关说明不立案或者立案理由的，应当及时将案件移送侦查监督部门办理。”从该规定来看，是将立案监督的主体具体规定为人民检察院的侦查监督部门和控告检察部门，尚未规定专门的立案监督部门。我们知道，科学、合理、高效的机构是刑事立案监督的组织保障。因此，应该在检察机关设立专门的刑事立案监督部门，打破现行法将立案监督职能依附于侦查监督和控申监督的局面。也只有建立专门的立案监督部门，检察机关才能将更多的精力集中到立案监督工作上来，才能充分履行好立案监督的职能，更好地对立案主体的立案活动进行监督。

综上所言，刑事立案监督权是检察机关对刑事诉讼实行法律监督的一个不可或缺的组成部分，在整个检察监督体系中占据重要地位。通过实施立案监督，能够确保立案行为正确合法，使犯罪的人及时受到刑事追究、无罪的人不受追究，确保国家法律统一正确地实施。但是，立案监督作为一项刑事诉讼法律制度，不论是在立法上还是在司法实践中都存在很多缺陷，需要改进和完善。而改进和完

---

① 苏晓宏主编：《检察职能的现代化转型》，同济大学出版社 2002 年版，第 361 页

② 雷建昌、薛培：《立案监督：现实困境与法律完善》，载《中国刑事法杂志》2009 年第 7 期。

善立案监督制度是一项长期的、复杂的“系统工程”，任重道远，我们不能一蹴而就，必须在司法实践中不断摸索，不断总结经验，才能建立起符合我国司法现状的一套完整的立案监督制度。

五、刑事批准逮捕制度的创新和完善①

逮捕作为最严厉的刑事强制措施，既关系到刑事诉讼能否顺利进行，又与犯罪嫌疑人的人权保障问题密切相关。在不同的国家，“逮捕”一词有着不同的具体内涵，英美法系国家与大陆法系国家的逮捕与羁押相对分离，逮捕相当于“抓捕”，主要是对正在实施犯罪的行为人或有证据足以怀疑或有合理理由相信行为人有可能实施犯罪而实施的抓捕措施；如需羁押，还需经过批准。② 在我国，逮捕既包括抓捕又包括羁押，是指人民法院和人民检察院为防止犯罪嫌疑人、被告人逃避或妨碍侦查和审判的顺利进行，防止其继续实施危害社会的行为，依照法定程序和方法采取的暂时剥夺其人身自由，在一定期限内予以羁押的强制措施。与之相应，批准逮捕制度，是指检察机关就侦查机关提请批准逮捕的犯罪嫌疑人，经审查作出批准逮捕或不批准逮捕决定的司法活动。正是由于中外制度内涵上的差异，如何改革与完善批准逮捕制度一直以来都是理论界与实务界关注的重点和难点。近年来，随着我国法治建设的不断发展，现行批准逮捕制度在司法实践中暴露出了不少问题，批准逮捕工作面临着情况新、任务重、难度大、要求高的考验。因此，对目前的批准逮捕制度进行全面考量，并在此基础上对其进行改革与完善具有重大的理论与实践意义。

（一）职务犯罪案件的批准逮捕制度③

2009 年 9 月，最高人民检察院正式下发《关于省级以下人民检察院立案侦查的案件由上一级人民检察院审查决定逮捕的规定（试行）》（以下简称《规定》），随着这一规定的实行，职务犯罪的批准逮捕迅速成为社会各界关注的热

---

① 原文为樊崇义主编：《走向正义——刑事司法改革与刑事诉讼法的修改》（中国政法大学出版社 2011 年版）第二章第八题，原名为《批准逮捕制度的完善》，系与杜邈合作撰写。

② 贺恒扬：《审查逮捕的证明标准》，载《中国刑事法杂志》2006 年第 2 期；曹文智：《中美逮捕制度之比较》，载《中国人民公安大学学报（社会科学版）》2004 年第 4 期。

③ 该部分内容讨论的问题随着监察体制改革将检察机关的自侦案件侦查权转隶监察机关后，已经不再具有实践指导意义，但仍然对审查起诉部门的职务犯罪案件的逮捕措施的采取具有理论指导意义。

点问题。

1. 职务犯罪案件批准逮捕制度的现状与问题。我国的职务犯罪批准逮捕制度是随着检察制度在民主革命的过程中逐渐萌芽，在新中国成立后开始发展，在1978 年检察机关恢复重建后逐渐完善起来的。经过多年的发展演变，在《规定》之前已经形成了较为固定的批准逮捕程序。具体而言，反贪污贿赂、反渎职侵权部门在受理、立案侦查后，认为需要逮捕犯罪嫌疑人的，移送本院侦查监督部门审查，由侦查监督部门承办人审阅案卷，核实有关证据、讯问犯罪嫌疑人，然后制作《审查逮捕案件意见书》，报部门负责人签署意见，最后由检察长或者检察委员会决定是否逮捕。目前，根据《规定》的要求，省级以下（不含省级）人民检察院立案侦查的案件，需要逮捕犯罪嫌疑人的，应当报请上一级人民检察院审查决定。完善职务犯罪案件的批准逮捕制度是一项重大检察改革，对于加强对职务犯罪案件的监督、保证办案质量和保障人权具有十分重要的意义。但是，职务犯罪案件的批准逮捕制度仍存在以下问题。

一是法律依据有待完善。随着新的职务犯罪批准逮捕模式在实践中的确立，立法空缺与司法实践的冲突也越来越明显，《规定》也只是为新的审查模式制定了一个初步的规范性框架，并没有明确的法律依据，由此造成了许多新旧规定不一致的问题。例如，根据 1996 刑事诉讼法第 124 条规定："对犯罪嫌疑人逮捕后的侦查羁押期限不得超过二个月。案情复杂、期限届满不能终结的案件，可以经上一级人民检察院批准延长一个月。"《人民检察院刑事诉讼规则》第 221 条规定："基层人民检察院，分、州、市人民检察院和省级人民检察院直接立案侦查的案件，案情复杂、期限届满不能终结的案件，可以经上一级人民检察院批准延长一个月。"职务犯罪案件批捕权上提一级后，职务犯罪侦查权与决定逮捕权分别由两级检察机关行使，对作出批准延长羁押期限的上一级人民检察院究竟是指哪一级人民检察院不明确。又如，《人民检察院刑事诉讼规则》第 95 条规定："人民检察院办理检察机关直接立案侦查的案件审查逮捕工作，应当报上一级人民检察院备案。上级人民检察院对报送的备案材料应当进行审查，发现错误的，应当在 10 日以内将审查意见通知报送备案的下级人民检察院或者直接予以纠正。"职务犯罪案件批捕权上提一级后，基层人民检察院不再具有批捕决定权，当然无须上报备案材料，这就需要对上述规定进行完善。

二是操作程序不够完备。根据 1996 年刑事诉讼法规定，公安机关认为人民检察院的不捕决定有误，可以要求复议；如果意见不被接受，可以向上一级人民检察院提请复核。那么，职务犯罪案件批捕权上提一级后，由于侦查权与决定逮捕权分别由两级检察机关行使，下级检察机关认为上级检察机关的不予逮捕决定有误，能否提出及如何提出复议复核？由于职务犯罪案件的批准逮捕还缺乏完备的操作程序，下级人民检察院的意见很难得到充分表达和保障。

三是实际操作难度增加。根据我国法律及相关司法解释的规定，侦查监督部门的审查逮捕期限在犯罪嫌疑人被拘留的情况下不得超过 7 天。根据《规定》，即使批捕权上提一级，下级人民检察院侦查部门对职务犯罪嫌疑人报请上一级人民检察院逮捕时仍要先经本院侦查监督部门审查，报本级人民检察院检察长或检委会审批后，再报上级人民检察院审查决定。这就带来新的问题：在上下两级人民检察院都需要进行阅卷、讯问犯罪嫌疑人的情况下，7 天时间明显过于紧张，很难保质保量地完成审查工作；如果不需要上级人民检察院阅卷、讯问犯罪嫌疑人，则无法保证上一级人民检察院审查逮捕案件的质量。

2. 职务犯罪案件批准逮捕制度的完善。目前，理论界对于检察机关行使职务犯罪案件的批捕权仍存在争议。有观点认为，审查批捕制度的虚化是职务犯罪侦查过程中最为突出的问题之一，故检察机关不宜继续行使职务犯罪案件的批准逮捕权。① 基于此，应由人民法院来行使该权力，通过设置上诉程序来保障其公正实现。② 还有观点认为，应当继续由检察机关行使职务犯罪案件的批捕权，但其合理性则存在缺陷，为了弥补这一缺陷，应当使检察机关决定逮捕的案件具有可诉性，即当事人对检察机关的逮捕决定不服的，除要求人民监督员监督外，还可向人民法院申请重新审查，人民法院经审查认为不应当逮捕的，有权释放犯罪嫌疑人。③

我们认为，职务犯罪案件的批捕权仍应当由检察机关行使。这不仅是由我国的宪法和法律所规定的，更是由我国的司法体制所决定的。如果由人民法院行使批捕权，就使得人民法院在审判前陷于与审判结果的利害关系之中，无论怎样将批捕法官与庭审法官相分离，都不能完全杜绝审前“预断”。将批捕权交由法官行使，将

① 宋英辉：《职务犯罪侦查中强制措施的立法完善》，载《中国法学》2007 年第 5 期。
② 郝银钟：《论批捕权的优化配置》，载《法学》1998 年第 6 期。
③ 朱孝清：《中国检察制度的几个问题》，载《中国法学》2007 年第 2 期。

造成审判权与批捕权合一，也就失去了检察机关的监督，在人民法院批准逮捕后，犯罪嫌疑人认为人民法院批捕的决定不适当时无法寻求司法救济。另外，由人民法院行使批捕权则需要建立一套新的体系与结构，涉及整个司法体系架构的调整问题，这需要大量的人力、物力、财力，难度与风险都很大。因此，虽然目前在理论界，由人民法院行使职务犯罪案件批捕权的呼声很高，但保留检察机关的批捕权仍是主流观点。

此外，对于检察机关内部职务犯罪批捕权配置的问题，主要有以下几种观点："维持现状说"认为，应坚持现有的审查逮捕方式，强调通过内部明确有效的职能分工来达到监督制约的效果；"事后备案审查说"也就是下级人民检察院对职务犯罪的逮捕决定应当报上级人民检察院备案审查，该制度实际上已于2005年正式施行；"转由上一级检察院行使说"，即主张人民检察院自侦案件的批捕由上级人民检察院决定。在这三种观点中，"转由上一级检察院行使说"最符合我国目前的司法体系与权力分配格局，改革的阻力也最小，最高人民检察院发布的《规定》正是采纳了此种观点。我们建议，对职务犯罪案件的批准逮捕制度应做以下完善：

第一，以批捕权上提一级为中心完善相关立法。我国刑事诉讼法应明确将省级以下检察机关自侦案件的批捕权交由上级人民检察院。同时，将《人民检察院刑事诉讼规则》第 109 条修改为："人民检察院办理直接立案侦查的案件，需要逮捕犯罪嫌疑人的，填写逮捕犯罪嫌疑人意见书，连同案卷材料一并提请上级人民检察院审查。省级人民检察院直接立案侦查的案件，需要逮捕犯罪嫌疑人的，由侦查部门填写逮捕犯罪嫌疑人意见书，连同案卷材料一并送交同级人民检察院侦查监督部门审查。犯罪嫌疑人已被拘留的，在拘留的同时应报告上一级人民检察院，并在拘留后 3 日以内将案件送交上一级人民检察院审查。特殊情况下，移送审查的时间可以延长 1 日至 4 日"；将第 110 条至第 114 条中的"本院侦查部门"修改为"下一级人民检察院"，"审查逮捕部门"修改为"侦查监督部门"。

第二，改革审查逮捕的工作方式。除了采取必要的技术手段以外，有条件的检察机关可以积极尝试、努力探索，在不违背法律的前提下，改进工作方法，提高工作效率，保质保量地完成职务犯罪案件的批准逮捕工作。在实践中，可采取网络传输、专网报送、案卷扫描、调取全程录音录像资料、委托讯问等办法，优化工作方式，加快办案进度；加强对职务犯罪案件的提前介入工作，以熟悉案情和证据，为及时审查逮捕做好准备；正确处理监督和配合的关系，上一级人民检察院侦查监督部门在审查案件过程中，既要按照法定逮捕条件认真审查把关，又要加强与侦查部门的沟通配合，依法及时作出决定。[①] 对于重大、疑难案件，以及交通不便地区的案件，上级人民检察院侦查监督部门可派员提前介入，参加下级人民检察院自侦部门的案件讨论与决策。同时，上下级侦捕信息资源整合应实现常规化，制定职务犯罪类案件证据规则，定期进行交流。

第三，妥善处理与原有批捕制度的衔接问题。一是分、州、市人民检察院在完成审查逮捕工作后是否仍需报送其上级机关也就是省级检察机关备案。对此有两种不同的意见：一种意见认为，基于人力、精力等因素的考虑，没有必要再把职务犯罪案件上报省级检察机关备案，否则省级人民检察院审查的备案材料无疑会数量巨大。[②] 另一种意见认为，应当继续执行上报备案审查制度，防止使备案程序成为一种形式，不能发挥其应当发挥的作用。[③] 我们认为，分、州、市人民检察院审查决定逮捕的职务犯罪案件仍然需要上报省级检察机关备案审查。这是因为，对法律规定程序的遵守是刑事诉讼活动的一个基本准则，在相关规定没有更改的情况下，应当按照规定的程序上报审查，这既是依法办事、尊重法律的体现，也是更好地保证审查逮捕工作质量的必然要求。至于省级人民检察院工作压力增大的问题，可以通过内部人员调整、增加工作岗位、提前汇报等方式进行化解。二是如何确定批准一个月的延长侦查羁押期限的上一级人民检察院。对此也有两种意见：第一种意见认为，作出批准延长羁押期限的上一级人民检察院，是指作出逮捕决定的人民检察院的上一级人民检察院。第二种观点认为，作出批准延长羁押期限的上一级人民检察院，是指直接立案侦查的人民检察院的上一级人民检察院。[④] 我们认为第二种意见是可取的。如按照第一种意见，基层人民检察院立案侦查的案件，需要经省级人民检察院批准延长羁押期限一个月；分、州、市人民检察院立案侦查的案件，则需要经最高人民检察院批准延长羁押期限一个月，与

---

① 徐日丹：《以改革为契机 提高职务犯罪侦查水平》，载《检察日报》2009 年 9 月 5 日。

② 印仕柏：《职务犯罪案件审查逮捕方式的审视与重构》，载《中国刑事法杂志》2008 年第 6 期。

③ 王晓民：《批捕权上提不得不面对的几个问题》，载《东方法眼网》2009 年 8 月 8 日。

④ 邵文祖、张少林、吕颢：《检察机关自侦案件逮捕权上提一级问题研究》，载《政治与法律》2009 年第 7 期。

公安机关立案侦查案件的延长审批权不平衡，与我国司法实践也不相符。

第四，赋予下级检察机关复议申请权。对此主要有以下观点：第一种观点认为，下级检察机关不服上级检察机关的不予逮捕决定，可以提出复议但不能提出复核；第二种观点认为，上级检察机关与下级检察机关之间是领导与被领导的关系，上级检察机关作出的决定下级检察机关应当服从，下级检察机关对上级检察机关的不予逮捕决定不能提出复议、复核；第三种观点认为，下级检察机关对上级检察机关不予逮捕决定可以提出复议、复核。[①] 我们赞同第一种观点，将审查逮捕决定权上提一级的主要目的就是为了加强对职务犯罪案件批捕工作的监督，提高工作质量，其中的监督不仅仅是上级对下级的监督，下级当然也有权力对上级的工作提出意见或建议。赋予下一级检察机关复议申请权，能够对批捕工作进行多重监督，为上下级之间的沟通提供渠道，有利于高质量地完成审查逮捕工作。

第五，强化对批准逮捕工作的保障。职务犯罪案件批捕权上提必然导致市级检察机关批捕工作量陡增，为此，需要进行检察机关内部的人员调整，将有大量经验丰富的办案人员充实到该级检察机关中，并在省、市级人民检察院侦监部门增设办理职务犯罪审查逮捕岗位或专业办案科室，增配相关干部编制，负责自侦案件的审查逮捕、沟通协调等工作，实现人员基本固定与办案专业化的要求。

（二）批准逮捕阶段的讯问制度

讯问犯罪嫌疑人是落实侦查监督工作的重要环节，对于保障犯罪嫌疑人的合法权益、查明案件事实具有重要意义。最高人民检察院在《人民检察院审查逮捕质量标准》（试行）中规定了在批准逮捕阶段对以下五类案件的犯罪嫌疑人在决定是否批准逮捕前必须进行提审讯问：犯罪嫌疑人是否构成犯罪、是否需要予以逮捕等关键问题有疑点的；案情重大复杂疑难的；犯罪嫌疑人系未成年人的；侦查活动可能存在刑讯逼供、暴力取证等违法行为的；犯罪嫌疑人要求讯问的。其余案件可以讯问，未讯问的也要发放“听取犯罪嫌疑人意见书”。就批准逮捕阶段的讯问而言，理论界也存在一定的质疑。有观点认为，检察机关审查决定、批准逮捕案件都必须讯问犯罪嫌疑人的做法欠妥，其原因包括：检察机关对审查决

① 邵义祖、张少林、吕颢：《检察机关自侦案件逮捕权上提一级问题研究》，载《政治与法律》200[illegible]年第7期。

定、批准逮捕案件都必须讯问犯罪嫌疑人，不符合诉讼经济的原则；讯问犯罪嫌疑人是核实批捕证据的一种审查案件的手段，并不是发现和纠正违法的唯一途径；对于事实清楚、证据确实充分，不存在超期羁押现象的案件，可以不再讯问犯罪嫌疑人，对于案件事实清楚，依法无逮捕必要的案件，也可以对犯罪嫌疑人不再进行讯问；检察机关提前介入，引导侦查的批捕案件，检察机关对案件的事实、证据以及定性已经有了基本全面的了解和认识，可以不再讯问犯罪嫌疑人。[①] 我们认为，尽管刑事诉讼法没有明确规定在批准逮捕工作中实行讯问制度，但是最高人民检察院《人民检察院刑事诉讼规则》《关于在检察工作中防止和纠正超期羁押的若干规定》以及《人民检察院审查逮捕质量标准》（试行）等规范性文件对此都有明确要求，审查批捕工作中的讯问制度已成为检察机关的一项工作程序。从效果上看，批准逮捕阶段讯问犯罪嫌疑人，听取犯罪嫌疑人的供述和辩解，可以全面掌握案情，防止错案的发生，确保批捕质量；可以及时发现和排除非法证据，确定证据的效力和证明能力，并对非法的侦查活动进行切实有效的监督；可以在讯问中发现立案监督线索，同时也可以发现侦查部门移送案件的证据在质和量上的不足，为撰写补充侦查提纲，引导侦查部门取证打好基础。[②]

1. 批准逮捕阶段讯问制度的现状与问题。目前，在批准逮捕过程中讯问犯罪嫌疑人仍存在诸多问题，需要进一步的改革完善。一是法律依据不够完备。尽管最高人民检察院就批准逮捕阶段实施讯问制度出台了一系列的规定、办法，但从规范性层面来看，审查逮捕阶段讯问犯罪嫌疑人仍然缺乏明确的法律依据。在理论界，引发了检察机关在审查逮捕阶段是否有权提审犯罪嫌疑人或者该阶段所获取的犯罪嫌疑人供述或辩解是否具有法律效力的争议；在实践中，导致一些检察人员对讯问工作的忽视，将其看成额外负担，或是敷衍了事。二是加剧了批准逮捕工作的紧迫性。根据刑事诉讼法的规定，人民检察院应当自接到公安机关提请批准逮捕书后的七日内，作出批准逮捕或不批准逮捕的决定。在短短七日审查期限内又增加一道工作程序，时间上更加紧迫，必然会对审查逮捕工作提出更高的要求。三是尚未形成统一的操作规程，导致实践中出现诸多不良倾向：一些办

① 赵军：《检察机关审查决定、批准逮捕案件是否必须讯问犯罪嫌疑人》，载《检察实践》2004 年第 2 期。

② 刘毅：《试析侦查监督中的讯问犯罪嫌疑人》，http：//www. yunxian. jcy. gov. cn/fazhi1. asp？ id = 9。

案人员在审查逮捕环节只重视对案件本身的审查，把是否错捕放在了办案的头等重要位置，在讯问中只注重核实证据，对犯罪嫌疑人提出的公安机关违法侦查的行为不予重视，没有达到全面履行侦查监督职责的作用；一些办案人员讯问犯罪嫌疑人重视逮捕的证据条件，对“可能判处有期徒刑以上刑罚”和“采取取保候审、监视居住等方法，尚不足以发生社会危险性”两个条件的认识不足。

2. 批准逮捕阶段讯问制度的完善。讯问犯罪嫌疑人是确保批捕质量的核心工作，是发现非法侦查活动并对其进行有效监督的重要手段，也是发现立案监督线索的方法之一，还是引导侦查取证的必要前提。因此，应从以下方面进行完善：第一，完善相关立法。在刑事诉讼法中明确规定检察机关在审查逮捕工作中的讯问权，并明确审查逮捕阶段由检察机关收集的犯罪嫌疑人供述之法律地位与效力；适当延长审查逮捕的立法期限，给检察机关讯问犯罪嫌疑人以充分的时间，防止因审查期限太短而无法发现问题，或者导致工作流于形式，无法实现提高案件质量之目的。第二，加强与侦查机关的沟通协调。可建立与侦查机关的联席会议制度，在讯问犯罪嫌疑人后对有较大争议或确属重大、疑难案件的，邀请侦查阶段的承办人参加案件讨论；对于检察机关作出的不批准逮捕或不予批准逮捕的案件，检察机关应书面致函侦查机关说明理由；与侦查机关讨论改进提审犯罪嫌疑人的手续与流程，以减少办案人员到看守所提讯犯罪嫌疑人的困难。第三，注意把握批准逮捕阶段讯问的特点。在讯问前，应根据犯罪的构成要件以及逮捕的三个条件，认真审查案卷材料，制定讯问提纲。在讯问犯罪嫌疑人时，应当充分听取其罪轻或无罪的辩解，不能先入为主，认定其必然有罪，而且应禁止以获得犯罪嫌疑人的有罪供述为唯一目标的偏向性心理。在犯罪嫌疑人聘请律师后，还应接待并听取律师的辩护意见。第四，建立侦查讯问同步录音录像等配套制度。在条件允许的情况下，除了职务犯罪案件外，应尽量在讯问过程中多采取同步录音录像的技术措施，避免因犯罪嫌疑人口供变化而使批捕工作陷入被动境地，同时确保讯问能够合法、迅速、科学进行。

（三）律师参与批准逮捕程序

律师在刑事案件侦查阶段参与刑事诉讼，主要是为犯罪嫌疑人提供法律咨询、代理申诉、控告或者为其申请取保候审，以及受委托为被批准或者决定逮捕后超期羁押的犯罪嫌疑人提出释放或者变更强制措施的要求。律师参与刑事诉讼过程有明确的法律保障，相关条款散见于1996年刑事诉讼法第75条和第96条、

《人民检察院刑事诉讼规则》第 96 条、《关于人民检察院保障律师在刑事诉讼中依法执业的规定》第 9 条等法律法规之中。新《律师法》更加充分地赋予了律师的会见权、调查取证权、阅卷权、庭审言论豁免权。由此，加强律师参与批准逮捕阶段的作用也成为理论界与实务界讨论的热点问题。

1. 律师参与批准逮捕程序的现状与问题。律师参与作为刑事诉讼控辩审“三角结构”中的重要一环，对批准逮捕程序的完善无疑具有重要的意义，不仅可以促进检察机关依法“慎捕、少捕、不捕”，而且也有利于完善证据，为犯罪嫌疑人和办案机关之间建立一个通畅的渠道，保证全面审查案件，从而有利于实现刑事诉讼中的人权保护。例如，有的地方就律师介入审查批捕程序作出专门规定，由律师针对案件事实、法律适用、逮捕的必要性、侦查活动是否合法提交书面材料或者会见检察官；检察机关在作出是否逮捕决定时，应当充分听取律师意见；案件办结后，及时将处理结果反馈给律师。[①] 有的地方就未成年人犯罪案件的律师参与作出专门规定，在审查批捕阶段告知法律援助律师犯罪嫌疑人的罪名，依法安排法律援助律师会见在押的未成年犯罪嫌疑人；法律援助律师在审查批捕阶段会见未成年犯罪嫌疑人时，人民检察院应当派员在场，并出具同意会见证明。[②] 有的地方就轻微犯罪案件的律师参与作出专门规定，建立“捕前听取律师意见制度”，即在审查逮捕阶段，检察机关将就案件事实、法律适用、逮捕必要性等问题征求代理律师的意见，并在充分听取其意见后，最终作出是否逮捕的决定。[③]

随着新《律师法》的实施，律师在刑事诉讼中的地位与作用得到进一步的强化，但就目前实际情况而言，律师参与批准逮捕程序还存在诸多问题：一是立法上缺乏明确的法律保障。由于律师参与审查逮捕程序仍处于实践探索阶段，相关立法与司法解释尚处于缺位状态，多是通过地方基层人民检察院的内部操作规范文件作出规定。总体上看，目前律师想在检察机关审查逮捕阶段发挥作用基本上可以说是无规可循、无门可进。虽然部分律师也可能通过一些非正式途径向承

---

① 北京市海淀区人民检察院《律师介入审查批捕程序办法（试行）》（2008 年 6 月），参见林世钰：《北京市海淀区检察院：律师介入提升批捕质量》，载《检察日报》2009 年 2 月 4 日，第 8 版。

② 上海市虹口区人民检察院《关于未成年人刑事案件法律援助试行办法》（2004 年 2 月）、重庆市沙坪坝区人民检察院《审查逮捕环节讯问未成年犯罪嫌疑人律师介入暂行办法》（2009 年 3 月）。

③ 余东明：《批准逮捕前听取代理律师意见》，载《法制日报》2009 年 5 月 21 日，第 5 版。

办检察官反映情况、递交材料，但是从实际处理来看，检察机关实际接收和处理的少，律师参与审查逮捕程序缺乏有力的法律保障。二是各地在律师参与的案件范围、参与的程度等方面规定不一致。有的地方通过内部操作规范文件允许律师参与所有案件的审查逮捕工作，而有的地方只是在某些类型的案件中（如未成年人案件）允许律师参与。而且，律师参与审查逮捕工作虽然可以依据一些“地方标准”，但是总体说来还是存在不少的障碍。三是缺乏具体的律师参与程序。例如，参与的时机问题，犯罪嫌疑人及其亲属或者委托的律师并不知道律师可以参与审查批捕程序，也不知道犯罪嫌疑人何时被提请批准逮捕，向哪一级检察机关提请批捕，律师无从提供材料发表意见；又如，参与的方式问题，律师参与基本是书信或面见承办检察官两种基本形式，是否经过侦查机关转交还是需要侦查人员在场规定不明；再如，参与的效果问题，律师发表的意见是否能够被充分听取，由于审查批捕的办案时限短、办案人员不足等实际困难，难以逐一核实律师提交材料的来源及其真伪。①

2. 律师参与批准逮捕程序的完善。在批准逮捕阶段，律师的意见不仅包括犯罪嫌疑人无罪、罪轻、刑事责任等实体问题，也包括侦查机关侦查违法等程序性问题。检察机关听取律师意见应坚持合法性、律师自愿、检察机关中立裁决等原则。具体程序设计如下：第一，设立律师参与的启动程序。侦查监督部门在收到案件后及时审阅案卷材料，如果发现案卷材料里有律师会见函或者委托书之类的书面材料，则表明犯罪嫌疑人已经聘请了律师，应当将案件已进入审查批捕环节的情况及时通知律师，并告知律师有提出律师意见的权利。第二，明确律师参与的各项权利。一是赋予律师在审查逮捕阶段的阅卷权与提出意见权。律师参与批捕程序之目的就是要充分表达意见，由于侦查阶段律师基本上被排除在外，对侦查机关移送的有关材料缺乏了解，如果不赋予律师阅卷权，让其对案件情况有个全面的了解，显然该制度本身的实际效果就会大打折扣。二是暂不赋予律师在审查逮捕阶段的会见权。在没有相关明确法律依据的情况下，暂时可不考虑赋予律师以会见权。但对于未成年人案件，可规定律师在检察机关讯问犯罪嫌疑人时有同时在场的权利，这是由未成年人案件的特殊性质决定的，以加强对未成年人合法权益的保护。值得注意的是，由于审查逮捕工作时间紧、任务重，应当对律

① 戚进松、李娜：《审查批捕阶段律师参与制度探析》，载《国家检察官学院学报》2009 年第 1 期。

师行使上述权利作出时间上的限制规定，由办案人员在通知律师时一并告知，如律师未及时查阅材料或提交意见，则视为对权利的放弃。第三，注重对律师意见的审查和反馈。承办人就律师意见与案件一并审查，并将律师意见内容详细记入审查批捕意见书，然后结合具体案件事实和证据对律师提出的主张和理由逐一分析，最后提出是否采纳的处理意见。承办人对案件和律师意见提出处理意见和理由后，再按照内部工作程序逐级审批，如有必要也可以提交检察委员会讨论。经审查、分析，最终作出是否采纳的决定，并在案件审结之日将意见的采纳情况反馈给律师，反馈意见应当以书面形式作出。[①]

（四）批准逮捕的条件

批准逮捕制度建立在逮捕条件的基础之上，要促进批准逮捕制度的不断完善，就必须充分重视对逮捕条件的认识。根据1996年刑事诉讼法第60条规定，实施逮捕必须同时具备以下三个条件，即证据条件——有证据证明有犯罪事实；刑罚条件——可能判处徒刑以上刑罚；必要性条件——采取取保候审、监视居住等方法，尚不足以防止发生社会危险性，而有逮捕必要。在司法实践中，这三个条件是一个有机统一的整体，既要分别考虑，又要全面把握，才能保证逮捕条件的正确运用。

1. 我国批准逮捕条件适用现状与问题。在国际范围内，逮捕主要是以强制方式使犯罪嫌疑人到案的一种措施，它一般只会带来较短时间的人身监禁。逮捕既可以由司法官员授权实施，也可以由司法警察、检察官自行决定采取。甚至在法定情形下，对那些正在实施犯罪行为的现行犯，普通公民将其强行押送警察机构的行为也被视为“逮捕”。除了那些由法官未经逮捕而直接授权实施羁押的情况以外，逮捕与羁押一般构成两个相互独立的程序，由此可见，它们实行的是以逮捕前置主义为基础的捕押分离制度，可以对逮捕和羁押实施司法抑制，实行双重检查，使逮捕、羁押的决定者与实施者在主体上产生分离。因此，其他国家实际上比我国的逮捕条件要低得多，虽然各个国家在具体条件上也存在差异，但是有一个共同点就是有合理根据，存在合理怀疑。[②] 1998年1月19日由最高人民

① 李钟、李佩霖：《审查批捕听取律师意见制度探析》，载《华东政法大学学报》2007年第5期。

② 曹文智：《中美逮捕制度之比较》，载《中国人民公安大学学报》2004年第4期；吴宏耀：《英国逮捕制度的新发展》，载《国家检察官学院学报》2001年第5期。

法院、最高人民检察院、公安部、国家安全部、司法部、全国人大常委会法制工作委员会《关于刑事诉讼法实施中若干问题的规定》第26条对刑事诉讼法中逮捕证据条件作了进一步明确和细化："'有证据证明有犯罪事实'是指同时具备下列情形：（一）有证据证明发生了犯罪事实；（二）有证据证明犯罪事实是犯罪嫌疑人实施的；（三）证明犯罪嫌疑人实施犯罪行为的证据已经查证属实的。犯罪事实可以是犯罪嫌疑人实施的数个犯罪行为中的一个。"2001年8月6日，最高人民检察院与公安部发布的《关于依法适用逮捕措施有关问题的规定》中第1条第2项规定了"有逮捕必要"的六种情形："1. 可能继续实施犯罪行为，危害社会的；2. 可能毁灭、伪造证据，干扰证人作证或者串供的；3. 可能自杀或者逃跑的；4. 可能实施打击报复行为的；5. 可能有碍其他案件侦查的；6. 其他可能发生社会危险性的情形。"2006年，最高人民检察院制定的《人民检察院审查逮捕质量标准（试行）》（以下简称《标准》）第6条对逮捕必要性进行详细的解释，第7条则列明了对犯有轻罪且没有其他重大犯罪嫌疑的犯罪嫌疑人适用"无逮捕必要"的9种情形。2007年1月15日，最高人民检察院发布的《关于在检察工作中贯彻宽严相济刑事司法政策的若干意见》从主体、法定刑、情节、主观方面、犯罪后表现、帮教条件、证据情况等7个方面综合考察犯罪嫌疑人的逮捕必要性，主要是一种原则性规定。由于我国与西方国家在政治制度、司法体制上存在较大差异，如果在逮捕条件上向它们看齐，则需要对我国的逮捕制度乃至整个刑事诉讼活动进行较大调整。因此，我们在司法体制改革中，应从本国国情和司法实践出发，坚持证据条件、刑罚条件与必要性条件三要件统一考量的基本标准。

但是，我国的逮捕条件也存在着不少问题，需要认真加以重视。第一，刑事诉讼法对于逮捕条件的规定较为混乱，缺乏系统的规定。我国逮捕条件是以刑事诉讼法的规定为基本依据，后通过各类司法解释加以具体化，最终形成了关于逮捕条件的体系。因此，关于逮捕条件除了刑事诉讼法之外还有诸多解释，甚至一些地方人民检察院还有各自的内部标准，这就造成了不同地方、不同时期所适用的逮捕标准不统一，逮捕证据无法准确把握，导致司法适用的混乱。第二，由于缺乏对逮捕条件的精确把握，导致实践中出现拔高或降低逮捕条件的倾向。一是人为拔高"有证据证明有犯罪事实"，将其等同于起诉标准。对"有证据"这种状态的判断比较困难，尤其是在供证不一、翻供、不供，或只有间接证据的情况下，要判断是否属于“有证据”就更加困难。有的办案人员为了避免错捕的风险，只要证据不是“确实、充分”，一般作不捕处理，造成一些刑事案件降格处理或流失，进而导致打击犯罪不力。二是人为降低对刑罚条件和逮捕必要性的审查，实践中表现为“构罪即捕”。有的办案人员忽视了对是否会判处有期徒刑以上刑罚、是否确有逮捕必要的审查，只要构成犯罪，大多都会批准逮捕，由此也就人为地将对逮捕的三个要件的审查变为一个要件的审查。①

2. 批准逮捕条件的完善。为便利办案人员的理解和把握，我们建议，对刑事诉讼法规定的批准逮捕条件进行具体的解释：

（1）“有证据证明有犯罪事实”。在理论界，对“有证据证明有犯罪事实”条件的理解侧重于两个方面，即“有证据”与“证明”。“有证据”主要就是对证据数量的要求，包括以下观点：一是个数说，认为只要有证据即可，一个、两个证据就是有证据。二是相当说，即从证明标准来讲，其证据只要求有相当的确实证据证明即可，或者“相当的证据”。三是充足说，认为“有证据”不是指有一个证据，而应当是有充足的证据。我们认为，对于“有证据”应该理解为有充足的证据，毕竟我国目前的逮捕一并带有羁押的状态，对于这种限制人身自由的强制措施在证据方面必须要有一定数量上的要求。

所谓“证明”，就是证明标准的问题。在诉讼制度发展史上，不同类型的证据制度，其证明标准亦不相同。在法定证据制度中，一切证据证明力的大小以及对证据的取舍和运用，都由法律预先明文加以规定，法官不得擅自评断和取舍，法官必须严格按照法律规定的规则求证，证明标准是达到“法定真实”或“形式真实”。法定证据制度总的证明规则是，只要有一个完全证据就可以确定案件的事实，几个不完全的证据，可以构成一个完全的证据。在现代西方自由心证制度中，强调法官按照自己的“良心”“理性”进行求证，通过对证据的审查判断所形成的内心信念来认定案件事实，证明所要达到的要求是“内心确信”，客观上表现为“高度的盖然性”。在自由心证制度中，法官追求的是“主观真实”，体现在证明标准上，就是要“排除合理怀疑”。目前，不少国家在法律上对逮捕的证明标准也作了不同的规定，如日本刑事诉讼法规定逮捕要“有相当的理由足以怀疑”，英、美刑事诉讼法律规定“颁发逮捕证要有一定的证据证明其诉因的

① 常艳、周冬梅：《对审查批捕中逮捕条件的把握》，载《人民检察》2006年6月（下）。

确实性”。[1]

对于我国逮捕条件中的证明标准而言，由于刑事诉讼是一个从立案、侦查，到审查逮捕、审查起诉，再到审判的过程，这是一个层层递进、不断衔接的过程，而在不同的诉讼阶段，诉讼的任务、诉讼主体及采取的诉讼行为均有不同，每个阶段的证明对象、证明责任也有差异，因而证明标准不应单一化。同时，作为证明责任的主要承担者，侦查机关与检察机关所要达到的证明标准也会经历一个由低到高的变化。因此，逮捕中的证明标准应当不同于最后定案的证明标准。我们建议，我国逮捕条件证明标准的设置应当以法律真实观为理论基础，同时还应区别于“确实充分”的审判证明标准。故而，应该采用“证据确实、充足”的证明标准。“确实”就是经查证属实的，即审查批捕阶段所审查的证据也必须具有客观性、关联性和合法性的特征。而“充足”从某种意义上也就是“有合理理由”（have reasonable ground），既体现了审查逮捕工作的谨慎，又体现了逮捕本身有着不同于起诉以及审判的证明标准。

（2）“可能判处徒刑以上刑罚”。由于“可能判处徒刑以上刑罚”的含义较为明晰，对该条件在具体内涵上的理解上不存在太大难度，理论上亦没有多少争议。“可能判处徒刑以上刑罚”只是在采取强制措施环节的一种判定，既不是定案，也不是处理结果。“可能”判处徒刑以上刑罚，不能理解为“必须”“一定”判处徒刑以上刑罚，而且对于可能判处管制、拘役或单独适用附加刑的犯罪嫌疑人则不能适用逮捕。但是，理论界对该条件关注的焦点集中在对该条件的批判上。例如，提出刑法中规定的犯罪行为所应受的刑罚处罚绝大多数都符合逮捕的刑罚要件，导致适用逮捕对象过于宽泛；“可能”一词蕴含着极大的不确定性，需要侦查人员在提请逮捕、检察官在审查逮捕时，对法官的判罚进行揣测，失去了严肃性等。事实上，由于逮捕和取保候审、监视居住等强制措施最明显的区别在于犯罪嫌疑人、被告人人身自由的限制程度不同，因此，只有具有明显的人身危险性的犯罪嫌疑人、被告人才需要采取逮捕这种限制人身自由的最严厉的强制措施。判断一个犯罪嫌疑人、被告人人身危险性有无以及大小的一个重要标准就是其所涉嫌犯罪的轻重。因此，逮捕的刑罚条件应该因犯罪嫌疑人、被告人所涉嫌犯罪的轻重而有不同。我们认为，目前逮捕的刑罚条件确实过于宽泛，可以考

[1] 金明焕主编：《比较检察制度概论》，中国检察出版社1993年版，第106页。

虑对其略作调整。具体来说，可对该条件进一步限制：一是我国刑法中多以可能判处3年以下有期徒刑、管制或者拘役的犯罪理解为轻罪，所以将上述犯罪纳入轻罪范畴，对于涉嫌上述犯罪的犯罪嫌疑人、被告人通常不予逮捕，但若有充足的证据证明其符合逮捕必要性条件，也可以逮捕，即以不捕为常态、逮捕为例外；二是将可能判处3年以上、10年以下有期徒刑的犯罪纳入一般犯罪范畴，对于涉嫌上述犯罪的犯罪嫌疑人、被告人可以采取逮捕措施，但要充分考虑证据条件和必要性条件，即合理控制逮捕与适用其他强制措施的比例；三是将可能判处10年以上有期徒刑、无期徒刑、死刑的犯罪纳入重罪范畴，对于涉嫌上述犯罪的犯罪嫌疑人、被告人，通常应当采取逮捕措施，但若有证据证实确无逮捕必要的，可酌情不捕，即以逮捕为常态、不捕为例外。但需要注意的是，对于某些严重危害国家安全或公共安全的犯罪嫌疑人，应当予以逮捕。

（3）“有逮捕必要”。在实践中如何正确把握批捕条件，对于“有逮捕必要”的认定是极为关键的。目前，理论界对于“有逮捕必要”的理解主要有以下观点：有论者认为，可以从以下方面考虑：从罪名性质把握，从犯罪地位把握，从犯罪情节把握，从犯罪后果把握，从认罪态度把握，从保证诉讼把握，对其他可能影响刑事诉讼活动顺利进行而有逮捕必要的。[①] 有论者列举了有逮捕必要的情形：犯罪嫌疑人是否有妨碍刑事诉讼活动的行为和可能，如逃跑、串供、毁灭或伪造证据、自杀等；犯罪嫌疑人是否有继续危害社会的行为，如继续进行犯罪活动，威胁、打击报复被害人、举报人等。同时，还需结合案件的具体情况综合判断，认为采取取保候审、监视居住等方法不足以防止发生社会危险性和达到侦查工作所要达到的预期目的才采取逮捕的强制措施。[②] 有论者从相反的角度提出了“无逮捕必要”的概念，具体条件包括形式要件（或然性条件）与实体性要求（必要性要件）两种类型，前者包括犯罪嫌疑人的行为必须构成犯罪，犯罪事实清楚、证据确实充分，犯罪嫌疑人认罪，可能判处徒刑以下刑罚的，等等；后者的关键因素主要是判定有无社会危险性及社会危险性是否严重。[③] 事实上，“有逮捕必要”涉及了较为复杂的可变因素，不仅包括对案件情况如犯罪性质、情节

① 邵义祖、张少林：《浅谈对“有逮捕必要”条件的把握》，载《人民检察》2005年第7期（上）。
② 张正海：《论如何把握逮捕条件》，载《法制与社会》2007年第10期。
③ 徐志高：《关于逮捕条件之一的“无逮捕必要”的法律思考》，载《检察实践》2005年第3期。

轻重的考察，还包括对证据情况、社会效果、帮教条件以及犯罪嫌疑人个人情况等方面的综合判断。因此，对“有逮捕必要”条件的理解应当根据相关的法律法规，结合案件及犯罪嫌疑人、被告人的具体情况进行综合考量。具体而言，确定犯罪嫌疑人、被告人有无逮捕必要，即确定其有无人身危险性及其大小，可以综合考虑以下因素：犯罪性质、犯罪情节、认罪态度、主体状况、社会管理与帮教条件、对诉讼的影响、是否遵守取保候审、监视居住规定。

此外，可考虑建立逮捕必要性证明制度，即按照相关法律、司法解释关于逮捕必要性的规定，侦查机关提请适用逮捕措施、人民检察院审查决定适用逮捕措施，除必须有证明犯罪嫌疑人涉嫌犯罪的必要证据外，还应当有能够证明犯罪嫌疑人有逮捕必要性的证据的制度。这些证据包括以下方面：证明犯罪嫌疑人受过行政和刑事处罚的材料、证明犯罪嫌疑人有其他恶习的材料、证明犯罪嫌疑人有妨碍诉讼行为的材料、证明犯罪嫌疑人具有继续实施犯罪行为可能的证据材料、证明犯罪嫌疑人不具备取保候审、监视居住条件的证据材料、证明对犯罪嫌疑人不采取逮捕措施可能发生社会危险性的其他情形的证据材料等。

（五）贯彻落实宽严相济的刑事政策

宽严相济刑事政策是我国当前的基本刑事政策，贯彻执行宽严相济刑事政策，是审查逮捕工作的基本要求，也是检察工作改革的应然之义。2006年12月28日，为了在检察工作中切实贯彻宽严相济刑事政策，最高人民检察院《关于在检察工作中贯彻宽严相济刑事司法政策的若干意见》明确规定了检察机关贯彻宽严相济刑事司法政策的指导思想和原则，要求检察机关建立健全贯彻该政策的检察工作机制和办案方式。就审查逮捕工作而言，该意见指出，严格把握“有逮捕必要”的逮捕条件，慎重适用逮捕措施，对于可捕可不捕的坚决不捕。

1. 贯彻落实宽严相济刑事政策的现状与问题。在批准逮捕工作中，贯彻落实宽严相济刑事政策存在以下问题：

（1）对宽严相济的把握不准。根据批准逮捕工作的基本性质，在审查逮捕工作中贯彻落实宽严相济的刑事政策落脚点就在于捕还是不捕的问题。目前，从宽严相济的角度来审视批捕工作的改革，虽然受传统报应与重刑主义观念的影响，探讨如何实施宽的政策是固然的重点，但是由于一些检察人员素质不高以及相关配套规定不完善等原因，实践中存在着该严不严，乱宽、滥宽的现象，即

“宽严不济”。

（2）对宽大刑事政策的执行标准不一。审查逮捕工作贯彻执行宽大刑事政策主要依照最高人民检察院《关于在检察工作中贯彻宽严相济刑事司法政策的若干意见》和《人民检察院审查逮捕质量标准》。这两份文件的规定较原则化，对检察机关处理具体案件的指导作用不强。为此，各地纷纷出台了大量的地方性标准，在无必要逮捕的适用标准、轻微刑事案件适用和解的程序、条件、范围等方面都没有统一的规则。值得注意的是，由于宽严相济刑事政策多是一些指导性的、笼统性的规定，而没有明确具体的要求，在适用上多依赖于司法人员的主观裁量，致使政策适用受人为控制的因素较大，对如何“从宽”不容易把握，增加了执法的随意性。

（3）缺乏相应的配套制度。检察机关对构成犯罪但无逮捕必要的犯罪嫌疑人作出不批准逮捕决定后，受害人因赃物没有追回、经济补偿不够或出于义愤往往会表示强烈不满，指责检察机关“打击不力”“放纵犯罪”，甚至误解检察机关办人情案、金钱案，由此引发申诉、上访，有的地方为了避免受害人及其家属的缠诉不得不作出批准逮捕决定。①

（4）侦查机关与侦查监督部门的工作衔接不够。在实践中，公安机关等侦查机关与检察机关的侦查监督部门在刑事司法理念上存在着较大的差异。对于侦查机关来说，逮捕率高，则工作成绩突出；逮捕率低，则工作成绩落后。作为刑事诉讼程序上游环节的侦查机关，出于维护稳定和综合治理的因素更侧重于“严厉打击”，而侦查监督部门侧重于贯彻法治理念，这就造成在同一个刑事诉讼链条上的相邻环节出现司法理念的差异，进而导致对宽严相济刑事政策适用的不同。②

2. 贯彻落实宽严相济政策的建议。由于贯彻宽严相济政策必然会在一定程度上增加检察官的自由裁量权，因此在完善立法和机制的同时，有必要加强相应的监督制约，其中最主要的是要加强对不捕权的监督，对于决定不捕的，应当建立由专人负责的备案及定期审查制度，防止出现关系案、人情案、金钱案。至于

① 钱学敏：《审查逮捕适用宽大刑事司法政策存在的问题及其对策》，载《西南政法大学学报》2007年第5期。

② 缪凌蓉、胡菲、邵方铿、黄元强：《宽严相济政策在审查逮捕阶段适用的实证分析》，载《浙江工商大学学报》2007年第6期。

如何贯彻落实宽严相济政策，我们建议从以下方面入手：

（1）明确宽严对象的划分标准。区别对待是贯彻宽严相济刑事政策的基础工作，具体到批准逮捕工作就是明确“有无逮捕必要”之条件，对应当宽处的对象尽量不捕，对应当严处的对象尽量逮捕，以此维护社会的和谐稳定。对于宽严对象在理论上的划分，我国理论界基本上不存在较大分歧。应当严处的对象是指严重犯罪以及一切犯罪中的从严情节，具体包括有可能被判处10年以上有期徒刑、无期徒刑或者死刑，社会影响十分恶劣，在一定时期内发生频度很高的案件等。[①] 应当宽处的对象则包括轻微犯罪以及犯罪中的从宽情节，具体包括有可能被判处管制、拘役或者3年以下徒刑的犯罪，刑法总则中规定可以或者应当从轻、减轻或者免除处罚的情节以及可以判处缓刑的情节，还有依据法理、人情应当从宽的情节，如轻微的过失犯或激情犯、真诚悔罪的偶犯和初犯、被害人有明显过错等。例如，对于未成年人、在校学生犯罪案件，坚持“教育、感化、挽救”的方针和“教育为主、惩罚为辅”的原则，慎用逮捕措施，做好帮教工作。[②] 基于目前的司法实际状况，我们建议，对于宽严对象的划分标准应当通过规范性文件的方式予以确立，严格限制检察官对不捕标准的自由裁量权，切实维护司法公正。

（2）完善审查逮捕阶段的刑事和解制度。刑事和解不能仅仅局限在起诉、审判阶段，在审查逮捕阶段亦应受到充分的重视。对于轻微刑事犯罪，在遵守法律法规的前提下进行刑事和解，得到被害人的谅解后，能不捕的尽量不捕。完善审查逮捕阶段的刑事和解制度，可以提升被害人在刑事追诉程序中的参与度，节约司法资源，也有助于化解社会矛盾，增进社会和谐。事实上，不少地方的检察机关已开始尝试对可能判处3年以下有期徒刑、拘役、管制的轻微刑事案件、未成年人犯罪等案件实行刑事和解，但由于在适用范围以及参加对象上缺乏统一规定，致使各地在对轻微刑事案件的犯罪嫌疑人和被害人进行刑事调解促成双方达成谅解上各施其法。我们建议，在条件具备的时候应该及时制定统一的操作规范。例如，检察机关对于公安机关提请批准逮捕的已经达成刑事和解协议的案

① 慕平、甄贞主编：《检察工作热点难点问题研究》，法律出版社2007年版，第229～233页。

② 缪凌蓉、胡菲、邵方铿、黄元强：《宽严相济政策在审查逮捕阶段适用的实证分析》，载《浙江工商大学学报》2007年第6期。

件，经审查认为刑事和解合法、真实、有效的，一般适用“无逮捕必要”不予批准逮捕；对于在报捕前没有达成刑事和解协议的案件，经审查认为具有刑事和解条件的，则告知双方当事人可以进行刑事和解，并留给当事人一定的和解时间，一旦达成刑事和解协议，对犯罪嫌疑人一般不予批准逮捕。

（3）完善轻微案件快速处理机制。对轻微刑事犯罪案件坚持少捕、慎捕原则，迅速作出处理决定，及时化解社会矛盾，是在批捕工作中贯彻宽严相济刑事政策的一个重要途径。通过实施快速处理机制，一方面达到了简化工作流程、缩短办案期限、节约司法资源、提高诉讼效率的目的；另一方面对于轻微案件的犯罪人来说也是一种从宽处理的表现。因此，有必要考虑建立统一的工作机制，保证快速处理机制的合法、有序运作。例如，可规定对被拘留的犯罪嫌疑人，公安机关应在 3 日内提请逮捕，无特殊情况不得延长至 7 日。检察机关审查批准（决定）逮捕犯罪嫌疑人时，已被拘留的，应当在 3 日内作出决定；未被拘留的，应当在 5 日内作出决定。

（4）完善不批捕案件说理制度。我国刑事诉讼法规定：“人民检察院对于公安机关提请批准逮捕的案件进行审查后，应当根据情况分别作出批准逮捕或者不批准逮捕的决定……对于不批准逮捕的，人民检察院应当说明理由，需要补充侦查的，应当同时通知公安机关。”但是，就检察机关对于不批准逮捕的案件说明理由，法律未作明文规定。为此，应建立完善不批捕案件说理制度，在侦查监督工作中杜绝仅凭经验、凭感觉决定的现象，促进检察人员对自己的决定作进一步的理性思考和深入审查，保证决定的准确性，防止出现差错。对因不具有逮捕必要性而依法不予批准逮捕的案件，侦查监督部门制作理由说明书时应详细解释犯罪嫌疑人不予羁押确实不致危害社会和妨害诉讼顺利进行的原因，可以从犯罪嫌疑人涉嫌犯罪的性质、情节、社会危害程度、可能受到的刑罚、认罪态度、平时表现等方面进行阐述。对有直接被害人的不捕案件，侦查监督部门要在作出不捕决定后积极协助、配合侦查机关向被害人说明不捕理由，耐心解释法律规定，准确表达刑事政策，消除其对逮捕工作的误解。加强不捕说理工作不仅没有增加检察机关的工作负担，反而能够改善执法工作质量，提高侦查机关的尊重和合作程度。

（5）建立科学的工作考核标准。在批准逮捕工作中贯彻宽严相济刑事政策，还应当要改革不够科学的考核机制，如对批准逮捕率不作硬性规定，而建立以逮捕必要性为内容的量化考核指标，在考核时多考虑案件的准确度以及解决矛盾、解决纠纷的能力，并建立相应的激励保障机制，使宽严相济的刑事政策真正得到体现。反之，如果一味地强调批捕率，就难以使及时缓解矛盾和化解纠纷作为批准逮捕工作的出发点和落脚点。

（6）探索对外来人口的平等对待机制。随着我国城市化进程的加快和人员流动的频繁，对外来人口犯罪适用宽严相济政策是审查逮捕工作的难点。这是因为，外来人口在本地没有固定的工作单位和住所，不符合取保候审、监视居住条件，难以保证诉讼顺利进行，加之目前我国对于流动人口的管理制度还不是很健全，使得在大多数情况下侦查机关对外来人口犯罪采取取保候审、监视居住具有很大的难度，在实践中缺少确保刑事诉讼活动顺利进行的措施。为此，应通过建立切实可行的制度，既保障外来务工犯罪嫌疑人的合法权益，又保证刑事诉讼的顺利进行，以最大限度增加无逮捕必要不予批捕的适用，最大程度地实现本地人、外地人的平等对待。在审查批捕时，对在当地有相对固定的工作单位或住所，或者在当地连续工作、居留时间 1 年以上的外来人员，其行为虽已涉嫌犯罪，但在其交纳保证金或提出保证人后，符合法定不捕条件的，依法不予批捕；在审查起诉时，对已被采取逮捕等羁押性强制措施的外来犯罪人员，经审查认为取保候审后不致发生社会危险性的，在其交纳保证金或提出保证人后，可以改变强制措施，予以取保候审。[①]

此外，还应探索完善外来犯罪嫌疑人的管理机制，通过与公安、法院、企业、社区等有关单位联系合作，落实对外来犯罪嫌疑人的管理。例如，对犯罪情节较轻，系初犯、偶犯，归案后认罪态度较好的外来犯罪嫌疑人，经与其暂住地的社区居委会或村委会联系，具体落实担保人员等。

（7）完善附条件逮捕制度。由于我国刑事诉讼法规定的逮捕条件较高，再加上实践中有不少人民检察院为了降低羁押率，确保案件能够“捕得了、诉得出”，对绝大部分刑事案件掌握的逮捕标准仍停留在“主要犯罪事实已经查清”的标准上，远远高于“有证据证明有犯罪事实”这一法定标准，从而导致一些社会危害性极大的案件，虽然侦查机关在短时间内掌握的证据符合逮捕的法定标准，但因实践标准过严，使得这些本应批捕的案件不能采取逮捕措施，从而影响

---

① 李仁生：《审查逮捕工作贯彻宽严相济刑事政策之途径》，载《中国检察官》2008 年第 8 期。

对犯罪的打击。附条件逮捕是指对于确有逮捕必要的重大案件的犯罪嫌疑人，已经查证属实的证据能够证明有犯罪事实，但定罪证据尚未达到确实、充分的程度的，检察机关在向侦查机关发出补充侦查提纲，列明需要查明的事实和需要补充收集、核实的证据的情况下，可以批准逮捕，并对侦查机关继续侦查情况和羁押的必要性进行定期审查，对于侦查羁押期限届满时仍未能达到要求的，或者经审查后认为没有继续羁押必要的，应当及时撤销逮捕决定。①

附条件逮捕意图达到两个效果：对证据不足的重罪案件，人民检察院可以在具备一定条件时予以批捕并且定期审查；对证据不足的轻罪案件，坚决不捕。②由此可见，附条件逮捕很好地体现了宽严相济刑事政策的精神内涵，严格区别对待一般刑事案件和特殊重大案件性质，既加大了对社会危害性较大的重大案件的查办力度，不姑息、不放纵；又通过案件分流避免错捕、乱捕现象的发生，有效地保障犯罪嫌疑人人权。尽管附条件逮捕制度本身仍有不少的争议，也存在许多需要进一步完善的地方，但作为一项能很好地体现宽严相济刑事政策基本内涵的创新机制，我们建议在重大案件的审查逮捕工作中应当重视对附条件逮捕制度的应用。当然，由于附条件逮捕仅仅是适用条件之证明标准有所不同，附条件逮捕与一般逮捕是原则与例外之关系，它不应成为检察机关适用逮捕的常态方式，而是在慎重基础上予以重视。③

六、刑事审查起诉的创新和完善④

刑事案件经侦查机关侦查终结移送起诉后，检察机关对该案进行全面审查以决定是否起诉，即是否将犯罪嫌疑人提交人民法院审判，这种程序在诉讼理论上被称为“审查起诉”。⑤ 在刑事诉讼活动中，审查起诉是连接侦查和审判的中间环节，正确、充分地行使审查起诉权，直接关系到检察机关职能作用发挥的好坏

---

① 苗生明、王传：《附条件逮捕定期审查制度若干问题研究》，载伦朝平、甄贞主编：《附条件逮捕制度研究》，法律出版社 2008 年版，第 7～8 页。

② 汪建成：《附条件逮捕改革述评》，载《烟台大学学报（哲学社会科学版）》2009 年第 10 期。

③ 宋毅、余浩：《北京市人民检察院第二分院附条件逮捕案件分析》，载《国家检察官学院学报》2008 年第 6 期。

④ 原文为樊崇义主编：《走向正义——刑事司法改革与刑事诉讼法的修改》（中国政法大学出版社 2011 年版）第三章第六题，原名为《审查起诉制度的完善》，系与杜邈合作撰写。

⑤ 陈光中主编：《刑事诉讼法（新编）》，中国政法大学出版社 1996 年版，第 320 页。

和对案件当事人合法权益的维护。正是由于审查起诉在刑事诉讼中承上启下的这种特殊地位，长期以来都是理论与实践关注的热点问题。随着司法体制改革的不断深化，审查起诉工作在遵从刑事诉讼活动规律和保障人权方面还存在进一步的完善空间。

（一）提前介入制度

审查起诉阶段的提前介入，是指公诉部门在必要时对尚未移送起诉的案件，提前到侦查阶段了解案情、掌握证据，为案件移送后准确、及时地起诉做好准备，同时对侦查活动实行监督，协助侦查机关严格依法办案。

1. 提前介入制度的现状与问题。检察机关的提前介入是从法律监督职能出发，为完善刑事案件监督机制、提高办案质量而进行的一项刑事司法改革举措，也是当前检察理论和司法实践工作中研究、探索的重要问题。检察机关的提前介入最早产生于1983年的“严打”斗争，其指导理念经历了“依法从重从快”到“强化法律监督”的历史转变。2002年5月15日至18日，最高人民检察院召开了全国刑事检察工作会议，会议提出了“坚持、巩固和完善‘适时介入侦查、引导侦查取证、强化侦查监督’的工作机制”等四项改革措施。[①] 近年来，最高人民检察院和各地人民检察院也在积极试行和完善提前介入制度，以加大法律监督的力度。例如，最高人民检察院对建立职务犯罪侦查工作新机制提出了改革措施：在内部监督机制上建立与侦查监督、公诉部门相互协作配合的工作机制，对重大、疑难案件，侦查部门准备报捕、侦查终结前，经检察长批准，可以要求侦查监督、公诉部门提前介入，将案件移送审查逮捕、起诉后，要搞好跟踪配合。主要是详细介绍案件有关情况，按要求补充完善证据，就案件事实、证据、定性等问题向侦查监督、公诉部门提出研究意见，必要时派员旁听法庭审理。这就将检察机关内部监督机制具体化、明确化，为公诉部门提前介入侦查部门的侦查活动，履行内部监督权提供了可操作性强的依据。一些地方人民检察院还提出引导侦查取证的“三三制”，即“坚持三个延伸、实行三项跟踪、明确三段责任”等。[②]

提前介入制度作为检察系统内部的一种工作方式，通常适用于大要案和关注

① 庞海云、李忠强：《论检察引导侦查机制的健全与完善》，载《经济与社会发展》2007年第4期。
② 牛学理：《从“三三制”到检察“引导侦查”》，载《检察日报》2002年7月15日，第4版。

度高的案件。然而，提前介入制度仍存在诸多问题，导致理论出现争议，实践做法不够规范。

（1）法律依据不明确。我国立法对提前介入制度没有明确的、统一的法律依据，尽管我国刑事诉讼法和司法解释已经涉及这方面的内容，但是这些规定都较为笼统，法律上没有明确赋予检察机关在审查起诉阶段提前介入的具体职责和权限。例如，1996 年刑事诉讼法第 66 条规定："公安机关要求逮捕犯罪嫌疑人的时候，应当写出提请批准逮捕书，连同案卷材料、证据，一并移送同级人民检察院审查批准。必要的时候，人民检察院可以派人参加公安机关对于重大案件的讨论。"第 107 条规定："人民检察院审查案件的时候，对公安机关的勘验、检查，认为需要复验、复查时，可以要求公安机关复验、复查，并且可以派检察人员参加。"另外，《人民检察院刑事诉讼规则》第 383 条也规定"人民检察院根据需要可以派员参加公安机关对于重大案件的讨论和其他侦查活动，发现违法行为，应当及时通知纠正"。

（2）缺乏具体的操作规范。由于提前介入制度没有统一、具体的操作规程，介入的范围、人员、时间、效力、程序等内容没有相应的制度加以规范，多是依赖各地的内部规定以及检察官的个人工作风格。由于各地协作水平不一、检察官的业务水平参差不齐，导致提前介入工作具有很大的随意性，影响了法律监督的实际效果。在实践中，主要存在两种错误倾向：有的地方提前介入的范围被人为地扩大，对许多普通刑事案件，只要公安机关提出要求，人民检察院一般都会派员参加，甚至把提前介入作为一项内容列入考核范围，从而出现片面追求介入数量、导致全面介入的情形；有的地方模糊了公、检之间的权力分工界限，公安机关稍有些"吃不准"的案件就"请示"检察机关，如检察机关不予认可，就不愿再做深入细致的工作。这种过于依赖检察机关"表态"的倾向，不利于公安侦查人员发挥主观能动性，也不利于查明余罪、深挖新罪。尤其是对公安机关最终未报捕的案件，因为没有经过不批准逮捕的诉讼程序，公安机关不可能提出复议复核；而人民检察院因为公安机关没有提请批准逮捕，也就不可能追捕追诉，从而大大降低了检察、公安互相制约功能的发挥。①

（3）缺乏相应的监督制约。有的地方由单人进行提前介入，如果检察人员素质和业务水平参差不齐，就难以对提前介入中提出的意见进行监督。一旦出现

---

① 毛晓玲：《检察机关提前介入中的问题及对策》，载《法学》1998 年第 11 期。

差错，就会直接影响审查起诉阶段的案件质量，容易出现工作不负责任或者任意执法、滥用法律赋予的权力，甚至出现人情案、关系案等现象。

2. 提前介入制度的完善。提前介入制度作为检察机关履行法律监督职能的一种重要手段，在审查起诉工作中发挥着越来越重要的作用。我们建议，应从以下方面对提前介入制度进行完善。

（1）明确相关立法及司法解释。可在刑事诉讼法和《人民检察院组织法》中明确规定人民检察院的侦查监督部门以及公诉部门可分别提前介入参与公安机关的侦查活动，行使对侦查活动的监督权。此外，可以由最高人民检察院制定全国范围内的规范性文件对提前介入的时间、任务，提前介入的方式、程度，提前介入的案件范围等作出统一的具体规定，在适当时机也可将该规定上升为法律规范，为提前介入制度提供更有力的法制保障。

（2）构建完备的提前介入程序。在审查起诉环节，提前介入的任务以巩固证据体系为主，即由重视个体证据过渡到对证据锁链与体系的关注，注重证据之间的关联性和证据体系的建立，同样也要关注是否存在侦查违法行为，充分发挥法律监督职能。主要明确以下方面：一是提前介入的范围。鉴于目前我国司法资源紧缺的现状，并非所有案件的侦查活动都需要检察机关介入引导，否则容易造成不必要的资源浪费。要结合社会治安状况和追诉工作的需要，从案件类型、性质、社会危害性程度等因素来综合考虑。应以重大复杂、新型犯罪、群体性事件、在当地影响较大的案件为主，其他案件为辅。① 二是提前介入的启动。提前介入制度的前提是诉侦双方对案件信息的顺畅沟通。侦查机关受理了符合提前介入范围的案件后，自立案时起，就应通知检察机关。公诉部门在提前介入的启动模式上不仅可以依侦查机关请求，还可以通过其他方式了解案件信息，主动要求提前介入，如案件当事人反映、媒体披露、上级检察机关指示、上级领导关注、社会反响强烈等。公诉部门发现需要提前介入的案件后，可以在立案后以书面文书的形式及时通知

---

① 我们建议，下列案件可以由检察机关提前介入：（1）故意杀人、故意伤害致人重伤或死亡、抢劫、贩毒、绑架、强奸、放火、投毒等社会危害性较大的案件；（2）有关恐怖组织、黑社会性质的有组织犯罪案件；（3）危害范围较广、团伙、跨区结伙的案件、当地有重大社会影响的案件；（4）重大、疑难的自侦案件；（5）案情复杂的经济犯罪案件；（6）可能判处死刑的案件；（7）通知公安机关立案侦查的案件；（8）犯罪涉及面广，取证困难的重大复杂案件；（9）侦查机关要求以及检察机关认为有必要引导的其他重大案件。参见黄理文、李淑丽：《关于提前介入制度若干问题的探讨》，载《湛江师范学院学报》2009 年第 4 期。

侦查机关，要求其给予配合。此外，在条件允许的情况下，可考虑建立重点案件的备案制度，侦查机关在受理案件、立案、破案后，应当将相关材料抄送检察机关备案，便于检察机关了解案件，作为提前介入侦查的决策参考。[①] 三是提前介入的时机。提前介入的关键在于选择科学的、合适的时机，即提前介入侦查活动的时机应以是否有确定的犯罪嫌疑人为界限。在此之前，案件属于侦破阶段，并非公诉人知识和经验所能发挥作用的领域，故不宜介入。而且，过多、过早地介入侦查容易受侦查思维的负面影响，不易保持一种相对中立的态度，甚至可能导致对证据事实的错误判断。[②] 值得注意的是，对于诱惑侦查的特殊情况，在侦查机关作出实施诱惑侦查的决定之前，要主动提前介入，进行事前监督把关。在诱惑侦查的过程中，要与侦查机关保持密切联系，进行动态跟踪监督，及时制止适用中出现的过激行为。在审查起诉此类案件时，还应把牢案件的证据关和质量关，遵循适用诱惑侦查的合理规则，排除违法收集的证据，对发现的相关问题及时反馈给侦查机关（部门），督促其纠正和弥补。四是提前介入的程度。提前介入的程度是指对提前介入工作的限制，即不能超越审查起诉与侦查这两种不同职能之间的界限。在我国现行司法体制框架下，要明确提前介入是“参与”而不是“代替”，是“提前熟悉”而不是“正在办理”。公诉部门提前介入的案件，由于还处在侦查阶段，介入人员在侦查活动的各种笔录上不必签名。但检察人员应将参与侦查活动的情况，另行记录附卷，以备查阅。对于发现的侦查违法行为，应及时提出监督纠正意见。[③] 五是提前介入的方式。根据我国刑事诉讼法和相关司法解释规定，应对提前介入的方式予以严格限定：了解案件的基本情况及公安机关内部的意见，做好审查起诉的准备工作，加快起诉速度；运用检察职能对侦查活动是否合法进行及时有效的监督，如列席现场勘验、搜查、检查、扣押，旁听讯问犯罪嫌疑人、询问被害人、证人等；对案件证据的收集、固定进行适度引导，提前介入的人员在引导侦查时，只能通过对案件中证据的证明力进行分析，对证据的补充和完善提出建议来引导侦查的方向，而不能越权操作。六是提前介入的终结。侦查机关将案件移送审查起诉，提前介入程序自然终结。另

---

① 邓思清：《检察权研究》，北京大学出版社 2007 年版，第 402 页。

② 熊正：《提前介入侦查须把握好时机及程序》，载《检察日报》2007 年 6 月 27 日，第 4 版。

③ 李志华：《人民检察院的“提前介入”应在法律中明确规定》，载《法学评论》1988 年第 3 期。

外，其他导致提前介入程序终结的情形还有：侦查机关主动撤销案件，犯罪嫌疑人被决定劳动教养等。案件提前介入程序终结后，提前介入的人员应将过程写成书面材料备查。具体而言，提前介入过程中形成的所有材料，在案件起诉的情况下，纳入起诉案卷的副卷；在其他情况下，独立装订成副卷备案。[①]

3. 加强对提前介入的监督。加强对提前介入的监督主要包括两个方面内容：一方面，在人员构成上，检察机关派出介入侦查活动的人员一般应不少于两人，其中要有一名检察员或助理检察员，必要时由业务部门负责人甚至检察长参加，上级检察机关也可与下级检察机关一起提前介入。另一方面，我们建议，在权力配置上，提前介入案件的后续审查起诉工作应当继续由提前介入的检察人员承担。[②] 这是因为，提前介入的主要目的是为了引导侦查机关合理取证、加强对侦查活动的监督，实际上不会对审查起诉工作造成较大的负面影响。如果由其他检察人员对案件进行审查起诉，势必需要重新审查材料、了解案件情况，不利于提高诉讼效率。

（二）补充侦查制度

在审查起诉阶段，补充侦查是指在初次移送起诉前之侦查的基础上，对案件的事实再次进行侦查和收集证据的刑事诉讼活动。补充侦查制度包括检察机关要求补充侦查制度和检察机关自行补充侦查制度两部分内容。补充侦查制度是由检察机关的固有性质所决定的，也是我国刑事诉讼活动现实状况的必然需求。虽然该制度还存在一定的问题，但总体上有利于实现刑事诉讼的目的，保证准确、及时地查明犯罪事实，正确适用法律，保证无罪的人不受刑事追究。因此，改革和完善补充侦查制度具有十分重要的意义。在国家监察体制改革之后，在对监察机关移送起诉案件进行审查起诉时，如何进行补充侦查，更是具有研究的重要意义。

1. 补充侦查制度的现状与问题。目前，理论界就我国是否需要保留补充侦查制度以及保留何种补充侦查措施等问题存在着一定的争议。例如，有论者建议

① 天津市北辰区人民检察院课题组：《检察机关提前介入问题研究》，载《河北法学》2009 年第 3 期。

② 理论界对于提前介入的检察人员是否可以继续承担该介入案件的审查起诉工作有不同的看法。有的观点认为，审查起诉应实行谁介入谁承办的原则，也有论者认为这样实际上是将提前介入的检察人员与审查起诉者合二为一，审查起诉这两道法定防错屏障也就随之拆除，不能确保案件质量。参见熊正：《提前介入侦查须把握好时机及程序》，载《检察日报》2007 年 6 月 27 日，第 4 版。

取消检察机关自行补充侦查的规定，认为其存在诸多弊端，如难以查清和突破案件，容易滋长侦查机关的懈怠情绪，侦查机关正好可以借以推诿自身承担的职责；同时，证据的收集职能与审查运用职能相混淆，使得职责分工变得不明确。[①] 从国际范围来看，大陆法系国家一般实行不同程度的检警一体模式，检察机关具有对侦查活动指导、指挥的权力，因此检察机关对于侦查机关移送审查起诉的案件具有当然的补充侦查决定权或者在侦查机关的协助下自行补充侦查；英美法系国家的侦查机关与检察机关实行检警分离的模式，警察负责案件的侦查工作，而检察官负责起诉案件，如果他认为案件的证据不能达到起诉的标准，就可以要求警察补充侦查，但对这一要求警察没有绝对服从的义务。我们认为，就补充侦查制度的完善而言，必须结合我国的刑事立法和司法实践进行考量。当前我国的“分工负责、互相配合、互相制约”的检警模式与西方国家的检警模式存在一定的差异。因此，审查起诉阶段补充侦查制度之完善不能简单、盲目地主张实行检警一体化来解决问题，应该在我国实际司法状况的基础上，认真分析问题，进而找到应对之策。总体看来，我国的补充侦查制度存在以下问题。

（1）补充侦查制度的法律依据不明确。我国刑事诉讼法虽然确立了补充侦查制度（退回补充侦查制度和自行补充侦查制度），但是对于退回补充侦查和自行补充侦查的范围却缺乏明确的规定，即对哪些情况需要退回补充侦查，哪些情况可以自行补充侦查规定不明确，因而影响了补充侦查制度的正确适用。[②] 在司法实践中，当检察机关遇到需要补充侦查的情况时，一般都是直接退回补充侦查，自行补充侦查的情形很少，因而导致两种补充侦查形式的适用比例严重失衡。[③] 其原因主要包括：一是检察机关对于职务犯罪以外的普遍刑事犯罪，在侦查人员、设备、技能等方面存在较大的障碍，难以收集到相应的证据以完成补充侦查任务；二是部分检察人员存在惯性思维，一旦遇到证据不足、需要补充侦查的情况，首先想到的就是退回公安机关；三是自行补充侦查需要占用检察机关审查起诉的期限，因而检察机关一般不愿意自行补充侦查。

（2）补充侦查制度容易被滥用，有侵犯犯罪嫌疑人权利之虞。在一些地方，

---

① 周葵、吴丽环：《刑事诉讼中补充侦查措施检讨》，载《检察日报》2004 年 5 月 26 日，第 4 版。

② 黄烨：《论补充侦查制度》，载《中国刑事法杂志》2005 年第 4 期。

③ 周萃芳：《关于北京市检察机关审查起诉阶段补充侦查进行情况的调查报告》，载《中国刑事法杂志》2002 年第 3 期。

公安侦查部门与起诉部门之间互相借时间，侦查人员对退补案件不够重视，退而不补的现象经常发生。例如，侦查人员由于初期侦查工作不细致、案件质量不尽如人意勉强移送审查起诉，或由于案情复杂、疑难、重大，用完了侦查阶段的申请延长期限，侦查结果仍然达不到移送审查起诉标准，只得利用退补时间继续侦查。一些起诉人员可能由于案件积压，审查起诉时间紧张而将案件退补，或是在季末、年末将退补作为一种规避考核的办法，违背了刑事诉讼法设计补充侦查制度的立法目的。事实上，此时的犯罪嫌疑人绝大多数都被采取了逮捕措施而处于被羁押状态，正是这种相互“踢皮球”的做法造成了许多超期羁押的现象，严重侵犯了犯罪嫌疑人的人身自由。

（3）补充侦查制度的效果有待加强。当检察机关将案件退回补充侦查时，侦查机关有时屡退不查或补查不力。例如，敷衍了事，不严格按照检察机关制作的退回补充侦查提纲的要求尽责补查，以工作说明替代具体的补侦措施；有的甚至对退回补充侦查有抵触情绪，以“无法查清”为由应付检察机关；有的在获得犯罪嫌疑人口供后，认为侦查任务已经完成，不注意对关键证据有支撑作用的间接证据的收集，使现有证据不能形成完整的证据链。①

（4）补充侦查的相关法律文书不够规范。一是检察机关对案件的退补条件认识不一，补侦提纲条理不清、用词不当，补侦目的不明确，过于概括、笼统，未予以说明具体需补侦事项等问题，影响了补充侦查的质量。二是公安机关补充侦查完毕后，重新移送时缺乏必要的法律文书，检察机关难以掌握补查的经过和结果，影响审查起诉工作。三是部分检察机关除了采用法定的退补程序外，往往以“函退”方式规避法律对退补两次的规定。

2. 补充侦查制度的完善。鉴于补充侦查制度尚存在诸多问题，应从以下几个方面进行完善，加强对犯罪嫌疑人的权利保护，确保刑事诉讼活动的顺利开展。

（1）完善法律及相关司法解释。刑事诉讼法应明确规定补充侦查适用的条件，即检察机关在什么情况下才能退回补充侦查，什么情况下可以自行侦查，这

① 黄文臻：《浅析审查起诉阶段补充侦查存在的问题与对策》，载《湖湘论坛》2006 年第 3 期。

样既避免了检察机关随意启动补充侦查程序，同时也是对侦查机关的监督与限制。[①] 对于退回补充侦查的条件，有观点建议从程序缺陷、事实不清、证据不充分、遗漏犯罪事实或遗漏嫌疑人等方面具体设计。[②] 我们认为，这样的初步设计是合理的，但在退回补充侦查的问题上还必须坚持必要性原则，即在检察机关难以完成补充侦查任务时，才能退回补充侦查，这样可以提高诉讼效率，节约有限的司法资源。对于自行补充侦查，由于检察机关的条件所限，可以从以下几个方面考虑：案件事实基本查明，证明案件的基本证据已经获取，只有个别案件事实尚未查明，或者有个别证据尚未获取或存在矛盾，为确保庭审效果，可以有针对性地进行补充侦查；此外，对一些程序性的事项也可以进行补充侦查。

（2）强化补充侦查的效果。我国侦控关系模式是建立在刑事诉讼法所规定的“分工负责、互相配合、互相制约”原则的基础上的，但我国目前检察机关的监督地位没有得到充分体现，在不能实行检警一体化的前提下，有必要在侦控关系方面适当提升检察机关的地位，加强对侦查机关的监督与制约。一方面，建立完善的退回补充侦查案件跟踪监督制度。检察机关对移送审查起诉案件决定退回补充侦查后，通过建立跟踪监督卡，监督侦查机关的补查期限、补查质量等以保证退查案件能按期重报审查起诉，有效地解决补查不力、退而不查甚至悬案不报等失去监督的现象发生。[③] 另一方面，加强检察机关对侦查人员懈怠补充侦查的监督。根据我国现行法律规律规定，除非构成犯罪，检察机关无权对侦查人员进行监督和制裁。我们建议，应赋予检察机关对懈怠补充侦查人员的惩戒建议权，这种权力不具有强制性，可通过相关的协调机制得以贯彻落实。

（3）规范补充侦查的法律文书。一是规范检察机关退回补充侦查提纲。补充侦查提纲是检察机关引导侦查机关的有效途径，应包括以下内容：①原侦查存在的事实、证据缺陷、需要弥补的环节；②补充侦查的方向；③补充侦查的证据要求及所要达到的目的；④结合案件性质及犯罪构成要件详细列出补充侦查的具体细节。只有如此，侦查人员才能迅速领会意图，有针对性地进行补充侦查，减

---

① 同时，应制定明确、统一的起诉标准和刑事证据规则，而且这些标准与规则应当被侦查人员与起诉人员所熟知，这样可以有的放矢地提请移送起诉、提起公诉，确保案件办理的质量，提高刑事诉讼活动的效率。

② 周苹芳：《关于北京市检察机关审查起诉阶段补充侦查进行情况的调查报告》，载《中国刑事法杂志》2002 年第 3 期。

③ 陈伦钊：《新刑事诉讼法实施以来退回补充侦查的调查》，载《中国刑事法杂志》1999 年第 3 期。

少屡查不清的情况。二是规范侦查机关《补充侦查报告书》。在《补充侦查报告书》中，侦查机关应将检察机关所要求的补侦事项、补侦要求予以列明；对于无法查清的补侦事项，应该具体予以说明。此外，在现有体制下，进一步规定一系列可操作的补充侦查“实施性规则”，如将补充侦查监督的方式或方法具体化、规范化，建立补充侦查情况报告制度、补充侦查结案制度等。①

（4）加强对犯罪嫌疑人及其辩护人的权利保障。具体而言，应保障犯罪嫌疑人的知情权，检察机关应当在作出退回补充侦查决定后 3 日内，书面通知并告知犯罪嫌疑人及其辩护人作出这一决定的事实和理由。此外，检察机关决定将案件退回补充侦查时，应保障辩护律师复印全案材料的权利，以保护犯罪嫌疑人的合法权利。②

（5）修订不科学的考核指标。当前，对不起诉率进行比例控制的做法存在一定弊端，不仅容易束缚办案人员的手脚而使法律规定得不到充分贯彻，而且浪费诉讼资源，产生一系列负面效应。由于受“不诉指标”的影响，一些案件被不断地通过各种方式退回补充侦查。因此，应进一步完善“不诉指标”，使各级检察机关依法充分行使职权，及时终止一些确无继续侦查价值案件的诉讼程序。

（三）主诉检察官制度

主诉检察官制度，是指在检察委员会和检察长的领导下，以一名检察官为主，辅之以数名助理检察员、书记员组成办案组，依法相对独立地承担刑事案件的审查起诉和出庭支持公诉工作的内部办案制度。③ 如何正确认识主诉检察官制度，完善主诉检察官制度以适应新时期检察工作的要求，一直以来都是检察改革的关注焦点和难点。

1. 主诉检察官制度的现状与问题。主诉检察官制度是最高人民检察院根据党的十五大提出的关于推进司法改革，从制度上保证依法独立行使检察权的要求和适应刑事诉讼法对刑事诉讼制度、刑事案件庭审方式改革的需要而采取的重大举措。2000 年 2 月 1 日，最高人民检察院通过了《关于在审查起诉部门全面推行主诉检察官办案责任制的工作方案》（以下简称《方案》），在统一公诉职能的

① 王册、川志军：《我国补充侦查制度》，载《中国刑事警察》2004 年第 2 期。
② 黄烨：《论补充侦查制度》，载《中国刑事法杂志》2005 年第 4 期。
③ 彭真军、黄鹏：《当前主诉检察官制度改革中存在的问题和对策》，载《当代法学》2002 年第 8 期。

责任机制、权力机制和效益机制的基础上，对公诉制度中的承办人审阅、科室负责人审核、检察长审批或检察委员会讨论决定的“三级审批制”进行改革，把原来由检察长和公诉部门负责人行使的案件决定权有条件地大部分授予主诉检察官，并由其相对独立地承担相应的责任。由此可见，主诉检察官制度是一项权力责任相统一的制度，不仅仅是主诉检察官的选任制度或是办案制度，而是“办案制度”与“主诉检察官选任制”的结合体。[①] 不仅有利于强化检察权的司法属性，体现检察官相对独立性，而且开创了审查起诉工作的新局面。作为一项新生事物，各地的主诉检察官制度改革尚处于探索阶段，在推行该制度的过程中产生了诸多问题。

（1）主诉检察官独立性不强。作为一种新的办案机制，主诉检察官制度就是要依法强化检察官的个体权力，淡化传统办案机制的行政化色彩，这是在对新办案机制和传统机制利弊考量的基础上所作的价值选择。但是，在主诉检察官制度实施过程中，一些地方仍受传统思维和习惯做法的禁锢，没有充分发挥主诉检察官的积极性和主观能动性。[②] 例如，有的地方受到官本位的思想影响，或是害怕承担风险责任，或是不放心主诉检察官的权力行使，在实行改革过程中“放了又收”或“明放暗不放”，使主诉检察官在实践中不能充分行使权力，未能体现主诉检察官制度的优越性。

（2）主诉检察官的素质参差不齐。根据《方案》的相关规定，主诉检察官制度采取“主诉检察官应当从检察员中选任”的方式，综合考虑“政治表现、学历、工作经历、工作能力等方面的基本条件”，选任具体方式实行资格考试和考评相结合，资格考试分为书面考试和能力测试。但在实践中，由于受我国检察人员整体素质状况的制约，都不可避免地遭遇改革“瓶颈”，有的地方将主诉检察官的条件放宽，无论是否具备本科学历、是否具有公诉人工作经历都予以任命；有的地方因检察官资源缺乏，只要取得资格就一概任命，致使“全员主诉”；有的地方不是在全院范围内公开竞聘，而是以指定的形式产生主诉检察官，造成主诉检察官的产生具有随意性。此外，从公诉队伍状况看，公诉部门人员短缺，优秀公诉人才储备不足，也造成了主诉检察官队伍素质参差不齐的状况，影

① 黄伟：《我国主诉检察官制度研究》，苏州大学 2006 年硕士论文，第 5 页。
② 李迅华：《主诉检察官监督制约机制的建立》，载《改革与战略》2004 年第 7 期。

响了主诉检察官制度的健康深入发展。①

（3）主诉检察官的责、权、利不够统一。所谓责、权、利一致原则就是赋予主诉检察官办理一定案件的职权，同时负有相应的责任，享受一定的待遇。但在主诉检察官制度试行过程中，主诉检察官可行使的职权过于狭窄，过分集中于起诉权，而对抗诉、追诉以及监督权却只字不提，而且待遇相当微薄，无法真正体现多劳多得的分配原则。责、权、利的严重失衡，极大地损害了主诉检察官的积极性和主动性。②

（4）缺乏有效的监督制约机制。主诉检察官制度缺乏有效的监督制约机制，致使运作不够规范的问题已成为主诉检察官制度深入推进的“瓶颈”之一。第一，主诉检察官选任程序不够规范，有的地方主诉检察官的选任只“走形式、走过场”，导致主诉检察官整体素质参差不齐；第二，主诉检察官管理制度不够严格，考核、监督工作滞后，有的地方缺乏机构及业务骨干资源稀缺而不可能配置到相应的监督岗位；第三，主诉检察官的授权范围不一，使各地主诉检察官的职权不尽相同，加大了考核的难度。以上表现都反映了一个共同的问题，即对主诉检察官管理中的监督制约机制的缺失，已严重阻碍了主诉检察官制度的发展。③

（5）配套制度不协调，导致改革难以深入进行。主诉检察官制度的推行是一项复杂的系统工程，它对检察机关内部的机构、人事、经费保障等制度改革都提出了更为迫切的要求，同时配套制度的完善是主诉检察官制度正常运作的有力保障。而配套制度的不协调，也导致了一些地方的主诉检察官制度流于形式。有的地方为了应付检查或追求政绩，盲目推行新办案机制，几个公诉部门的正副职摇身一变，成为主诉检察官，每月发几十元津贴，其他基本不变。④

2. 主诉检察官制度的完善。鉴于主诉检察官制度在实践中存在的问题，有必要在总结经验的基础上进一步加以完善，以科学、合理地构建具有中国特色的主诉检察官制度。

（1）明确主诉检察官制度的法律依据。就主诉检察官的任命而言，检察官

① 张永会：《深化主诉检察官办案责任制度的思考》，载《中国检察官》2006年第6期。

② 林贻影、滕忠：《完善我国主诉检察官制度的法律思考》，载《福建政法管理干部学院学报》2000年8月第3期。

③ 孙谦：《检察改革、检察理论与实践专家对话录》，法律出版社2002年版，第71页。

④ 李光甫：《主诉检察官制度的发展与完善》，载《检察实践》2004年第2期。

的任免是按照法律规定的权限和程序，由各级人民代表大会及其常委会和各级人民检察院检察长作出的关于任命和免除检察官职务的决定，这是由法律规定的一种法律行为。就主诉检察官的办案权限而言，《人民检察院刑事诉讼规则》第4条规定了“人民检察院办理刑事案件，由检察人员承办，办案部门负责人审核，检察长或者检察委员会决定”的办案制度。主诉检察官制度与上述规定显然不尽一致。此外，有关主诉检察官的组织形式、职责范围、考核与奖惩规定等，都应当与《人民检察院组织法》与《检察官法》尽快接轨，以保证主诉检察官制度有法可依，使主诉检察官制度纳入到法律化、规范化、制度化管理之中。[①]

（2）规范主诉检察官的选任制度。就主诉检察官制度而言，检察官职业素质的参差不齐已成为改革全面铺开、深入推进的“瓶颈”。我们建议，可以尝试从以下几个方面解决这个问题：一是明确主诉检察官的参选条件。主诉检察官选任标准的混乱，不利于主诉检察官的选任、培养及工作的有效开展。具体而言，应当从政治品德、专业素养、工作经验等多方面来综合制定明确之标准，把好选任关。同时，应制定严格的选拔程序。选拔方式采取资格考试与考核相结合，资格考试可分为书面考试和口头面试，建议对法学理论、公诉实务等方面进行考察，对参考人员进行较为客观的综合评估。通过主诉检察官资格考试的检察员，经本院检察官考评委员会考核合格的，经过一段时期的试用期，在试用期内未发现不能担任主诉检察官工作的，由本院检察长确定为主诉检察官。[②] 二是实行预备主诉检察官制度，建立健全主诉检察官人才梯队。在大力发挥主诉检察官作用的同时，为一些具有良好素质和较高专业知识、办案能力强，但一时尚不具备检察员条件的优秀助理检察员创造条件，使其尽快成长。尽量保证优秀的助手有机会获得必要的出庭机会，以积累出庭经验，并通过专家授课、岗位练兵、情景模拟等方式提高业务水平，进而逐步具备主诉检察官所必需的素质。三是实行主诉检察官的等级制，以保证主诉检察官队伍的不断发展与进步。除了设置必要的条件之外，应对各级主诉检察官规定一定的出庭公诉数，并听取法官的意见。对各等级主诉检察官，在物质待遇上应体现等级化，并拉开差距。

（3）贯彻责、权、利有机统一的原则。主诉检察官制改革是“放权给检察

---

① 彭真军、黄鹏：《当前主诉检察官制度改革中存在的问题和对策》，载《当代法学》2002年第8期。
② 季刚、刘晶：《公诉改革的理论与实践》，中国检察出版社2006年版，第68页。

官”的改革，它使检察官真正成为行使检察权的相对独立的主体，通过责、权、利有机统一，就能够调动检察官的办案积极性和创造性。目前，很多地方在推行主诉检察官制度过程中存在的问题，就是无法做到责任、权力与权利相统一，往往是有职务无权力，或是有职务无权利。因此，在明确主诉检察官制度的法律依据后，对主诉检察官应真正做到“隆其地位、优其待遇”：一方面，应赋予主诉检察官以提起公诉、出庭公诉、适用简易程序、第一次退回补充侦查、要求人民法院延期审理等事项的决定权，以及变更案件管辖、不起诉、撤回起诉等事项的一定决定权。同时，根据其权力的大小确定其所负责任的范围，如果在办理案件过程中有徇私舞弊、滥用职权等故意行为或重大过失造成错案的，应当承担相应的责任。另一方面，要切实提高主诉检察官的待遇，建立主诉检察官激励机制，实行单独的工资等级和标准，对办案有功或考核优秀的，要按规定予以奖励，并作为立功、优先晋级、优先培训、升迁考察的重要依据。

（4）强化主诉检察官的监督机制。推行主诉检察官制度不是简单地下放权力，还必须有相应的监督制约机制。为了确保主诉检察官制度沿着公正、效能的轨道良性发展，检察机关内外部必须有较为严格的监督制约机制来节制、约束、管理主诉检察官，防止权力的滥用和失控。具体应做好以下工作：一是加强上下级的监督制约。对于重大、复杂、疑难案件，应要求主诉检察官向部门负责人、检察长乃至检察委员会进行汇报，必要时讨论作出决定。同时，应该为主诉检察官配备两名助理检察官，这样既能提高工作效率，又能起到共同把关、减少错误的效果。此外，主诉检察官作出的实体性决定等仍需要备案，可设立专门的内部机构负责备案、把关工作。二是严格主诉检察官的考评制度，建立纪律监察档案和业务考核档案。建立主诉检察官考评小组，定期或不定期地对主诉检察官进行考核，监督其正确行使职权；同时，建立主诉检察官的退出机制，对于连续两年考核不合格的或者有其他违法违纪行为的，取消其主诉检察官资格。三是就主诉检察官建立专门的投诉或质询机构。办案组成员、主诉检察官之间，以及相关业务部门及其工作人员发现主诉检察官有违法违纪现象的，可以向专门机构反映；人大、政协与有关机关也可以通过专门机构对主诉检察官进行监督；人民群众对主诉检察官的违法违纪行为，可以向专门机构进行投诉。①

① 彭真军、黄鹏：《当前主诉检察官制度改革中存在的问题和对策》，载《当代法学》2002 年第 8 期。

值得注意的是，基于各地司法状况的差异、检察人员素质的参差不齐，目前对于全部案件都实行主诉检察官制度并赋予主诉检察官完全相同的权力范围，从实际操作角度而言是不现实的，“放权”的过程必须考虑到各地的实际情况，不能盲目改革。我们建议，在一定时期内，可以实行“三级审批”和主诉检察官双轨制。对一些重大复杂案件、可能判处死刑的案件，仍然沿用“三级审批”制；对于其他案件则实行主诉检察官责任制度，由主诉检察官在规定的权限范围内作出决定。

（四）附条件不起诉制度

附条件不起诉，又称暂缓起诉、暂缓不起诉或缓起诉等，是指检察机关在审查起诉过程中，对于符合法定条件且没有必要立即追究刑事责任的犯罪嫌疑人，依法暂时不予起诉，设定一定期限的考验期，待考验期满后，再根据具体情况对犯罪嫌疑人作出起诉或者不起诉决定的制度。① 由于附条件不起诉制度仍处于改革摸索阶段，这就需要在检察改革中加以不断完善。

1. 附条件不起诉制度的现状与问题。附条件不起诉制度是刑事诉讼起诉便宜主义的一种体现，既符合目的刑理论、恢复性司法、非犯罪化、非刑罚化等现代刑事法治理念，又能够合理配置司法资源，实现诉讼经济，有效追究犯罪，体现、维护公共利益，因而为越来越多的国家和地区所采用。在国际范围内，随着起诉便宜主义的深入人心，世界各国和地区都倾向于扩大检察机关的自由裁量权，附条件不起诉制度或类似规定在各国和地区的司法实践中发挥了重要作用。但由于传统理念和诉讼法律体系的不同，在具体制度设计上，如适用范围、所附条件、检察官自由裁量权大小等方面又存在着差异。例如，德国《刑事诉讼法典》第153条a规定：“经负责开始审理程序的法院和被指控人同意，检察院可以对轻罪暂时不予提起公诉，同时要求被告人：1. 作出一定的给付，弥补行为造成的损害，2. 向某公益设施或者国库交付一笔款额，3. 作出其他公益给付，或者4. 承担一定数额的赡养义务，以这些要求、责令适合消除追究责任的公共利益，并且责任程度与此对称为限。”② 又如，我国澳门地区《刑事诉讼法》第263条规定，附条件不起诉适用于所有可能判处不超过3年的徒刑、并处或单处

① 肖萍：《暂缓起诉制度研究》，载《法学杂志》2009年第3期。

② ［德］约阿希姆·赫尔受：《德国刑事诉讼法》，李昌珂译，中国政法大学出版社1995年版，第73页。

罚金的犯罪行为。只有同时具备以下条件，检察院才可向预审法官建议，暂时中止诉讼程序：（1）经嫌犯、辅助人、曾在提出检举时声明欲成为辅助人且具有正当性成为辅助人之检举人，及未成为辅助人之被害人的同意；（2）嫌犯无前科；（3）不能科处收容保安处分；（4）罪过轻微；（5）可预见遵守强制命令及行为规则，系足以回应有关案件中所需之预防犯罪要求。适用暂时中止诉讼程序必须经被害人同意，并且由预审法官决定。① 考察上述附条件不起诉制度的相关规定，能适用附条件不起诉的，一般都限制于非严重性的犯罪。

近年来，我国许多地方检察机关开始在司法实践中尝试适用附条件不起诉，从上海市长宁区人民检察院于1992年最早探索对未成年人附条件不起诉之后，不少地方的检察机关对附条件不起诉制度进行了试点，主要是针对一些特殊群体的犯罪嫌疑人（如未成年人和在校大学生）相继试行附条件不起诉。② 但是，由于缺乏明确的法律依据，以及具体做法上的较大差异，也引发了较多的问题。一方面，我国的附条件不起诉制度源于司法实践，虽然许多地方在试行过程中也制定了专门的规则、办法来对之加以规范，但仍然缺乏刑事立法的权威依据。另一方面，各地附条件不起诉的规则在适用对象、适用范围、适用条件等方面都存在差异，直接导致了很多类似案件得不到相似的处理，影响了司法的公信力，破坏了司法统一性，不利于对自由裁量权进行有效监督。

2. 附条件不起诉制度的完善。基于我国的现行立法和司法实践，应当采取谨慎、稳妥的基本思路，在规范附条件不起诉的适用对象、所附条件、适用程序的基础上，完善配套措施，逐步实现该项制度的科学和统一。

（1）明确附条件不起诉制度的法律依据。尽管理论界对于附条件不起诉制度存在一定的争议，但实践证明，规范的附条件不起诉制度确实起到了一定的积极作用，促进了法律效果与社会效果的统一。我们建议，有必要在刑事诉讼法修改的时候，适度扩大不起诉的范围，增加附条件不起诉的相关内容，为司法实践提供明确的法律依据。

（2）制定具体的操作规程。

①附条件不起诉的适用对象。对于何种行为主体可以适用附条件不起诉，目

---

① 兰耀军：《论附条件不起诉》，载《法律科学（西北政法学院学报）》2006年第5期。

② 彭东、张寒玉：《检察机关不起诉工作实务》，中国检察出版社2005年版，第194页。

前学界有三种观点，第一种观点认为，应严格限制其适用范围，只适用于未成年犯罪嫌疑人；[①] 第二种观点认为，附条件不起诉不仅可适用于未成年犯罪嫌疑人，还可适用于老年犯罪嫌疑人以及偶犯犯罪嫌疑人；[②] 第三种观点认为，凡依法可能判处 3 年以下有期徒刑、拘役、管制及免予刑事处分的犯罪嫌疑人均可适用附条件不起诉。[③] 我们认为，第三种观点较为合理，构建附条件不起诉制度的初衷就是为了缓解有限的司法资源同日益增长的犯罪之间的矛盾，让有限的司法资源发挥最大的效益，从长远来看，在制度设计上不宜对适用对象的身份作限制。具体可设计为：对于其行为已经构成犯罪，依法需要判处刑罚的犯罪嫌疑人，在可能判处 3 年以下有期徒刑、拘役、管制、单处罚金的情形下，经犯罪嫌疑人同意，可以适用附条件不起诉制度。检察机关应当综合考量犯罪嫌疑人的年龄、性格、境遇、犯罪性质和情节、犯罪原因、犯罪后悔过表现、是否具有良好的帮教条件等，在认为不起诉更符合公共利益时作出附条件不起诉的决定。当然，为更好地贯彻宽严相济的刑事政策，应对附条件不起诉的对象作出特殊规定。在下列情况下，检察机关优先考虑适用附条件不起诉：犯罪情节轻微的青少年、老年或有严重生理缺陷的；情节轻微的初犯、偶犯、过失犯、共同犯罪中的从犯和胁从犯，并具有良好的帮教条件的；犯罪后采取弥补措施或有悔改表现，不致再危害社会并具有良好的帮教条件的；取得被害人谅解，并具有良好的帮教条件的。对于下列犯罪不得适用附条件不起诉：一是严重犯罪案件，如杀人、强奸、放火等严重暴力性犯罪；二是有前科的犯罪嫌疑人及累犯。另外，附条件不起诉决定的作出必须经过犯罪嫌疑人的同意，因为任何犯罪嫌疑人都有接受公正审判的权利。若犯罪嫌疑人要求接受审判，则检察机关只能提起公诉。

②附条件不起诉的附带条件。在具体的附带条件设计上，应结合我国的具体国情，除了对被害人补偿以外，应尽量避免支付金钱条件的适用。例如，检察机关作出附条件不起诉决定，经犯罪嫌疑人的同意，可以要求其具结悔过、对被害人的损失作出赔偿或给予被害人补偿、向指定的公益团体或社区支付一定数额的财物或提供一定时间的公益劳动、完成戒瘾治疗、精神治疗、心理辅导等矫正措

---

① 徐静村：《中国刑事诉讼法（第二修正案）学者拟制稿及立法理由》，法律出版社 2005 年版，第 189 页。

② 杨诚、单民：《中外刑事公诉制度》，法律出版社 2000 年版，第 223 页。

③ 洪道德：《改“免予起诉”为“暂缓起诉”》，载《法学研究》1989 年第 2 期。

施等，同时规定一定的期限。

③附条件不起诉的提起和决定程序。根据我国刑事诉讼法规定，应当赋予检察机关附条件不起诉的提起权和决定权，同时应当对附条件不起诉的决定主体及其权限作出明确规定，以避免附条件不起诉被滥用。首先，承办人通过审查，认为犯罪嫌疑人的犯罪事实已经查清，证据确实充分，依法应当追究刑事责任，且又符合上述附条件不起诉条件的，在听取被害人的意见，并经犯罪嫌疑人同意的基础上，拟定附条件不起诉决定意见；负责检察官报请分管检察长提交检察委员会讨论，由检察委员会作出决定，并报上级检察机关备案。

④附条件不起诉书的格式。检察机关一旦作出附条件不起诉决定，应制作附条件不起诉决定书，在决定书作出后的一定期限内将其送达犯罪嫌疑人、辩护人、被害人、侦查机关以及其他有关单位；附条件不起诉决定书应当明确载明犯罪嫌疑人的具体情况、案件的事实和理由、附条件不起诉的考验期及附加条件、附条件不起诉决定的撤销、不服不起诉决定的救济方式等内容。

⑤附条件不起诉的监督执行。考虑到我国已有的取保候审制度、监视居住制度和缓刑制度中公安机关所起的作用，我们建议，由公安机关代为考察，同时也可结合目前正在推行的社区矫正计划，由社会帮教组织予以积极配合。

⑥考验期满后的处理。如果被不起诉人在考验期内履行了规定的义务，并且没有故意犯罪，考验期满后，检察机关应当终止诉讼程序，不再作为犯罪予以追究。如果被不起诉人不履行规定的义务，或者故意犯罪，或者发现以前有故意犯罪行为，经查证属实，人民检察院应当撤销附条件不起诉决定，继续作为犯罪予以追究。并且，原考验期不得抵作刑期，被不起诉人已经履行的部分，不得请求返还。但是，曾经给予被害人作为损害赔偿的金额，应当在终局判决所确定的损害赔偿金额中扣除。①

（3）加强对附条件不起诉制度的监督制约。弗兰茨·纽曼曾经说过：“哪里有不受限制的自由裁量权，哪里便无法律制度可言。”② 附条件不起诉作为检察机关的自由裁量权之一，如果没有建立相应的权力制约机制，就可能带来起诉裁量权的被滥用，导致司法不公。根据德国刑事诉讼法的规定，附条件不起诉的制

① 兰耀军：《论附条件不起诉》，载《法律科学（西北政法学院学报）》2006年第5期。
② 转引自左卫民、周长军：《刑事诉讼的理念》，法律出版社1999年版，第1页。

约主要来自于司法机关和被告人，必须经负责开始审理程序的法院和被指控人的同意。[①] 具体来说，包括如下几个方面：第一，对于有被害人的刑事案件，决定附条件不起诉的，人民检察院应当同时将附条件不起诉决定书送达被害人，被害人如果不服，有权在法定期限内向上一级人民检察院申诉，对复查结果仍不服时，可以自诉人的身份将案件起诉到人民法院。被害人也可以不经申诉直接向人民法院提起自诉。第二，公安机关侦查终结向检察机关移送审查起诉的刑事案件，检察机关决定对犯罪嫌疑人适用附条件不起诉的，应当同时将附条件不起诉决定书送达侦查机关。侦查机关认为检察机关的决定不当的，可以向检察机关提出复议，如果意见不被接受，还可以向上一级检察机关提请复核。第三，下级检察机关在作出附条件不起诉决定后，应当将决定书报上级检察机关备案。上级人民检察院经过审查，发现下级人民检察院适用附条件不起诉决定不当的，可以撤销下级人民检察院的附条件不起诉决定，并通知下级人民检察院提起公诉。下级人民检察院必须立即执行。第四，人民监督员具有广泛的群众基础，代表民意，检察机关在作出附条件不起诉决定之时，可听取人民监督员就犯罪嫌疑人的有关情况的意见。我们建议，可将人民监督员监督案件的范围扩大至附条件不起诉。人民监督员可以应邀列席检委会会议，对其作出决定的过程进行监督，发现有违法情况的，可以提出建议和意见，检察机关在认真审核后给出书面的答复意见。

七、刑罚执行监督的创新和完善[②]

刑罚执行是将实体判决通过程序运作最终实现刑罚目的，执行监督则有助于判决公正、及时地实现，对于惩罚犯罪、保障人权都具有举足轻重的作用，但由于立法的不完善导致人民检察院在进行监督时力不从心。针对各种刑罚执行监督存在的问题，有必要设计各种完善措施，强化刑罚执行监督。

（一）我国刑罚执行监督的现状

1. 死刑立即执行监督存在的问题。生命是个人至高无上的权利，是人的所有价值的载体。生命权之于人的这一意义，决定了死刑是最严厉的刑罚手段。[③]

① 王敏远：《暂缓起诉制度——争议及前景》，载《人民检察》2006 年第 4 期（上）。

② 原文为樊崇义主编：《走向正义——刑事司法改革与刑事诉讼法的修改》（中国政法大学出版社 2011 年版）第三章第八题，原名为《刑罚执行监督的改革与完善》，系与申君贵合作撰写。

③ 赵秉志主编：《刑罚总论问题探索》，法律出版社 2003 年版，第 162 页。

因此，当前人民检察院对刑罚执行监督中的死刑执行监督规定相对来说比较细致，如1996年刑事诉讼法第212条规定："人民法院在交付执行死刑前，应当通知同级人民检察院派员临场监督。"《人民检察院刑事诉讼规则》第414条规定：被判处死刑的罪犯在被执行死刑时，人民检察院应当派员临场监督。执行死刑临场监督，由检察人员担任，并配备书记员担任记录。第415条规定：人民检察院收到同级人民法院执行死刑临场监督通知后，应当查明同级人民法院是否收到最高人民法院或者高级人民法院核准死刑的判决或者裁定和执行死刑的命令。第416条规定：临场监督执行死刑的检察人员应当依法监督执行死刑的场所、方法和执行死刑的活动是否合法。第417条规定：在执行死刑过程中，人民检察院临场监督人员根据需要可以进行拍照、摄像；执行死刑后，人民检察院临场监督人员应当检查罪犯是否确已死亡，并填写死刑临场监督笔录，签名后入卷归档。最高人民法院《关于执行〈中华人民共和国刑事诉讼法〉若干问题的解释》第344条规定："人民法院将罪犯交付执行死刑，应当在交付执行三日前通知同级人民检察院派员临场监督"。

从这些规定可以看出，已有法律主要从宏观方面对死刑执行监督作出笼统的规定，许多细节之处并没有提及，这些疏漏的地方致使检察机关对某些死刑执行活动无从监督，主要表现在：

（1）人民检察院如何以及何时监督死刑决定的交付。刑事诉讼法规定人民法院应当在罪犯交付执行前通知人民检察院派员在场，这给出的是死刑执行监督时间的底线，许多情况下死刑的执行是通过两审终审复核后交由一审人民法院执行，法律仅仅规定应当在接到执行死刑命令的7日内执行，何时交给一审人民法院规定并不明确。执行开始的时间无从判断，就会形成监督死刑执行的一个时间盲点。这无形中虚化了人民检察院的监督权力。

（2）人民检察院内部不同机构监督死刑执行。同样是死刑执行，对于死刑立即执行和服刑期间犯罪被判处死刑及死刑缓期两年执行，监督权却分别由人民检察院公诉部门和监所检察部门行使。公诉部门是代表国家对犯罪嫌疑人提起告诉，行使的是追诉权，应当只是在人民法院审判阶段行使。人民法院作出终审判决之后进入执行程序，此时公诉部门已完成使命，不应该再涉足。公诉部门在执行阶段行使监督权根本上是越俎代庖，而且造成追诉权与执行监督权不分，从权力配置的角度来说，不符合诉讼原理，一身兼二职容易使公众形成误解，损害司法中立。

（3）死刑执行后对罪犯尸体的利用情况。1984年10月9日，最高人民法院、最高人民检察院与公安部、司法部、卫生部、民政部制定了《关于利用死刑罪犯尸体或尸体器官的暂行规定》，对利用死刑罪犯尸体或器官的条件、程序作出规定，但涉及人民检察院的规定却寥寥无几，找不到人民检察院监督罪犯尸体或尸体器官利用的具体程序，从利用的申请、批准到执行，检察机关均被排斥在外，知情权、建议权的缺失必然导致不能全面、完整地行使法律监督权。

2. 监禁刑执行监督存在的问题。监禁刑包括死刑缓期二年执行、无期徒刑、有期徒刑和拘役刑。对监禁刑的执行实施监督是检察机关的重要职责，一般称之为监所监督，这种监督存在的主要问题表现在以下几个方面：

（1）对交付执行活动的监督缺位。交付执行是刑罚执行的一个重要环节，没有交付执行就难有刑罚的真正执行。因此，交付执行是刑罚执行的前提。检察机关对刑罚执行实施监督，首先应当对刑罚是否交付执行实行监督。但是，在这一方面，检察机关的监督基本上处于缺位状态。“在程序结构上并没有设计检察机关可以介入其中进行监督的规定。检察机关对交付文件的合法性、交付执行活动的合法性等基本上没有监督。”[①] 实践中，对于人民法院或者公安机关应当交付执行而没有交付执行的现象或者监狱对于应当接收而不接收的现象，人民检察院都缺少必要的监督，或者是对这种现象的监督不够重视，或者监督不够到位，或者根本就没有监督。

（2）对罪犯权利保障问题的监督乏力。罪犯权利保障是刑罚执行中不可忽视的重要问题之一。加强对罪犯权利的保护，有利于刑罚目的的真正实现，有利于罪犯改造质量的提高。但是，在刑罚执行中，侵犯罪犯权利的现象普遍存在，而对该问题的检察监督却力度不够。对于监管机构侵犯罪犯权利的行为，检察机关即使发现了问题，提出监督意见，也只能建议改进，法律没有规定被监督对象不接受检察建议的处理办法，往往使得检察机关的改进建议得不到具体落实，成为一纸空文。

3. 非监禁刑执行监督存在的问题。非监禁刑包括缓刑、管制、财产刑、资格刑和非刑罚措施，因此对非监禁刑的监督也就涉及以下五大方面。

---

① 赵运恒：《罪犯权利保障论》，法律出版社2008年版，第100页。

（1）对缓刑执行的监督。缓刑并不是一个单独的刑种，是对较短期限的自由刑的变通执行，在世界各国通行已久。相比之下，我国的缓刑制度适用较少，监督存在的问题不少。立法规定了罪犯在缓刑期间应该履行的义务，但这些义务规定得非常笼统，缺乏针对性，导致人民检察院监督考察的内容不明确。缓刑犯的交付执行、法律文书的送达、考察机关的职责、罪犯的奖惩等都没有细致的规定，形成法律漏洞，也给监督工作带来不便。

（2）对财产刑执行的监督。财产刑是指人民法院依法强制犯罪人向国家缴纳一定数额的金钱的刑罚方法，包括罚金和没收财产。财产刑的执行属于刑罚的适用，属刑事诉讼法规范范畴，但从现有法律规定来看，刑事诉讼法及其司法解释中仅有几个条文涉及了财产刑问题。关于财产刑执行的监督基本处于初始阶段，问题颇为明显，根本无法满足实际需要。一是立法过于原则，疏于细节。刑事诉讼法及其司法解释中关于财产刑的法条屈指可数，其中涉及检察机关监督的更是少之又少，而且大多数是原则性的规定。例如，刑事诉讼法第 8 条规定："人民检察院对刑事诉讼进行法律监督"。第 224 条规定："人民检察院对执行机关执行刑罚的活动是否合法实行监督。如果发现有违法的情况，应当通知执行机关纠正"。《人民检察院刑事诉讼规则》第 436 条规定："对人民法院的交付执行活动、执行机关的执行活动以及其他机关有关执行刑事判决、裁定的活动中的违法行为的监督，可以参照本规则有关人民检察院对公安机关侦查活动中违法行为监督的规定办理。"这些规定几乎是放到任何刑罚执行监督都可以适用的规定，忽略了财产刑执行监督的独立性、特殊性。另一方面也暗示了检察机关针对财产刑执行监督无从下手的尴尬境地。二是实体法的缺失导致程序失范。人民法院既是财产刑的适用主体，也是财产刑的执行主体，同时也是财产刑执行过程中变更的裁判主体，这些规定本身违背了权力制约与平衡的理念。而且，最高人民法院也只规定财产刑由第一审人民法院执行，明确了人民法院是财产刑的主要执行机关，但对人民法院内部如何分工（即由谁执行：审判庭、执行局还是其他部门）、执行的具体程序如何、可采取何种执行措施、其他扣押财产机关如何配合人民法院执行等等，都没有很具体的规定。由于刑法没有具体规定财产刑的执行程序和操作细则，导致人民检察院无从监督。而且由人民法院执行财产刑本身存在争议，裁判权与执行权不分，人民法院既是裁判者又是执行者，就难以以中立的态度发现执行中存在的问题。三是监督方式软化导致软着陆。《人民检察院刑事诉讼规则》第 434 条规定："人民检察院发现人民法院对被判处罚金、没收财产的罪犯没有依法予以执行，或者执行不当，或者罚没的财物未及时上缴国库的，应当及时通知纠正。”此处检察机关能够行使的是人民检察院三种监督方式中最为严厉的纠正违法通知书，该通知书的效力一直为学界声讨，因为纠正违法通知书的效力仅仅是告知执行机关行为违法需要改正，并没有说明不纠正时应当担负的法律后果。人民法院没有合法合理地执行财产刑并不会承担实质性的法律后果，罪犯不履行或违法履行时，人民检察院也无法采取任何法律措施。

（3）对管制的监督。管制是具有中国特色的一种限制自由的刑罚，不剥夺罪犯的人身自由并对其进行改造，体现人文关怀，具有非监禁性、开放性，但各界对管制制度的废存各有争执。现行法律对管制的规定并不多，理论基础和实践操作均暴露出不少问题，给执行监督带来不少难题。现行刑法规定了管制期间罪犯应当遵守哪些规定，但对于违反规定应受到的惩罚并没有说明，缺乏制裁性措施导致执行没有保障，使管制刑流于形式。如果管制犯违反了规定，公安机关有没有处理、何时处理以及如何处理均无依据可循。而人民检察院发现对被判处管制的罪犯，公安机关监督管理措施没有落实或者监督管理措施不当，执行期满没有通知本人并公开宣布解除管制等违法行为的，应当依法通知纠正的规定就被架空。公安机关有没有处理、何时处理以及如何处理均无章可循，人民检察院的监督根本无法落到实处。

（4）对资格刑执行的监督。资格刑包括剥夺政治权利和驱逐出境，其中驱逐出境仅适用于外国人，强制其在规定期限内离开我国国境。我国法律对驱逐出境的规定比较模糊，具体操作不够翔实，也给监督工作带来不便。

（5）对非刑罚措施执行的监督。非刑罚措施包括训诫、具结悔过、赔礼道歉、赔偿损失、建议行政处罚或处分。对于这些措施，刑法仅有几条相关规定，刑事诉讼法涉及非刑罚措施的条文基本没有，加上非刑罚措施在审判实践中极少适用，检察机关的实际监督工作完全处于空白状态。

4. 刑罚变更执行监督存在的问题。刑罚变更执行的内容丰富，包括减刑、假释、决定暂予监外执行以及财产刑的变更执行。这些刑罚变更执行监督都在不同程度上存在问题。

（1）对减刑、假释的监督。根据法律规定，减刑、假释的程序是由执行机关提出意见，由当地相关级别的人民法院根据执行机关提出的意见作出裁定后，将该裁定送达人民检察院，人民检察院认为裁定不当的，应当在收到裁定书副本后20日内，向人民法院提出书面纠正意见。人民法院收到书面纠正意见后，应当重新组成合议庭进行审理，并在一个月内作出最终裁定。由此可见，法院仅依靠书面材料即作出变更裁定，是以秘密方式进行的，有违程序公开原则，而且人民检察院在减刑、假释裁定作出前的整个过程丧失了程序参与权，只是在裁定作出后依靠书面纠正意见这个事后监督手段来牵制裁决者。从减刑、假释的提出到人民法院作出裁定，决定机关依据的标准是什么、如何作出以及作出的理由都是不公开、不透明的，不仅公众不知晓，人民检察院也无从判定。为此，司法部2003年5月实行的《监狱提请减刑假释工作程序规定》第15条规定："监狱在向人民法院提请减刑、假释的同时，应当将提请减刑、假释的建议，书面通报派出人民检察院或者派驻检察室。"相比之下，人民检察院获取信息的时间有所提前，但相对于执行机关来说仍然是其作出决定后才开始的监督，并未从根本上解决同步监督的问题。与迟到的正义是非正义相似，迟到的监督非监督。收到裁定后人民检察院才有权对整个过程发表意见，此时的人民检察院并不是真正意义上的监督者。由于人民法院作出减刑、假释裁定后即生效，人民检察院提出意见直到最终裁定作出之间会存在时间空当，造成监督空白，无法起到监督的作用，丧失监督的全过程性和实质性。此外，程序的重新启动也浪费了司法资源，裁定的不确定性有损司法权威性。

（2）对暂予监外执行的监督。暂予监外执行的主体是人民法院和执行机关。人民法院对于被判处有期徒刑和拘役的罪犯认为符合监外执行条件的可以自行决定，只需要向人民检察院抄送暂予监外执行决定书；执行机关在执行过程中发现有法定的三种情形时可以决定适用暂予监外执行。暂予监外执行是对服刑地点和服刑方式的变更，是对已生效判决的实质变更，应当属于司法权的范畴，理应由具有裁判权的机关进行，但实践中执行机关也可以行使该权力，显然不符合法治理念。从现有规定来看，被执行人和人民检察院都丧失了程序参与权。人民法院作为裁判者违背了司法的被动性自行启动裁判，忽视了人民检察院的监督权；执行机关作出决定之前的呈报和决定过程都处于行政式的内部封闭状态，缺乏内外部监督。因此，对人民检察院而言，无论哪个是决定机关，关于执行的起止时间均是自行决定，人民检察院都是事后得知决定，并没有参与决定的作出，而且对于应该决定暂予监外执行而没有决定的，人民检察院也无法提出意见。此外，对于监狱部门暂予监外执行决定不当的，人民检察院缺乏强制性手段进行监督，纠正意见不具有中止刑罚执行的效力，事后知晓变更决定无法产生监督应有的功效。

（3）对财产刑变更执行的监督。在财产刑执行过程中，人民法院根据实际情况有权对罚金的数额进行减免、对执行的方式进行改变，实际上这是审判权和执行权的混合，不利于贯彻权力制约原则。财产刑变更是对人民法院裁判的实质性变更，属于刑罚执行的变更，理论上属于求刑权，理应置于人民检察院的监督之下。而事实上，由于缺乏立法的支持，人民检察院没有法律规定的任何方式对这一变更进行有效的监督。此外，人民法院决定减免罚金也是自主决定，没有外部力量的制约，难免会有腐败滋生。

（二）刑罚执行监督的改革与完善

1. 总体思路。纵观我国整个刑罚执行监督，已有法律对人民检察院实行监督作出了肯定的规定，刑事诉讼法、人民检察院诉讼规则、监狱法以及相关的司法解释、内部规定等均对人民检察院监督作了规定，但刑罚执行虽然在刑事诉讼法中独立成编，但数量非常少，从第 208 条到第 224 条仅有 17 条，不到总条文的 13%，反映了整个刑事程序法重刑罚轻执行的价值倾向；人民检察院诉讼规则及其他解释、规定在许多情况下与其他部门的法律法规造成冲突，难以真正有效地发挥作用。除此之外，各种刑罚执行监督均存在立法缺陷。鉴于此，我们认为应从以下几个方面对人民检察院的刑罚执行监督进行完善。

（1）协调刑事立法，统一执法基础。根据法律规定，公检法三机关实行分工负责、互相配合、互相制约的原则，该原则不仅体现在审前阶段，在执行阶段也应如此。“在专门、统一的刑事执行立法的基础上，逐步实行刑事执行司法体系的专门和统一，并实行刑事执行机关与公、检、法等司法机关间在刑事司法活动中相同意义的分工负责、互相配合、互相制约的关系和活动原则。”将众多涉及刑罚执行与监督的法律法规根据相应机关的职能按照分工负责、互相配合、互相制约的原则进行修改重新编排，改变目前法律法规不一致的现象，便于执行机关执法，也有利于监督机关及时有效的监督。[①]

（2）完善立法规定，细化程序设置。宪法明确规定人民检察院是法定的监

① 韩玉胜、张绍彦：《刑事执行立法理论研讨会综述》，载《中国法学》1998 年第 5 期，第 125 页。

督机关，这为人民检察院实行法律监督提供了总的依据，但许多地方缺乏细节性的规定，导致各地人民检察院在具体监督的过程中方式不一，可能造成监督漏洞，不利于法的统一适用。因此，我们认为，有必要在各种刑罚执行过程中增添细节性的规定，如明确监督机关的介入时间、监督职能、监督方式、监督手段等，使人民检察院的监督按部就班，有法可依。

（3）加大监督力度，增强监督手段的刚性。目前，人民检察院监督的方式是人民检察院监督刑罚执行的通病所在，对此最高人民检察院有批复：人民检察院认为人民法院收到书面纠正意见后重新作出的最终裁定仍有不当的，还可提出书面纠正意见。该批复并没有在实质上强化违法纠正通知书的效力，反而进入了一个循环往复的问题圈。我们认为，若想改革目前监督无力的诟病，就应当赋予现有的监督手段以实质性制裁的力度，以及执行机关不接受时应当承担的法律后果。此外，可以利用互联网建立健全全国联网检察监督管理系统，快速、及时地与执行机关进行信息交流，方便对非监禁刑的跟踪监督。

（4）合理配置执行主体，确保监督有序有效。目前，我国刑罚执行的主体很多，人民法院、监狱、公安机关、社区等都有相应的刑罚执行权，其中不乏有失常理的权力交错现象。我们认为应当对权力混淆的执行机关进行权力分离，明确其责任，为监督机关有效监督打好基础，防止执行机关相互牵扯，以保护罪犯的合法权益。此外，我们认为可以重新设置监督机关内部监督部门，单独组成一个部门负责刑罚执行的监督，针对不同的刑种下设不同的科室，负责各种刑罚的监督工作，这样有助于明确监督职责，优化资源配置。

（5）前置监督程序，落实同步监督。人民检察院实行监督的主要方式是执行机关作出裁决后通知人民检察院，再由人民检察院提出意见。现在各地试行办法不一，不同程度地提前了人民检察院得知信息的时间，但没有从根本上改变事后监督的方式。从权力制约平衡的角度看，从权力运行开始之时就应当有监督权存在，我们认为人民检察院的监督应当从刑罚交付执行之时起介入，与执行同步进行，便于及时有效监督。

（6）创新思路，改革观念，树立与时俱进的监督理念。随着国情的发展，刑罚的适用结构逐渐发生变化，非监禁刑的适用比例在扩大，而目前的监督重点仍集中在监禁刑和死刑上，这一点从法律体系中的规定可以看出。从实际出发，社区矫正、财产刑的监督势必越来越重要。因此，人民检察院应当逐步做好这方面的思想、理论准备，更新执法观念，实行检务公开，取得社会力量的支持，为监督工作开创新局面。

2. 各种刑罚执行监督的改革与完善。

（1）死刑立即执行监督的改革与完善。一是明确规定死刑交付执行的时间。可以规定在最高人民法院或高级人民法院作出生效判决后 3 日内向执行人民法院发出死刑执行命令，执行人民法院接到命令后 3 日内向人民检察院移交执行文书材料，人民检察院收到后应有送达回执，以此保证人民检察院能够及时得知死刑交付执行的情况。二是统一死刑执行监督的监督部门。死刑立即执行的监督交由公诉部门进行，明显存在不妥之处，因为公诉部门代表国家提起公诉行使求刑权，审判阶段已完成使命，案件进入执行阶段后属于执行权的范围，公诉部门不应该再将求刑权延伸到执行阶段，应当将死刑立即执行的监督权交给监所检察部门，监所检察部门的主要职责就是监督，具有丰富的理论和实践经验，其行使死刑立即执行监督权有助于集中监督力量，统一死刑执行监督。三是完善死刑执行后的监督保障。死刑犯应当享有基本的人权，对自己的身体享有合法的处分权。因此，在行刑前执行机关应当告知死刑犯享有合法处分自己身体和器官的权利，死刑犯在行刑前可以以书面形式作出处理决定，该决定分别交给执行机关、监督机关和近亲属。无处理意见或自愿捐献的，人民检察院应当会同执行机关、卫生部门等合法安置和利用罪犯遗体。

（2）监禁刑执行监督的改革与完善。针对监禁刑执行监督存在的问题，必须加强对监禁刑执行监督的改革，进一步完善相应的监督机制。一是从立法上明确监禁刑交付执行的监督。监禁刑的交付执行中存在许多问题，而法律对于交付执行环节的监督却存在空白，实践中对该环节的监督也重视不够，基本上是没有监督。因此，必须在修改刑事诉讼法时将对交付执行活动的监督明确列入检察监督的范围。二是加大对罪犯权利保障问题的监督力度，切实保障罪犯的合法权益。罪犯权利涉及各个方面，既有实体方面的，也有程序方面的，既有政治方面的，又有社会、经济、文化方面的。所有这些权利都必须依法给予保障。如何保障罪犯的权利，在罪犯权利受到侵犯后又该如何处理，作为法律监督机关的人民检察院在刑罚执行过程中应当将其作为监督的重点之一。法律应当强化人民检察院监督意见的法律效力，明确被监督对象对于人民检察院的监督建议必须执行，同时规定不予执行应当承担的法律后果。

（3）非监禁刑执行监督的改革与完善。一是缓刑执行监督的完善。鉴于目前缓刑考察的内容空泛，人民法院在作出缓刑决定时应该考虑到被执行人的个人情况，在缓刑期间应当承担义务的基础上有针对性地明确被执行人的义务，如规定被执行人不得会见人的范围、活动范围、定期报告的时间等。此外，缓刑的执行应当体现教育功能，让罪犯深刻了解到自己行为的违法性和社会危害性，参加社区公益劳动表示悔过，为监督机关提供考察内容和方式的同时为群众监督提供有效途径。二是财产刑执行监督的完善。由于财产刑的特殊性，人民法院执行前才调查被执行人的财产状况，难免会出现判决前被执行人转移财产造成空判的现象，为此建议立法明确对财产刑案件的侦查范围应当包括犯罪嫌疑人的财产明细，公安机关在侦查时必须查明犯罪嫌疑人的财产状况并列出清单，附卷移送审查起诉，人民检察院在提起公诉时可以根据侦查结果对被告人应当判处的罚金数额提出一定幅度的量刑建议，公安机关未列明的，人民检察院有权退回补充侦查，以此确保适当量刑和判决的有效执行。我们认为，法律规定财产刑由人民法院执行，其立法意图非常明确，即应当由执行庭执行，诸如审判庭之类的部门并没有执行的理论依据。因此，人民法院执行庭交付执行时应当将执行法律文书送人民检察院备案，确保人民检察院的知悉权。对于执行过程中人民法院不执行、不当执行等违法执行行为，被执行人可以向人民检察院提起申诉，人民检察院通过调查向人民法院提出纠正意见并限期作出答复，对有关执法人员建议进行处分，对徇私舞弊、贪污贿赂等情节严重的违法犯罪行为，应当追究刑事责任。三是管制刑执行监督的改革与完善。随着经济发展与社会进步，管制执行过程中的问题比较突出，许多学者建议将其废除。我们认为，管制的存在还是有一定的社会基础和理论基础，经过完善还是可达到刑罚目的的。目前，管制刑的改善，最迫切的是对制度的完善，应当结合经济社会的发展变化，对管制的组织形式、目的任务、管制主体和职责、管制方法以及对服刑人的具体要求和奖惩制度作出明确规定。管制刑有了制度规范之后执行机关才有法可依，被执行人的权利才能得到切实保障，监督机关对执行过程中的违法行为才能有效地进行监督。此外，管制刑是群众路线在刑罚执行中的体现，应该进行广泛的宣传，使社会大众了解管制，积极配合检察机关进行监督。四是资格刑执行监督的改革与完善。针对外国人和无国籍人的驱逐出境虽然实际适用比较少，但也属于我国刑罚执行体系不可忽略的内容。目前，执法主体不明，人民检察院可以在了解实际执行情况的基础上总结规律，向国家提出立法建议明确执行主体和详细的执行流程。五是非刑罚措施执行监督的改革与完善。对非刑罚措施执行的监督应该主要落实在对人民法院工作的监督上，督促人民法院及时完成对各项措施的执行：责令赔偿损失的是否及时足额地交付给被害人；建议行政处罚或处分是否适当、及时送达；训诫、具结悔过是否深刻具体、是否起到应有的教育作用等。六是关于刑罚变更执行监督的改革与完善。首先是减刑、假释监督。从同步监督的原则出发，监管部门提出减刑、假释的意见材料，或者犯罪人提出申请之后，应当先交由检察机关审查，检察机关在7日内审查完毕决定是否提请人民法院裁判。人民检察院认为符合变更执行条件决定提请的，由服刑地中级人民法院开庭审理，执行机关、犯罪人、被害人以及检察机关应当到庭；人民检察院认为不符合变更执行条件决定不提请的，应当将该决定告知申请人，申请人不服的，可以向人民检察院申请复议、复核。其次是暂予监外执行的监督。针对人民法院和执行机关自行决定的封闭性问题，应当赋予检察机关完整全面的监督权。对于罪犯平时在执行机关的表现应当予以公开，让人民检察院及时跟进了解罪犯的表现情况，为暂予监外执行的公正性提供保障。执行机关提请之前，应当将建议意见及时送达人民检察院审查，以便检察机关了解决定作出的依据是否合法；人民法院决定之前也应通知人民检察院，将审查材料送交检察机关进行监督；对于应当建议而没有建议的，可以提出检察意见要求审查，对于不应当建议的，建议执行机关撤回意见。再次是财产刑变更执行的监督。人民法院拥有财产刑变更的请求权和执行权，并不符合现代诉讼三角模式，缺乏理论支撑。应当赋予检察机关财产刑执行变更的建议权，人民检察院发现有法律规定的应当减免罚金数额或中止执行的情况时，告知执行的人民法院进行审查，人民法院依法及时作出裁判，并将该裁判送达人民检察院。被执行人及其利害关系人发现人民法院违法执法或执法人员有违法行为时可以向人民检察院申诉，人民检察院可由此展开调查，对于犯罪情节严重的执法人员可依法追究刑事责任。

第五章　检察裁量权

一、不起诉裁量权的产生和发展[①]

中国不起诉制度的产生和演变经历过一段漫长的历史，在这个历史发展过程中，不仅有其深刻的思想文化渊源，而且在制度的形成上，从免予起诉到不起诉，无论从立法和理论研究层面，还是在司法实践中，都有一个认识和发展的过程，现分述如下。

（一）不起诉制度的历史文化渊源

中国虽有“严刑峻法”“乱世用重典”和“酷刑”的历史传统，但是，在孔孟之道，特别是儒家思想关于“礼”“仁”道德传统的思想统治和影响下，历代统治阶级对刑事犯罪惩处时的宽严相济的刑罚理论与实践所形成的法律文化及其所产生的积极效果，对现代意义上的不起诉制度的完善和发展仍有积极的意义。其具体体现有三：一是在严刑的前提下因时而赦的思想；二是惩办与宽大相结合的宽严相济思想；三是严格的控告受理制度。这些法律文化思想可以说是中国不起诉制度产生与发展的基石。

1. 因时而赦，宽免刑罚[②]。所谓因时而赦，是指根据形势需要而宽免刑罚。中国古代赦免的种类比较多，如大赦、特赦等。例如，秦朝统治者是崇尚严刑峻法的，据《史纪·秦始皇本纪》记载：“始皇……刚毅戾深，事皆决于法，刻削毋仁恩和义……于是急法，久者不赦。”但在其统治的15年中也赦免过一次。《史记·秦二世纪》记载：“二年冬，陈涉所遣周章等将西至戏。兵数十万。二

① 原文刊载于《政法论坛》2000年第3期。

② “因时而赦，宽免刑罚”这一部分的内容和资料引用，参考刘生荣、蔺剑、张寒玉：《刑事不起诉的理论与司法实务》，中国检察出版社1998年版。

世大惊，少府章邯曰：‘盗已至，众疆，今发近县不及矣。骊山徒多，请赦之，授兵以击之。’二世乃大赦天下，使章邯将，击破周章军而走。”再如，汉代统治者面对社会大乱时，也不得不宽免刑罚。据范晔所著《后汉书·安帝纪》记载，永初元年时“新城山泉水大出”，突然冲毁农田，水有三丈深。到永初二年春天，各州郡发生饥荒，“人相食，老弱相弃于道”。“夏四月甲寅，汉阳城失火，烧杀三千五百七十人”。“六月，京师及郡国四十大水，大风，雨雹”。“十二月，……是岁，郡国十二地震”。直至永初三年春正月，不得不以“皇帝加元服”的名义，“大赦天下”。像汉代统治者因灾害而赦免犯罪、宽免刑罚的做法，中国很多朝代都有过。《宋史·刑法志》：“遣使巡抚诸道，因谕之曰：‘平民艰食，强取糇粮以图活命耳，不可从盗法科之。’有司奏盗劫米伤主，仁宗曰：‘饥劫米可哀，盗伤主可疾。虽然，无知迫于食不足耳。’……五年，陕西旱，因诏：‘民劫仓廪，非伤主者减死，刺隶他州，非首谋又减一等。’自是，诸路灾伤即降敕，饥民为盗，多蒙矜减，赖以全活者甚众。”到了元代，因饥穷而盗的刑罚减免被上升为法律。《元史·刑法志》：“诸盗米粮，非因饥馑者，仍刺断……诸年饥民穷，见物即盗，计赃断罪，免刺配及征倍赃。”这里赦免的直接原因是统治者已无力救灾、贩灾，广大民众流离失所，迫于饥饿，人相食，犯罪率猛增。在这种情况下，仍以严刑峻法相待，极易引起社会矛盾激化，危害皇权。因此，清朝末年沈家本在《历代刑法考》中认为：“遇灾之年有赦降之事，必非无故。”

赦免有利于安定。《后汉书·光武帝纪》中有一段解释：“五月甲辰，拔其城，诛王朗。收文书，得吏人与朗交关谤毁者数千章。光武不省，会诸将军烧之，曰：‘令反侧子自安。’注曰：反侧，不安也。”沈家本在《历代刑法考》中认为：“高祖之赦所以安反侧而散其势也。”另据《晋书·刑法志》记载，其中也有“赦而散之”之语。历史的经验说明，适时宽免刑罚，会使统治者无须付出高昂的代价就取得转危为安、巩固统治、平息社会动乱的效果。如果拘于常法、喜刑名，虽然一时惩罚了犯罪分子，似乎安定了局面，但是从长远看，其负面影响会导致一些犯罪分子决心以敌相待，促使其为贼致死。如果在犯罪者中普遍出现了“京师不赦我，我学以死决之”的逆反心理，那么就会兵祸不断，必然出现不安定的局面。

中国历代统治者赦免主要适用于轻罪。如《宋史·太宗纪》：“大中祥符五年十二月，诏：……民犯罪情轻者，释之。”这样的赦例在历史上不胜枚举，有时是赦“徒以下犯罪”，有时是赦“流”以下犯罪。对于那些更加轻微的犯罪，则实行更加宽大的政策。例如，《论语》记载：“先有司赦小过。”《汉书·萧望之传》记载：“甫刑之罚。小过赦，薄罪赎……受所监臧二百五十以上。请逮捕系治。”如《汉书·景帝纪》：“元年诏日：‘吏受所监临以饮食免，重；受财物，贱买贵卖，论轻。’廷尉与丞相更议诸令……其与饮食计偿费，勿论。”即在汉景帝时，官员吃喝下属食物的不以受贿罪论处，只是计算食物价值令其赔偿即可。不难看出，古时“赦小过”策略表现为“非犯罪化”的策略。类似于我们现今刑法所规定的“犯罪情节显著轻微，危害不大的，不认为是犯罪”和刑事诉讼法规定的法定不起诉。古时赦免轻罪表现为“非刑罚化”，类似于今天的“犯罪情节轻微，不需要判处刑罚或免除刑罚”和酌定不起诉。

由于证据不足，不诉、不判、从无的思想，在我国古代早已萌生。我国古代对于证据不足、有罪证据和无罪证据势均力敌、定也定不了、否也否不掉的疑案，在处理方法上，早已萌生“疑罪从轻，从无”的做法，使我们看到了“证据不足不起诉”的雏形。例如，《尚书·大禹谟》记载：“罪疑惟轻，功疑为重。”即对罪疑从轻处理，对功劳有怀疑，应从重奖励。又载：“与其杀不辜，宁失不经。”意为宁可放过坏人，也不能错杀无辜的人。又如，《礼记·王制》记载：“疑狱，汜与众共之。众疑，赦之。”即对于疑案，要征求大家的意见，如果大家都认为证据不足，就赦免他。

2. 惩办与宽大相结合的宽严相济思想。惩办与宽大相结合的宽严相济思想是中华民族自古以来的优良传统，它与“严刑峻法”构成同刑事犯罪作斗争的有效机制。这一传统的文化思想在中国有着深厚的渊源。《左传·昭公二十年》记载：“仲尼曰：善哉！政宽则民慢，慢则纠之以猛；猛则民残，残则施之以宽。宽以济猛，猛以济宽，政是以和。”历史上“乱世”是社会政治、经济、法律、军事以及伦理道德等诸多社会矛盾的总爆发。在乱世，民心已离，人们把社会的一切矛盾都集中在统治者身上。在这种情况下，只靠“严刑”无助于解决社会矛盾，无助于解决犯罪问题。用刑越重越严，越可能引起反弹。例如，《汉书·和帝纪》记载：“今法有肉刑三，而奸不止……”《晋书·刑法志》记载：“截头绞颈，尚不能禁。”《魏志·明帝纪》记载：“法令滋章，犯者弥多，刑罚愈众，而奸不可止。”如果意识到犯罪量的大增是社会本身造成的，并不是“百姓皆自取之”，就像认识自然灾害会引起犯罪增加一样，那么对某些犯罪行为采取宽大政策将有利于缓解社会矛盾。同时，宽大政策给犯罪者以悔过自新的机会。特别是一般的轻微刑事犯罪，只靠重罚就有可能阻塞其自新之路，长此下去，必然导致社会更大的不安。在中国历史上，宽大政策的实践形式是多种多样的，除了赦、录囚以外还有其他形式。例如，汉代的秋审制度也是宽大的一种形式。秋审与现今的缓诉、缓刑有一定的相似之处。秋审，即在农时要是有人告状的话，不予验案或审理，等待立秋再审，具有暂缓追究刑事责任的意思。另外，在汉代已经出现了利用秋审秋决作为震慑力量，迫使某些犯罪者不再作恶、“以观后效”的刑事政策。我国古代的“以观后效”还有两种表现形式：“录其后效”、“讥察出入”。《魏书·肃宗纪》记载：“孝昌元年十二月，诏曰：其由失律亡军，兵戍逃叛，盗贼劫掠伏窜山泽者，免其往咎，录其后效，别立幕格，听其自新。”这里的“录其后效、听其自新”更加明显地是给犯罪者依次接受考验的机会，在“别立幕格”期间，检验其是否能够“自新”。另外，明代的“记罪免决”制度，也是一种从宽的例子。即对一些官吏构成犯罪的，不处以“笞、杖、徒、流、死及罚金”等刑罚，而是记罪还职，接受一定期限的考验，以观后效。如果考验期不再犯罪，就撤除所记罪名。例如，《明史·刑法志》记载：“律文武官以公事犯笞罪者……至于私罪，其文官及吏典犯笞四十以下者附过还职而不赎，笞五十者调用。军官杖以上的皆决。文官及吏杖罪，并罢职不叙，至严也。”即官吏犯贪污等方面私罪的，如果是犯笞四十以下罪者，记录所犯罪过，仍然担任原职务，不用缴纳赎金。

3. 严格规范的控告和受理制度。在中国古代诉讼中，对控告的受理有一定的规则和要求。它主要包括：有审判权的官府才能受理的职权原则，依法受理的法制原则，即依法应受理者，不得推诿不受，否则要处罚；依法不应受理的，如受理，也要处罚。还有亲告乃论，即某些罪，如果没有被害人亲自告诉，不予论罪。另外，还令控告人三审的制度。这些严格而又规范的控告和受理制度，不仅对今天的举报制度有着重要借鉴价值，而且对起诉与不起诉制度的形成与发展也产生了一定的影响，特别是控告与受理要依法进行的法制思想，其影响更为深远。例如，唐律规定：“若应合为受推，抑而不受者，笞五十。三条加一等，十条杖九十。”① 特别是对谋叛以上的犯罪，官府接到控告而不受理，以及在接到

① 《唐律·斗讼》“越诉”条。

控告后拖延时间不去突击逮捕超过半天的，要处绞刑或流二千里。元朝法律规定："诸府州司县应受理而不受理，虽受理而听断偏屈或迁延不决者，随轻重而罪罚之。"① 明律则规定得更具体："凡告谋反、逆、判官司，不即受理掩捕者，杖一百，徒三年。以致聚众作乱，攻陷城池，及劫掠人民者，斩。若告恶逆不受理者，杖一百。告杀人及强盗不受理者，杖八十。斗殴婚姻田宅等事不受理者，各减犯人罪二等。并罪止杖八十。受财者，计赃以枉法从重论。"② 依法不得受理的，如受理，也要处罚。依法不得受理的情况，根据唐律、明律等规定，包括以下各项：（1）被囚禁人告举他事。唐律规定，受理者处以各减所理罪三等，明律为笞四十。（2）年 80 岁以上，10 岁以下，及笃疾者告一般罪。受理者所处的刑罚同上项。（3）以赦免的前事告人。唐律规定受理者以故意入罪论，至死者，各加役流。明律则无此规定。（4）投匿名文书告人。唐律规定受理者处徒刑 2 年。明律为杖一百。（5）告状不合要求。唐律规定："诸告人罪，皆须明注年月，指陈实事，不得称疑。违者，笞五十。官司受而为理者，减所告罪一等。"这就是说，告别人犯罪的诉状，必须写清犯罪的时间和事实，不得说怀疑此事如何。否则，本人要受罚，如官府受理也要受罚。但是这一规定实际上很难行得通，因此明律取消了这条规定。

关于控告的程序，实行令控告人三审制。《唐六典》规定："凡告言人罪，非谋叛以上，皆三审之。"也就是说，凡是控告别人犯罪，如果所告的不是谋叛以上的罪，都要令他进行慎重考虑。具体做法是：受理控告状的官员要告知控告者虚告反坐的法律责任，让控告者考虑以后，别日接受词状，这样要经过三次，每次都别日受理词状。但是"若有事切害者不在此例"，即遇到杀人、强盗、逃亡、强奸等案件急需追究的，可不经过令控告人三审而马上受理。唐朝确立的令控告人三审制度，以后各朝未予袭用。

从中国古代诉讼中关于控告的法制思想可以看出宽严分明：重罪者，告而不理的罚，轻罪者，不该受理而受理也要处罚。在受理程序上，要求告状者"不得称疑"，"虚告反坐"，并要经过三审才能受理。这种法律界限清晰，而且慎之又慎的思想，对当今中国建立和健全不起诉制度，都具有借鉴意义。

---

① 《元史·刑法志》。

② 《明律·刑律·诉讼》"告状不受理"条。

（二）新中国成立前后的区别对待、分化瓦解刑事政策

早在新民主主义革命时期，中华苏维埃共和国成立以后，在1931年12月13日中央执行委员会非常会议通过《中华苏维埃共和国中央执行委员会训令——处理反革命案件和建立司法机关的暂行程序》，针对当时“肃反”出现的不分首要和附和，以致应当轻办的却重办的错误做法，该训令第7条明确规定：“不论在新旧区，对于处置反革命团体（AB团社会民主党、改组派等）的分子，定要分别阶级成份，分别首要与附和，即对于……首要分子应该严厉处置（如宜告死刑等），对于……附和的分子，应当从宽处置（如自新释放等）。”①

在抗日民主政权时期，针对1943年的整风审干工作，总结了正反两个方面的经验教训，作出了《关于审查干部的决定》，提出了著名的9条方针：“首长负责，自己动手，领导骨干与广大群众相结合，一般号召与个别指导相结合，调查研究，分清是非轻重。争取失足者，培养干部，教育群众。”② 这9条方针不仅正确地指导了当时的“除奸”斗争，而且为我国传统的区别对待和分化瓦解的刑事政策奠定了基础。在陕甘宁边区等法院对各县司法工作的指示之下，进而把分化瓦解、争取多数、化消极因素为积极因素作为边区的重要刑事政策。该指示中明确指出：“边区判刑，采取宽大政策。对于罪犯，凡能够争取的，应尽一切可能争取。我们必须知道，从一个反对或破坏革命的罪犯争取转变到革命的方面来，即减少一份反革命的力量，增加一份革命的力量。因此，在边区非至不得已，绝不应随便轻判死刑。”③

在解放战争时期的人民民主政权反复强调坚持少杀，严禁乱打乱杀，坚持“有错必纠，实事求是”的原则，比较准确地贯彻了区别对待、惩办少数、争取多数的刑事政策。当时，毛泽东主席精辟地指出：“经过人民法庭和民主政府，对于那些罪大恶极的反革命分子和恶霸分子，判处死刑，是完全必要和正当的。不如此，就不能建立民主秩序。但是，对于一切犯罪较轻的分子，则必须禁止乱杀。”“主张多杀乱杀的意见是完全错误的，它只会使我党丧失同情，脱离群众，

① 中国社会科学院法学研究所民法研究室民诉组：《民事诉讼法参考资料》（第1辑），法律出版社1981年版，第154页。

② 《毛泽东选集》（第4卷），第15页。

③ 中国社会科学院法学研究所民法研究室民诉组：《民事诉讼法参考资料》（第1辑），法律出版社1981年版，第177页。

陷于孤立。”[①] 1949 年 1 月 13 日，民主政权发布的《为清理已决及未决案犯的训令》指出：“有确实反证，证明原判根本错误者，应予平反，宣布无罪开释”；“但因发现新罪或因判确实失误很大者，可撤销原判，另行适当判刑。”[②]

中华人民共和国成立后，不起诉制度赖以存在的理论又有了新的发展。其具体表现是，认真总结了新民主主义革命时期的经验，制定了《中华人民共和国宪法》和《中华人民共和国人民法院组织法》《中华人民共和国人民检察院组织法》，还制定了《中华人民共和国逮捕拘留条例》，立法把区别对待、分化瓦解的刑事政策上升为法律，不仅明确规定人民法院和人民检察院独立行使审判权和检察权，只服从法律，而且还具体规定公安机关对案件侦查终结后，要移送人民检察院审查，通过审查起诉，贯彻区别对待的政策以决定起诉或不起诉，立法明确地规定了提起公诉和不起诉的条件与程序。1954 年 9 月 21 日，第一届全国人民代表大会第一次会议通过的《中华人民共和国人民检察院组织法》第 11 条第 2 款明确规定：“公安机关提起的刑事案件，侦查终结后，认为需要起诉的，应当依照法律的规定移送人民检察院审查，决定起诉或者不起诉。”这是我国采用立法的形式，第一次规定不起诉制度。但是，根据当时的情况，不起诉适用的范围仅限于法定不予追究刑事责任的各种情形，其范围还相当狭窄。

（三）免予起诉制度的产生和废除

在 20 世纪 50 年代镇压反革命期间，检察机关根据“惩办与宽大相结合”，以及“区别对待，分化瓦解”的刑事政策和理论，针对当时对敌斗争的需要，在实践中创立了免予起诉这一形式。新中国成立初期，各种敌视和反对新生的中华人民共和国的反动势力从不同方面，采取不同手段，破坏我国的革命和事业。为了巩固人民已经取得的胜利果实，巩固革命和建设的新秩序，党中央于 1950 年决定在全国开展轰轰烈烈的镇压反革命运动。1955 年，党中央和国家又连续发出关于进一步开展斗争，肃清暗藏的反革命分子的指示。同年 7 月，第一届全国人民代表大会第二次会议在一致通过的《关于发展国民经济的第一个五年计划的决议》中，也规定了镇压反革命的任务。检察机关根据党中央的指示和全国人大的决议，积极参加镇反运动，充分发挥了检察机关的职能作用。在审查起诉工

① 《毛泽东选集》（第 4 卷），第 1214 页。
② 吴磊主编：《中国司法制度》，中国人民大学出版社 1988 年版，第 24 页。

作中，正确执行“坦白从宽，抗拒从严，立功赎罪，立大功受奖”的“肃反”政策，对于进一步分化瓦解敌人收到了良好的效果。在1956年3月15日至4月1日召开的第三次全国检察工作会议上，时任全国人大常委会副委员长的彭真同志作了重要讲话，指出政策的从宽从严取决于客观形势，形势需要从宽就从宽，形势需要从严就从严；从宽从严在法律规定的幅度之内，并且要根据犯罪的具体情节来决定。第三次全国检察工作会议以后，各级检察机关协同有关部门，全面开展对反革命分子的政治攻势，广泛深入地宣传党的“肃反”政策，要求反革命分子投案自首。据统计，当时全国范围内投案自首的反革命分子有19.5万余人，占投案自首总人数的83.39%。对投案自首的反革命分子主动交代的问题，根据查证核实的情形作出处理：对于罪行轻微或者仅有一般历史罪名而没有现行破坏活动的自首者一般不予追究；对于应当追究刑事责任，但能真诚坦白或者有立功表现，可以免予刑罚的自首者，作出免予起诉的决定；对于已经坦白自首，但罪恶严重，仍需判刑的，在起诉时建议人民法院从宽处理。据全国21个省、直辖市人民检察院和专门检察院的统计，经检察机关作出免予起诉决定的共计1.84万余人。1956年4月23日，浙江省杭州市人民检察院召开“处理自首投案反革命分子大会”，宽大处理了投案自首的反革命分子张毅，并由杭州市公安局发给张毅奖金。此案的处理产生了很大的政治影响。但是，当时的实际情况是对张毅本应采取免予起诉的形式，却作出的是不起诉决定。在此后的司法实践中，才把不起诉和免予起诉决定严格地区别开来。1956年4月25日，在宽大处理张毅案件的第三天，第一届全国人民代表大会第三十四次会议通过了《关于处理在押日本侵略中国战争中战争犯罪分子决定》。该决定规定：“……对于次要的或者悔罪表现较好的日本战争犯罪分子，可以从宽处理，免予起诉。”据此，最高人民检察院连续三次对在押的1017名日本战犯中的35名作出了免予起诉决定，产生了良好的社会效果和积极的国际影响。这是免予起诉首次以法律规范的形式得到最高国家权力机关的批准。此决定虽然属于特别法，但是免予起诉制度得到了立法者认可。在1979年制定的刑事诉讼法和人民检察院组织法，均对免予起诉作了具体的法律规定，一直沿用到1996年3月第八届全国人大第四次会议通过的刑事诉讼法修正案，才把免予起诉改为不起诉。

1979年第五届全国人民代表大会第二次会议通过了《中华人民共和国刑事诉讼法》。该法的第101条、第102条、第103条专门对免予起诉的法定条件、免予起诉的程序等作了规定。最高人民检察院又针对免予起诉工作存在的一些问题，总结了司法实践中的一些好的经验、做法，陆续制定了一些规章制度，下发各级检察机关执行。例如，《关于贪污、受贿案件免予起诉工作的规定》《刑事检察工作细则（试行）》中有关免予起诉工作的条款，等等。这些规章制度使免予起诉制度在执行过程中得到不断充实和完善，从而为实现刑事诉讼的根本任务发挥了积极有力的作用。

但是，免予起诉无论从理论上的分析还是从司法实践中存在的问题看，其存在弊大于利，具体表现是：（1）免予起诉违背了现代诉讼控诉权与审判权分离的原则，人民检察院未经审判而对被告人是否有罪作出定罪免刑的终结性处理，这一做法显然是违背近现代诉讼原理的；（2）免予起诉侵犯了被告人的合法权益，使被告人丧失了委托辩护人的机会，也剥夺了他的上诉权；（3）免予起诉程序不公开进行，不仅失去了透明度，而且也没有公开、辩护、辩论等原则和制度作保障，必然会导致案件质量下降；（4）免予起诉在执行中存有大量的不正之风，如任意放宽和缩小其适用范围。该诉不诉，该免不免，宽严失去规范，群众意见很大。

经过学术界和司法实际部门的反复讨论，立法机关最终认为弊大于利，决定采用扩大不起诉的范围的做法，即用新的不起诉制度代替免予起诉制度。立法者的这一决定在中国不起诉制度建立和发展的历史上是一件大事，它标志着中国不起诉制度的改革和完善，这一改革举措的价值取向和意义有四点：一是不起诉制度在中国有着深厚的思想、文化和法律渊源，更是人民检察工作的一个优良传统，它充分体现着党和国家一贯的刑事政策，它有利于对刑事犯罪的分化瓦解，有利于化消极因素为积极因素。二是不起诉制度符合诉讼经济原则。诉讼的过程会消耗大量的经济资源，为了提高司法活动的经济效益，应当将最大限度减少这种经济资源的耗费作为对法律程序评价的一项基本价值标准，不起诉制度使不该进入审判程序的案件适时终止，缩短了诉讼时间，节省了大量的人力、物力、财力，使人民法院得以集中精力去处理更为重要的案件。三是不起诉制度的确立符合现代刑罚思想，它适应了从报应刑罚向目的刑罚思想的转变。传统刑法注重刑罚的报应功能，自“二战”以后，由于政治、经济形势的变化，观念的更新，开始注重刑罚的教育功能，强调教育改造，更加重视预防，在采取罪刑相适应原则的同时，采取刑罚个别化原则，探寻有无惩罚的必要。西方各国逐步推行的非关押化、非刑罚化政策就是两种刑罚观的转变。不起诉制度反映和体现了这一现代刑罚思想，这是一种进步、文明的表现，更是司法文明的标志。四是不起诉制度有利于保护当事人的合法权益，它可以使法定不应当被追究的人，尽早摆脱被追究的困境，它还可以使可追究可不追究的轻微犯罪分子，就低不就高而脱离被追究的处境，放下包袱，调动积极性，投身“四化”建设。

（四）刑事诉讼法对不起诉的修改和完善

在中国，对犯罪嫌疑人的不起诉，就其产生而言，早在新民主主义革命时期的有关文献中就有记载。例如，1948 年 11 月 30 日华北人民政府颁布的《关于县市公安机关与司法机关处理刑事案件权责的规定》，对于汉奸、特务及内战战犯等案件，“侦查的结果嫌疑不足，或其行为不成立犯罪等，再则纵系罪犯，而以不起诉为适当时，则公安机关均有权释放，不予起诉，司法方面不得干涉”。从这一规定可以看出，当时的不起诉就包括嫌疑不足的不起诉和不构成犯罪的不起诉，以及构成犯罪但酌情不起诉等三种形式。新中国成立初期，1954 年颁布的《人民检察院组织法》总结了新民主主义革命时期的经验，该法第 11 条第 2 款规定：“公安机关提起的刑事案件，侦查终结后，认为需要起诉的，应当依照法律的规定移送人民检察院审查，决定起诉或者不起诉。”该法第 13 条还规定：“对于公安机关移送的案件所作的不起诉决定，公安机关认为有错误的时候，有权向上一级人民检察院提出意见或者控告。”这一规定，显然对保证不起诉的质量有着重要的程序保障作用。

党的十一届三中全会以后，于 1979 年 7 月 1 日颁行新的《人民检察院组织法》，在认真总结了新中国成立以来的人民检察工作中的经验之后，特别是对贯彻党和国家的分化瓦解、区别对待的刑事政策的经验，把免予起诉增加规定到《人民检察院组织法》中，该法第 13 条规定：“人民检察院对于公安机关要求起诉的案件，应当进行审查，决定起诉、免予起诉或者不起诉。对主要犯罪事实不清，证据不足的，可以退回公安机关补充侦查。”而且在该法中还规定对免予起诉和不起诉的制约和监督程序。对此，同年颁布的刑事诉讼法的第 11 条、第 102 条、第 104 条对不起诉的条件、复议和复核及申诉的程序和期限等都作了详细的规定。从 1979 年刑事诉讼法规定的内容看，中国关于免予起诉与不起诉制度已经比较完备了，但是，经过了十多年的司法实践，由于国家经济体制的变化，以及免予起诉的执行中出现的一些问题和在诉讼理论上存在的一些争议，在 1996

年 3 月的刑事诉讼法修改中，立法机关决定取消免予起诉，进而扩大了不起诉的范围，在新修改的刑事诉讼法中，对于不起诉的种类、适用的条件、程序、监督制约、复议复核和申诉等均作了详细的规定。至此，中国的不起诉制度作为检察制度的重要组成部分，正式形成了一个比较完备的制度。

二、酌定不起诉的实体法定位[①]

我国不起诉制度包括三种具体的不起诉类型：法定不起诉、酌定不起诉和证据不足不起诉。其中，酌定不起诉是在废除免予起诉制度基础上发展而来的一种不起诉类型。1996 年刑事诉讼法第 142 条第 2 款规定："对于犯罪情节轻微，依照刑法规定不需要判处刑罚或者免除刑罚的，人民检察院可以作出不起诉决定。"将该款规定与 1979 年刑事诉讼法第 101 条相比，条文的文字表述没有太大变化，除将"可以免予起诉"修改为"可以作出不起诉决定"外，只是新增加了"对于犯罪情节轻微"的限定性规定。或许正是基于此种原因，尽管修正后的刑事诉讼法已经实施 4 年之久，一些地区的司法实践部门仍将酌定不起诉混同于免予起诉。在我国司法实践中，酌定不起诉决定是以"犯罪情节轻微"为前提条件的，且人民检察院在不起诉决定书中往往引用明确的刑法条文。因此，一些部门望文生义，将酌定不起诉决定视为有罪的法律认定，并基于此种错误认识，将已作酌定不起诉的公民作为有罪之人对待。为此，有必要进一步讨论并澄清酌定不起诉决定的实体法律效力问题。

正确认识酌定不起诉的实体法律效力，首先应当从我国 1996 年刑事诉讼法废除免予起诉制度谈起。免予起诉制度是我国 1979 年刑事诉讼法规定的一项诉讼制度。全国人大法工委主任顾昂然在《关于〈中华人民共和国刑事诉讼法修正案草案〉的说明》中清楚地阐述了废止免予起诉制度的原因。"免予起诉，是检察机关对依照刑法规定不需要判处刑罚或者免除刑罚的犯罪分子，定罪但不予起诉的一项制度。免予起诉制度对于体现惩办与宽大相结合的刑事政策，对轻微案件及时结案，发挥了一定的作用。问题是，1. 不经人民法院审判程序就定有罪，不符合法制的原则。2. 实践中，对有些无罪的人决定免予起诉，侵害了被

① 原文刊载于《人民检察》2001 年第 8 期，原题目为《酌定不起诉是有罪认定吗?》，系与吴宏耀合作撰写。

告人的合法权利；对有些依法应当判刑的，却给予免予起诉。经与各方面反复研究，草案扩大了不起诉的范围，犯罪情节轻微，依照刑法规定不需要判处刑罚或者免除刑罚的，人民检察院可以不起诉。不再使用免予起诉。”可见，人民检察院根据刑事诉讼法作出的酌定不起诉决定与免予起诉的本质区别在于前者不再具有有罪认定的实体法律效力。

1996 年刑事诉讼法第 12 条规定：“未经人民法院依法判决，对任何人都不得确定有罪。”此条法律规定确立了下述法治基本原则：只有人民法院才享有确定有罪的权力；除非人民法院依照法定程序对案件作出终审判决，否则，不得对任何公民确定有罪。基于此，由于人民检察院已作不起诉（包括酌定不起诉）处理的案件尚未进入审判程序，没有经过人民法院依法定程序进行审理和判决，因此，人民检察院所作出的任何不起诉决定都不可能具有确定有罪的法律效力。确实，在起诉活动中，人民检察院必须对犯罪嫌疑人是否构成犯罪、构成什么罪进行审查，但是，这种审查只具有程序意义，属于控诉机关行使检察权的诉讼活动；如果人民检察院认为需要确定犯罪嫌疑人有罪，则应提起公诉，由人民法院对案件进行审理并作出有罪的判决。就酌定不起诉而言，尽管检察机关作出酌定不起诉决定必须具备刑事诉讼法第 142 条第 2 款所规定的条件，但是，由于酌定不起诉决定终止了刑事追诉活动，而不再将犯罪嫌疑人提交人民法院审判，因此，就法律性质而言，酌定不起诉的决定是一个程序性决定，是一个不再将案件交付人民法院审判的决定，其法律效力相当于一个无罪判决，即同无罪判决具有同等的法律效力。

在此，有必要对作为酌定不起诉前提条件的“犯罪情节轻微”予以科学的解释。诉讼法学界普遍承认，达到法定起诉条件是适用酌定不起诉的前提条件，如果案件尚未达到起诉条件，检察机关不得作出酌定不起诉，而应当作出法定不起诉或证据不足不起诉的决定。因此，对“犯罪情节轻微”的理解必须同起诉条件联系起来。我国立法对起诉条件要求较高，根据 1996 年刑事诉讼法第 141 条的规定，提起公诉的案件必须达到“人民检察院认为犯罪嫌疑人犯罪事实已经查清，证据确实、充分，依法应当追究刑事责任的”法定条件。在这里，我国立法同样采用了“犯罪事实”的表述方式，但其实质含义却是“人民检察院根据现有证据认为犯罪嫌疑人的行为已经构成了犯罪”。从立法风格看，1996 年刑事诉讼法第 142 条第 2 款“犯罪情节轻微”中的“犯罪”亦应作类似的解释。即此处的“犯罪”，只是检察机关对案件的单方认识，由此只能产生一种程序性权利——人民检察院据此享有对案件提起公诉的权力，因而具有了起诉与不起诉的裁量空间，而不具有实体法上确定有罪的价值，更不能据此认为被不起诉人“已经构成了犯罪”。换句话说，尽管立法以犯罪情节轻微来表述酌定不起诉的适用条件，但并不等于说，检察机关决定酌定不起诉时，被不起诉人在事实上就确实犯了罪；而只是表明，检察机关已经尽其所能查清了案件事实并认为案件已经达到了法定的起诉条件。

酌定不起诉制度体现的是我国一贯奉行的“区别对待”“惩办与宽大相结合”的刑事政策。我国的刑罚是通过惩罚实现教育、改造的任务。因此。对于那些已经认错悔改、行为危害不大的嫌疑人，由于已经没有继续追诉的必要，或者说不追诉比追诉更有助于实现教育和改造，立法授权检察机关在符合刑事诉讼法第 142 条第 2 款的条件下作出酌定不起诉决定，终止刑事追诉并作无罪处理。在此意义上，我国酌定不起诉制度与世界范围内的“轻刑化”“非诉讼化”趋势相一致，是以现代刑罚理论为理论基础，追求诉讼社会效益的产物，同时也符合诉讼经济原则的要求。所以，在实践中，对于已经被作出酌定不起诉决定的公民应当恢复其工作，除检察机关提出检察意见移送处理的案件外，应遵循宽大处理的立法精神，一般不宜再给予行政处分。总之，酌定不起诉与其他不起诉形式尽管在适用范围上各有不同，但就法律效力而言，并没有实质性差别。酌定不起诉亦具有不起诉的一般特点：（1）在程序上，具有终止刑事追诉程序的程序性效力，对于被不起诉人在押的，应当立即释放，并终止相应的追诉程序；（2）在实体上，相当于无罪的法律认定。因此，尽管酌定不起诉的前提条件是“犯罪情节轻微”，尽管酌定不起诉决定书中可能写有“触犯刑法第××条”，但是，就其刑事实体意义而言，酌定不起诉决定同无罪判决具有同等法律效力。

三、自由裁量权与不起诉制度的发展①

审查起诉活动中的自由裁量权是刑事诉讼法确立的一项重要权力，体现着刑事诉讼的某些价值并发挥着实现某种预期目的的功能。像法律中许多与“自由”

① 原文刊载于《人民检察》2000 年第 6 期，原题目为《自由裁量权与不起诉制度的完善》，系与张建伟合作撰写。

相联系的概念一样，自由裁量中的自由仅仅是在一定限度内的自由，要受到特定条件的限制，逾越这些限制意味着自由裁量权的被滥用。正确应用自由裁量权才能取得应有的功效，同时防止该权力在运作中出现偏失。

（一）自由裁量权的含义和功能

自由裁量权就是法律赋予的、根据自己认为适宜与否决定是否采取某种措施、给予某种救济或者采纳某项证据的权力，这项权力是由特定的国家机关及其人员拥有的。赋予国家机关及其人员一定的自由裁量权，就是为其自主决定、自主行为提供一定的空间，这是充分考虑到诉讼中人的因素并为适应社会和人的实际复杂性而作出的选择。法律的规定是不能精密到无须任何解释、涵盖一切可能出现的情况的。正如美国经济学家密尔顿·弗里德曼所指出的那样，法治并不能排除一切人的因素，“没有任何法律可以得到如此精确的限定，以致避免了任何解释问题；没有任何法律能够得到如此精确的限定，以至于明确地包含了一切可能出现的情况”。因此，法律必然给实施这部法律的人留有一种有限的自主。[①]我国学者王名扬也曾指出：“法治需要制定规则适用于一般情况，也允许对特殊情况具体处理，不受规则的束缚。法治和自由裁量权的关系不是互相排斥，而是互相补充，不允许自由裁量权的存在，任何法律体系不能运行，但是法律允许自由裁量权的存在，是立法者经过考虑确有必要时，才授予行政机关自由裁量权力。”[②] 自由裁量权可以使司法机关及其人员根据案件事实、证据、诉讼参与人和社会等各方面的实际情况，采取更适合该具体案件的处理办法，使法律所追求的某一或者某些价值得以实现。

（二）审查起诉中的自由裁量与对这种裁量的制约

审查起诉是一项重要的诉讼活动，在整个刑事诉讼流程中，处于承前启后的中间环节，构成一个独立的诉讼阶段。1996 年刑事诉讼法第 142 条第 1 款允许在符合法定情形时，经过权衡认为不起诉更为适宜的可以不起诉，这种不起诉，学者们一般称为“酌定不起诉”。

刑事诉讼法第 142 条第 2 款对酌定不起诉的规定是：“对于犯罪情节轻微，依照刑法规定不需要判处刑罚或者免除刑罚的，人民检察院可以作出不起诉决

---

① ［美］密尔顿·弗里德曼：《弗里德曼文萃》，北京经济学院出版社 1991 年版，第 558 页。
② 王名扬：《美国行政法》（上册），中国法制出版社 1995 年版，第 118 页。

定。”这一规定明确了酌定不起诉的适用条件：一是检察机关经过对案件进行全面审查，认为犯罪嫌疑人构成了犯罪；二是该犯罪行为情节轻微；三是依照刑法规定不需要判处刑罚或者可以免除刑罚。

从刑事诉讼法的规定看，检察机关自由裁量权适用的案件范围只限于“犯罪情节轻微”的案件。“犯罪情节”分定罪情节和量刑情节两种，前者为决定犯罪性质的情节；后者为决定犯罪性质的基本事实之外的、影响犯罪的社会危害程度的事实情况，它不决定犯罪的性质，但影响量刑的轻重。[①] 我们认为，刑事诉讼法第 142 条第 2 款规定的“犯罪情节”应理解为“量刑情节”。量刑情节又可分为四种情形，即情节轻微、情节较轻、情节严重或者情节恶劣、情节特别严重或者情节特别恶劣。只有情节轻微的案件，检察机关才能适用自由裁量权。

从法律规定的检察机关行使自由裁量权需要考虑的因素看，我国检察机关主要应依据犯罪情节加以权衡（包括在犯罪嫌疑人犯罪情节轻微的前提下，根据犯罪嫌疑人的年龄、动机和目的、手段、环境和条件、犯罪对象的情况、犯罪行为人的一贯表现和犯罪后的态度等酌定情节进行综合考虑），从而决定是否起诉。但在实践中，还应当依据设定起诉便宜原则的立法意图，即法律择定的价值（如有利于教育改造犯罪行为人使之复归社会、瓦解共同犯罪中的行为人使案件侦查得以顺利进行、节约诉讼成本的投入等）来综合考虑是否应当提起公诉。这就需要将公益原则纳入我国检察机关的行为准则。将公益原则纳入检察活动的原则体系，可以使检察机关作出在裁量不起诉时以公共利益为依据，使作出的决定符合公共利益。

赋予检察机关一定的自由裁量权后，如何保障这种权力得到正当行使，需要认真加以研究。我国刑事诉讼法对可能出现的不当的不起诉决定已经规定了严格的救济、纠正程序，包括：（1）不起诉决定作出后，应当公开宣布并将决定书送达给被不起诉人及其所在单位；（2）不起诉决定书应送达给被害人、公安机关等移送案件的侦查机关；（3）公安机关对人民检察院不起诉决定拥有提起复议、复核的权力，人民检察院收到要求复议意见书或者复核意见书后应当及时复查并作出复查决定通知公安机关；（4）被害人对不起诉的决定不服，在申诉期限内提出申诉的，上级人民检察院审查起诉部门应当受理；在申诉期满后再提出

① 何秉松主编：《刑法教科书》，中国法制出版社 1997 年版，第 499 页。

申诉，人民检察院是否受理，应当根据案件具体情况和申诉人提出的申诉理由决定；（5）被害人对检察机关不起诉决定不服的，可以向人民法院提起自诉。

此外，最高人民检察院也在司法解释文件中确立了一些制约不起诉决定的规则，规定了严格的审核、决定程序：（1）承办人对案件进行审查后，应当拟写案件审查报告，提出起诉或者不起诉的意见，报审查起诉部门负责人审核；（2）部门负责人对案件审核后，应当提出审核意见，报请检察长或者检察委员会决定；（3）检察长或者检察委员会应当作出是否起诉的决定；（4）人民检察院作出不起诉决定后发现新的事实和证据并符合起诉条件、决定提起公诉或者发现原不起诉决定不当时，可以自行撤销不起诉决定，重新作出起诉决定；（5）人民检察院对于所辖下级人民检察院作出的确有错误的不起诉决定可以加以纠正。值得注意的是，在检察机关试行主诉检察官办案责任制的过程中，上述做法得到沿用。

在不起诉中赋予检察机关以自由裁量权，在实施之初，不起诉案件的数量较大。究其原因，既有免予起诉取消之后不起诉范围扩大引起不起诉案件数量上升的客观原因，也有对于不起诉条件掌握过宽的人为原因。对于较高的不起诉案件的比例（该比例为不起诉案件数与所有移送审查起诉的案件数的比率），上级检察机关试图加以控制，于是采用了若干由上至下进行控制的做法，如个别省级检察机关沿用过去控制免予起诉案件数量的做法，规定不起诉率的上限，下级检察机关作出的不起诉决定必须在一定范围内。对于这种做法，最高人民检察院已经明确表示了否定的意见。笔者认为，这种否定是有利于充分发挥自由裁量权的积极功能的。

应该说，对不起诉加以比例控制目的是好的，它的目的是试图将不起诉控制在合理的范围以内，以减少不起诉决定不当的现象。但比例控制存在明显的弊端，容易造成束缚办案人员的手脚而使法律规定得不到充分贯彻，从而产生一系列负面效应。例如，对于符合不起诉条件且条件等同者来说，仅仅由于指标有限而得不到同等处理，与法律适用上的平等原则相矛盾，是不公平的。从这一角度看。比例控制的做法可能会造成公正的偏失。

不起诉率如果过高，应当对其原因加以研究，如果没有逾越法律规定的条件，就不必加以抑制；如果属于不正常的原因造成的，则应当根据其具体原因寻求相应的对策。当前，不起诉决定最易出现的偏失是对不起诉条件理解过宽，对此应当强调不起诉的适用范围不能逾越“犯罪情节轻微”这一限制，上级人民检察院在备案审查中和接受申诉、提请复核等活动中发现下级检察机关逾越法律规定的范围作出酌定不起诉决定的，应当坚决纠正。上级检察机关也可以考虑对此进行定期或者不定期检查或者临时抽查，以保证不起诉决定符合法律的规定。

（三）从自由裁量的角度看不起诉制度的完善

在我国刑事诉讼法修改前，检察机关在审查起诉中也拥有自由裁量权，它是通过免予起诉制度体现出来的。对于免予起诉制度所含有的裁量主义的功效，无论学术界、立法机关还是司法实践部门都持肯定态度。因此，在刑事诉讼法修改期间，立法机关采纳了关于取消这一制度的立法建议，同时将其部分纳入不起诉范围，使其所包含的起诉裁量精神得以通过扩大了范围的不起诉制度得以发扬。

值得注意的是，我国在决定是否起诉问题上赋予检察机关自由裁量权，与日本采取起诉便宜原则的出发点不完全相同。“对明治时代的日本政府来说，刑事裁判的运营和监狱的维持所需费用，在财政上是一个沉重的负担。于是就产生了尽量减少囚犯人数的要求和设想。明治 18 年的司法大臣训示明确提出了对轻微犯罪采取不立案或警告释放的方针，并鼓励减少公诉的提起和裁判。……在这种背景下，到了明治时代后期，即使并不是非常轻微的犯罪，根据情节也可以不起诉的方针已经确立，同时还产生了灵活运用‘缓诉’的主张。这一主张与其说来自财政上的理由，毋宁说是基于对暂缓起诉所带来的刑事政策上积极效果的认识。”① 在我国，在审查起诉中确立自由裁量权，最早主要并不是为了解决诉讼经济的问题，而是基于政治方面的考虑。1959 年 4 月 25 日，我国为处理在押日本战犯而实行免予起诉制度，最高人民检察院对符合条件的 1017 名日本战犯作了免予起诉处理，取得了良好效果，并在此后以立法形式确定下来。直到今日，赋予检察机关一定的自由裁量权实际上也不是迫于诉讼效率方面的压力。即便如此，由于这项制度符合诉讼经济原则的要求，有利于司法资源的合理配置，缩短了诉讼时间，节省人力、物力，能够减少诉讼成本投入，因此在刑事案件发案数逐年上升、司法机关处断案件的压力越来越大的情况下，这项制度在实现诉讼经

① ［日］西原村夫主编：《日本刑事法的形成与特色——日本法学家论日本刑事法》，李海东译，中国法律出版社、日本成文堂 1997 年版，第 154 页。

济的价值方面所具有的功能会越来越受到重视。

审查起诉中的自由裁量存在着一定的价值冲突，主要是惩罚犯罪、维护秩序与诉讼经济、以宽大方式实现一定的刑事政策或者保障一定的政治利益之间存在一定的矛盾。起诉法定原则，即只要符合起诉条件必须起诉，不容检察机关在一定范围内进行自由裁量的做法，有利于惩罚犯罪、维护秩序，但事无巨细一律起诉容易导致诉讼成本过高、案件积压、效率低下，诉讼往往是不经济的；容许检察机关在一定范围内进行自由裁量，则反之。如果裁量权范围过大、权力行使中又缺乏节制，容易导致国家刑罚权在一些案件中难以得到落实，在有被害人的案件中往往不利于维护被害人的利益，满足不了被害人要求追究犯罪、惩罚犯罪人的愿望。从自由裁量权的角度思考完善我国的不起诉制度，应当全面认识自由裁量权的积极意义和可能被滥用的倾向，在相互冲突的价值间寻求平衡。

基于上述考虑，可以通过适当扩大自由裁量权行使的空间（法律明确列举允许自由裁量的案件范围）和借鉴“准起诉制度”，改革我国现行的“公诉转自诉制度”，以完善我国不起诉制度。具体内容是：

1. 拓展自由裁量权在审查起诉案件中的适用范围，使其能够在更广泛的范围内发挥功效。（1）酌定不起诉不仅要考虑量刑情节，也应考虑案件性质，对于特定性质的犯罪，可以使用自由裁量权。例如，除犯罪情节轻微的案件外，对于情节较轻的过失犯罪，也应允许在综合权衡的基础上决定不起诉。（2）对于犯罪情节较轻（可以考虑为“可能判处3年以下有期徒刑的案件”）且犯罪嫌疑人具有可以免除刑罚的情节的案件，应允许在综合权衡的基础上作出不起诉决定。例如，犯罪嫌疑人因防卫过当或紧急避险超过必要限度并造成不应有危害而犯罪的；为犯罪准备工具、制造条件的；在犯罪过程中自动终止或自动有效地防止犯罪结果发生的；在共同犯罪中，起次要的或者辅助作用的；被胁迫、诱骗参加犯罪活动的；犯罪嫌疑人自首或者在自首后有立功表现的，可以根据案件具体情况而决定不起诉。（3）犯罪嫌疑人情况特殊且犯罪情节轻微的案件，应允许在综合权衡的基础上作出不起诉决定。例如，犯罪嫌疑人为未成年人、65岁以上老年人、又聋又哑人、盲人、有其他残疾的人，犯可能判处3年以下有期徒刑的轻罪，可以在自由裁量的基础上作出不起诉决定。（4）出于政治原因而作出不起诉决定。可以借鉴德国刑事诉讼法的规定：如果起诉可能造成损害国家利益或者其他重大公众利益的，可以对某些特定案件（应对该案件范围作出明确规定）决定不起诉。这种不起诉应就个案作出，而且不起诉的决定权应由最高人民检察院行使，地方各级人民检察院遇到这类案件时，应当报请最高人民检察院决定。

2. 借鉴并确立准起诉制度，在相互冲突的价值间保持适当平衡。在有被害人的案件中，往往存在公共利益与个人利益之间的冲突。检察机关在审查起诉时通常是从公共利益方面而不仅仅是从被害人个人利益角度进行权衡，而作出不起诉决定的价值取向主要是诉讼经济、以宽大方式实现一定的刑事政策或者保障一定的政治利益，等等。而被害人主要是从自身的角度看待起诉问题。一般来说，被害人关于追究犯罪、惩罚犯罪人的要求也具有相当的合理性，这就在检察机关所作的价值选择与被害人的愿望之间存在矛盾。对于这一矛盾，我国刑事诉讼法赋予被害人在对检察机关作出的不起诉决定不服时直接向人民法院起诉的权利，这就是公诉案件转为自诉案件。这一机制的确立，有利于保障被害人利益，但也存在一定的弊端。它等于左手给予的权力又用右手取了回去（尽管不是全部），可能使检察机关的自由裁量权在大量的案件中不能发挥应有的功能，既不能体现惩办与宽大相结合的刑事政策和对轻微案件及时结案，也不利于节约诉讼成本、减少司法资源的浪费。从一些外国立法例上看，解决这个矛盾的方法通常是：（1）赋予被害人就检察官作出的不起诉决定向法院提出申请的权利。例如，德国刑事诉讼法第 172 条第 2 款规定，不服检察院上级官员的拒绝裁定[①]时，告诉人[②]可以在通知后一个月内申请法院裁判；日本刑事诉讼法第 262 条规定：对于法律限定的若干犯罪[③]的告诉或告发者，可以向管辖该检察官所属检察厅所在地的地方法院。请求将该案件交付法院审判。（2）由法院进行审查，法院认为检察官所作不起诉决定适当的，驳回申请；认为不适当的，则决定交付审判。例如，德国刑事诉讼法第 174 条第 1 项规定，表明没有足够的提起公诉理由时，法院驳回申请，通知告诉人、检察院和被指控人。第 175 条还规定，听取被指控人陈述后，法院认为申请正当时，裁定准予提起公诉。日本刑事诉讼法第 266 条规定，请求违反法令上的方式或在请求权消灭后提出时，或者是请求没有理由时，

---

① 此为对不服检察院下级官员所作不起诉决定的抗告裁定。

② 该告诉人同时为被害人。

③ 日本刑法第 193～196 条，或《防止破坏活动法》第 45 条之罪。

应不予受理。请求有理由时，应将案件交付管辖的地方法院审判。（3）法院准予提起公诉的裁定由检察官负责执行或者由法院指定律师担当公诉。例如，日本刑事诉讼法第268条规定，将案件交付管辖法院审判时，该法院应从律师中指定对该案件担任维持公诉者，该律师为了对该案件维持公诉，应执行检察官的职务直到裁判确定。但关于指挥检察事务官及司警察职员进行侦查，应嘱托检察官进行。韩国与日本基本相同，其刑事诉讼法第265条规定，案件发交法院审判时，应自律师中指定对该案件维持公诉之担当人。从上述规定可以看到，对于被害人等就检察官不起诉决定不服的申请，法院需要进行审查后裁定是否起诉，而不是直接接受被害人等的直接起诉，这体现了对被害人的利益和愿望慎重对待的态度，也对检察机关的自由裁量予以适当尊重。

按照我国刑事诉讼法的规定，被害人有权直接向人民法院起诉的不服不起诉决定的案件，不仅包括裁量不起诉的案件，也包括法定不起诉和证据不足不起诉的案件。对于裁量不起诉案件，如果检察机关的裁量合法合理，则与法律赋予其自由裁量权的意图相一致，没有必要由审判机关加以否定，审判机关可以加以否定的应当只是不起诉确有不当的案件；对于后两类案件，如果确实存在刑事诉讼法第15条所列诸种情形之一，或者证据确实不足，启动审判程序没有实际意义，反而徒增讼累。因此，我国刑事诉讼法应当借鉴日本的立法例，在被害人就不起诉决定不服的救济制度中增设过滤机制，即被害人不能直接提起自诉，对检察机关的不起诉决定不服的，被害人有权向人民法院提出申请，要求人民法院进行审查，人民法院经审查（审查中可以进行询问被不起诉人等活动）认为不起诉决定不当的，应当由人民法院指定律师或者批准由被害人委托的律师担当公诉，检察机关应当将自己掌握的证据材料和必要的诉讼材料移交人民法院；对于不起诉决定适当的，人民法院应当以裁定驳回申请，对于这一裁定，被害人可以进一步向上一级人民法院提出上诉。这一程序设置有利于实现在审查起诉中赋予检察机关自由裁量权的立法意图，也可以对不适当的不起诉决定加以制约，有利于实现自由裁量中冲突价值的平衡。

四、自由裁量权与我国不起诉制度的完善①

世界各国在提起公诉的活动中所遵循的原则可以概括为起诉法定主义和起诉裁量主义（起诉便宜主义）。“如果具备犯罪嫌疑与诉讼条件则一定起诉，这是起诉法定主义。与此相对，虽然具备犯罪嫌疑和诉讼条件，但在不必要起诉时，由检察官裁量作出不起诉决定，这是起诉裁量主义。”② 一般来说，英美法系国家和日本采取起诉裁量主义，大陆法系国家以起诉法定主义为原则，我国台湾地区从2002年“刑事诉讼法”修改后开始转向以起诉裁量主义为主，以起诉法定主义为例外。我国一贯采取的是以起诉法定主义为主的方针，起诉裁量的空间极为狭小，不起诉的诉讼分流功能较弱。在犯罪率居高不下、司法资源有限的背景下，有必要重新审视检讨我国的不起诉制度。

（一）我国不起诉制度的现状

根据1996年刑事诉讼法的规定，不起诉是指人民检察院对公安机关侦查终结移送起诉的案件和自己侦查终结的案件进行审查后，认为犯罪嫌疑人的行为不符合起诉条件，从而依法作出不将犯罪嫌疑人交付人民法院审判、追究刑事责任的一种处理决定。

对于不起诉的分类，一般认为，根据1996年刑事诉讼法第140条第4款、第142条的规定，可分为法定不起诉、酌定不起诉和证据不足不起诉三类。

1. 法定不起诉，也称绝对不起诉，是指犯罪嫌疑人具有刑事诉讼法第15条规定的不追究刑事责任情形之一的，人民检察院应当作出不起诉决定。根据刑事诉讼法第142条第1款规定，对于下列几类案件，人民检察院应决定不起诉：（1）情节显著轻微，危害不大，不认为是犯罪的；（2）犯罪已过追诉时效期限的；（3）经特赦令免除刑罚的；（4）依照刑法告诉才处理的犯罪，没有告诉或者撤回告诉的；（5）犯罪嫌疑人、被告人死亡的；（6）其他法律规定免予追究刑事责任的。这就是说，只要具备这六项条件之一的，人民检察院就必须作不起诉处理，没有自由裁量的余地。

---

① 原文刊载于《山东警察学院学报》2006年第1期，原题目为《论我国不起诉制度的构建》，系与叶肖华合作撰写。

② ［日］田口守一：《刑事诉讼法》，刘迪、张凌等译，法律出版社2000年版，第102页。

2. 酌定不起诉，也称相对不起诉，即根据刑事诉讼法第142条第2款规定的不起诉。酌定不起诉的适用必须具备两个条件：一是犯罪嫌疑人的犯罪事实已经查清，证据确实、充分；二是犯罪情节轻微，依照刑法规定不需要判处刑罚或者免除刑罚。对于这种情形，法律规定是“可以”不起诉，而不是“应当”不起诉，检察官享有起诉裁量权，即经由人民检察院裁量，可以起诉，也可以不起诉，对于具体案件起诉与否，由人民检察院酌情而定。

3. 证据不足不起诉。刑事诉讼法第140条规定，人民检察院审查案件，对于需要补充侦查的，可以退回公安机关补充侦查，也可以自行侦查。对于补充侦查的案件，应当在一个月内补充侦查完毕。补充侦查以二次为限。对于补充侦查的案件，人民检察院仍然认为证据不足，不符合起诉条件的，可以作出不起诉的决定。这里的“可以”应如何理解呢？这种提法是否赋予了检察官一定的自由裁量权呢？如果单从对法律字面的理解来讲，有人认为既然法律规定的是“可以”而不是“应当”作出不起诉的决定，那么，在案件证据不足时，人民检察院就可以根据具体情况裁量是否起诉。我们认为，这是对立法原意的一种误读。因为这种证据不足的案件如果起诉到人民法院，人民法院只能作出无罪判决。因此，允许起诉只会造成司法资源的明显浪费，也侵犯了犯罪嫌疑人的合法权益，与疑罪从无原则不相协调，从而违背了无罪推定的基本精神。因此，此处的“可以”是误用，规定为“应当”不起诉似乎更合理、更准确，也便于实践中操作。证据不足的不起诉应当是法定不起诉的一种，而非一种独立的不起诉样态。

（二）不起诉制度的立法缺陷与实践运用存在的问题

应当承认和肯定，1996年刑事诉讼法修改对我国公诉制度进行的重大改革，废除了免予起诉，扩大了不起诉范围，更加明确了不起诉的适用条件，其作用和意义是积极的、不容置疑的。但是，不起诉制度并非尽善尽美，随着司法的实践，其不足之处逐渐暴露出来。

1. 法定不起诉的立法尚欠明确，司法过于机械。1996年刑事诉讼法第15条虽然采取列举加概括的立法方式规定了六种不起诉的法定情形，但是列举不够周全，概括式规定“其他法律规定免予追究刑事责任的”尚不够明确。例如，对于犯罪嫌疑人的行为在法律上不构成犯罪的（如正当防卫，紧急避险，或者属于完全无辜），或者证据足以证明犯罪行为不是犯罪嫌疑人所为的案件，应当如何处理，没有明确规定。

在实践中，检察机关对上述没有明确规定的案件既无法起诉，又无法律依据作出不起诉决定，无法自主地处理，只能采取程序倒流的处理方式，[①] 退回公安机关处理。这种程序倒流的不正常现象使无罪之人长时间地处于刑事诉讼程序之中，不能及时结案，不仅增加了司法投入，加大了成本，也影响了对真正犯罪之人的追究，影响了刑事诉讼的实际效果，因而违背了法律程序的效益价值原则，违背了司法公正原则，也违背了刑事诉讼保障人权的宗旨。另外，检察机关对于在审查起诉中发现无公诉权的纯粹自诉案件或者案件已经判决生效，也应当作出绝对不起诉处理来终止公诉的程序。但由于立法的缺陷和司法的僵硬，检察机关往往在法律的具体适用上无所适从，而不能及时作出不起诉决定。

2. 相对不起诉的适用空间十分狭窄，控制非常严格。鉴于1979年刑事诉讼法中免予起诉权力被滥用的经验教训，1996年刑事诉讼法规定必须同时具备“犯罪情节轻微”和“依照刑法规定不需要判处刑罚或者免除刑罚”两项条件时，才允许检察机关自由裁量是否起诉。但是，何为“犯罪情节轻微”？它与“情节显著轻微”和“情节较轻”怎么区分？何为“不需要判处刑罚”？法律对此没有规定明确的区分标准，这就为实践操作带来一定的困难。“刑法上使用情节一词，包括各种各样的构成要素及其结合方式，例如，结果、数量、行为方式、行为目的、犯罪方法、手段、行为对象、时空条件，等等，都是情节。”[②] 情节轻微是对上述构成要素及其复杂的结合方式的模糊性表述。因此，对于犯罪情节轻微不需要判处刑罚，要根据个案的具体情况加以合理确定。另外，“免除处罚”的犯罪本身可能不是轻微的，而可能是“犯罪较轻”，[③] 这时就要受前面“犯罪情节轻微”条件的制约。此外，刑法中的“免除处罚”往往是与“从轻或者减轻处罚”并列规定的，在适用上又分为“应当”和“可以”两种情形，所以，仍然存在很多的裁量因素。这样一来，事实上，我国检察机关的自由裁量权就被限定于极小的范围之内，并且对不起诉的条件本身也充满了裁量因素，从而导致实际运作的相对不确定性。

---

① 1999年《人民检察院刑事诉讼规则》第262条规定：“对于公安机关移送审查起诉的案件，发现犯罪嫌疑人没有违法犯罪行为的，应当书面说明理由将案卷退回公安机关处理；发现犯罪事实并非犯罪嫌疑人所为的，应当书面说明理由退回公安机关并建议公安机关重新侦查。”

② 何秉松主编：《刑法教科书》，中国法制出版社2000年版，第384页。

③ 刑法第67条规定：“……其中犯罪较轻的，可以免除处罚。”

实践中，一些公诉机关出于片面追求刑罚报应功能和“实绩”的考虑，片面追求起诉率、胜诉率和有罪率，对酌定不起诉的适用控制得非常严格，有的采用了若干由上至下进行控制的做法，规定不起诉率的上限，进行数字化控制：有的把不起诉率的高低作为考评起诉工作好坏的一项重要指标；有的明确提出对酌定不起诉案件除极个别情况外，均应起诉。而检察官为争取成绩，保持清誉，避免无谓猜忌，也不是很热衷于适用不起诉。这样，对酌定不起诉决定的适用较少，不利于充分发挥自由裁量权的积极功能。

3. 不起诉制度的适用率过低，不能充分发挥应有价值。据统计，“1997 年不起诉人数占审结总人数（不起诉与起诉人数之和）的 4.2%；1998 年不起诉人数占审结总人数的 2.5%”[①]。该不起诉适用率在 1999 年为 2%，2000 年为 2.4%，2002 年为 3%，2003 年为 2.8%，2004 年为 3.3%，2005 年为 2.4%。[②] 可见，在 1996 年刑事诉讼法实施之初，不起诉案件的数量相对较多。后来，在实践中，为了确保不起诉决定的质量，检察系统对此进行了严格控制，规定了烦琐的审核、决定程序，导致了不起诉率明显下降至较低的现状。

“日本 1993 年统计的不起诉处分约为 29%”[③]，1994 年后的不起诉率均为 34.6% 以上，2002 年的不起诉率为 40.7%。[④] “德国在 1997 年根据刑事诉讼法第 170 条第 2 款检察院停止程序的案件就占 60.3%，随着时间推移，案件处理决定越来越多依赖于自由裁量而非传统的‘法定起诉’。与仍然统治着德国刑事司法体系的传统的法定原则不同的是，今天的检察机构似乎更是一个‘不起诉机构’而非一个起诉机构。”[⑤] 与德国、日本等国家相比，我国的不起诉适用率显然非常低。其中一个原因是因为犯罪概念的不同，我国的犯罪概念既讲定性因素，也讲定量因素，进入刑事诉讼程序的案件一般是性质较为严重、危害较大的案件，轻微案件一般由行政执法机关处理，而具体犯罪定义在国外刑事立法中基本上停留在定性认识阶段。但是，除了立法和制度上的原因之外，更为主要的原因则是我国不起诉的严格限制使得适用手续相当复杂；酌定不起诉的适用标准模糊；检

---

① 陈光中等主编：《中德不起诉制度比较研究》，中国检察出版社 2002 年版，第 168 页。

② 根据各年度最高人民检察院工作报告，其中，2001 年的报告没有显示不起诉人数。

③ ［日］田口守一：《刑事诉讼法》，刘迪、张凌等译，法律出版社 2000 年版，第 107 页。

④ 转引自蓝传贵：《缓起诉制度之探讨》，载《法令月刊》第 56 卷第 5 期。

⑤ 陈光中等主编：《中德不起诉制度比较研究》，中国检察出版社 2002 年版，第 174 页。

察官的自身素质也决定了怕受非议、怕出错误而被追究责任。这种现象直接影响着不起诉制度应有价值的实现，违背了不起诉制度的立法宗旨。

4. 不起诉的制约救济程序不科学，多为事后制约。刑事诉讼法在赋予检察官起诉裁量权的同时，为了防止被滥用，也规定了一系列严格的制约措施和救济途径：（1）检察机关的内部制约。规定酌定不起诉需要由检察委员会决定，报上级人民检察院备案以及检查、复查等。（2）公安机关的制约。公安机关认为不起诉的决定有错误的时候，可以要求复议，如果意见不被接受，可以向上一级人民检察院提请复核。（3）被害人和人民法院的制约。被害人对不起诉决定不服的，可以向上一级人民检察院申诉，请求提起公诉；对人民检察院维持不起诉决定的，可以向人民法院起诉。被害人也可以不经申诉，直接向人民法院起诉。（4）被不起诉人的制约。被不起诉人如果认为自己根本就是无罪，对酌定不起诉不服的，可以向人民检察院申诉。

但是，问题在于上述制约救济措施往往具有滞后性，多为事后制约，而没有一种前置程序和机制对不起诉决定进行实质性的制约和影响，这不利于保证起诉裁量权的正当行使。更严重的问题在于，根据刑事诉讼法第145条，被害人对不起诉决定的案件不服的，有权直接向人民法院起诉。“这就使公诉案件转为自诉案件，这一机制的确立，有利于保障被害人利益，但也存在一定的弊端。它等于左手给予的权力又用右手取了回去（尽管不是全部），可能使检察机关的自由裁量权在大量的案件中不能发挥应有的功能，既不能体现惩办与宽大相结合的刑事政策和对轻微案件及时结案，也不利于节约诉讼成本、减少司法资源的浪费。”[①] 我们认为，这种“公诉转自诉”的机制严重冲击了起诉裁量权，破坏了公诉权的正常行使，同时对于相对人（犯罪嫌疑人、被不起诉人）而言也是极不公平的。在实践中，被害人很难完成“案件事实清楚，证据确实充分”的举证任务，也就难以真正通过自诉程序得到救济，只是徒增讼累和新的“告状难”。实践已经证明，从修正后的刑事诉讼法1997年实施以来，人民法院受理这类案件极少，“公诉转自诉”确有名存实亡之感。

5. 暂缓起诉的司法实践先行，但法律规定缺位。我国立法没有规定暂缓起诉制度，但是，自2000年武汉市江岸区人民检察院首次提出后，暂缓起诉制度

---

① 樊崇义、张建伟：《自由裁量与不起诉制度的完善》，载《人民检察》2000年第6期。

逐步在山东、长春、抚顺、上海和南京等地推广试行。由于缺乏法律的规范和理论的指导，各地的认识十分模糊，做法也极不统一。暂缓起诉虽然体现了起诉裁量主义，一般有利于保护当事人合法权益和社会利益，但是，这种有益的司法探索与法治的理念和精神不符，出现了正当性与合法性的背离和冲突问题。

（三）不起诉制度的理论基础

我国长期以来坚持起诉法定、有罪必诉，把裁量起诉、不起诉予以严格控制，并置于无足轻重的位置，没有给起诉裁量主义应有的定性和定位。其实，起诉裁量主义和起诉法定主义不是根本对立的，而是一个问题的两个侧面，对公诉机关来说，它们都是在提起公诉活动中所必须遵循的原则。当前，各国都在力图简化并充分利用诉讼程序，试图以有限的司法资源有效应对高发的犯罪，维持秩序。我们认为，从以起诉法定主义为原则逐步走向以起诉裁量主义为原则，赋予检察官更大的自由裁量权，扩大不起诉的运用范围，就是其中的一条捷径。不起诉制度的法理基础主要如下：

1. 罪刑法定原则和无罪推定原则。罪刑法定原则和无罪推定原则是刑事法的两大基石。这两大原则是18世纪西方启蒙思想家为反对封建刑法的罪刑擅断而提出的，其核心或宗旨是限制司法权的滥用和保障人权。贝卡利亚首先确立了罪刑法定原则，近代刑法之父冯·费尔巴哈在1801年的刑法教科书中对罪刑法定原则明确赋予含义并作出了经典性的表述：“法无明文规定不为罪，法无明文规定不处罚。”我国刑法从积极的罪刑法定原则和消极的罪刑法定原则两个维度也对此作了明确规定。至于无罪推定原则，各国立法和理论的表述不尽相同，但基本含义是一致的，即被告人在未经法院依法判决有罪之前，应当被假定为无罪。该原则的实质在于确立犯罪嫌疑人、被告人的诉讼主体地位。无罪推定原则作为一项基本人权原则和刑事司法基本准则于1948年在《世界人权宣言》中首次得到确认和倡导，该原则已成为国际社会的一项重要的刑事司法原则。我国1996年刑事诉讼法第12条合理地吸收了无罪推定原则的精神，并在第162条明确了“疑罪从无”这一无罪推定原则的合理内核。

从罪刑法定原则和无罪推定原则出发，起诉、不起诉是公诉机关依其职权作出的是否予以追诉的程序性处分决定，是检察官站在裁判官的立场上得出的是否有罪的自由裁量，其法律效力是相对的。因此，酌定不起诉中的“犯罪情节轻微”只是公诉机关的单方面认定，而不是司法上最终确定的有罪认定。被不起诉人对不利于自己的不起诉决定，进行自我救济，证明自己的“清白”和“无辜”正是贯彻无罪推定原则精神的内在要求。对法定的不追究刑事责任的情形予以绝对不起诉，直接体现了罪刑法定原则的精神。在诉讼中发生争执时，应当坚持有利于被告人的原则，证据不足不起诉充分体现了疑罪从无的思想，它可以使犯罪嫌疑人尽早从诉讼中解脱出来，从而保障犯罪嫌疑人的合法权益。

2. 公共利益原则。公共利益究竟是什么？“18 世纪的社会功利主义学派提供了一个简单的定义：一个社会的公共利益，就是这个社会中所有人的个人利益之和。既然国家的目的是最大程度地促进公共利益，那么它就要采取措施来实现社会‘最大多数人的最大幸福’。”①

英国“王室检察院在决定是否起诉时，有两个明确的阶段。第一个是检验证据。第二个阶段是检验公共利益。在完成证据检验后，起诉通常会继续，除非存在阻止起诉的公共利益因素，并且这些因素明显压倒支持起诉的因素。最重大的公共利益因素是犯罪的严重程度”②。“即使有充足证据起诉，还需要满足一个标准——‘公共利益’标准。”③ 因此，公共利益是应当考虑的首要问题。“所谓‘公共利益检验’，就是要从公共利益考虑，看对被告人是否有必要追究刑事责任，公众是否有兴趣对被告人起诉。”④ 德国在其刑事诉讼法第 153 条轻微案件不必追究、第 153 条 a 暂时不予起诉、第 153 条 c 国外行为不追诉、第 153 条 d 出于政治原因不追诉等条文中均明确强调了公众利益、公共利益的考量。在我国，在审查起诉中确立自由裁量权，最早主要并不是为了解决诉讼经济问题，而是基于政治方面的考虑。比如，1956 年对日本战犯免予起诉，取得了良好效果，正是公共利益考虑的典型实例。直到现在，赋予检察机关一定的自由裁量权实际上也不是迫于诉讼效率方面的压力，不起诉适用率很低就是一个证明。

在私诉时期，被害人往往从自身的角度权衡起诉利益，并决定是否行使起诉权；国家拥有起诉权，是否提起公诉，则不仅要考虑被害人的利益，更加重要的

---

① 张千帆：《宪法学导论》，法律出版社 2004 年版，第 9 页。

② ［英］麦高伟、杰弗里·威尔逊主编：《英国刑事司法程序》，姚永吉译，法律出版社 2003 年版，第 167 页。

③ ［英］麦高伟、杰弗里·威尔逊主编：《英国刑事司法程序》，姚永吉译，法律出版社 2003 年版，第 139 页。

④ 卞建林、刘玫：《外国刑事诉讼法》，人民法院出版社、中国社会科学出版社 2002 年版，第 352 页。

是要权衡起诉是否有利于维护秩序，是否有利于实行一定的刑事政策，是否有利于实现社会利益的最大化。这样，在有被害人的公诉案件中，往往存在个人利益与公共利益之间的冲突。起诉不起诉实际上是公诉机关在权衡公共利益后的抉择。检察官应当负有客观义务，“不能受社会声音的摆布，但也不能无视社会的声音，尤其是应重视不予起诉的声音”[①]。在不违背抑或基本不违背公平和正义的情况下，考虑公共利益而决定不起诉是切实可行的。如果不存在（或者不明显）追究刑事责任的公共利益，即使认为犯罪嫌疑人有罪，也可以酌定不起诉。

3. 并合主义。并合主义，又称综合主义或折中主义，是以相对报应论为内容的一种刑罚理念，即承认刑罚是对犯罪的报应或正义的报应，同时主张刑罚具有双面预防的目的或一般预防的目的。“因为有犯罪并为了没有犯罪而科处刑罚”是并合主义刑罚理念的经典表述。

绝对主义（报应刑论）和相对主义（目的刑论）是从不同角度说明刑罚的本质和刑罚的正当化根据的，它们不是根本对立的，因此可以结合起来形成并合主义。“刑罚的本质是报应还是改善（教育），虽然存在学说上的争论，但报应与改善绝不是二者择一的排他关系。报应是刑罚的本质的核心，改善是刑罚的重要机能之一，两者不是互相排斥的观念，是出色的并存的思想。不，毋宁说只有使两者并存，刑罚的真正价值才能发挥。”[②] 单纯采取报应刑论固然不妥，但是，如果单纯采取目的刑论、教育性论、刑罚个别化原则也有许多不合理之处。例如，目的刑论主张刑罚应与犯罪人的危险性格相适应，这就是刑罚个别化原则的表现。这就会导致如果认为行为人没有危险性格，即使犯罪再严重，也不能科处刑罚；而且人身危险性是很难感知的，这样就会造成量刑的畸轻畸重。另外，何时才能教育好、改造好也是事先无法预测的，从而主张不定期刑。

人类社会由野蛮走向文明，刑罚观念也发生了转变，刑罚从单纯的报应论走向了报应与预防的统一。因此，现代社会不仅注重对犯罪的惩罚，也更注重对犯罪的预防和改造的社会效果。具体到不起诉制度，检察官自由裁量权的度的把握和限定，在很大程度上取决于报应观念。检察官代表国家追诉犯罪，是公共利益的代表人，在起诉裁量时，应当注重一般预防，只有在不妨害公共利益时，才能

① ［日］田口守一：《刑事诉讼法》，刘迪、张凌等译，法律出版社2000年版，第103页。
② 转引自马克昌主编：《刑罚通论》，武汉大学出版社1999年第2版，第33页。

兼顾到特殊预防的运用。一般预防可以防止不起诉的过分宽松，可以抑制不起诉的不当运用。而法定不起诉的绝大多数情形属于刑罚权消灭的场合，在刑罚权的行使明显不可能的情况下，判断刑罚权的有无和内容的实际意义已经消失，由于刑罚权不能行使，公诉权也就消灭了，就只能作不起诉处理。

4. 谦抑主义。“谦抑，是指缩减或者压缩。”① 刑事法的谦抑，是指在刑事立法和司法方面，以最小的投入来获得最大的产出、获取最大的社会效益，也就是通过少用或者不用刑事资源（主要是刑罚）来有效地惩罚和预防犯罪。“刑法在根本上与其说是一种特别法，还不如说是对其他一切法律的制裁。”② 当一般部门法处理某种不法行为无效果时才由刑法来处理，在能够不用刑法手段时就尽量不用，在能够用较轻的刑法手段来调整行为时，就尽量不用较重的刑法手段调整，刑事诉讼是不得已而启动的，是被迫启动的。

刑事法的谦抑性在刑事诉讼中具体表现在以下两个方面：

（1）非犯罪化、非刑罚化和轻刑化。“刑罚如两刃之剑，用之不得其当，则国家与个人两受其害。”③ 非犯罪化和非刑罚化作为当代世界性刑法改革运动的两大主题，已经成为世界潮流，这是谦抑主义的直接要求。“非犯罪化就是不认为历来作为犯罪处罚的行为是犯罪并停止处罚。非刑罚化是指以刑罚以外的方法代替刑罚进行制裁。这与非犯罪化有所区别，它是在考虑对某种行为采取何种制裁措施时尽量避免使用刑罚进行制裁。如果说非刑罚化的宗旨是回避和缓和刑罚，那么非刑罚化的内容就不仅仅停留在上述立法上的刑罚取代措施，而是也应在侦查、起诉、审判、矫正和保护的各个阶段加以考虑。”④ 结合我国国情，我国的犯罪概念既讲定性因素，也讲定量因素，因此，同西方国家相比，犯罪圈是比较小的，似乎没有非犯罪化和非刑罚化的必要，为此有学者提出了轻刑化，认为通过立法降低一些犯罪的法定刑幅度，从而达到整个刑事制裁体系的缓和化。⑤ 有学者认为，非犯罪化、非刑罚化并非当前中国面临的根本问题，当务之

---

① 甘雨沛、何鹏：《外国刑法学》上册，北京大学出版社 1984 年版，第 175 页。

② ［法］卢梭：《社会契约论》，何兆武译，商务印书馆 1980 年版，第 73 页。

③ 林山田：《刑法学》，台湾商务印书馆 1985 年版，第 127 页。

④ ［日］森本益之等：《刑事政策学》，戴波、江溯等译，中国人民公安大学出版社 2004 年版，第 24 ~26 页。

⑤ 王勇：《轻刑化：中国发展之路》，载《中国刑法的运用与完善》，法律出版社 1989 年版，第 323 页。

急是逐渐实现轻刑化。[①]笔者认为，非犯罪化、非刑罚化和轻刑化都着力于改变长期以来的重刑主义，其实是可以齐头并进、并行不悖的，它们都代表了现代刑事法的人文关怀和宽容品格，正因如此，自由裁量权和不起诉制度的确立才有了必然性。司法实践证明，将一些不必要判定为犯罪的人贴上犯罪人的标签，就会加深其对犯罪人身份的认同，从而更易于再次实施越轨行为、犯罪行为；将不必要判处刑罚的犯罪人送入监管场所极易发生交叉感染，在犯罪烙印下巩固其犯罪心理，难以融入正常社会，从而极易导致重新犯罪。正是基于这种考虑，许多国家赋予了公诉人斟酌行使自己的公诉权，我国也规定了酌定不起诉制度，要求检察官合理地运用起诉裁量权。

（2）诉讼效益。20 世纪六七十年代，随着经济分析法学用经济学的方法分析法学问题的兴起，随着“正义的第二种意义，简单说来就是效益”这一命题的日益受到重视，随着犯罪数量、质量不断提升的现实，经济效益因素越来越成为设计法律制度时所要考虑的必要元素。“‘效益’一词被引入法律，‘法应当以效益作为分配社会资源的标准’已成为法学家的口号和政府制定政策的原则……在经济法学家看来，法律制度归根到底受利益原理支配，法律安排实质是以效益为轴心。”[②]

效率，也称为效益，是指从一个给定的投入量中获得最大的产出，即以最小的资源消耗取得同样多的效果，或以同样的资源消耗取得最大的效果。[③] 诉讼效益包括诉讼经济和诉讼效率。刑罚的适用是高成本的，每个国家控制犯罪的资源投入总是有限的，并且其缓慢的增长总是跟不上犯罪数量和质量的增长，特别在刑事犯罪的高发期，诉讼成本、诉讼资源和犯罪量之间更是处于高度的紧张关系。刑事司法资源具有稀缺性，应有效使用，因此，在刑事诉讼中必须树立成本收益观。对于司法实践中确实存在的一些暂时难以查明的“疑案”，如果不能合适地及时得到处理，就可能被无限期拖延，造成大量案件积压，给司法机关增加了工作负担，也不利于保障人权。如果不予起诉，适时终止诉讼，就减少了诉讼环节，缩短了诉讼时间，也降低了诉讼成本，有利于减少讼累，消化积案，节约

① 陈兴良：《刑法哲学》，中国政法大学出版社 2004 年第 3 版，第 8 ~ 9 页。
② 刘全德主编：《西方法律思想史》，中国政法大学出版社 1996 年版，第 248 页。
③ 张文显：《法学基本范畴》，中国政法大学出版社 1993 年版，第 273 页。

司法资源，便可以投入更多力量处理重大案件，从而在经济效益和社会效益上实现双赢。

（四）不起诉制度的构建

如何科学地构建不起诉制度，必须以前述基本法理为指导。自由裁量权的行使往往涉及一定的价值冲突，主要是个人利益和公共利益的矛盾。扩大不起诉制度的运用，能够更好地落实公诉，减轻法院、检察院的案件负荷，使犯罪嫌疑人能够避开通常审判程序，但同时也包含有可能影响犯罪嫌疑人、被害人利益的因子。因此，应当全面认识不起诉制度的价值和可能被滥用的倾向，在相互冲突的价值间寻求适当的平衡。在犯罪量持续走高和司法资源有限的紧张状态下，必须实行诉讼分流，改革完善不起诉制度，使检察官自由裁量权充分发挥应有的价值。具体可从以下几个方面入手：

1. 完善法定不起诉的适用范围。立法上的疏漏，必将使涉讼公民的合法权益失去屏障。因此，列举加概括的立法方式是必要的，既符合法律的明确性要求，也有利于条文的简约。针对立法上的疏漏之处，参考各国、各地区立法例，结合我国实际情况，可以考虑增加列举下列法定不起诉的情况：已经存在确定的判决，已经存在未被撤销的不起诉决定，法院无管辖权，行为根本不构成犯罪的（不存在犯罪事件），或者犯罪嫌疑人与犯罪没有关联（涉嫌犯罪行为根本不是犯罪嫌疑人所为的），行为的有罪性质和依法应受惩罚性被新的法律排除，纯粹的自诉案件（告诉乃论）。另外，还应当明确证据不足不起诉是法定不起诉的一种。对立法疏漏之处，当然应当增加列举规定。其实，司法适用也完全可以更具灵活和弹性精神，充分利用法律解释来弥补法律的不周延、不明确或者漏洞。

关于污点证人之不起诉的问题，实践中因为重庆綦江虹桥垮塌案而凸显出来。污点证人应否不起诉？如果应当的话，属于哪种不起诉？首先，我们应该先确定污点证人的范围，这是讨论的前提。从广义上看，污点证人是指为国家利益作证的具有犯罪污点的证人。从狭义上看，污点证人是指为国家利益作证的、供述所涉嫌的共犯或者供述相关犯罪中犯罪嫌疑人的证人。笔者认为，这里应当讨论的是狭义的污点证人，至于广义的污点证人所涉及的只是立功问题。因为，假如污点证人涉嫌犯甲罪，而供述毫不相关的乙罪的犯罪嫌疑人并作为证人，污点证人所涉嫌的甲罪并没有遭到因此被证明的不利影响；反之，如果甲乙二罪相关或者污点证人所作证的根本就是属于同一案件，那么控方就可以利用污点证人的供述顺藤摸瓜来证明污点证人本身构成犯罪，从而违背了污点证人作证的初衷，这就是不起诉问题产生的原因。对污点证人应当予以不起诉，是绝对不起诉，而不是酌定不起诉，其主要的法理基础是不得强迫自证其罪原则。因为从无罪推定原则出发，控诉方承担证明责任，犯罪嫌疑人享有沉默权，任何人不受强迫自证有罪，就应当赋予证人豁免权，因为污点证人的供述是非自愿提供的，由此就证人作证所涉及的任何事项就被禁止追诉。这样既可以保证污点证人毫无顾忌地如实提供其知道的犯罪事实作为证据，有利于控诉方证实其毫无把握证实的犯罪、追诉犯罪，又可以体现对人权保障的尊重。而控方强迫该证人作证只能是不得已而为，为了更大的公共利益才是正当化的理由。作证豁免本质上是一种司法交易。交易的内容是：放弃了对污点证人的刑罚权而换取对更严重犯罪人的刑罚权，只能是“以小鱼换大鱼”，这样，国家刑罚权的实现在总量上没有减少，而是增加了。还需要指出的是，交易的只能是侵犯国家法益、社会法益之无具体被害人的案件，否则就必须征得被害人的同意。

2. 完善酌定不起诉的适用范围。酌定不起诉不具有刑罚报应功能，缺乏教化作用，不宜适用太广，否则犹如鼓励犯罪。并且，检察官在证据确实充分的情况下对犯罪嫌疑人不予起诉，对被害人极不公平。再者，酌定不起诉决定由于不附条件，一经作出，即生效力，因此，需要慎重运用。在基本上保持刑事诉讼法第 142 条第 2 款酌定不起诉现状的情况下，可以考虑作以下完善。

（1）规定出于国家、政治利益考虑的酌定不起诉。如果起诉可能损害国家利益或者其他重大公众利益的，可以对某些特定案件决定不起诉。不过，法律应明确规定此类不起诉案件的范围，且应适用特别的程序。这种不起诉应就个案作出，而且不起诉的决定权应由最高人民检察院行使，地方各级人民检察院遇有这类案件时，应当报请最高人民检察院决定。

（2）对于执行刑没有实质性影响的案件可以不起诉。我国刑法第 69 条确立的数罪并罚原则是以限制加重原则为主，以吸收原则和并科原则为补充的折中原则。具体说来，就是对一人所犯数罪中，有判处死刑或者无期徒刑的，采用吸收原则，只执行死刑或者无期徒刑，其他主刑不再执行；对一人所犯数罪分别被判处有期徒刑、拘役、管制的，采取限制加重原则，即在总和刑期以下，数刑中最高刑期以上决定执行的刑罚。但是，管制最高不能超过 3 年，拘役最高不能超过 1 年，有期徒刑最高不能超过 20 年。数罪中有判处附加刑的，采用并科原则，附加刑仍须执行。因此，对于已受重刑（可以掌握在3年以上有期徒刑）确定判决的罪犯，如果发现漏罪或者又犯新罪的，后罪所可能判处的刑罚对于已确定判决的刑罚执行没有实质性影响的，可以不予起诉。但是，上述情况可以在减刑、假释时予以适当考虑。

（3）明确规定酌定不起诉决定的一般标准。检察官虽然有起诉裁量权，但并非可以恣意妄为，因此，应当根据联合国《关于检察官作用的准则》第17条“酌处职能”的规定，[①] 改变我国酌定不起诉的适用标准非常模糊、裁量因素较多的现状，通过立法或司法解释明确规定一套客观、公平的一般标准，给社会一个“类似情形类似处理”的合理预期。这样，既可加大不起诉裁量实际运作的可能性，也可减弱被害人对不起诉决定的不公平感受，防止权力的滥用和腐败，以保证检察官运用起诉裁量权的公正性和连贯性。

3. 增设暂缓起诉制度。为促进程序分流，缓和资源矛盾，督促被不起诉人悔过自新，化消极因素为积极因素，许多国家或地区规定了附加条件的不起诉。比如，德国刑事诉讼法第153条a的暂时不予起诉，日本刑事诉讼法第248条的缓起诉[②]，我国澳门地区刑事诉讼法第263条的诉讼程序之暂时中止，我国台湾地区“刑事诉讼法”第253条的缓起诉等。我国在法律没有规定的情况下，有些地方在司法实践中试行暂缓起诉制度，从而引发了是否违法改革的争议，因此亟须对此正确定位。

暂缓起诉，即附条件不起诉，是指公诉机关对可能被判处一定刑罚的、符合提起公诉条件的犯罪嫌疑人，综合涉嫌犯罪事实和犯罪嫌疑人的人身危险性，认为暂时不提起公诉确实不致再危害社会的，可以暂时不予起诉，对犯罪嫌疑人施加强制命令和行为规则，规定在一定的期间内，若犯罪嫌疑人履行义务，没有发生法定撤销暂缓起诉的情形，期间届满，就不再提起公诉的制度。一项合理的制度不但要具备诉讼高效、教化积极功能，还要具备正义伸张功能，暂缓起诉就是

---

① 《关于检察官作用的准则》（1990年）第17条：“有些国家规定检察官拥有酌处职能，在这些国家中，法律或已公布的法规或条例应规定一些准则，增进在检控过程中作出裁决，包括起诉和免予起诉的裁决的公正和连贯性。”参见程味秋、杨诚、杨宇冠编：《联合国人权公约和刑事司法文献汇编》，中国法制出版社2000年版，第3265页。

② 唯因日本检察官之不起诉处分不具确定力，检察官根据此条规定为不起诉处分后，仍得视其后之表现，就同一案件再行起诉，因此译为缓起诉制度。参见吴巡龙：《新刑事诉讼制度与证据法则》，新学林出版股份有限公司2003年版，第50页。

如此。

笔者认为，扩大起诉裁量权，实现诉讼分流，主要可以通过规定暂缓起诉制度进行。暂缓起诉本质上是侦查终结后依照裁量主义所作的附条件的不起诉处分，从广义上说，其实是相对不起诉的一种或者说是补充。暂缓起诉介于起诉和不起诉之间，作为缓冲带，能够避免和克服两者在公共利益和个人利益平衡方面的不足之处。但是，检察官必须适当运用暂缓起诉，如果不加节制地使用，可能会导致犯罪的增加，鼓励犯罪；反之，缩手缩脚，不愿运用，就无法发挥分流案件的功能。因此，为充分发挥自由裁量权的价值，应当在“拿来”的基础上增设暂缓起诉制度。暂缓起诉的制度设计具体如下：

（1）暂缓起诉的适用对象。司法实践和有的理论认为，暂缓起诉制度仅适用于特殊群体，尤其是弱势群体，如70岁以上老年人、又聋又哑的人、盲人、未成年人、大学生等。但是，笔者认为，作为一项制度设计，暂缓起诉制度的适用原则上应无行为主体方面的严格限制，只要是符合条件的所有犯罪嫌疑人均可以适用，而不应仅局限于特定群体，否则有违反宪法上平等原则之嫌。并且，对暂缓起诉制度自主设限，也不利于扩大起诉裁量权，以达诉讼分流之效。因此，笔者主张原则上应该以罪和刑的轻重来设定暂缓起诉制度的适用对象。

（2）暂缓起诉的适用条件。总体上说，关于暂缓起诉的适用条件同酌定不起诉一样，也应有一套客观、公平的一般标准，有必要将暂缓起诉事项尽可能地具体化，而明文列举不宜暂缓起诉的情形作除外规定。检察官可以自由裁量作出暂缓起诉决定，但裁量自由总是有法律限度的，必须具备以下条件：①案件的犯罪事实清楚，证据确实充分；②犯罪嫌疑人可能被判处不重于3年有期徒刑的刑罚，也就是说，涉嫌之罪属于轻罪；③罪过属于轻微，如属于过失犯罪或者虽属故意犯罪但主观恶性较小；④犯罪嫌疑人系初犯，无前科，不是累犯；⑤犯罪嫌疑人认罪，悔罪态度较好，不致再继续危害社会，但是，此认罪不被作为以后起诉的证据；⑥对犯罪嫌疑人施加合理的强制命令和行为规则，要求其履行特定的义务，以弥补犯罪行为造成的损害；⑦犯罪嫌疑人与被害人达成刑事和解，取得被害人的谅解，其内容主要是对被害人积极作出物质上和精神上的损害赔偿；⑧公务员利用职权犯罪的，不得暂缓起诉；⑨对案件的继续追诉并不存在特别的公共利益，放弃追诉不会严重损害一般预防和正义观念。

（3）暂缓起诉可以施加的命令和行为规则。对犯罪嫌疑人所施加的强制命令和行为规则体现了暂缓起诉的报应、教化功能，具体可以包括：对被害人积极作出物质上和精神上的损害赔偿，如支付一定数额的财产，作真诚的赔礼道歉、立悔过书；从事某些作为或者不作为，如向公益团体或社区提供一定时间的义务劳动，向国库或公益团体支付一定金额，完成一定的生理、心理、精神治疗，不得到某些场所，不得与某些人为伍，不得从事某些职业，不得持有能够便利犯罪的物件等预防再犯、保护被害人安全的必要命令。并且，应当规定对被害人的损害赔偿和义务劳动等必须在一定期间（可以考虑从暂缓起诉决定作出之日起6个月）内完成。但是，“由于这些负担虽然不是‘刑罚’，但性质上可以说是实质的‘制裁’，并且也造成对犯罪嫌疑人权利的影响，因此，尽管检察官得审酌负担的质与量，但还是应该遵守比例原则”,①不得超过合理的范围。所谓合理的范围可以首先由人民检察院斟酌，然后与犯罪嫌疑人和被害人协商决定。这些附带处分措施将促使检察官适用暂缓起诉更为积极并更具弹性。需要注意的是，上述命令和负担不是必须全部具备，检察官甚至可以决定不施加强制命令，这要视案件的具体情况决定。

（4）暂缓起诉的适用程序。对于暂缓起诉，人民检察院不得直接决定，而应当先行听取公安机关的意见，在犯罪嫌疑人、被害人、人民法院同意的情况下作出。

（5）暂缓起诉的期间。暂缓起诉的期间，是指犯罪嫌疑人履行特定义务并对其加以考察的一定期限，期限必须明确，从暂缓起诉决定作出之日起算，可以考虑规定为1年以上3年以下。

（6）暂缓起诉的适用效力。暂缓起诉决定具有形式上和实质上的效力。暂缓起诉对犯罪嫌疑人不留犯罪记录，有利于教育改造，化消极因素为积极因素；对被害人有利；对社会有利于综合治理，促进社会和谐。但是，犯罪嫌疑人在暂缓起诉期间届满，履行了设定的义务，暂缓起诉决定才发生确定力，适用一事不再理，除非发现新事实或新证据，不能再行起诉。如果违反了设定的义务，则诉讼继续进行，并且不得要求返还已做的给付。在暂缓起诉期间，检察官仍保留了起诉权，犯罪嫌疑人是否会被起诉处于不确定的状态，以促使犯罪嫌疑人履行义务。因此，暂缓起诉若运用得当，仍能使犯罪嫌疑人受到教化和处罚，以伸张司

---

① 林钰雄：《刑事诉讼法》（下册），中国人民大学出版社2005年版，第63页。

法正义。

（7）暂缓起诉的撤销。犯罪嫌疑人在暂缓起诉期间内犯新罪，或者违反了设定的命令和规则，没有履行特定的义务，或者被发现在暂缓起诉决定以前还有其他罪没有起诉的，这就表明犯罪嫌疑人根本没有悔过和反省，检察官可以根据职权或者被害人的申请撤销暂缓起诉决定，继续侦查或起诉。

4. 改革不起诉的制约救济机制。不起诉扩张了检察官的权限，为避免不起诉被滥用、误用或者成为脱手条款的危险，不但要从不起诉的适用条件上制约，更应当从机制的完善上下工夫。我国目前的制约救济机制基本上属于“迟到的机制”，总是不力的，或者导致自缚手脚，检察官不愿不起诉；或者导致规避法律的不起诉，如在有些实践部门中出现的“三高一低”现象[①]就不能不说和这个机制有一定关系。对此，有学者提出采取听证会的方式来解决这个问题，即在作出不起诉决定前，必须先行听证。这个对不起诉采取事先制约的精神是可取的，但是按照其设计的听证会方式，不论在形式上还是实质上和审判程序基本上差别不大，类似于审判，没有使得各方快速摆脱讼累，诉讼效益也不大。

笔者认为，由于“检察一体化”，公诉机关上命下从，当然可以自主设计其内部监督制约机制，但是也应尽量简化审批程序。立法主要应当考虑的是外部监督力量的配置机制，以解决“谁来监督监督者”这个难题。迟到的救济是低效的甚至是无效的救济，制约者不能仅仅扮演事后消防员的角色，应当努力扭转这种状况，废除公诉转自诉这一并无多少实益的救济机制，改变事后救济为事先制约的机制。

（1）公诉机关作不起诉决定，应当事先听取公安机关、被害人、犯罪嫌疑人的意见，并征得人民法院的同意。但是，在证据不足不起诉和酌定不起诉的场合，还应当征得犯罪嫌疑人的同意。

不起诉决定权属于人民检察院，但在作出决定之前要认真征求、听取意见。由于警检一体化，追诉目标相同，利益一致，因此只需规定听取公安机关的意见即可。一般来说，不起诉有利于犯罪嫌疑人，因此在作出不起诉决定之前，也只需规定听取其意见即可。但是，在证据不足不起诉和酌定不起诉的情况下，犯罪嫌疑人的同意条件是绝对的，因为该不起诉虽然具有法律上推定无罪的效力，但

① 职务犯罪中不起诉率高、证据不足无罪判决率高、缓刑率高，抗诉成功率很低。

也是一种消极的法律评价，可能关系到犯罪嫌疑人的切身权益，如果犯罪嫌疑人认为自己根本无罪，要求人民法院审判确定，这时为了保障人权，人民检察院就应当提起公诉。

不起诉权是否切断、分割了人民法院的审判权？这是一个有争议的问题。笔者认为，是否予以追诉是程序性、诉讼性的处分决定，是检察官单方面的是否有罪的自由裁量，而非人民法院实体意义的是否有罪的最终认定，因此，不存在分割人民法院审判权的问题。但是，不告不理，起诉是审判的前提和来源，起诉启动审判，不起诉就不能审判。“所谓对案件的不起诉处分，意味着丧失了法院审判的机会。比如，如果根据不当的政治考虑，对重要案件作出不起诉处分，或为包庇侦查机关、追诉机关内部犯罪而作出不起诉处分，那么重要的犯人就可能逃避处罚。”① 并且，规定处分须经过人民法院同意，具有可简化程序的优点。以上是不起诉须征得人民法院同意之制度设计的根据和理由。人民法院应当侧重审查不起诉决定的合法性，至于不起诉的合理性，除非明显不公正，一般应当尊重检察机关的判断，以维护不起诉制度的立法意图和积极价值。在此前提下，人民法院的同意条件是相对的，主要是为了保障被害人的权利，在各方都无异议的情况下，人民法院应当同意，这是对人民法院同意权的制约；但在各方意见不一致的情况下，主要是在被害人不同意的情况下，不起诉决定在征得人民法院同意后也能作出，这是在照顾到被害人感受、征求被害人意见的基础上，在个人利益和公共利益、诉讼效益等价值发生冲突时向后者作适当的倾斜，因为这里涉及的毕竟是法定不追究刑事责任、轻微犯罪和疑罪的情形，不能仅仅因为被害人不同意不起诉而致诉讼不当拖延，甚至陷入马拉松式诉讼。

（2）公诉机关实行暂缓起诉，应当事先听取公安机关的意见，并征得犯罪嫌疑人、被害人和人民法院的同意，以三方的同意作为控制机制，如果有一方不同意的，公诉机关就不能作出该决定。

暂缓起诉并非全部对犯罪嫌疑人有利，如果犯罪嫌疑人事实上是无罪的，而受到了不实指控，再作暂缓起诉，就可能剥夺了由检察官作绝对不起诉或者人民法院无罪判决的机会。何况在暂缓起诉期间，检察官不但施加强制命令和行为规则，还保留了起诉权。因此，为了制约检察机关的自由裁量权，防止检察官滥

① ［日］田口守一：《刑事诉讼法》，法律出版社2000年版，第110～111页。

用、错误适用暂缓起诉决定，犯罪嫌疑人应当有权选择审判而不同意检察官的暂缓起诉决定。在犯罪嫌疑人同意时，要确保同意的自主性和真正性，并要确保同意是在其意识到行为后果的情况下作出的。

被害人因为犯罪而遭受了损害和痛苦，其感受当然不可忽略，如果强行暂缓起诉，徒增对司法公正的不信任，导致不必要的上访、信访和申诉。再者，在犯罪嫌疑人的涉嫌犯罪不是属于情节轻微依法不需要判处刑罚或者免除刑罚的情形而出现个人利益和公共利益的价值冲突时，应适当向个人利益倾斜。为此，需要被害人同意后才能作暂缓起诉决定。只有在司法威信普及、民众宽容度增加而时机成熟时，才可以逐步扩大暂缓起诉的运用范围。但是，如果被害人和犯罪嫌疑人已经先行和解，后出尔反尔，又反悔的，为保障犯罪嫌疑人地位和权利的安定性，此不同意应为无效，以避免犯罪嫌疑人长期处于不确定的状态。

规定暂缓起诉须征得人民法院同意，是为了保障正确适用不起诉权而对人民检察院的制约，而且在侵犯国家法益、社会法益之无具体被害人案件，可以防止将本应起诉的案件作暂缓起诉处理。人民法院的审查范围极其有限，主要审查检察官是否违反法定原则，也就是应当起诉却暂缓起诉、不起诉的情形，如犯罪嫌疑人是否可能被判处 3 年有期徒刑以下的刑罚，罪过是否属于轻微，犯罪嫌疑人是否初犯，是否属于公务员利用职权犯罪等检察官没有裁量余地的情形。至于犯罪嫌疑人的负担等问题，如果负担过高、过重，可以通过其自身同意而正当化；如果负担过低，可以通过被害人同意而正当化，人民法院不能以此为由决定是否同意暂缓起诉。

第六章　检察与侦查

一、域外视角：两大法系检察机关侦查权比较考察①

（一）检察机关享有和行使侦查权的样式分析

1. 独立行使侦查权。检察机关享有对特定范围案件（主要是职务犯罪案件）直接独立行使侦查的权力。采取这种方式的典型国家有英国和美国，大陆法系国家原则上没有单独为检察机关划定特定范围内案件的独占侦查权。在英国，虽然绝大多数刑事案件的侦查权都由司法警察行使，但检察机关可以对少数重大刑事案件进行侦查，其案件范围包括：对由政府各部提交起诉的案件，对可能判处极刑的案件，以及检察官认为需要由自己提起公诉的案件等，检察官以政府的名义进行侦查。在美国，检察机关直接侦查的案件主要包括：特别重大的贪污案、行贿受贿案、警察腐败案、白领犯罪案等，由联邦最高法院任命的特别检察官（已废止）直接立案侦查包括总统、副总统在内的国家高级官员的犯罪案件。

2. 共同行使侦查权。根据检察机关和警察等其他侦查机关在侦查活动中的地位，这种模式又可以分为检察机关主导型和警检协作型两种。

（1）检察机关主导型。其特点是：第一，立法通常将侦查权、侦查指挥权赋予检察机关，整个侦查活动在检察机关的统一领导指挥下进行，在侦查过程中，检察机关始终居于主导地位；第二，检察机关与司法警察等在法律上一般没有明确的侦查管辖范围的区分，原则上，检察官对任何案件都可以进行侦查，或者在警察的配合下进行侦查。大陆法系国家多属此种类型。例如，法国刑事诉讼

① 原文刊载于2003年10月9日的《检察日报》，原题目为《两大法系检察机关侦查权有趋同趋势》，系与刘涛合作撰写，收录时有所修改。

法第41条第1款和第2款规定："共和国检察官应当进行或使人进行一切必要的行动，对触犯刑法的罪行进行追查和起诉。为此，他有权指挥所在法院管辖区内司法警察官和司法警察的活动。"这表明在法国，共和国检察官可以直接行使侦查权，同时也有权指挥司法警察官和司法警察的侦查，即共和国检察官具有独立的侦查权和侦查指挥权。地方检察官有权侦查无附带民事诉讼的刑事案件。

在德国，检察机关既有自行侦查权，又有侦查指挥权。德国刑事诉讼法第161条明确规定："检察官可以向一切公共机关收集情报，除了宣誓下的讯问外，可以进行各种侦查，或者交付警察机关及其他人员侦查。警察机关及其他人必须执行检察官的委托或命令。"这表明在德国，检察机关对所有刑事案件都具有侦查权，包括自行侦查和直接指挥警察机关侦查。

在意大利，初期侦查阶段由侦查官领导侦查工作并直接调动司法警察。在侦查人员将初步收集的犯罪材料移送检察官后由检察官在犯罪消息簿中予以记载，即开始由检察官负责领导司法警察进行正式侦查。

日本刑事诉讼法规定，检察机关在侦查中居于主导地位，检察官在其辖区内可以就侦查对全体司法警察通过规定一般准则的方式作出一般指示（一般指示权），在具体案件上可以对协助侦查的全体司法警察进行一般指挥（一般指挥权），检察官在自行侦查的情形下认为有必要时，可以要求并指挥司法警察职员协助其进行侦查（具体指挥权）。如果司法警察职员没有正当理由而不服从检察官的指示或指挥时，检察官可以向国家公安委员会或都道府县公安委员会提出惩戒或罢免司法警察官的追诉。如果是警察官以外的司法警察职员，检察官可以向有关方面提出惩戒或罢免的追诉。

（2）检警协作型。在刑事诉讼中，检察官与司法警察官员相互协助，共同完成对犯罪的追诉，检察官不享有对警察的指挥控制权。传统上，英美国家的检察官和警察之间属于这种关系。在实际运行中，检察官虽然不享有对警察的指挥控制权，但检察官出于公诉需要可以对警察的侦查活动提供指导和建议，警察也乐于咨询和接受检察官，二者之间基本不存在严重的紧张和冲突。

3. 补充侦查权。补充侦查，是指警察等其他侦查机关侦查终结移送检察官审查起诉后，检察机关为作出起诉或不起诉决定自行补充侦查。检察机关这一权力在主要西方国家刑事诉讼中都得到了确认。例如，美国的检察官认为，由警察机关侦查的刑事案件犯罪证据不充分时，检察官可以对此案进行补充侦查。

联合国于1990年9月7日通过的《关于检察官作用的准则》中确认了检察官在刑事诉讼中享有调查权（侦查权），其规定："检察官应在刑事诉讼，包括提起诉讼和根据法律授权或当地惯例，在调查犯罪、监督调查的合法性，监督法院判决的执行和作为公众利益的代表行使其他职能中发挥积极作用。"

（二）两大法系检察机关行使侦查权发展趋势

相比较而言，英美等普通法系国家检察机关在刑事诉讼中的侦查权较之大陆法系国家要小，尤其是没有明确检察官对警察享有侦查指挥权。但就发展趋势而言，有以下特点：

1. 英美法系国家的检察机关有强化侦查职能的趋势。自20世纪50年代以来，从打击犯罪、维护法治的需要出发，原本不承担侦查职能的英美法系国家的检察机关，吸收和借鉴大陆法系检察制度的做法，逐步强化检察机关在刑事侦查中的作用，加强了检察机关对警察的影响和控制。例如，英国自从1985年颁布《犯罪起诉法》之后，侦查工作虽然仍然主要由警察机关来承担，但检察机关为便于起诉犯罪，对警察机关侦查的案件可以进行一定限度的审查，行使一定的侦查控制权。特别是1988年4月根据《1987年刑事审判法》成立了"严重诈骗案件侦查局"，规定对涉案金额巨大、案情复杂、涉及面广的严重诈骗案件，由有经验的起诉律师（即检察官）直接领导侦查并负责决定起诉和出庭担任公诉人，进一步反映了强化起诉机关对侦查活动影响和控制的倾向。在美国，在多数案件中，检察官并不亲自进行侦查，但可以指导、监督专业侦查人员展开侦查。在少数情况下，如在那些人口稀少的地区或小城镇中，或者检察官应公众的要求，以及警察人员因受不正当利害关系牵制而不能公正进行侦查时，检察官可以亲自主持侦查工作。

2. 大陆法系国家检察机关在实务中侦查活动有弱化趋势。在实际运行中，这些大陆法系国家检察官由于本身的技术装备和人员配备等客观原因，直接参与侦查的较少，检察官主要是出于公诉需要为警察的侦查提供证据方面的指导和咨询，以及进行必要的补充侦查。这就是说，检察官的侦查权居于第二位。例如，日本的检察官只有在警察机关收集的证据不确实，或者有违法取证情形，或者滥用侦查权、非法侵害公民合法权益等情况下才自行侦查，并可指挥司法警察协助其侦查。

二、我国检察机关侦查权的调整①

随着关于司法改革学术研讨的逐步深化，作为检察权主要内容之一的检察机关侦查权也受到多方面的关注，无论是借鉴现代法治国家的经验，还是从我国的实际情况出发进行制度创新，检察机关侦查权的存在是必要的，当然，我国现行检察机关侦查权的立法设计有不尽合理的地方，需要进行适当的局部调整。

（一）我国检察机关侦查权设置的特点

与西方主要国家相比，我国刑事诉讼中的检察机关侦查权的设置具有以下特点：

1. 在检察机关侦查权设立的理论基础上，我国检察机关的侦查权是以检察监督权为前提和核心构建的。检察机关是法律监督机关，是我国宪法所确认的，检察机关的侦查权、对公安等侦查机关或部门侦查活动的监督权，以及公诉权都是宪法确认的法律监督权的派生权，都是为法律监督服务的。从西方检察制度起源来看，检察官是代表国家利益参与诉讼并监督法官的司法活动，但从当前两大法系检察权的基本属性来看，检察权之核心定位应当是公诉权，检察机关侦查权及其侦查活动是为公诉服务的，检察机关基本上不享有我国诉讼法中那种意义的侦查监督权，对侦查活动的监督是由法官进行的。

2. 在具体的权力设置上，我国检察机关侦查权力的特点是：（1）享有独立侦查权，检察机关对于1996年刑事诉讼法第18条第1款所规定的犯罪享有等同于公安机关的独立侦查权。（2）享有侦查监督权，检察机关对于侦查活动具有侦查监督权。1996年刑事诉讼法第8条规定，人民检察院有权对整个刑事诉讼全过程进行法律监督，当然包括侦查监督。（3）享有补充侦查权，检察机关在审查起诉阶段根据需要可以要求公安机关补充侦查，也可以自行补充侦查。（4）除自侦案件外，检察机关不是侦查机关，不享有对警察的指挥权；在补充侦查时也不能指挥警察。

（二）我国检察机关侦查权设置的不足

从我国刑事侦查活动运行实践来看，检察机关侦查权设置具有以下几点不足：

---

① 原文刊载于2003年11月13日《检察日报》，原题目为《检察机关侦查权需要局部适当调整》，系与刘涛合作撰写。

1. 对公安机关的侦查监督处境尴尬。刑事诉讼法规定，检察机关对侦查机关的侦查监督主要在立案、批准逮捕、审查起诉阶段进行，主要措施是提出纠正意见与作出不起诉决定。然而，两方面因素决定了侦查监督处境尴尬：一是检察监督缺乏法律保障。刑事诉讼法虽然对侦查监督权作了规定，但如何进行法律监督，法律没有具体规定监督方式和监督程序，尤其是当公安机关等侦查机关不肯接受检察机关的纠正意见时，检察机关没有有效的制约手段。二是检察机关没有有效手段获知侦查活动是否违法。

2. 对公安侦查指挥权有限影响了侦控效率。依刑事诉讼法规定，公安机关等侦查机关在刑事诉讼活动中是独立且平行于检察机关的，检察机关虽然享有侦查监督权，但不能领导、指挥侦查机关和警察，在补充侦查中也不行。这样的立法模式不符合现代诉讼规律的基本要求：公诉职能主要在于揭露和向裁判者证实犯罪，而侦查职能主要在于辅助检察官履行公诉职能，评价侦查职能运行有效性的重要指标在于它能否保障公诉权的充分实现，而公诉职能的有效运行离不开侦查职能的协助和支持。这种设置造成的弊端是：影响了侦控效率，不利于从公诉角度收集证据打击犯罪，导致实践中不时出现检察机关在审查起诉阶段要求公安机关补充侦查，而公安机关不予理睬的扯皮现象。因为案件时过境迁，证据已经很难补充收集，而检察机关本身由于技术条件、人员配备等原因也难以有效补充侦查，这些都给指控犯罪带来了负面影响。

3. 检察机关地方化制约了侦查权的有效运行。我国的检察系统实行双重领导体制，即地方各级检察机关在对本级国家权力机关负责的同时，受上级检察机关的领导。但实际上地方各级检察机关的人、财、物的管理权和决定权完全受制于地方，这为地方干预检察机关对职务犯罪侦查权的行使提供制度缺口，限制了地方检察机关侦查权正确、及时、有效的行使，也不符合检察机关实行统一垂直领导体制这一主流做法。

（三）我国检察机关侦查权改革的基本思路

对于上述弊端，在借鉴国外相关经验的基础上，笔者认为，推行检察机关侦查权渐进改革的基本思路在于：

1. 现代检察权的核心是公诉权，检察机关的侦查权和侦查指挥权都应当为公诉活动服务，以有效完成犯罪追诉职能。

2. 加强检察机关的侦查权。如前所述，检察机关对侦查活动形式上的监督处于尴尬境地，实际上，检察监督最有效的方式就是检察机关对职务犯罪案件的强力侦查、起诉。笔者认为，将检察监督职能诉讼化，通过强化检察机关的职务犯罪侦查权更能有效地发挥其法律监督作用，在具体权力设置上，应当赋予检察机关拘留执行权。

3. 强化对公安机关的侦查指挥和控制权。短期内在我国确立检察机关对公安机关的领导、指挥权是不切实际的，但应明确检察机关对公安机关的侦查取证行为在必要时可以提出建议并进行制约。对于检察机关的指示，公安机关应当执行，对于检察机关的自行侦查，检察机关需要时公安机关应当予以协助。就此而言，目前尝试的检察引导侦查改革无疑具有积极意义。

4. 建立检察机关对立案、撤案、结案统一审查制度。立案、撤案、结案直接关系到侦查权的行使和行使结果，由检察机关统一掌握，可以防止有关执法机关擅自枉法分流刑事案件（如劳动教养等），同时也有利于强化检察机关对侦查活动的控制。

5. 改革现行检察机关的人事、经费制度，切实保障检察机关对职务犯罪依法独立行使侦查权。首先，从改革长远目标看，应当跨省设立大区职务犯罪的侦查部门，避免地方化的不当干扰。作为渐进改革措施，应当强化检察机关的人事管理权，地方检察机关人员进行人事变动时，应当取得上级检察机关的同意或批准，消解地方相关部门出于各种因素对检察干部实行“职务撤调”而产生的对侦查工作的负面影响。其次，完善检察机关预算经费保障制度，就目前的情况而言，应当在省一级按一定标准由财政统一编制预算，单列检察机构的专项开支。

三、检察与侦查的关系：检察引导侦查①

（一）检察引导侦查的范围

检察机关引导侦查的案件是否限制在特定范围内，或者说引导侦查应该在多大空间内进行，是个非常重要的问题，对此应当从两个方面来说明。

---

① 根据刊载于《上海检察调研》2003年第7、8、9期上的系列访谈整理，原名分别为：《检察引导侦查疑难问题对话（之一）——检察引导侦查的范围》，系与王新环合作；《检察引导侦查疑难问题对话（之二）——检察引导侦查的组织形式》，系与赵永红合作；《检察引导侦查疑难问题对话（之三）——检察引导侦查的程序和做法》，系与左德起合作。

从法理方面讲，作为一种引导性的权力，检察机关引导侦查的权力在侦诉活动中始终存在，这种引导性的权力是调整侦诉关系基本权力的一个方面，它不受案件的具体性质和案件难易程度的限定。检察机关拥有对侦查活动总体上的引导权，源于检察机关和侦查机关在刑事诉讼中的地位和功能。检察机关与侦查机关同属控方，公诉是侦查的后位程序，诉讼中后位程序制约着前位程序，前位程序要接受后位程序的检验，侦查的工作成效要受制于公诉活动的评价。而且，检察机关是唯一参加刑事诉讼全过程的机关，在刑事诉讼中具有承前启后作用，法律所赋予检察机关的公诉职能，始终对侦查活动及其取证活动具有制约权，检察引导侦查权是公诉权的应有之义。从实践方面讲，明确检察引导侦查的范围是必要的。

从实用角度讲，研究检察引导侦查的范围更具实际意义。可以说，引导侦查称谓的提出本身就意味着承认侦查活动的独立性和公诉活动对侦查具有制约性两个前提。检察机关在形式上固然可引导侦查机关，但检侦并无上下隶属关系，这种引导充其量只能要求协调合作，而无法指挥调度。

侦查与公诉都是操作性很强的实践活动，它虽需要一般的理论支撑，但更需要具体明确的规范化要求，需要针对普通检察官都能够明白的具体措施的提出。在引导侦查的具体活动中，明确引导侦查案件的范围和标准，可以作为刑事公诉政策，用来指导和规范检察机关具体引导活动，实现引导侦查的价值目标。

明确引导侦查案件范围的公诉政策，其功能主要体现在：（1）为检察官引导侦查提供一个普遍的指导标准；（2）协调检察机关与公安机关的关系，为公诉服务。特定的引导范围有利于提高效率，避免普通的检察官仅通过一般性检察引导侦查的抽象性术语的词义歧见而造成无法引导或引导不当。

检察机关引导侦查，在司法改革中，要坚持适度性引导的政策。当警察已经朝着独立侦查迈进的时候，公诉检察官引导侦查要适度，主要方式是根据提起公诉、出庭支持公诉的证据要件提供指导标准，尤其是对大案要案的重点指导。

适度引导的意义是多方面的：（1）资源有限性。主要表现在检察官人数的有限性，不可能不分案件性质和案件具体情况地一概引导；而且检察机关无法利用警察的侦查信息系统，一概引导会造成资源紧张和引导低效率。（2）制约和监督需要距离与超然性，公诉检察官应成为法官之前的法官，这就要求引导侦查要适度，适度才能监督。因为监督需要距离，要超然，不能侦、检“浑然一体”，更要避免配合中的关系庸俗化，检察机关要保持客观公正立场。

更重要的是，这里涉及公诉检察官、刑事警察和法官的关系问题。原则上，作为一个独立的侦查机构，刑事警察与公诉检察官一样，都独立于法官，而且对于任何符合法律条件的犯罪侦查行为都不需要法官的授权。刑事警察对犯罪领域的侦查拥有法律限制的执法裁量权力和拥有自由支配的侦查资源，在日益复杂的犯罪形势下，这种独立的机构具有灵活多变的优势。但现代法治社会日益强调行使公权力的正当性和合法性，而刑事诉讼法在如何对待使用非法手段取得的证据方面存在着一些漏洞，明显缺乏防止刑事警察进行非法取证并运用这种证据的程序规则，警察侦查犯罪的行为既不受人民法院司法决定的约束，又不受检察官的控制。所以，对现行法律有完善的必要，目标是建立一个使刑事警察受到程序法和法官更为严格的约束，在检察机关有效的制约和指导下开展刑事侦查行为和取证工作的制度。这样，只要刑事警察进入刑事侦查，其行为便受到法定起诉原则的约束。指导和监督刑事侦查的重要意义在于，所有的刑事案件最终必须移交给检察机关，检察机关不仅拥有独立起诉的权力，而且拥有独立作出不起诉的和所有终结程序之决定的权力。

检察引导侦查案件的范围可考虑两种情形：一是经济犯罪案件和重大、复杂的刑事案件；二是其他需要引导的案件。这主要基于以下考虑：第一，重大、复杂的刑事案件有必要提前介入，实践中已摸索出了一套成功经验，社会效果也较好。对经济案件实行监督和制约是因为检察机关有能力指挥、领导这类案件的侦破，且积累有相当丰富的经验可资借鉴。而且这类案件退补率高，初侦质量普遍较低。第二，检察机关及其人员囿于精力、人力、财力因素，目前尚不能完全承担对整个刑事案件侦破的引导与指挥，因而要有重点、有选择地进行介入。第三，国际上通行的侦检合一制国家对一些侦技专业要求很强等特殊案件，都是由警察实际承担侦查职责，检察官只承担形式侦查职责，与其说他是引导侦查整个过程，倒不如说是更关心侦查结果和是否要提起公诉。即主要引导侦查机关及其人员提供审判时所需要的证据材料，以满足检察机关在法庭上进行指控的要求。根据庭审控诉犯罪的需要，引导警察收集证据，对于没有证据或者证据不足的案件及时予以撤销。

检察机关的批捕部门与公诉部门要共同制约与监督侦查取证活动。对疑难、复杂案件，公诉检察官与批捕部门审查批捕犯罪嫌疑人同时介入，掌握批捕案件中的诉讼证据材料情况，或者负责批捕的检察官在批捕时要使现有证据能满足提起公诉最低标准，或者负责批捕的检察官批捕后拟写案件证据报告及需补足的材料要求提纲一式二份，一份移送公诉检察官，一份随卷交公安机关。公诉检察官密切关注该案情况。待案件侦查终结移送检察机关时，首先由公诉检察官审查是否补充了应补足的材料，在案件证据未达到起诉标准前截流案件，确保收案质量。检察机关可以根据需要派事务检察官参加公安机关对于重大案件的讨论和其他侦查活动，发现违法行为的及时提请其注意并予以纠正。同时，事务检察官应当通过参与这些案件的侦查活动熟悉案情，从公诉的角度向侦查机关提出建议，以提高侦查和公诉的质量。

明确监督与制约的法律后果。当检察官向侦查人员提出建议或者是发出纠正违法通知后，侦查人员拒绝接受时如何处理，应当予以明确。否则，检察监督与检察引导取证就形同虚设。为保证国家追诉权的正确、有效行使，对于无正当理由拒不接受监督建议或者继续违法侦查的侦查人员，可以考虑采取由检察官要求公安机关予以更换的办法。另外，作为程序上的最后制裁手段，检察机关可以将违法侦查所获的证据材料从控诉证据中排除，也可以确认违法侦查或从保证起诉质量的角度考虑明显不当又无正当理由而拒不接受事务检察官监督建议的侦查行为无效，要求其更换人员补充侦查，必要时也可以自行侦查，以警戒未来的侦查活动。对于前者，最高人民检察院在有关解释中已有明确规定，可以说已有法律上的依据。

（二）检察引导侦查的组织形式

检察机关引导侦查的组织形式，实际上说的是在检察引导侦查这一法律行为中，检察机关和侦查机关的关系问题。推行检察引导侦查，需要明确检察机关与侦查机关在开展侦查工作中涉及的方方面面的关系。这些关系主要表现在两大方面：一是警、检关系的选择。这是解决检察引导侦查的具体组织形式的先决问题。二是侦查引导工作中的人事安排、机构设置、经费管理与使用、对侦查引导工作的督查形式，等等。这是检察引导侦查的组织形式的具体内容。

根据在侦查工作中的地位和作用不同，警、检关系模式大致可分为两类：检察领导、指挥警察的侦查，检察不负责侦查或与警察的侦查活动彼此独立。按现在比较通行的说法，前者称为“检警一体”，后者称为“检警分立”。在这里，有一点是必须要指明的，即这两个概念适用的范围只限于侦查等业务工作，而非司法体制层面。这就是说，在现存的司法体系中，无论是实行“检警一体”还是“检警分立”，检察和警察在组织和体制上都不存在互相隶属关系。至于瑞士的巴塞尔城邦模式只是个别情形，不具有普遍意义。采“检警一体”模式的主要是大陆法系国家。例如，在法国，负责侦查的司法警察要受检察官或预审法官的领导或指挥。在德国，检察官领导和指挥警察的侦查。在日本，有犯罪侦查权的有检察官、检察事务官和司法警察职员，三者并无明确分工，但检察官对司法警察职员有指示、指挥权。在意大利，在初期侦查阶段，由检察官领导侦查工作并且直接调动司法警察等。采“检警分立”模式的主要国家是英美法系国家。例如，在英国，检察机关是刑事案件的起诉机关，警察机关负责侦查，有权采取搜查、扣押、有证逮捕和无证逮捕等强制措施。在美国，检察官作为政府律师是刑事追诉者，侦查权主要由警察与民间侦探共同行使。应当指出的是，“检警分立”模式并不排除检察与警察在侦查活动中必要的联系和合作。在英国，1998年议会为加强检警关系，提高司法效率，向警察局派驻律师，以向其提供建议，加强检察机关在刑事侦查中的作用。在美国，总检察长有权直接领导联邦调查局的工作，联邦检察官对在其司法区域内实施的违反联邦法律的犯罪行为有权进行或继续侦查，地方助理检察官有权在提起诉讼前调查犯罪事实等。

在我国刑事诉讼中，除检察机关自侦案件外，一般刑事案件主要由公安机关负责侦查。一方面，除逮捕需要由检察机关批准外，其他的侦查措施和手段都是由公安机关自己决定；另一方面，检察机关对公安机关的侦查有监督权，包括侦查措施和手段的合法性监督、侦查人员行为的合法性监督等。检察机关和公安机关之间存在业务上的监督与被监督关系，但两者在机构设置上是自成体系、互不隶属的。在现有体制空间内讨论检警在侦查工作中的地位和作用，可以把其中必然涉及的检警关系模式视为检察侦查监督权的一种具体表现形式。基于此种认识，我们在检警关系模式选择上，可以结合前述两种模式中适合我们自己的司法体制的特点，将其定位为检察引导或指导侦查。

作为具体的诉讼活动，检察机关的侦查引导工作需要规范、有效地进行。这就需要明确和建立起一套符合这项工作要求的组织形式。大致而言，检察引导侦查的组织形式包括以下几个方面的内容：

关于人事组织问题，即在检察引导侦查工作中，作为引导主体的检察人员由谁指派、如何指派、是否需要征求引导对象的意见、指派人员由谁管理、工资福利等由谁负担，等等。在实行检察领导或指挥侦查的国家，领导或指挥侦查的检察官由检察机关根据其内部管理制度自主决定、自主管理，无须征求进行侦查活动的警察的意见。因为在这些国家，虽然检察官和警察分别隶属于不同的机构，但检察领导或指挥侦查被看作是一项常规的诉讼活动，检察官根据法定授权领导或指挥侦查是履行职责的行为，是检察机关职权的具体表现，警察接受检察官的命令也是因其职责使然，是警察机关职权的具体表现。在实行“检警分立”、各司其职的国家，虽然法律没有明确规定检察机关与警察机关在侦查活动中进行必要的联系或合作的具体方式，但在人事组织上，通常都是由检察机关自主决定是否指定或派出检察官承担引导侦查或提供咨询意见的责任，该检察官作为指定或派出机关的成员当然受其管理。例如，在英国，检察机关根据议会的决议向警察局派驻律师，以向警察局提供建议。在美国，州检察长必要时可以派其助手去警察机构协助工作，有些案件，首席检察官可以派本署侦查员参与侦查等。从上述做法中不难发现，不论是“检警一体”或“检警分立”，对侦查工作进行领导、指挥或引导、建议的检察官一般都是由检察机关指派，也由其自主管理。

在我国推行检察引导侦查，应该把检察机关对侦查机关侦查活动的引导视为检察机关的一项常规工作，在侦查引导人员的指派或管理上完全由检察机关根据其工作制度和管理制度自主进行，无须侦查机关的参与。当然，侦查机关对检察机关指派的侦查引导人员提出回避的不在此列，这是检察引导侦查的程序和做法中要讨论的问题。

关于机构设置问题，即在检察引导侦查工作中，是否需要设置专门机构负责该项工作，如果需要，又该如何设置等。从前面对人事组织的分析来看，大多数国家并没有针对检察引导侦查这项工作设置专门的机构或组织。从理论上讲，检察官作为检察机关的组成部分，不论履行何种职责包括侦查引导工作，都不能改变其固有的身份或属性，不能脱离检察机关的管理。从现实角度分析，如果在我国设置专门机构负责侦查引导工作，不仅会增加人员编制，与机构精简和人员缩编的趋势相违背，而且该机构与侦查机关和检察机关内部的其他部门，如批准逮捕部门、公诉部门、监所检察部门的业务该如何衔接和协调也是一个问题。因此，我们不赞成设置专门机构作为检察机关的派出机构去负责侦查引导工作的主张。河南省周口市两级检察机关分别在同级公安机关内部常设派驻机构即检察引导侦查室的做法，应该是在推行检察引导侦查中的大胆、有益的探索和实践，但就目前而言是不宜在全国推行的。为及时、有效地引导侦查，在现有条件下，检察机关可以借鉴纪检、监察部门派驻纪检组的做法，根据案件情况和侦查工作需要，对大要案或类案成立临时侦查引导小组。临时侦查引导小组对所办理案件负责。一旦该工作完成，该小组即宣告解散。

关于经费管理、使用问题，即在检察引导侦查工作中，所需经费开支由谁承担、由谁管理和使用。检察引导侦查是国家司法活动，其所需开支自然应由受益者——国家来承担，这一点毋庸置疑。在这里，我们要说的问题是这笔经费具体应由侦查机关支出，抑或检察机关支出？从检察引导侦查这一工作本身来看，侦查机关的活动是主要的，检察对侦查进行引导最终还是要落实到侦查机关的侦查活动中。基于此，解决经费管理、使用问题的第一个思路是：凡属检察引导侦查工作中所需的一切经费开支，均由侦查机关具体负担。从检察引导侦查中所涉及的人事组织来看，引导侦查工作的检察官是检察机关的组成部分，接受引导的侦查人员是侦查机关的组成部分，他们依法在侦查活动中进行的行为都是行使职权的表现。因此，从职权归属角度讲，解决经费管理、使用问题的第二个思路是：分别列支，即检察机关在侦查引导工作中的经费开支由检察机关负担，侦查机关负担其侦查人员在侦查活动中的经费开支。

（三）检察引导侦查的程序和做法

检察引导侦查是一种犯罪追诉新机制，有关这一新机制所依托的具体程序和做法也开始得到社会普遍关注。

检察引导侦查的程序和做法，应该先明确几个前提：一是检察引导侦查必须遵守《刑事诉讼法》的基本原则和关于侦查、审查起诉的规定。抛开《刑事诉讼法》的明文规定去谈或采用办理刑事案件的新程序和新做法是盲目的，也是不合法的，其结果在现代法治国家只能是适得其反，这是基本前提。二是检察引导侦查是一种法律行为，其主体是检察机关和检察官，对象是侦查主体和侦查人员，客体是侦查活动，内容是引导侦查的各种程序和做法。三是检察引导侦查体现的是侦查专门化和检察指示专业化的有机统一，是刑事侦查技术优势和刑事诉讼机能优势的统一，是侦查活动和侦查效果的统一。“引导”不意味着检察权的扩张或侦查权的萎缩。

总体上看，检察引导侦查的程序和做法主要围绕以下五项内容展开：谁引导；引导谁；引导什么；如何引导；引导不力和引导不能的后果。

1. “谁引导”。在现行司法体制下，我们的答案是检察机关和检察官，这一选择同我国检察监督的专门性和中立性相适应，也符合检察机关作为公诉职能载体的需要。实际上，将引导或指挥侦查职权委诸检察机关和检察官行使并非我们的独创，在奉行警检一体化的大陆法系国家，这是一种通常的做法。例如，德国、法国、日本等国家规定，检察官在侦查活动中拥有对警察的指挥权，包括有权调动警察力量进行侦查，有权介入警察的侦查，并有权发布指示、命令等。在这里，我们要说明的问题有两个：一是法官能否引导侦查。在我国，侦查程序和审查起诉程序作为审前程序，与审判程序分立，法官介入侦查无法律依据；法官专司审判，介入侦查违背基本的诉讼法理。有人拿法国“正式侦查”由预审法官指挥为例来勾画我国的指导侦查机制，这是混淆了审判法官和预审法官的区别所致。二是检察机关内部职能部门众多，究竟由哪个部门来引导侦查，就侦查本身的业务性而言，指导侦查的部门理应是检察机关内设的与侦查有直接业务联系的部门，即审查逮捕部门、公诉部门和监所检察部门。这三个部门可以根据自身工作任务和内容适时引导侦查。当然，一定情况下，我们不反对检察机关就类案或个案专门成立侦查引导小组的做法。另外，值得一提的是，为保证引导侦查工作的质量，可以将引导侦查的检察官限定为具有检察员以上法律职务的检察官或主办检察官、主诉检察官。

2. “引导谁”。答案是侦查主体和侦查人员。根据目前的刑事诉讼法和其他法律，在我国享有立案侦查权的部门主要有：公安机关、国家安全机关、军队保卫部门、监狱、海关走私犯罪侦查局等。从严格意义上讲，这些侦查部门及其侦查人员都是检察引导侦查的行为对象。

3. “引导什么”。回答这一问题要分两个层次：一是从宏观上讲，检察引导侦查要解决侦查权分配上存在的问题。例如，针对侦查主体多元化和多层次性的现状，检察引导侦查的内容首先表现为检察机关的宏观指挥调控权，表现为促成侦查主体的整体效应的发挥，使单兵作战和自发的、无序的合作变为全局性的、自觉的和机制性的配合。二是从微观上讲，检察引导侦查要解决具体侦查活动中存在的具体问题，包括对同类案件和个案侦查工作进行引导，与侦查主体的侦查活动具有同步性。大体而言，主要有：对怠用侦查权或滥用侦查权的行为进行监督，必要时指示侦查主体的侦查取证活动，包括对侦查主体收集、补充、固定和完善证据等工作进行引导；对侦查强制措施进行引导；对侦查工作法律文书的制作和完善进行引导；预防、发现并纠正侦查活动中的违法行为等。

4. “如何引导”。这是检察引导侦查程序和做法中的核心内容。应当注意以下问题：

（1）检察引导侦查的起始时间。这一起始时间实质上就是检察介入侦查的时间。从国外的做法看，实行检察指导或指挥侦查的国家，一般都把检察官介入侦查的起始时间规定于案件发生后由警察接受管理之时或之后的很短一段时间内，目的是为确保检察官及时了解并有效参与侦查活动。例如，在意大利，警察在案发后48小时内必须向检察院提出关于案件情况的报告。在法国，司法警察在得知发生现行重罪时，应当迅速报告检察官，同时一定要在48小时之内开展初步侦查工作，并且必须在48小时之内将初步侦查结果以材料方式移送检察院，向检察官作出报告，由检察官决定是否需要进入正式侦查阶段。又如，在日本，警察在初步侦查（包括现场搜查、现场保护、现场紧急情况处置等活动）完毕后将案件移送检察机关，检察机关可以指挥侦查人员进行后续侦查。我国不实行检警一体化，但我们的实际情况是：检察权在宪法上的定位是法律监督权，检察监督贯穿刑事诉讼活动始终，检察监督的内容之一侦查监督贯穿侦查工作的始终。基于此，我们如果推行检察引导侦查，就应该以是否有利于引导侦查工作的开展为出发点来考虑检察介入侦查的时间，而没有必要在检察介入侦查的适法性或介入时间的适法性上瞻前顾后。因此，为便于检察引导侦查工作的及时和有效进行，我们主张实行“案件登记制度”，使检察介入侦查的时间与侦查活动的开始保持同步，即侦查主体在决定对案件立案侦查的同时，必须立即将该案件的基本情况以书面形式在相应的检察机关进行登记，检察机关可根据登记情况决定是否引导侦查、如何引导侦查。

（2）检察引导侦查的具体方式。检察引导侦查的具体方式主要存在两种情形：参与式引导和咨询式引导。“参与式引导”为大陆法系国家所推崇，检察官有权自行侦查或参与司法警察所进行的侦查，并指挥警察实施侦查，在侦查活动中起主导作用。例如，在德国，“当检察官通过报告或其他方式知悉一种可疑的犯罪行为的时候，就要去探查确实情况，以便决定是否应当提起公诉”（德国刑诉法第160条第1款）。在法国，“共和国检察官亲临现场时，司法警察官即丧失对案件的权力。共和国检察官当时应进行本章所规定的司法警察官的一切行动。他可以指示各该司法警察继续查缉行为”（法国刑诉法第68条）。在意大利，检察官在初期侦查阶段领导侦查工作并且直接调动司法警察。“咨询式引导”主要适应于检警分立体制。在这种体制下，检察机关与侦查主体之间由于具有共同的控诉职能而表现为建议或合作关系，检察官对侦查工作的引导也只具有咨询性质，不具有强制性。例如，在英国，根据其1966年1月创建、范围遍及11个区警署的“导航计划”，检察机关向警察机关及其行政支援部门派遣律师，就具体案件提供早期咨询，以确保定性准确。另据对英格兰和威尔士的13个检察机关进行的调查表明，在警察移送给检察机关的案件中有4%的案件在侦查过程中警察向检察机关做过咨询，其中大多数是涉及证据是否充分的咨询。在未成年人案件中的咨询比例高达16%。又如，在美国，检察官虽不亲自参加案件的侦查工作，但在多数案件中指导和监督专业侦查人员及大陪审团的调查工作。对有些案件，首席检察官可以派本署侦查员参与侦查，可以介入警察在其辖区内执行的逮捕。我国检察机关与侦查主体既存在互相分工、互相制约关系，又存在检察机关对侦查主体的单向法律监督关系。因此，我们推行检察引导侦查，现实的做法应该是兼采“参与式引导”和“咨询式引导”，吸收两种形式中符合我们现行司法体制的做法。具体而言，我们可采取“观察式介入”和“建议式引导”两种做法。所谓“观察式介入”，是指检察机关以法律监督者的身份介入全部侦查活动，但不对侦查主体的具体侦查活动负责。例如，列席公安机关对重大案件的讨论，旁听公安机关对犯罪嫌疑人的讯问、对证人的询问，随同观看公安机关的勘验、检查、复验、复查等侦查行为等。所谓“建议式引导”，实质上是检察监督在引导侦查上的具体表现，即检察机关在“观察式介入”的前提下，有权针对侦查活动中的具体问题提出意见或建议，以实现对侦查工作的引导。例如，要求公安机关提供法庭审判所必须的证据材料、建议公安机关补充侦查等。

（3）检察引导侦查的工作制度。从侦查工作的特点和引导侦查的方式看，在推行检察引导侦查时有必要建立如下工作制度：①案件登记制度。前面已讲过，此处不再赘述。②及时通知制度，即侦查主体对侦查活动中出现的重大、复杂、疑难问题要及时通知检察机关，以便检察机关及时进行引导。③列席制度，即前述“观察式介入”方式的制度化。④侦查引导建议制度，即前述“建议式引导”方式的制度化。⑤及时反馈制度，例如，侦查主体在接到检察机关发出的《纠正违法通知书》后，应将调查结果、处理情况写成《纠正违法报告书》，及时向检察机关报告。⑥回避制度，即引导侦查的检察机关工作人员不得参与审查侦查主体提请批准逮捕、移送审查起诉的活动，以避免先入为主。此外，实践中已在运行的联席会议制度应该坚持并进一步完善。

5. “引导不力或引导不能的后果”。任何程序和做法要落到实处，都必须有一定的制裁性措施予以保证。为确保检察引导侦查工作的顺利开展，一方面要对引导者的不当行为进行制裁，另一方面要对由于被引导者的原因而导致引导不能后果的行为进行规制。例如，在日本，对于检察官因身心障碍、职务上缺乏效率或其他原因不能或不适宜执行职务的情况，检察官资格审查会有权进行审查并向其任命者提出罢免的劝告；对于无视检察官的指示或指挥的警察，检察官可以要求国家公安委员会或都道府县公安委员会给予惩罚或罢免。在我国推行检察引导侦查，也应该逐步建立和健全保障这一项工作正常进行的制裁机制。具体可从两个方面入手：一是要求检察机关制定关于检察官进行侦查引导工作的职责、权利和义务的规范，并以此为据对检察官进行定期考评，对考评不合格者，给予一定的处罚；二是针对侦查人员无故抵制检察引导的行为，赋予检察机关和直接负责侦查引导工作的检察官向该侦查人员所在部门提出检察建议的权力。

第七章 职务犯罪侦查

一、职务犯罪侦查适用特殊侦查手段的必要性和可行性[①]

职务犯罪是一种特殊的刑事犯罪，是国家公职人员利用公共权力的职务便利条件实施的违反或亵渎职责要求、违反刑法、危害国家利益和公共利益的犯罪行为。职务犯罪是当前最严重、最集中的腐败表现形式，严重危害并威胁着执政党的执政地位、国家肌体的健康和经济社会发展、政治文明进程。中共中央在2008年印发的《建立健全惩治和预防腐败体系2008－2012年工作规划》中再次强调："坚决惩治和有效预防腐败，关系人心向背和党的生死存亡，是党必须始终抓好的重大政治任务。"当前和今后一个时期，党和国家的反腐败形势和挑战依然严峻，机遇和困难并存。在这样的情势下，进一步加大查办职务犯罪的力度，强化检察机关作为国家惩治腐败的司法力量，赋予其特殊侦查措施的使用权已是时代的要求和历史的必然。

（一）我国关于特殊侦查措施的立法和司法解释及相关规定

我国1996年刑事诉讼法第二编第二章对侦查的形式和方法作了明确的规定，主要包括讯问、询问、勘验、检查、搜查、扣押、鉴定、通缉等七种。关于特殊侦查措施，刑事诉讼法并没有相关的规定。目前，规范特殊侦查措施的法律主要是1993年颁布的国家安全法和1995年颁布的人民警察法。根据国家安全法的授权规定，国家安全机关因侦查危害国家安全行为的需要，根据国家有关规定，经

① 本部分内容摘自樊崇义主编：《走向正义——刑事司法改革与刑事诉讼法的修改》（中国政法大学出版社2011年版）第二章第九题，原名为《职务犯罪侦查适用特殊侦查手段的必要性和可行性》，系与胡志风合作撰写。

过严格的批准程序，可以采用技术侦查措施。根据人民警察法的授权规定，公安机关因侦查犯罪的需要，根据国家有关规定，经过严格的批准手续，可以采取技术侦查措施。根据有关司法解释，上述法律中规定的技术侦查是指国家安全机关和公安机关为了侦查犯罪而采取的特殊侦查措施，包括电子监听、电话监听、电子监控、秘密拍照或录像、秘密获取某些物证、邮件检查等秘密的专门技术手段。因此，从我国的立法可以看出，尽管检察机关与公安机关、国家安全机关等同为侦查机关，但法律只规定了公安机关和国家安全机关有使用技术侦查措施的决定权和实施权，而对于检察机关运用技术侦查措施却没有作出明确的规定。

国家安全法中规定的技术侦查措施的适用是针对危害国家安全的犯罪行为，人民警察法中规定的技术侦查措施的适用是针对公安机关侦查的犯罪行为，而职务犯罪不属于这两类犯罪，因此实际上从某种角度讲，法律已将检察机关职务犯罪侦查工作中的技术侦查措施的决定权和实施权排除在外了。虽然1989年最高人民检察院和公安部《关于公安机关协助人民检察院对重大经济案件使用技侦手段有关问题的答复》中明确了对少数重大经济犯罪案件主要是贪污贿赂案件和重大经济犯罪嫌疑分子必须使用特殊侦查手段的，要十分慎重地经过严格审批手续后，由公安机关协助使用。但这只是作为一个协调内部工作的“答复”，虽然具有司法解释的效力，但是关于特殊侦查措施的决定和具体实施还是很模糊的。

（二）职务犯罪侦查中适用特殊侦查措施的必要性

特殊侦查是犯罪侦查自身规律的产物，随着进入高科技时代，大量高科技犯罪剧增，犯罪手段具有相当的隐蔽性。美国社会学家马科斯在评价技术侦查手段时说：“由于出现了新的犯罪方法，那些通过公开的方式不易获得证据的犯罪类型，获得了更大的采用秘密手段的优先权力。技术的改进增强了社会控制的威力。”[①] 我国在职务犯罪侦查中适用特殊侦查措施的必要性，具体表现在以下几个方面：

1. 我国职务犯罪呈现的新特征对适用特殊侦查措施手段侦破案件提出了迫切要求。我国正处在社会转型时期，在新旧体制衔接的过程中，管理制度方面的漏洞大量存在，而且我国的法制尚在建设、完善中，权力缺乏充分完备的监督和制约。加入世贸组织后，在市场经济条件下，一方面是诱导腐败的因素大量存

① ［美］格雷·T·马科斯：《高科技和社会秘密实践》，中共党史出版社1994年版，第60页。

在，另一方面是反腐败斗争力度不断加大，在这种扩张力和抑制力的相互作用下，职务犯罪也呈现出新的特点，这些特点使得传统职务犯罪侦查措施难以应对当前职务犯罪案件侦查的需要。

（1）职务犯罪行为较之过去更为隐蔽。贪污贿赂、渎职侵权等职务犯罪通常没有直接的被害人，加上物证少，在侦查中发现难、取证难、固定证据难的问题一直十分突出。近年来，随着我国法制建设的逐步完善，对公共权力的各种监督、制约机制、措施也逐步增多。犯罪嫌疑人为了逃避法律制裁，想尽办法规避法律，以各种公开的、合法的手段掩盖犯罪事实。例如，与承包商、供应商串标，以“合法”的程序掩盖违法的事实；以咨询费、劳务费的名义受贿；以借贷名义受贿；还有其他的一些变相贿赂，如提供大件耐用商品如住房、汽车的长期使用权，虽然所有权仍在行贿者手中，更有甚者约定在退休后受贿，等等。所有这些使得职务犯罪的形式更加隐蔽，运用常规的侦查措施往往很难解决问题。在这种形势下，特殊侦查手段作为一种侦查措施补充形式与常规侦查措施一起使用，必将发挥重要的作用。

（2）职务犯罪主体具有更强的反侦查能力。职务犯罪的主体一般为公职人员，在这些人中，大部分人权力大、阅历广、社会关系复杂、反调查反侦查的经验丰富，在受到检察机关的侦查时，就会动用其社会关系对检察机关施加影响，形成强有力的法外干扰因素，对侦查工作形成干扰。传统的常规型侦查手段在展开侦查工作时通常难以奏效，只有使用特殊侦查手段，才能有效改变这种局面。

（3）当前职务犯罪呈现多样化、专业化、智能化的特点。随着经济的快速发展，资讯科技以及互联网等现代科技迅速发展普及，贪污贿赂等职务犯罪的手段日益增多，不仅形式多样，而且还出现了利用计算机网络实施的新型犯罪。与此同时，通信、交通的便利使各种智能工具在犯罪中被大量应用，这些都给职务犯罪侦查工作带来许多困难，只有特殊侦查手段的适用才能应对这种挑战。

（4）职务犯罪呈现出跨区域、跨国境趋势。随着经济全球化进程的推进，职务犯罪的作案空间也随之扩大，获取非法利益的条件便捷了，逃避打击的机会也增多了。目前，我国职务犯罪跨地区、跨国境趋势日益明显，犯罪手段也呈现出国际化的特点。职务犯罪嫌疑人跨国境作案、与国外不法分子共同勾结作案，牺牲国家利益换取个人好处，作案后向国外转移赃款，甚至事先将家属和财产转移至境外，这已经成为当前职务犯罪的一个突出特点。① 在这样的犯罪情势下，如侦查措施、手段仍然停留在传统状态中，那么无论是调查取证、追捕抓逃，还是与国外司法机关的协作都是不能适应现状的。在这种情形下，特殊侦查手段就更有必要。

2. 我国职务犯罪侦查工作面临的困境凸显使用特殊侦查手段的必要性。有媒体报道，我国腐败犯罪的潜伏期越来越长，最长可达 14 年，应该说这与反腐部门缺乏有力的侦查手段有密切关系。当前，社会各界对检察机关反腐败寄予厚望，但现有法律规定的一般性的常规侦查措施，并不足以挖出隐藏较深的腐败。

（1）职务犯罪案件线索难以发现。职务犯罪的侦查始于犯罪线索的发现与收集，而职务犯罪线索的发现与收集有赖于一定的手段和措施。在当前的侦查实践中，职务犯罪线索有来自于群众举报控告、网络举报信息、有关部门移送、当事人自首以及检察机关办案深挖等途径。目前，最主要的线索仍是来自于群众举报、控告这一传统途径，不可否认这一途径获取的线索是十分有限的，这种有限性无疑会制约打击腐败犯罪的力度。从根本上讲，关键在于职务犯罪侦查机关缺乏有效发现和收集职务犯罪线索的手段和措施。

（2）职务犯罪案件证据难以收集。长期以来，职务犯罪侦查对于言词证据的依赖度较高，这主要是由职务犯罪的内在特点所致。以受贿罪为例，受贿罪往往是在“一对一”的情况下发生的，一般不会留下任何的作案痕迹可供追踪，所以检察机关往往只能单纯依靠对行贿人和受贿人的讯问来收集证据，使得证据的收集工作比较困难。我们知道，言词证据最大的弊端就是不稳定性，突出表现在言词证据具有当事人可控性和易变性以及虚假可能性大的特点，因而收集、固定、鉴别言词证据相当困难。而要收集言词证据以外的证据更是难上加难。例如，在行贿受贿类案件中，犯罪现场往往只有行贿者和受贿者，也就不存在犯罪现场勘查，此外贿赂方式也以实物或现金为主，因此一般缺乏可供查找的书面证据。

3. 落实我国政府签署、人大批准的国际公约要求立法赋予职务犯罪侦查机关适用特殊侦查措施的权力。《联合国打击跨国有组织犯罪公约》以及《联合国

---

① 据中华人民共和国公安部的资料显示，截至 2004 年，中国外逃的经济犯罪嫌疑人尚有 500 多人，涉案金额逾 700 亿元。参见《人民日报·海外版》2004 年 9 月 10 日，第 3 版。

国反腐败公约》第50条对特殊侦查措施作了明确规定，这些规定在缔约国以不同的方式得以贯彻执行。美国1968年《综合犯罪控制与街道安全法》规定，对间谍罪、贿赂政府官员罪等13种犯罪可使用秘密监听。2005年2月，美国破获的涉及3名市长8名政府官员的新泽西腐败丑闻案件，其中进行行贿的承包商就是FBI的线人。[①] 又如法国，对于可能判处2年或2年以上监禁的重罪或轻罪案件能适用通信截留手段，这其中也包括了贿赂等腐败犯罪案件。在新加坡，国家调查局分三个部门，行政部门、调查部门和资料及辅助部门，其中调查部门是贪污调查局的行动部门，下属四个调查组，其中有一个情报组，情报组归一名助理局长领导，专司线人卧底、跟踪。国外相关立法的成熟经验可以为我们的立法提供有益借鉴，这无疑使我们在对特殊侦查手段进行相关立法时能够更具针对性。

（2）国内相关立法为职务犯罪特殊侦查措施的采用提供了国内法上的可行性。早在1993年，我国就对技术侦查进行了必要的法律规制，并且随着社会的发展不断地作出相应的调整，以司法解释或者其他的法律形式进行逐步的规范，并形成了一个具有中国特色且基本符合中国当下法治环境的制度规范体系。虽然这些关于特殊侦查措施的法律都是规范公安机关、国家安全机关特殊侦查行为的法律，但是对于规范检察机关特殊侦查行为具有较强的可借鉴性。这为职务犯罪侦查适用特殊侦查措施奠定了良好的立法基础。

3. 实务上具有可操作性。

（1）丰富的侦查经验使我国检察机关有能力驾驭特殊侦查措施。检察机关依法对于贪污贿赂犯罪，国家工作人员的渎职犯罪，国家机关工作人员利用职权实施的非法拘禁、刑讯逼供、报复陷害、非法搜查等侵犯公民人身权利的犯罪和侵犯公民民主权利的犯罪享有刑事侦查权。对于国家机关工作人员利用职权实施的其他重大的犯罪案件，需要由人民检察院直接受理时，经省级以上人民检察院决定，也可以由人民检察院立案侦查。根据刑事诉讼法的上述规定以及刑法的相关规定，1997年《人民检察院刑事诉讼规则》具体规定了检察机关职务犯罪侦查权的行使范围。多年来，检察机关在办理职务犯罪案件中，不断加强对职务犯

---

① 2005年2月，美国新泽西州曝出特大腐败丑闻，100多名美国联邦调查局（FBI）特工分成数个小组，突袭了新泽西州11名政府官员的住处，把他们从床上揪起来，一举逮捕。据报道，联邦调查局之所以能够将如此众多“蛀虫”一网打尽，归功其采用了线人及秘密录音等技术侦查手段，使得私下的腐败由于秘密侦查而曝光。载《环球时报》2005年2月28日，第5版。

罪规律的认识，加强职务犯罪侦查指挥中心及相关工作机制的建设，按照检察工作一体化机制的要求来完善侦查工作的运行模式，提高执法水平和办案效率。在掀起新一轮的反腐风暴之际，检察机关职务犯罪侦查水平与能力得到了良好的检验，查办职务犯罪的业绩足以证明积累了相当的侦查经验，从人员素质到技术装备，检察机关完全有能力在查办职务犯罪案件中使用和驾驭特殊侦查措施。

（2）日益完备和先进的技术装备建设使我国检察机关能够有效使用特殊侦查措施。随着社会经济的发展，各级地方政府加大了查处职务犯罪的经济投入，突出表现在积极加强硬件建设，各地借中央高度重视检察机关建设之机，争取当地党委、政府的大力支持，加大经费投入，根据《2009－2013年全国检察信息化发展规划纲要》的要求建立健全或升级改造各级检察机关网站，更新办公、办案设备，提高信息化程度，为推进反腐倡廉奠定坚实的物质基础。各级人民检察院技术部门也围绕司法鉴定职能，加大办案力度，不断地提高鉴定水平，努力实现办案能力的新突破；围绕文证审查职能，着力加大技术性证据材料审查力度，防漏纠错，努力实现证据质量的新突破；围绕技术协助职能，着力加大服务职务犯罪侦查工作力度，发挥专业优势，努力实现技术取证能力的新突破；着力加大实验室建设力度，努力建成符合标准、满足业务需求的司法鉴定实验室，以期实现检察机关司法鉴定整体工作的新突破。[①] 全国范围内积极开展反腐倡廉行动，相关的信息化建设、硬件设施建设都得到了充足的经费投入保障，有很多省份将其纳入年前部门财政预算，以保障职务犯罪侦查机制运行的各项开支。这一有利形势使得检察机关完全有条件配备开展特殊侦查措施所需要的相关设备。

（3）可以通过科学严谨的立法实现良好规制，预防和避免职务犯罪特殊侦查措施适用可能产生的不良影响和效果。虽然目前立法没有明确授权职务犯罪侦查机关有权使用特殊侦查措施，即便是在公安机关的协助下能够运用特殊侦查措施，但是通过适用特殊侦查措施所获取的证据材料也不能直接作为证据使用，只有通过一定的方式根据刑事诉讼法的有关规定将其转化为法定的证据形式，才能作为证据使用。一旦在刑事诉讼法中明确规定职务犯罪中可以适用特殊侦查措施，那么通过特殊侦查手段获取的证据资料理应具有公开使用的证据资格。这在

① 张立：《柯汉民：今后五年技术信息实现“四个突破”坚持“三个把握”》，载《检察日报》2009年11月3日，第2版。

一定程度上使得确立严格的非法证据排除规则显得更为迫切，同时要求职务犯罪特殊侦查措施的运用必须严格遵守法定的程序，否则将导致特殊侦查行为无效，而由这些行为所获取的证据材料也被当然地予以排除。通过科学严谨的立法对特殊侦查措施的适用实现良好规制，以期预防和避免职务犯罪侦查中特殊侦查措施的适用可能产生的不良影响和效果是十分必要的。

二、职务犯罪侦查程序与措施的完善①

职务犯罪侦查是指检察机关在查办职务犯罪案件过程中，依照法律进行的专门调查工作和有关的强制性措施。近年来，通过检察机关不断加强程序与实体并重的执法意识的培养和规范化管理，职务犯罪侦查工作中的各种程序与措施日趋规范化。但应当清醒地看到，由于职务犯罪的特殊性、隐蔽性和复杂性，职务犯罪侦查工作出现了与新的犯罪态势不相符合的情况。在刑事司法体制改革中，有必要对职务犯罪侦查措施和程序进行反思，并在此基础上总结经验教训，不断提高职务犯罪侦查水平。

（一）职务犯罪侦查的监督制约机制

检察机关作为国家的法律监督机关，其法律监督职能主要是对权力进行监督制约和对权利进行司法救济，从而实现国家法制的统一，保障社会的公平与正义。在现代司法理念下，检察机关在行使法律监督权对其他权力实现监督的同时，其自身的权力运作同样需要监督和制约。在民主法制日益完备、检察机关查办职务犯罪任务更加艰巨的新形势下，如何确保检察机关职务犯罪案件侦查的公正、公平，建立多层次、全方位的监督制约体系成为了检察改革的重要内容之一。

1. 职务犯罪侦查监督制约机制的现状与问题。目前，我国对职务犯罪侦查活动的监督主要包括两个方面：一是检察机关的内部监督，二是检察机关的外部监督。长期以来，我国检察机关查办职务犯罪案件的监督主要是靠强化内部实现的。1998 年最高人民检察院《关于完善人民检察院侦查工作内部制约机制的若干规定》规定了人民检察院对贪污贿赂、渎职等职务犯罪案件的查处工作由不同

① 原文为樊崇义主编：《走向正义——刑事司法改革与刑事诉讼法的修改》（中国政法大学出版社 2011 年版）第二章第十题，原名为《职务犯罪侦查程序与措施的完善》，系与杜邈合作撰写。

内设机构承办、互相制约的监督机制。2004 年最高人民检察院《关于人民检察院办理直接受理立案侦查案件实行内部制约的若干规定》在总结经验的基础上对内部制约机制作了进一步完善，规定人民检察院对贪污贿赂、渎职侵权等犯罪的案件受理、立案侦查、审查逮捕、审查起诉等工作由不同内设机构承办，实行分工负责、互相配合、互相制约。2008 年《人民检察院执法办案内部监督暂行规定》、2009 年《关于省级以下人民检察院立案侦查的案件由上一级人民检察院审查决定逮捕的规定（试行）》对加强侦查监督制约机制起到更为有力的作用。由此可见，职务犯罪侦查的内部监督主要是通过检察机关内部平衡权力实现的，主要包括横向和纵向两个层面：前者是指案件线索的受理、审查工作对侦查工作的监督制约；审查逮捕工作对侦查工作的监督制约；审查起诉工作对侦查工作的监督制约；侦查工作与对不立案、撤案决定的复议、复查工作相分离；侦查工作与监察工作相分离等。[①] 后者是指“上下级领导”的监督模式，包括部门之间相互监督发现违法问题，上报到检察长审批处理解决；上级人民检察院对下级人民检察院办理职务犯罪案件通过批准逮捕、上报备案、督导检查等方式进行监督。值得注意的是，这种上下级的监督是双向的，《人民检察院执法办案内部监督暂行规定》第 16 条规定，下级人民检察院发现上级人民检察院及其检察人员在执法办案活动中有违纪违法行为的，应当进行监督。

检察机关查办职务犯罪案件同时受到各种外部监督制约，主要包括党委监督、人大监督、政协民主监督和社会舆论监督。各级人民检察院建立和完善了特约检察员制度、专家咨询委员会制度和人民监督员制度，让人民群众参与到检察机关查办职务犯罪具体案件决策过程中，参与司法工作，进一步加强对检察机关查办职务犯罪案件的外部监督。值得注意的是，最高人民检察院于 2003 年制定下发并于 2004 年修订了《关于实行人民监督员制度的规定（试行）》，在全国检察机关中试行了人民监督员制度，加强了对职务犯罪案件侦查的外部监督。人民监督员制度是人民直接行使监督权力，深化对检务活动监督的重要途径，其核心内容是把民众监督深入到检察体制、检察程序内部。实行人民监督员制度有利于解决职务犯罪侦查工作缺乏外部监督问题，通过制度性的社会监督来防止检察权被滥用。

---

① 韩旸：《职务犯罪侦查监督机制的探讨》，载《北大法律信息网》2009 年 12 月 16 日。

随着我国经济社会的迅速发展，公民的法治意识和司法公正意识也随之提高，“谁来监督监督者”等类似的呼声更是不绝于耳。目前，我国职务犯罪侦查的监督制约机制主要存在以下问题：一是监督依据不够明确。刑事诉讼法和人民检察院组织法明确规定了检察机关对公安机关侦查活动实施监督，但没有规定职务犯罪侦查活动的监督主体、措施和后果。尽管最高人民检察院出台了《人民检察院刑事诉讼规则》及相关规范性文件，规定了审查逮捕部门和审查起诉部门对本院侦查部门侦查或者决定、执行、变更、撤销强制措施等活动进行监督，但相关内容仍比较原则，可操作性和针对性不强。二是监督措施不够全面。在内部监督中，往往是侦查监督部门、审查起诉部门在对已形成证据的报送逮捕、审查起诉材料的形式审查中，才发现侦查部门在职务犯罪侦查中存在程序违法或证据瑕疵的问题。而此时，违法或者不规范的侦查行为已经发生，只能通过事后弥补的方式纠正问题。这种监督模式对职务犯罪侦查的违法违纪问题难以及时发现和处理，不利于实现现代刑事诉讼保障人权之目的。① 在外部监督中，各级人大及其常委会对检察业务工作的监督主要是通过听取人民检察院的工作报告，对检察工作提出意见和建议，人大代表视察等方式实现。这种监督虽然覆盖面广，解决了监督“面”的问题，但由于是整体性的监督，因而缺乏常态性和程序性，难以实现对侦查过程的动态监督。② 三是监督效果有限。近年来，职务犯罪侦查的监督制约机制已初具规模，但在司法实践中仍存在一些机制性问题，影响了监督的效果。例如，现行人民监督员制度基本上遵循业务部门报送——监督办公室周转——人民监督员监督——执行与反馈的流程模式。该模式在程序上还是检察机关内部业务部门占据主动，在很大程度上影响着程序的启动权，人民监督员主动发现问题、启动程序的能力不够，因而很难保证监督效果。正如有学者指出，在人民监督员制度中，人民检察院身兼多重角色，即授权者与被监督者，邀请者与规则的制定者，案情的汇报者与意见的采纳者或否定者甚至复核者。③ 出现这种现

① 潘凌、徐艳：《检察机关办理自侦案件接受监督制约制度的完善》，载《辽宁公安司法管理干部学院学报》2009 年第 3 期；徐锡南：《加强对查办职务犯罪案件监督的几点思考》，载《中国检察官》2009 年第 12 期。

② 邓海华：《职务犯罪侦查监督制约机制探究》，载《西南政法大学学报》2008 年第 6 期。

③ 庾爱民、秦静：《刍议人民监督员制度三根“软肋”》，载《江苏法制报》2009 年 11 月 9 日，第 3 版。

象的根本原因是由于人民监督员制度立法位阶的缺陷，导致人民监督员制度这一本应是重要外部监督制度沦为人民检察院“内部工作制度”。

2. 职务犯罪侦查监督制约机制的完善。我国理论界对于职务犯罪侦查监督机制的完善，主要提出了以下模式：一是内部制约模式。即在现有机制的基础上，强化检察机关内部各部门的制约关系，如平衡职务犯罪侦查部门与侦查监督、公诉部门的权力配置，强化审查批捕、审查起诉阶段对非法证据的排除等。二是上下级监督模式。即由上级检察机关对下级检察机关办理的职务犯罪案件实行监督，通过审查逮捕、审查起诉等途径，加强对下级检察机关的侦查监督。三是人民法院制约模式。由人民法院对职务犯罪侦查进行具体监督，如将自侦案件的批捕权交由同级人民法院行使，并在刑事诉讼法、人民检察院组织法和人民法院组织法中规定相应的条款。[①] 笔者认为，上述三种观点均具有一定合理性，但又是不够充分的。第一种观点具有较强的可操作性和针对性，但由于侦查、批捕、起诉三部门均隶属于同一人民检察院，而检察机关又实行的是检察长领导制，仅依靠检察机关的内部制约显然是不够的。第二种观点能够充分发挥“检察一体化”的体制优势，实现较好的监督效果。但在一些重大、复杂案件中，下级人民检察院的侦查活动要请示上级人民检察院，仍可能使监督流于形式；此外，过分强调上级人民检察院的侦查监督，容易使下级人民检察院丧失工作积极性，对上级人民检察院的资源配置也提出了过高的要求。第三种观点借鉴了国外特别是大陆法系国家的职务犯罪侦查监督经验，力图借助法院来对检察机关的自侦活动进行监督，监督力度比较大。但其最大的缺陷是不符合我国现行的司法体制，有“审判权”侵犯“检察权”之虞。

事实上，职务犯罪的监督制约机制是一项复杂的系统工程，而不仅仅是单一的制度。采用何种模式完善对检察机关查办职务犯罪案件的监督，要立足我国国情和司法实践作出科学而审慎的选择。笔者建议，职务犯罪的监督制约机制应包括内部监督和外部监督两个方面，内部监督主要以各部门相互监督制约和上级人民检察院实行业务监督为主，外部监督主要以人大及其常委会、人民监督员和律师为主。在司法工作体制改革中，职务犯罪侦查的监督机制应在立足内部监督、扩大外部监督的基础上，逐步扩大监督的范围、拓展监督的方式、强化监督的效

① 姚志清：《我国职务犯罪侦查监督机制评析及模式选择》，载《政治与法律》2006年第4期。

果。当然，由于内部监督和外部监督有各自的优缺点，因而我们既要进一步加强内部监督制约机制的完善，又要充分发挥外部监督制约机制的作用，使之相互补充，实现查办职务犯罪案件过程中权力的规范运行。

（1）内部监督制约机制的完善。就检察机关的内部监督而言，应当由最高人民检察院出台规范性文件，以一级人民检察院内的监督机构为龙头、各职能部门之间的相互制约为关键、上级人民检察院对下级人民检察院的监督为补充来构建职务犯罪侦查的内部制约机制。在这一框架下，通过完善制度的方式加强对侦查过程各环节的控制。①

第一，由检察机关内部纪检、监察部门承担侦查部门违法违纪案件的查处工作。侦查工作中出现的违法违纪行为一律由纪检、监察部门按干部管理权限规定进行查处，追究违法违纪和错案责任。此外，还要实现侦查工作与扣押款物管理工作相分离。检察机关内部财务部门对侦查部门在办案中扣押的款物实行账目与款物分人管理，健全出入库和收付手续，任何部门和个人不得以任何借口侵占、挪用、私分或以其他方式擅自处理被扣押款物。

第二，加强检察机关内部职能部门之间的监督制约。举报中心负责职务犯罪案件举报线索的受理、管理工作，实行侦查工作与案件线索的受理、管理、审查工作相分离，侦查部门不直接面向社会受理案件；侦查监督部门负责职务犯罪案件的审查决定逮捕工作，实行侦查工作与审查决定逮捕工作相分离，同时，侦查监督部门依法具有对职务犯罪侦查部门的立案监督权；公诉部门负责职务犯罪案件的审查起诉工作，实行侦查与审查起诉相分离；控告申诉检察部门负责职务犯罪案件的申诉复查工作，实行侦查工作与对不立案、撤案决定的复议、复查工作相分离。通过明确各部门的职责权限来加强监督，避免越俎代庖情况的发生。例如，在职务犯罪案件线索受理环节，不管是当事人的举报，还是检察机关自身发现的线索，均应交到举报中心进行登记并分流，绝不允许隐藏案件线索不报告不登记，一旦发现即视为违纪。

第三，强化上级人民检察院对下级人民检察院的纵向监督。检察机关上下级之间是领导与被领导的关系。在侦查工作中，上级检察机关的监督除了审查批准逮捕之外，主要可以通过完善备案制度予以实现，如对所有的职务犯罪案件都应

---

① 邓海华：《职务犯罪侦查监督制约机制探究》，载《西南政法大学学报》2008 年第 6 期。

向上级检察机关备案；除了现行的立案侦查、侦查终结、处理结果备案外，线索受理和初查也应报上级人民检察院备案。上级人民检察院对下级人民检察院在侦查工作中的决定，发现确有错误的，有权予以撤销或者变更，发现下级人民检察院已办结案件确有错误的，有权指令其纠正。

（2）外部监督制约机制的完善。从权力运行的视角来看，内部监督制约机制由于其具有内部自发性和运行封闭性而难以得到社会公众的一致性肯定评价。外部监督制约机制具有公众性、超脱性而易为公众所认同，是社会公众参与国家诉讼执法活动的重要途径，应成为权力监督制约机制中重要组成部分。

第一，完善人大、政协的监督方式。人大、政协监督应主要采用整体监督的方式，即通过对人民检察院工作报告的方式行使监督权。为加强对职务犯罪侦查的监督，人大可以听取、审议办理职务犯罪专门报告的形式进行监督；通过对职务犯罪办理情况开展检查和视察、工作评议进行监督；通过对职务犯罪案件侦查质询、特定问题调查等手段进行监督。对于人大代表和政协委员在调研时或对检察机关报告提出的问题和意见，检察机关应认真予以答复，及时进行整改。

第二，强化人民监督员制度。人民监督员制度对于职务犯罪检察机关侦查权行使的监督具有极为重要的意义。笔者建议，在新一轮的刑事诉讼法修订时，将人民监督员制度纳入刑事诉讼法，作为刑事诉讼法的一项基本原则予以规定，使人民监督员制度由现在的部门制度上升为法律制度。同时，可以参照人民陪审员制度的做法，由全国人大常委会制定类似《关于实行人民监督员制度的决定》，将人民监督员制度予以细化规定，而在任命和管理上以人大任命为宜，同时给予经费保障。就人民监督员进行监督的举措而言，可考虑建立人民监督员监督案件公开或旁听制度、人民监督员阅卷制度、人民监督员异地交叉监督制度等，确保人民监督员的监督实效。①

第三，扩大检务公开，发挥社会监督效力。权力和权利是相互依存、相互制约的，人民权利是制约国家权力的一种社会力量。一是完善律师的监督权利。律师对侦查活动的监督最理想的方式是律师讯问在场制度，包括律师讯问在场和为被讯问人申辩两个方面。当前，在全程同步录音录像制度已经建立的环境下，律师通过监控对讯问过程进行监督应当上升为一项诉讼权利。二是充分利用媒体进

① 吕志：《完善人民监督员制度之我见》，载《江苏法制报》2009 年 11 月 11 日，第 6 版。

行监督。在信息化社会中，检察机关应有意识地利用各类传媒的传播手段，在保证国家机密、工作秘密不被泄露的前提下，把社会关注的重大职务犯罪案件，主动向有关网络和传媒提供、向社会宣传，增强检务活动公开信息的动态性，以此充分发挥社会公众的力量，监督检察机关自侦案件的办理。

（二）全程同步录音录像制度

职务犯罪讯问全程同步录音录像制度，是指侦查人员在讯问的过程中将讯问的内容和当时的情景记录在磁带、硬盘、光盘、胶带等存储介质上，并在讯问完毕后的任何时间内都能通过相关设施再现出来的，随卷移送作为审查机关判断证据真伪及其合法性来源的一种技术侦查手段、固定证据的方法或证据资料。自同步录音录像制度推行以来，在固定职务犯罪证据、增强证据可信性、促进办案公开等方面发挥了重要作用，受到了理论与实务界的广泛肯定。同时，该项制度在实践中也表现出诸多不足，需要对其本身及其保障机制进一步完善，使之发挥更大的作用。

1. 全程同步录音录像制度的现状和问题。讯问全程同步录音录像制度的目的是解决刑讯逼供现象和由此导致的翻供问题。在司法实践中，犯罪嫌疑人和被告人翻供最常见的理由是讯问时受到刑讯逼供，一些犯罪嫌疑人即使没受到刑讯逼供，在人民法院开庭审理时也辩称自己“认罪”是受到了侦查人员的各种诱惑或暴力取证，从而推翻自己在侦查审讯期间的口供和侦查人员所做的笔录。① 与公安机关相比，我国检察机关对讯问全程同步录音录像制度的认识更为深刻，推广力度较大。2005 年 11 月 1 日，最高人民检察院第十届检察委员会第四十三次会议决定，为进一步规范执法行为，依法惩治犯罪，保障人权，提高执法水平和办案质量，检察机关对讯问职务犯罪嫌疑人实行全程不间断同步录音录像。随后，最高人民检察院通过了《人民检察院讯问职务犯罪嫌疑人实行全程同步录音录像的规定（试行）》（以下简称《规定》），决定在全国检察机关逐步推进讯问职务犯罪嫌疑人同步录音录像工作。2006 年 12 月，最高人民检察院下发了《人民检察院讯问职务犯罪嫌疑人实行全程同步录音录像技术工作流程（试行）》和

---

① 据统计，在一些人民检察院承办的职务犯罪案件中，有高达 40% 的被告人在庭审阶段就主要犯罪事实翻供，并声称系侦查人员刑讯逼供、指供、诱供所致。而在另一些地方，比例竟达 60% 以上。参见陈卫东：《刑事诉讼法实施问题的调研报告》，中国方正出版社 2001 年版，第 176 页。

《人民检察院讯问职务犯罪嫌疑人实行全程同步录音录像系统建设规范（试行）》，对录制的过程、画面的构成、录制资料的签封、保存等方面进行了明确规定，对录音录像的系统构成、设备配置与相关技术参数上提出了具体要求。从2007年10月1日开始，全国检察机关办理职务犯罪案件讯问犯罪嫌疑人全面实行全程同步录像。[①]

目前，全程同步录音录像工作取得了一些重要进展，但仍然在立法和操作层面存在一些困难和问题。

（1）法律依据不够明确。我国刑事诉讼法对讯问同步录音录像制度尚未作出规定，检察机关的操作依据仅仅是《规定》等规范性文件，这些属于司法解释或检察系统的内部规范，尚未达到法律的位阶。由于《规定》只是检察机关的一项内部工作制度，在具体执行过程中缺乏刚性约束，难以获得人民法院等机关的认同，也不利于加强对职务犯罪嫌疑人的权利保护。[②]

（2）操作细则不够全面。近年来，最高人民检察院出台了关于同步录音录像的一系列规范性文件，对取证主体、取证程序、录制资料确认等方面作了具体的规定。但在实践中，个别办案人员由于受各种因素的影响，仍存在随意、不规范的现象。例如，有的侦查人员讯问用语、行为不够规范，在讯问过程中有随意走动、接打手机、说笑等情况，特别是存在大量吸烟现象。大量的烟雾使监控设备无法拍摄到清晰的画面，被讯问人的体态和表情无法看清，使录音录像资料的证明力下降。此外，录音录像设备设置是否能摄录讯问全场全景，采取明录还是暗录方式等，在实践中随意性非常大。[③] 这种未全面制度化和规范化的录音录像在司法实践中的适用效果大打折扣。

（3）证据类型和效力较为模糊。我国1996年刑事诉讼法第42条规定了7种证据类型，包括物证、书证，证人证言，被害人陈述，犯罪嫌疑人、被告人供述和辩解，鉴定结论，勘验、检查笔录和视听资料，但讯问同步录音录像不在法律规定之列。因此，无论在理论界还是实务部门，关于录音录像及其形成的音像资

① 丁海东：《中国司法改革报告检察篇：全程同步录像录音制度取得四大成效》，载《检察日报》2010年2月24日，第4版。

② 董征杰：《全程同步录音录像制度还有待完善》，载《检察日报》2009年7月29日，第3版。

③ 薛培、王加睿、黄春旭、宋冲：《同步录音录像工作存在的问题及应对措施》，载《正义网》2006年11月15日。

料的法律性质及地位还存在较大分歧。第一种观点认为，同步录音录像的音像资料是以其内容来证明案件真实情况的，属于言词证据。[①] 第二种观点认为，从实体意义上看，讯问全程录音录像是一种固定保全证据的手段；从程序意义上看则属于视听资料证据。[②] 第三种观点认为，同步录音录像属于保全证据的方式，不能把它们当作诉讼法上的视听资料。[③] 认识的不清和不统一造成了司法实践中操作的混乱。例如，在庭审过程中，讯问同步录音录像资料在何种情况下应该在法庭上当庭播放，涉及国家秘密的录音录像资料怎样质证，观看人员应当限制在什么范围，是否该案所有讯问同步录音录像资料都需要播放等，在司法实践中争议较大，而这些问题都与同步录音录像的证据类别密切相关。

（4）保密制度亟须建立。从技术的角度来看，录音录像信息材料是视听资料，具有较大的被篡改的危险，而且凭个人的主观感知往往难以发现，而录音录像的移动存储载体作为证据，要在侦查、批捕、起诉、审判等环节进行移交，涉及人员多，需要严格保密及采取防范措施，防止存储载体被篡改或失密。目前，职务犯罪的同步录音录像制度是个新生事物，对于录音录像的移动存储载体在保存、传递过程中如何保密、不被损伤还没有具体的可操作性规定。在实践中，存在有些涉密物品非专人保存，操作系统不是专人负责，涉密存储载体在制作、使用过程中没有必要的防护措施等现象。

（5）对同步录音录像的监督有待加强。权力具有先天的扩张性，若不加以控制必然会被滥用。为了保证录音录像的真实性，最高人民检察院出台了相关的技术规范和技术工作流程，对录音录像的技术要求和程序作了详细的规定，同时也建立了审录分离的工作机制，将审讯人员和录制人员分离，但这只是内部的监督和制衡，容易因办案压力或特权思想等原因，造成对法律的片面理解，使监督流于形式。在一些地方，录音录像的“全程性”难以得到全面落实。按照相关规定，全程同步录音录像意味着只要是对犯罪嫌疑人进行讯问，都应全程同步录音录像，不能有选择、有倾向地进行。但在实践中，有的侦查人员先对犯罪嫌疑人进行讯问，然后根据犯罪嫌疑人的供述情况，再决定是否进行同步录音录像，

① 陈奇敏：《讯问同步录音录像制度刍议》，载《江苏警官学院学报》2006 年第 7 期。
② 肖志勇、瞿伟：《讯问全程同步录音录像若干问题探讨》，载《中国刑事法杂志》2007 年第 3 期。
③ 公安部政治部编：《刑事证据学》，中国人民公安大学出版社 2003 年版，第 187 页。

如果犯罪嫌疑人的供述符合侦查人员的取证要求，就进行补录。

2. 全程同步录音录像制度的完善。全程同步录音录像制度适应了我国法治现代化的要求，有效地解决了刑事侦查领域中刑讯逼供和犯罪嫌疑人翻供两大问题，满足了人们在法治现代化对诉讼程序正义的需求，因此有必要从立法和实践层面加以完善。

（1）明确同步录音录像的法律依据。从国际范围来看，美国、英国、澳大利亚、我国台湾地区等国家和地区通常以法律的形式对侦查讯问录音录像制度予以规定，这样就给予这项制度以法律的地位。例如，作为侦查讯问同步录音录像的起源地，英国较早通过了《1984 年警察与刑事证据法警察工作守则》，即《会见犯罪嫌疑人的录音操作守则》，使侦查讯问的同步录音成为规范的普遍做法，并随即被其他国家效仿。[①] 笔者建议，刑事诉讼法应明确规定讯问职务犯罪嫌疑人的全程同步录音录像制度。具体而言，可将刑事诉讼法第 91 条修订为："讯问犯罪嫌疑人必须由人民检察院或者公安机关的侦查人员负责进行。讯问的时候，侦查人员不得少于二人。在人民检察院讯问职务犯罪案件中，检察机关应对犯罪嫌疑人讯问进行全程同步录音录像。"同时，可考虑在刑事诉讼法中增设以下内容：同步录音录像资料经讯问人员和犯罪嫌疑人签字确认后当场对录音录像资料原件进行封存，交由检察技术部门立卷保存，对犯罪嫌疑人拒绝签字的，应当在相关说明中注明；录音录像资料复制件随案卷移送。

（2）明确同步录音录像的证据类型和效力。同步录音录像资料在证据类型上属于视听资料的一种。一是录音录像能记录讯问时的具体内容，以及讯问方与被讯问方的精神风貌与身体状况、讯问的具体环境。二是录音录像能动态连续地反映讯问时的具体情形，具有很强的生动性和直观性。三是通过录音录像的重播设备，可以将讯问的内容和过程再现出来。[②] 从功能上看，该资料能够与犯罪嫌疑人供述相互印证，有助于查明职务犯罪事实；如果犯罪嫌疑人有检举、揭发他人犯罪事实的，还能与证人证言相互印证；同时，还具有证明侦查讯问程序正当的作用，如果侦查人员刑讯逼供或有其他违法取证行为的，该资料还能作为侦查

---

① 徐美君：《侦查讯问程序正当性研究》，中国人民公安大学出版社 2003 年版，第 218 页。

② 黄中宁、卢莹莹：《侦查讯问录音录像制度探微》，载《广西政法管理干部学院学报》2004 年第 11 期。

人员是否构成刑讯逼供等犯罪的证据。因此，我国刑事诉讼法应明确规定全程同步录音录像是一种技术侦查手段和固定证据的方法，所形成的音像资料应为刑事证据的一种。在司法实践中，如果出现录音录像与讯问笔录相矛盾的情况，应肯定录音录像的具有优势证明力，因为前者具有更强的真实性、稳定性、完整性。

（3）拓展“全程”的范围。根据《规定》第2条规定：“人民检察院讯问职务犯罪嫌疑人实行全程同步录音、录像，是指人民检察院办理直接受理侦查的职务犯罪案件，每次讯问犯罪嫌疑人时，应当对讯问全过程实施不间断的录音、录像。”《人民检察院讯问职务犯罪嫌疑人实行全程同步录音录像技术工作流程(试行)》第4条规定：“录制的起止时间以被讯问人进入讯问场所开始，以被讯问人核对讯问笔录、签字按手印后停止。”由此可见，“全程”的录制对象和时间范围被限定于单次讯问的全过程，空间上限定在讯问室之内。笔者建议，可考虑对“全程”作出更宽泛的界定，如对于未被羁押的犯罪嫌疑人，扩展至从被讯问人进入检察机关起至离开检察机关；对于已被羁押的犯罪嫌疑人，扩展至将被讯问人提解出羁押场所时起，到被讯问人核对讯问笔录、签字按手印后停止，在时间、空间上实现真正全程“无缝式”客观记录。这样可以有效防止侦查人员在立案以前，或者在讯问室以外的其他场所进行刑讯逼供，进而遭到犯罪嫌疑人及其律师的质疑。当然，扩大“全程”的含义意味着对侦查干警的讯问方式、语言乃至证据收集都提出了更高的要求，但这是现代刑事法治发展的趋势，也有利于实现职务犯罪侦查从重“口供”向重“物证”的根本转变。

（4）规范同步录音录像的操作流程。在修改刑事诉讼法的基础上，应对全程录音录像的规范化作出统一规定。内容主要包括以下几个方面：一是录音录像的适用情形。人民检察院讯问职务犯罪嫌疑人应实行全程同步录音录像，无论是重大复杂的案件，还是简单的、证据充分的案件。随着实践经验的成熟，应将该制度推广至所有刑事案件的侦查过程中。二是录音录像的时间、场所。录音录像的时间可从犯罪嫌疑人第一次接受侦查机关的讯问时开始计算，直至离开侦查机关时为止，连续时间不得超过12个小时。录音录像的场所可分不同的情况加以确定。未被羁押的犯罪嫌疑人可在侦查机关的讯问场所内进行，已被羁押的犯罪嫌疑人应在看守所内进行。录像资料要与讯问笔录时间、内容相吻合。三是录音录像资料的保存、使用。录音录像资料应制作两份，一份作为原件保存，另一份作为复制件日常使用，均要由技术人员、讯问人和被讯问人签字确认后才能正式生效。复制件的使用应经过检察长的批准。在审查批捕和审查起诉中，资料应随卷移交。[①]四是录音录像的技术规程。该技术规程应包括录音录像设备性能、摆放位置，录音录像设备应当监控到讯问场所的全景，录音录像环境的设置，录音录像的方式，即采用明录还是暗录以及视频音频的选择确定等内容。五是犯罪嫌疑人的知情权。讯问开始时，应告知其进行录音录像、侦查人员、技术人员的姓名，讯问开始的时间、日期、场所及犯罪嫌疑人在讯问过程中享有的权利和承担的义务。六是犯罪嫌疑人的救济权。在讯问过程中，如果侦查人员对应当录音录像的环节没有去录制，或者侦查人员任意删除、篡改录音录像；或者违反程序进行录音录像的，应明确犯罪嫌疑人有向有关部门和机关进行申请和申诉的权利。七是犯罪嫌疑人的确认权。规定将录制、刻录设备放在讯问室，当着犯罪嫌疑人的面直接进行录制刻录，经确认后将刻录完成的光盘直接封存，确认时间应当计入讯问时间内。八是适当扩大同步录音录像的范围。基于保障犯罪嫌疑人的合法权利的考虑，将全程同步录音录像制度适用于犯罪嫌疑人无可非议，随着该制度的成熟和推广，应将对证人的询问同步录音录像，促进职务犯罪侦查的规范化，有效避免证人在法庭上反悔、诬陷情况的发生。

（5）建立同步录音录像的保密规则。应制定专门的全程同步录音录像工作的保密规定，包括全程同步录音录像工作的重要环节、流程，涉密人员的责任，以及对涉密存储载体的采购、登记、制作、传递、保存、归档、维护和销毁等内容。值得注意的是，应完善审判过程中当庭播放涉密事项、公开程度等规则。[②]例如，犯罪嫌疑人如在供述中有检举、揭发他人犯罪行为时，因为牵扯侦查秘密，此时副本是否随案移送要由检察长批准，确需移送的，可以通过技术处理消除检举、揭发时的录音，只保留图像，以此确保侦查秘密不被泄露。在法庭审理过程中，如果被告人及其律师等对录制资料副本提出异议的，应当在被告人在场的情况下对正本当庭拆封并播放，但涉及国家机密的案件除外。

（6）加强对同步录音录像的监督。为加强对同步录音录像的监督，有观点建议引进外部监督机制，实行讯录分离，规定讯问都必须在正式的羁押场所进

---

① 尉海江、袁清彪、王利军：《讯问职务犯罪嫌疑人全程同步录音录像有关问题研究》，载《中国检察官》2006 年第 6 期。

② 陈奇敏：《讯问同步录音录像制度的现状、问题和完善》，载《广西大学学报（哲学社会科学版）》2009 年第 3 期。

行，由看守所录音，人民检察院讯问，律师在场监督。笔者认为，在我国目前的司法体制下，更现实的途径是应赋予被讯问人向特定的机关或部门反映并得到及时回复的权利。可以考虑在检察机关内部成立一个由纪检、监察人员组成的专门部门监督录音录像活动，并接受受讯问者的申诉。受讯问者对其答复决定不服的，还应该赋予其向上一级检察机关申诉的权利。这样，通过检察系统的内部监督，能够更好地防止全程录音录像过程中的违规行为，切实保障受讯问者的权利。

（三）初查制度

初查是检察机关根据其查办职务犯罪案件的特点和需要，在实践中逐渐确立起来的一套立案前进行调查工作的制度。具体是指检察机关在对职务犯罪立案前，对自行发现或受理的控告、举报等案件线索材料进行分析、鉴别，并对该线索所进行的秘密调查活动。在我国，初查是检察机关对职务犯罪进行立案前的必要准备工作，在初查阶段，检察机关一般秘密进行，并不得采取限制人身自由、扣押财产等强制措施。

1. 初查制度的现状和问题。1983 年 3 月 1 日最高人民检察院印发的《人民检察院直接受理自行侦查刑事案件的办案程序（暂行规定）》第二节规定了“立案前的审查和立案”，这可被看作是初查的雏形，但是文件中没有使用“初查”一词。“初查”一词最早出现在 1985 年 1 月召开的第二次全国检察机关信访工作会议的文件里。该文件在谈到信访部门（后为控告申诉检察部门）的工作任务时指出：“信访部门比较适合承办部分控告、申诉案件立案之前的初查，以便能为自侦部门提供准确性高一些的案件线索。”1990 年最高人民检察院印发的《关于加强贪污、贿赂案件初查工作的意见》中，更直接地指明“初查”这一概念，规定“初查工作是对贪污贿赂案件线索立案前的审查”，并确定了初查工作的性质，明确了初查工作的职责范围和要求。此后，检察机关开始在工作中正式使用这一术语。[①] 1999 年实施的《人民检察院刑事诉讼规则》对初查的方法、程序等有关问题进行了明确规定，以司法解释的方式确立了初查制度。1999 年 11 月，最高人民检察院发布《关于检察机关反贪污贿赂工作若干问题的决定》，规定“初查是检察机关对案件线索在立案前依法进行的审查，包括必要的调查”。从

① 刘太宗：《试论举报工作中的几个问题》，载《中国刑事法杂志》1998 年第 1 期。

而将初查界定为初步审查和初步调查，进一步完善了初查体系。

实践证明，初查制度是检察机关在长期的司法实践中积累起来的办案经验的总结，既能避免因查办案件给被初查人带来负面影响、过滤杂乱信息、减少检察机关压力，又有利于集中优势力量办理大案要案，提高办案质量和效率。然而，随着社会形势的发展，初查制度同时也面临着理论和实务上的诸多问题。

（1）初查的法律依据不明确。我国刑事诉讼法并未明确规定初查，只是在第 86 条规定“人民法院、人民检察院、或者公安机关对于报案、控告、举报和自首材料，应当按照管辖范围，迅速进行审查……”《人民检察院刑事诉讼规则》第 127 条至第 132 条将刑事诉讼法所确定的迅速的、表面的审查深化为具体的、深入的初查，并规定可以采取询问、查询、勘验、鉴定、调取证据材料等侦查手段。对此，有观点认为，初查制度只不过是检察机关为了自身工作的需要而设立的一个程序，必然会扰乱正常的诉讼程序，其原因是刑事诉讼法使用了“审查”一词，且对象仅限于“报案、控告、举报和自首材料”，并未涉及事实和证据；从法条字面看，立法者所提倡的审查也只是书面审查，并要求“迅速进行”，并不主张进行更深入的调查。由此可见，初查制度的法律依据不明确导致理论界对初查的合法性争论不休，实务部门在开展初查时又有些“底气不足”。

（2）初查程序不够具体。根据《人民检察院刑事诉讼规则》的有关规定，初查可以进行书面审查，也可以进行一些必要的调查措施，如询问、查询、勘验、鉴定、调取证据材料等不限制被查对象人身、财产权利的方式，但不得采取强制措施以及查封、扣押、冻结等措施。这是对初查方式总括性、原则性的规定，所有的初查活动都应当遵守。《人民检察院刑事诉讼规则》等规定得不够细密，一些关键环节仍缺乏相应依据，造成自侦部门对初查概念、性质、任务、手段等认识不一，在人权保护、安全防范等方面也出现一些隐患，一定程度上制约了查办职务犯罪工作的深入进行。例如，刑事诉讼法规定讯问犯罪嫌疑人不能超过 12 个小时，但初查中对将来可能成为犯罪嫌疑人的公民进行询问时却不受这一期限限制，这就容易造成公民被变相剥夺人身自由的情形出现。再如，在初查中常常使用《协助查询存款通知书》，根据刑事诉讼法规定，查询与犯罪案件和犯罪嫌疑人有关的单位的存款，只有在立案后才能实施，但初查时尚未立案，查询存款于法无据。[①] 有的地方以初查代侦查，不破不立，贻误办案时机。一些办案人员受“撤案就是办错案”观念的影响，在初查过程中总是想把工作做得尽善尽美，不仅以立案甚至以逮捕、起诉的条件和标准作为尺度来把握，不破不立，拖延了办案时机。

（3）初查手段过于单一。刑事诉讼理论将侦查机关收集、调取证据的方法分为两类：任意性侦查和强制性侦查。区分的标准是是否对公民权利进行强制。《人民检察院刑事诉讼规则》规定的初查手段属于任意性的侦查手段，难以适应实践发展的需要。职务犯罪大多具有复杂性和隐蔽性的特征，侦查部门在受理职务犯罪案件线索以后，运用现有的手段很难收集到直接证据，特别是对一些具有反侦查意识的犯罪分子来说，如果事先加以防范，侦查人员要得到其有罪证据就更为困难。因此，仅依靠任意性的手段想在初查中获得犯罪嫌疑人的犯罪证据在实践中非常困难，初查手段的局限性事实上已经严重影响初查工作的效率。实践中经常会有这种情形出现：人民检察院在查某职务犯罪线索时，向涉嫌人员出具协助调查通知书，要求其到检察机关接受调查，涉嫌人员以协助调查没有强制性为由予以拒绝。由于法律规定初查不得对被查对象采取强制措施，侦查人员对拒绝到案的涉嫌人员无可奈何。

（4）初查获得的证据效力不够明确。由于初查在法律上的地位不明确，导致初查阶段获得的证据资料的效力不明确。初查期间找知情人谈话不能称为证人证言，找被查对象谈话也不能形成讯问笔录，只能做调查笔录。这些缺乏法定取证程序形成的材料只能通过转换才能够成为证据，既浪费了司法资源，也使得一些证据因无法转化或者转换难度较大而不能作为证据使用。

（5）对初查的监督没有到位。对职务犯罪侦查活动的监督主要是事后的内部监督，即由检察机关侦查监督部门通过对业已形成的职务犯罪侦查活动材料的审查进行监督。而初查作为立案前的活动，形成的绝大部分材料并不随案移送到侦查监督部门，初查活动几乎不受任何外来力量的控制，事后的监督也是鞭长莫及。此外，正在试行的人民监督员制度也并不涉及对初查行为的监督。这就难免在初查活动中出现以查代侦、不破不立的现象，使职务犯罪案件无法及时侦破，且容易滋生暗箱操作、幕后交易、权力干涉等腐败现象。

---

① 马世和、冯秀：《建议将初查制度写入刑诉法》，载《检察日报》2007 年 12 月 10 日，第 4 版。

2. 初查制度的完善。全面考察初查制度的起源与确立过程，以及考虑到其在实践中发挥的巨大作用，笔者认为，初查制度在现阶段还有保留和完善的必要性。首先，由于职务犯罪手段的隐蔽性、智能性和复杂性，举报线索很少能直接反映职务犯罪问题，多数是出自举报人道听途说和主观臆测。在司法实践中，借助初查程序对大量的举报线索进行筛选和过滤，从中找出有价值的犯罪线索，才能避免无的放矢、打击不力、浪费司法资源的被动局面。其次，检察机关负责查办的是职务犯罪案件，其调查对象一般负责、主管或者经手某些公务性工作，具有一定的职务身份，往往涉及较大的利益。例如，对于一个国企负责人的不当调查可能会导致整个企业陷入困境。因此，检察机关在处理此类案件的时候应当持有足够的慎重态度。最后，不立案答复制度决定初查的必要性。根据 1996 年刑事诉讼法第 86 条规定："……认为没有犯罪事实，或者犯罪事实显著轻微，不需要追究刑事责任的时候，不予立案，并且将不立案的原因通知控告人。控告人如果不服，可以申请复议。"在答复署名举报人时，如果仅根据举报人提供的线索再加上办案人员的主观"认为"就作出不立案决定，恐怕难以让举报人信服，也难以平息诸多上访事件。就此而言，初查制度是缓解干群矛盾、平息上访和维护地方和谐稳定的推进器。[①] 基于以上理由，笔者认为应当保留初查制度，同时对其加以完善。

（1）明确初查的法律依据。1996 年刑事诉讼法第 86 条规定："人民法院、人民检察院或者公安机关对于报案、控告、举报和自首的材料，应当按照管辖范围，迅速进行审查，认为有犯罪事实需要追究刑事责任的时候，应当立案……"尽管该条款未出现"初查"字样，但是该条款中的"应当按照管辖范围，迅速进行审查"已涵盖了"初查"制度。但是，刑事诉讼法应进一步对职务犯罪初查作出明确规定，并将其作为刑事诉讼程序的一部分，即将职务犯罪的诉讼程序由"立案——侦查—— 起诉——审判——执行"变为"初查——立案——侦查——起诉——审判——执行"，设置初步调查程序。在刑事诉讼法未修改之前，只能通过规范化建设，完善初查程序，规范初查手段，使初查在现有法律制度下获得最大的地位，并体现公正与效率两重价值。

（2）强化并规范初查手段。初查手段是得以有效查明应否立案的保障，我

① 王建超：《职务犯罪初查制度研究》，西南政法大学 2008 年硕士学位论文，第 23 页。

们建议从以下方面进行完善：一是规范现有的初查手段。《人民检察院刑事诉讼规则》第128条规定初查的手段主要有询问、查询、勘验、鉴定、调取证据材料，但对这些手段如何行使没有具体规定。笔者建议，对于查询、鉴定和调取证据材料，法律可以直接规定适用侦查中关于查询、鉴定和调取证据材料的规定。对于询问知情人应当作出明确规定，如询问的时间不能超过12小时，不能在非工作时间询问，询问应当单独进行、询问不能在留置室等带有强制色彩的地点进行等。二是进一步强化初查手段。职务犯罪大多具有隐蔽性和复杂性，因而在初查中采取必要的手段也是必需的。笔者建议，在初查程序中增设在协助调查遭拒绝的情形下对涉嫌人员采取强制接受询问的措施，以及技术侦查、秘密侦查等特殊侦查措施。但是，为防止检察人员在侦查中过度适用这一手段，对上述措施应作出必要的限制和监督。首先，必须是针对案件的涉嫌人员，也就是将来有可能成为犯罪嫌疑人的人；其次，应遵循必要性条件，即采取上述措施是有效查明应否立案的必要保障；再次，必须经过严格的审批程序，即必须经过检察长批准并签发书面文书。

（3）完善初查程序。检察机关不应当坐等刑事诉讼法对初查制度的明确立法，还应当继续发挥司法解释应有的作用，为初查制度增加现实可操作性。笔者建议，最高人民检察院应制定统一的《人民检察院职务犯罪初查工作规定》，具体包括以下内容：一是初查的概念、目的、任务和原则。职务犯罪初查是人民检察院对受理的线索依法进行审查或调查，以判明是否有犯罪事实和是否要追究刑事责任的司法活动。二是初查线索的管理和评估。应规定线索由举报中心统一管理，并进一步规定其他部门移交受理的或自行发现的线索，形成线索资料信息库；成立评估小组，对线索的有效性、初查关键点进行集体评估。三是初查手段。可以采取书面审查的方式，也可以采取走访的调查方式，还可以采取商请纪检监察、审计、工商、税务、公安等专门部门配合调查的方式；设立特殊情形下的强制调查、技术侦查等手段，对这些措施的采取设置严格的程序；对于依照合法手段获取的初查材料，可直接作为证据使用。四是初查期限。根据线索的复杂、难易、轻重程度以及交办、督办情况确定不同的初查期限，同时应确定延长初查期限的次数以及审批、报告相关的程序。明确规定接触被举报人的情形、地点、时间、人员以及纪律。① 五是初查终结。根据不同的初查结果最终确定立案、不予立案或中止初查，并制作相应的法律文书和履行相关法律手续。

（4）明确初查获取材料的证据效力。1996 年刑事诉讼法第 42 条第 1 款规定："证明案件事实情况的一切事实，都是证据。"最高人民法院《关于执行 < 中华人民共和国刑事诉讼法 > 若干问题的解释》《人民检察院刑事诉讼规则》也规定了非法证据排除规则。因此，初查过程中获得材料尤其是言词材料是否具有证明力，能否作为刑事诉讼证据使用，主要不在于其获得的诉讼阶段，而在于其获得的手段是否合法，获取条件是否有保障，因而初查获取的材料应当具有证据效力。在修改刑事诉讼法之后，初查的法定程序地位得以确立，这一阶段获得的证据也就成为法定侦查机关在诉讼活动中取得的证据，因而具备了法定程序和形式，可以在法庭上直接运用。目前，最高人民法院、最高人民检察院应通过司法解释对初查所获证据材料的证据资格作出规定。例如，规定在初查中检察机关依法查询、勘验、鉴定获得的证据材料可直接进入法庭质证；询问知情人获得的书面证言，在法庭上一般要求该知情人作为证人出庭作证，在知情人确实无法出庭的情形下，书面证言可以作为证人证言进入质证。初查询问涉嫌人员获得的调查笔录可作为讯问笔录的辅佐证据，就某一事实在讯问笔录中没有记载的，可以根据调查询问笔录作出认定。②

（5）加强对初查的监督。为加强对初查活动的监督制约，笔者建议完善以下机制或制度：一是建立初查案件执法档案，初查后立案的，初查执法档案作为侦查阶段执法档案的一部分。二是举报中心的制约机制。举报中心有权对移送侦查部门的线索进行跟踪和催办，对举报人不服侦查部门不予立案的决定进行复议。三是审批报告机制。初查工作的决定权由反贪局局长或检察长行使；初查工作的办理权则由主办检察官和其他办案人员行使。在初查过程中，严格实行审批报告制度，便于领导决策和监督。四是初查结果复核机制。由专门机构和人员对不予立案案件质量进行复核，具体从程序、实体和办案纪律等方面进行复核，提出复核意见呈报检察长批准。五是上级侦查部门的监督机制。应落实 2005 年 11 月《人民检察院直接受理侦查案件立案、逮捕实行备案审查的规定（试行）》的

---

① 张英颖：《职务犯罪初查制度的困境与突破》，载《检察日报》2008 年 2 月 3 日，第 3 版。

② 贺江华：《职务犯罪初查制度的现实困惑与改革路径》，载《学理论》2009 年第 26 期。

规定，下级侦查部门应将要案线索的受理和初查情况报上级侦查部门备案。上级侦查部门应及时审查，区分不同情况作出决定。六是建立初查结果通报制度，将初查结果通报举报人，以征得举报人对初查结果的意见，并记录在案。

（四）职务犯罪的特殊侦查手段

职务犯罪特殊侦查手段是指检察机关为收集职务犯罪证据、查明职务犯罪事实、查获职务犯罪嫌疑人而采取的包括技术侦查、特情侦查、诱惑侦查等特殊侦查措施的总称，具有秘密性、技术性、同步性、直观性、强制性等特征。①

1. 职务犯罪特殊侦查手段的现状和问题。检察机关职务犯罪特殊侦查手段主要有以下几种类型：一是技术侦查，即侦查人员利用现代科技手段，秘密收集职务犯罪证据，查明犯罪嫌疑人的各种侦查措施的总称，包括电子侦听、电话监听、电子监控、秘密拍照或录像、秘密获取某些物证、邮件检查等秘密的专门技术手段。二是特情侦查，即经特别挑选的人员（检察人员或非检察人员）以隐藏身份的方式，长期潜伏于所欲调查的职务犯罪环境中，暗中收集犯罪证据，查明犯罪事实的一种侦查方式。三是诱惑侦查。即侦查人员或其协助者为了侦破某些极具隐蔽性的特殊案件，特意设计某种诱发职务犯罪的情境，或者根据犯罪嫌疑人具有的某种犯罪活动倾向提供其实施的条件和机会，待犯罪嫌疑人进行犯罪或自我暴露时，乘机将其逮捕或以此获取证据的方法。随着反腐败斗争的日趋复杂化，特别是我国已于2005年批准并签署了包含特殊侦查手段的《联合国反腐败公约》，职务犯罪特殊侦查手段在立法和实践中出现了诸多问题。

（1）法律依据不够明确。与普通犯罪相比，我国关于职务犯罪侦查特殊手段的立法不够明确，甚至连诱惑侦查、特情侦查等术语都未提及。我国1996年刑事诉讼法未规定特殊侦查手段，只有人民警察法和国家安全法对公安机关和国家安全机关使用特殊侦查手段作了简单规定，对检察机关使用特殊侦查手段缺乏明确规定。1993年国家安全法第10条规定："国家安全机关因危害国家安全行为的需要，根据国家有关规定，经过严格的审批手续，可以采取技术侦查措施。"1995年人民警察法第16条规定："公安机关因侦查犯罪的需要，根据国家有关

---

① 陈连福、关福金、程华荣：《职务犯罪特殊侦查手段的特征与模式选择》，载《人民检察》2009年第5期。

规定，经过严格的批准手续，可以采取技术侦查措施。”① 1989 年最高人民检察院和公安部《关于公安机关协助人民检察院对重大经济案件使用技侦手段有关问题的通知》（以下简称《通知》）规定：“对经济犯罪案件，一般不要使用技术侦查手段。对于极少数重大经济犯罪案件主要是贪污贿赂案件和重大的经济犯罪嫌疑分子必须适用技术侦查手段的，要十分慎重地经过严格审批手续后，由公安机关协助使用。”由此可见，《通知》虽不具备较高的法律层级，却成为检察机关职务犯罪侦查使用特殊侦查手段的唯一规范渊源。现行立法在职务犯罪侦查措施配置上的不足，导致检察机关侦破职务犯罪案件的能力不足。在实践中，检察机关往往寄希望于纪检监察机关的“两规”和“两指”来提高案件的侦破能力，或是商请公安机关或国家安全机关的协助，而通过这些手段获取的资料或信息，只有通过转换后才能作为证据运用或法庭示证，在很大程度上影响了特殊侦查手段的功效发挥。

（2）适用程序不够完备。与普通侦查手段相比，特殊侦查手段具有更强的秘密性和强制性，使用不当很容易侵犯侦查对象的权利，其危险性、严重性也更大，稍有不慎即可能直接影响到经济社会发展以及党和政府的威信和形象。由于缺乏明确的法律依据，检察机关对职务犯罪特殊侦查手段的使用有所保留，相应的程序也不够完善。近年来，一些地方开始摸索着建立职务犯罪特殊侦查程序，如开展反贪特情工作的相关规定。然而，从总体上看，职务犯罪特殊侦查手段的具体规定仍然处于空白状态，可以借鉴的规章制度只有公安部的相关规定。因此，只有设计出一套切实可行、更加严格的适用程序，职务犯罪特殊侦查手段才可能正规、良性、健康发展，才能更有效地服务于检察工作。

（3）相应的技术力量和设备不足。虽然 1997 年最高人民检察院《关于进一步加强检察机关侦查手段设施建设的通知》明确了复印机、照相机、录音机、录像机、摄像机、监视器等“六机”装备，以及 2003 年最高人民检察院《人民检察院器材设备配备纲要》又将移动定位设备、特种照相设备、激光夜视仪、数字微型录音机、高灵敏度指向话筒、无线录音设备、高清晰度监控摄像机纳入配备的装备范围，但开展特殊侦查的技术装备仍然不足，各地实际条件也不尽相同。全国多数检察机关缺乏强有力的技术设备和大量的特殊侦查人才，以及相应的资

① 公安部的内部文件对公安机关使用特殊侦查手段有着相应的规定。

金保障。特别是在一些基层人民检察院，所谓的检务保障建设大多介乎于办公办案用房、办公设备、车辆等方面，真正投入并用于侦查犯罪和审查案件的高科技设备并不多；通晓侦查技术和侦查知识的人员也严重缺乏，制约了特殊侦查手段在职务犯罪侦查工作中的规范化进程。在实践中，检察机关仍主要采取传统侦查手段，这对与日俱增的技术性、智能型、复合型职务犯罪的查处显得捉襟见肘。

2. 职务犯罪特殊侦查手段的完善。作为一种司法活动中的侦查手段，特殊侦查的直接目的是为了查处职务犯罪，维护良好的国家秩序和社会关系。随着职务犯罪形式的多样化和复杂化，职务犯罪特殊侦查手段也要在实践中不断改进和完善。

（1）明确职务犯罪特殊侦查手段的法律依据。目前，世界各国关于特殊侦查手段的立法大致可分为三种：第一种是在刑事诉讼法中对特殊侦查手段作出立法规定。例如，德国刑事诉讼法在第 8 章就“监听”和派遣“秘密侦查员”作了规定；法国刑事诉讼法第 706 条对“诱惑侦查”也有授权性规定。第二种是对特殊侦查手段进行专门性立法。例如，美国针对秘密侦查制定的《关于秘密侦查的准则》，针对秘密监听制定的《联邦通讯法》《电子通隐私法》，日本的《犯罪侦查通信监听法》等。第三种是将特殊侦查手段的使用规定于综合性法律中。例如，美国 1968 年的《综合犯罪控制与街道安全法》对监听进行立法规制，日本《毒品及精神药物取缔法》以及《鸦片法》《枪炮刀剑类所持等取缔法》对侦缉不法鸦片、武器交易时诱惑侦查的运用作出了相应的规定。① 从我国立法现状和司法实践来看，还未达到对特殊侦查手段全面、单独制定法律的条件和技术水平。笔者建议，应在修改刑事诉讼法时明确特殊侦查手段，规定检察机关在查办职务犯罪时有特殊侦查权，并就特殊侦查权的使用作出原则性规定，同时注意与国家安全法、人民警察法的相关内容进行衔接和完善，以满足限制权力运作和人权保障的要求。

（2）建立职务犯罪特殊侦查手段的适用程序。特殊侦查是一把“双刃剑”，用好了可以有效地查处和打击职务犯罪活动，滥权使用也可能对公民的合法权益造成侵害，故世界各国对特殊侦查均采取了谨慎和限制的态度，对其适用范围、对象、程序等规定了严格的程序。笔者建议，职务犯罪特殊侦查手段的适用程序

---

① 张联巍：《论特殊侦查手段》，山东大学 2007 年硕士学位论文，第 12 ~ 21 页。

应包括以下几个方面：一是案件范围。特殊侦查措施的秘密性和强制性容易造成对公民权益的侵犯，因而必须在比例性原则的控制下，选择罪行较为严重的职务犯罪案件采取特别措施。具体而言，应以可能判处3年有期徒刑以上刑罚的犯罪和可能深挖出大案、要案线索的犯罪为宜。此外，对于某些不可能判处3年以上有期徒刑，但犯罪所造成的后果比较严重，社会影响十分恶劣的，可纳入特殊侦查的适用范围。二是适用条件。特殊侦查措施的使用以必要性为根据，具体判断标准可包括：是否对被实施对象产生怀疑，这种怀疑是否有足够的证据；是否已经适用常规调查方式，其结果是否足以得出结论；采取特殊侦查措施是否紧迫而必要等。三是审批主体。有观点提出，检察机关采取职务犯罪特殊侦查手段的，应由人民法院进行审批。[①] 笔者认为，在现行司法体制下，检察机关是国家的法律监督机关，由检察机关批准适用更有利于准确、及时侦破职务犯罪案件。具体而言，可以通过提高层级和分散权力的方式予以解决该问题，即由上一级人民检察院的侦查监督部门决定是否使用，这样既确保了审批的审慎性，又加强了对特殊侦查手段的监督。四是侦查期限。特殊侦查手段的使用以必要为限度，应当尽可能选择对公民权益危害较小的侦查手段，因此有必要合理规定技术侦查等手段的期限，以及相应的延长期限和审批程序。五是证据规则。检察机关通过合法程序实施特殊侦查所取得的材料，可以作为证据使用。特殊侦查取得的证据只有与其他证据一起，相互印证，形成完整的证据链，才可用以追究犯罪人的刑事责任；对于未经法定审批手续、事后确认或违反程序而采取的特殊侦查措施，其所获取的材料应当从证据中予以排除。六是保密机制。使用特殊侦查手段必须只为实现特定侦查目的的需要，其所获得的相关证据材料和线索也只能在刑事诉讼中使用，不得用作其他目的。要规定检察机关对由特殊侦查手段获得的证据材料的保存和销毁制度，严禁任何人随意泄露相关信息。七是救济措施。在职务犯罪的特殊侦查程序中，应赋予相对人及其委托律师以异议权，赋予辩护方申请人民法院排除侦查机关违反法定程序采取特殊侦查措施所取得的证据材料的权利；对违法进行特殊侦查而给相对人造成损害的，除追究相关人员的法律责任外，还应赋予相对人请求国家赔偿的权利。

---

① 尚华：《职务犯罪案件特殊侦查手段研究——兼论〈联合国反腐败公约〉第50条》，载《中国刑事法杂志》2009年第7期。

（3）加强检察机关的特殊侦查能力建设。职务犯罪的智能化和跨技术领域的特点决定了职务犯罪侦查工作必须依靠强有力的侦查技术支持，如秘密监听、黑客技术、电子跟踪、测谎等高科技技术装备和专业人员。[①] 因此，要加大对检察机关装备建设的保障力度，进一步加强检察机关的技术侦查队伍建设，并适当向中西部等经济欠发达地区倾斜，以有效打击职务犯罪，切实把先进的科技装备转化为现实战斗力。

① 汤克文：《职务犯罪特殊侦查措施研究》，载《法制与社会》2009 年第 11 期（中）。

第八章　检察与证据

一、《联合国反腐败公约》对职务犯罪侦查证据问题的影响[①]

（一）有关涉案资产的证据收集

1. 有关涉案资产证据收集的意义。近年来，重大腐败案件不时见诸报端，不少省部级官员纷纷落马，引发人们对我国腐败问题尤其是腐败犯罪案件的关注。腐败行为败坏了良好的社会风气，削弱了党和政府的威信，严重影响了国家的政治稳定。同时，不少腐败犯罪案件涉案金额往往十分巨大，动辄百万、千万，甚至上亿，严重影响了国家经济秩序的稳定。多数腐败分子利用银行等金融机构存放、转移涉案资产，甚至转移到境外，也大大增加了我国的金融风险与外汇稳定。尤其是当腐败犯罪与洗钱结合起来时，社会危害性更大。

大多数腐败犯罪案件都是贪利型犯罪，因而如何有效查处赃款赃物，控制涉案资产，对于有效查处腐败犯罪至关重要。据此，《联合国反腐败公约》（以下简称《公约》）第 31 条要求每个缔约国应当在本国法律制度的范围内尽最大可能采取必要的措施，以便将根据《公约》确立的犯罪所得或用于、拟用于《公约》所确立犯罪的财产、设备或者其他工具进行冻结、扣押，进而加以没收。《公约》的这项要求对于各缔约国反腐斗争的开展和反腐工作的成效，具有深远的意义。

（1）腐败犯罪案件的涉案资产与案件的处理密切相关。腐败犯罪案件的涉案资产是本案的重要证据之一，对犯罪事实起到重要的证明作用。尤其是作为涉

---

① 原文为樊崇义、王建明主编：《〈联合国反腐败公约〉与我国职务犯罪侦查研究》（中国方正出版社 2011 年版）第五章，系与李秀娟、冯举合作撰写。

案资产重要组成部分的犯罪所得，在很多情况下是决定罪与非罪、罪轻罪重的重要因素。例如，我国1997年刑法第383条针对贪污罪规定：个人贪污数额在10万元以上的，处10年以上有期徒刑或者无期徒刑，可以并处没收财产；情节特别严重的，处死刑，并处没收财产。个人贪污数额在5万元以上不满10万元的，处5年以上有期徒刑，可以并处没收财产；情节特别严重的，处无期徒刑，并处没收财产。个人贪污数额在5千元以上不满5万元的，处1年以上7年以下有期徒刑；情节严重的，处7年以上10年以下有期徒刑。个人贪污数额在5千元以上不满1万元，犯罪后有悔改表现、积极退赃的，可以减轻处罚或者免予刑事处罚，由其所在单位或者上级主管机关给予行政处分。个人贪污数额不满5千元，情节较重的，处2年以下有期徒刑或者拘役；情节较轻的，由其所在单位或者上级主管机关酌情给予行政处分。因此，对涉案资产及时冻结、扣押，对于之后的没收，对于证实犯罪、准确地惩治犯罪意义重大。同时，及时对腐败犯罪案件的涉案资产进行有效控制，能够起到证据保全与财产保全的作用。有不少腐败分子往往闻风而逃，在发案前后想尽一切办法隐匿、转移财产，以便逃避追查。而采用行之有效的辨认、追查、冻结、扣押、没收机制，有利于防范这些阻碍案件查处以及影响诉讼顺利进行的行为发生。

（2）对涉案资产及时地辨认、追查、冻结、扣押以及没收也有助于最大程度地挽回国家、集体和被害人的损失，从而更好地维护国家、集体的利益，以及受害公民个人的合法权益。

（3）及时对腐败分子的犯罪所得以及其他涉案资产进行有效的控制，能够对其起到震慑的作用，在一定程度上能够促使其及早自首、主动归案。

2. 腐败犯罪案件的涉案资产。

（1）腐败犯罪案件涉案资产概述。需要指出的是，涉案资产并不是一个正式的法律术语，而是司法实务界的普遍称谓，有时也将其称作赃款赃物。资产是个广义的概念，即包括以货币形式（人民币或者外币）出现的资金，也包括其他具有财产价值的财物，如票据、股票等有价证券、汽车、房子等。总之，涉案资产必须是具有财产价值的财物，其他不具有财产价值的标的，如升迁的机会，不属于这里研究的对象。

我国刑法第64条规定："犯罪分子违法所得的一切财物，应当予以追缴或者责令退赔；对被害人的合法财产，应当及时返还；违禁品和供犯罪所用的本人财物，应当予以没收。没收的财物和罚金，一律上缴国库，不得挪用和自行处理。”由此可以看出，腐败犯罪案件的涉案资产包括两大部分：一类是违法所得。这里的违法所得是狭义的，仅指犯罪分子的犯罪所得，并不包括行为人从事其他违法活动所获取的财物，或者以违法所得论处的财物。另一类是供犯罪所用的本人财物。《公约》对此作了肯认，其第 31 条第 1 项明确规定：“各缔约国均应当在本国法律制度的范围内尽最大可能采取必要的措施，以便能够没收：（一）来自根据本公约确立的犯罪的犯罪所得或者与这种犯罪所得价值相当的财产；（二）用于或者拟用于根据本公约确立的犯罪的财产、设备或者其他工具。”

犯罪所得区别于公民的合法所得，后者是受我国宪法以及民商事法律保护的对象。我国 2004 年通过的宪法修正案明确承认公民的合法私有财产权：“公民的合法的私有财产不受侵犯。国家依照法律规定保护公民的私有财产权和继承权。国家为了公共利益的需要，可以依照法律规定对公民的私有财产实行征收或者征用并给予补偿。”而犯罪所得是直接或者间接来源于行为人的犯罪行为的收益，因而不属于公民的合法财产，行为人对其不享有财产权，不能进行占有、使用、收益、处分。

（2）犯罪所得的特殊形态。相对于用于或者拟用于犯罪的财物，犯罪所得所占比例更大，在实践中的表现形式也更为复杂。在腐败犯罪案件中，犯罪所得通常表现为具体的金钱、票据、有价证券，以及比较贵重的实物（如房子、汽车、珠宝、名贵字画）等。有时为了潜逃的方便，腐败犯罪分子通常将实物通过变卖等形式换成货币，再想方设法转移至境外。因此，在查处腐败案件的过程中，金融机构是关键环节，如果金融机构提供积极的配合，则对腐败犯罪案件的涉案资产比较容易查获和没收。

实践中，在追查腐败犯罪案件的犯罪所得时，要注意犯罪所得的形态，特别是犯罪所得的转变或转化形态。不同于犯罪所得原始形态，在经过简单的等价交换或者复杂的洗钱活动后，是否属于犯罪所得的财产，通常难以辨认。例如，有时这种转变或转化后的财产已经与其他合法财产混同。又如，原始的犯罪所得已经通过经营、再投资、设立离岸公司、买壳上市等途径将“黑钱”洗“白”。此时，已经很难搞清其具体的来源，以及与原始形态的联系，从而难以证明这就是犯罪所得。此外，在查处这类犯罪所得时，常常涉及第三人的合法权益。尤其当原始的犯罪所得已经通过设立开放型公司（如上市的股份有限公司）被转变时，动辄涉及数量众多的股民，因此更应谨慎对待。

对此，《公约》第31条第4项以及第5项明确指示各缔约国：如果这类犯罪所得已经部分或者全部转变或者转化为其他财产，则应当以这类财产代替原犯罪所得而对之适用本条所述措施，即辨认、追查、冻结、扣押、没收的对象；如果这类犯罪所得已经与从合法来源获得的财产相混合，则应当在不影响冻结权或者扣押权的情况下没收这类财产，没收价值最高可以达到混合于其中的犯罪所得的估计价值。确定犯罪所得的范围，需要注意以下问题。

①善意第三人持有的财产。我国宪法第13条明确规定公民的合法的私有财产不受侵犯。当腐败犯罪分子将犯罪所得通过转变或转化的形式与第三人的合法财产密切联系时，对犯罪所得进行冻结、扣押以及没收要特别注意对善意第三人合法权益的保护。对此，《公约》第31条第9项明确规定：不得对本条的规定作损害善意第三人权利的解释。

善意第三人是民事实体法上的术语。它本意是为了维护商品社会的交易安全、提高交易效率，针对动产而规定的。其主要内容是：如果第三人从无权处分人手中受让了某一动产，若他在受让时是善意的，并且支付了合理的对价，则取得该物的所有权。如何认定第三人在受让时的善意是善意第三人保护制度的关键所在。一般认为，第三人在受让时不知并且不应知道该出让是无权转让的就应当认定第三人为善意。在商品流转迅速的现代社会，如果让每个人在交易时都事无巨细地查明交易标的的来源，这无异给当事人施加了过高的注意义务，从而影响了交易的效率和安全。因此，只要第三人在交易时是善意的，就切断了原所有权的追及力，原所有权人不得要求第三人返回该物，办案机关不能没收这些财产。当然，对于不动产，以及需要登记的动产，出于登记的公示公信力，如果第三人从登记为所有权人的手中购买了原本是腐败犯罪所得的房屋，并且办理了过户登记，则也不得对该第三人进行追索，办案机关也只能查处腐败犯罪分子所得的价款。

为了达到对善意第三人合法权益保护的目的，办案机关在对涉案资产进行查处时，要给予权利人，包括潜在的权利人以充分的通知，以便他们有机会就该财物主张自己的权利。这也是正当法律程序的要求。对潜在权利人的通知可以采取公告的方式，但是如果在具体案件中，出于保密或其他考虑不能进行公告时，要给第三人事后的救济途径，即第三人在事后得知该财物已经被冻结、扣押甚至被没收时，有权向有关机关提出异议，并主张自己的权利。总之，在对腐败犯罪案件的涉案资产进行证据收集时，不得损害善意第三人的利益。

②犯罪所得的收益。腐败犯罪分子将犯罪所得存入银行，购买股票、债券、基金，或者进行其他投资时，会产生相应的收益。因而，对于此种收益应当如何处理，也是实践中不可回避的问题。根据民商事法律规范和司法解释，民法上的物包括原物和孳息。孳息包括天然孳息与法定孳息。天然孳息是指物由于其本身的物理或生理属性而产生的其他收益，如母牛所生的小牛，果树结的果实等。法定孳息是指因为法律关系而产生的收益。通常情况下，孳息由用益物权人取得。腐败犯罪分子对于犯罪所得本无所有权，按照孳息归属的一般原则，犯罪所得产生的孳息也应作为犯罪所得的一部分，可以适用冻结、扣押和没收措施。《公约》对此也作了明确的指示。《公约》第 31 条第 6 项规定：对于来自犯罪所得、来自犯罪所得转变或者转化而成的财产或者来自已经与犯罪所得相混合的财产的收入或者其他利益，也应当适用辨认、追查、冻结、扣押、没收等措施，其方式和程度与处置犯罪所得相同。

③可替代财产。可替代财产也就是我们通常所说的种类物、不特定物。它是指可以由同样品种、规格、数量的物所替代的物。典型的可替代财产是货币。在腐败犯罪案件中，犯罪分子通常通过洗钱等活动转移或者转化资产、千方百计掩盖其原始来源，从而达到混淆视听的目的。因此，证明这种被转移或者转化后的资产属于腐败犯罪所得或者由犯罪所得所生的非法收益非常困难。为了克服这一困难，“一般而言，最重要的是证明该财物的最初转移人通过犯罪取得过同样种类和数量的可替代物并对其进行了特定的转移；可以不要求证明被接受的可替代物与直接来源于犯罪的物品是完全同一的”[①]。《美国法典》第 18 章第 984 条（b）规定：如果被追查的财物是现金、货币、票证、金融机构中的账户存款或者其他可替代财产，政府将不必证明该财物与作为没收根据的犯罪相关联的特定财物是同一的；并且与上述犯罪相关的财物曾经被相同的财物替换不应构成辩解理由。[②] 这种解决证明责任困难问题的做法值得我们学习和借鉴。

④犯罪所得的证明。腐败犯罪分子为了逃避追查，通常会将犯罪所得进行转

---

① 黄风：《关于追缴犯罪所得的国际司法合作若干问题研究》，载《政治与法律》2002 年第 5 期。
② 黄风：《关于追缴犯罪所得的国际司法合作若干问题研究》，载《政治与法律》2002 年第 5 期。

化，尤其当采用洗钱方式时，对犯罪所得就更难追查。作为腐败犯罪案件侦查机关，要证明特定的款项、财物是犯罪所得，从而对其采取冻结、扣押等措施，以便事后的没收，则存在很大困难。洗钱活动所通过的复杂的交易链条常常切断了财产与犯罪所得原始状态的联系，通过合法的投资或者交易掩盖了财产的真实来源。因此，检察机关对此很难证明，这不利于反腐斗争的开展。为了解决实践中的这一困难问题，《公约》第 31 条第 8 项建议缔约国可以在此问题上实行特殊的证明责任分配：缔约国可以考虑要求由罪犯证明这类犯罪所得或者其他应当予以没收的财产的合法来源，但是此种要求应当符合其本国法律的基本原则以及司法程序和其他程序的性质。《美国法典》也就此作了规定，其第 19 章第 1615 条规定：当针对某些财物提起关于没收的法律程序时，如果某人宣称对该财物享有所有权，有关的证明责任将由该人承担。在某些为要求返还因特定的违法行为而取得的财物的诉讼中，举证责任应当由被告人承担。[①] 为了有效打击腐败犯罪，按照《公约》的精神，我国也应当确立检察机关在对涉案财产进行冻结、扣押时，以及法官在对财产进行没收时就犯罪所得实行特殊的证明责任分配制度。[②]

此外，需要指出的是，由被追诉一方承担相应的证明责任并不意味着检察机关不承担任何的证明责任。检察机关至少应当有合理的根据，或者说表面的证据证明这一财产很可能是犯罪所得。即便达不到排他性的证明标准，如果没有相反证据，一般人都会相信这种判断，这时才可以要求被追诉的一方承担证明财产具有合法来源的责任。否则，将会给被追诉一方施加过重的证明义务，从而有违“无罪推定”原则的嫌疑。

3. 辨认、追查、冻结、扣押、没收措施。

（1）辨认、追查、冻结、扣押。我国刑事诉讼法对扣押、冻结等侦查措施作了规定，《人民检察院刑事诉讼规则》《人民检察院扣押、冻结款物工作规定》对检察机关在腐败犯罪侦查中针对涉案资产的辨认、追查、冻结和扣押也作出了详细的规定。

人民检察院在依法行使检察权过程中有权扣押、冻结犯罪所得、其他可能与

① 黄风：《关于追缴犯罪所得的国际司法合作若干问题研究》，载《政治与法律》2002 年第 5 期。

② 巨额财产来源不明罪特殊的证明责任分配不能涵盖此种问题的方方面面。尤其是当查处诸如贪污、受贿等其他犯罪时。

犯罪有关的款物、作案工具、非法持有的违禁品等。检察机关在收到腐败犯罪案件的举报后，经审查如果认为需要初查的，应当报检察长或者检察委员会决定。在对举报线索的初查过程中，检察机关可以进行询问、查询、勘验、鉴定、调取证据材料等不限制被查对象人身、财产权利的措施。但是，在初查阶段不得对被查对象采取强制措施，不得查封、扣押、冻结被查对象的财产。在立案后进入腐败犯罪案件的侦查阶段后，特别是在勘验、检查、搜查、拘留、逮捕的过程中发现了涉案资产，或者与之相关的物品、文件等，可用以证明犯罪嫌疑人有罪或者无罪的，应当及时扣押。扣押、冻结涉案款物，应当报经检察长批准，由两名以上办案人员进行。不能立即查明是否与案件有关的可疑文件、资料和其他物品，也可以扣押，但是应当及时审查。经查明确实与案件无关的，应当在3日以内退还。持有人拒绝交出应当扣押的文件、资料和其他物品的，可以强制扣押。对于扣押的资产、物品、文件要妥善保管或者封存，不得使用或者损毁。在扣押时，应当会同在场见证人和被扣押物品持有人查点清楚，当场开列清单一式四份，注明扣押物品的名称、型号、规格、数量、质量、颜色、新旧程度、包装等主要特征，由侦查人员、见证人和持有人签名或者盖章。对于扣押的金银珠宝、文物、名贵字画、违禁品以及其他不易辨别真伪的贵重物品，应当当场密封，并由扣押人员、见证人和被扣押物品持有人在密封材料上签名或者盖章。同时，要根据办案需要及时委托具有资质的部门出具鉴定报告。启封时，应当有见证人或者持有人在场并且签名或者盖章。

此外，为了查清涉案资产的具体去向，检察机关在侦查时如果认为需要扣押犯罪嫌疑人的邮件、电报的时候，经检察长批准后，即可通知邮电机关将有关的邮件、电报检交扣押。根据侦查犯罪的需要，检察机关可以依照规定查询、冻结犯罪嫌疑人的存款、汇款。此时，一定要注意犯罪分子以假名、化名、亲友或者其他方式进行的存、汇款状况。对存折、信用卡、有价证券等支付凭证和具有一定特征能够证明案情的现金，应当注明特征、编号、种类、面值、张数、金额等，作为实物进行封存，并且冻结相应的账户。根据腐败犯罪案件多为贪利型的特点，检察机关也应注意对会计资料的调查和收集，包括反映经济活动和财务变动状况的一切记录材料，如会计凭证、会计账簿、会计报表等。必要时还应进行审计和鉴定。

检察机关对于扣押、冻结犯罪嫌疑人、被告人的财物及其孳息，作为证据使用的实物应当随案移送，对不宜移送的，应当将其清单、照片或者其他证明文件随案移送。扣押、冻结的款物，除依法应当返还被害人或者经查明确实与案件无关的以外，不得在诉讼程序终结之前处理。如果人民检察院作出撤销案件的决定、不起诉的决定或者收到人民法院生效判决、裁定书后，应当在30日以内对扣押、冻结的款物依法作出处理。人民检察院撤销案件时，应当在撤销案件决定书中对扣押、冻结款物的处理作出说明。扣押的犯罪所得需要没收的，应当移送有关主管机关处理；需要返还被害人的，直接决定返还。因犯罪嫌疑人死亡而撤销案件，被冻结的存款、汇款应当依法予以没收或者返还被害人的，应当申请人民法院裁定没收上缴国库或者返还被害人；因其他原因撤销案件的，直接通知冻结机构上缴国库或者返还被害人。

总之，辨认、追查、冻结、扣押一定要及时，防止腐败犯罪分子对其隐匿、转移。一旦错过有利时机，将会给侦查工作带来很大的阻碍，不利于对腐败犯罪的查处，也不利于挽回国家、集体或者被害人的损失。

（2）没收。检察机关对腐败犯罪案件的涉案资产进行辨认、追查是对其进行冻结、扣押的前提，而冻结、扣押又是人民法院对涉案资产进行没收的前提。在此意义上，检察机关对涉案资产的辨认、追查、冻结、扣押活动只是手段，人民法院对涉案资产的没收才是目的。严格来说，没收并不是检察机关针对涉案资产证据收集的一种方式，但是鉴于没收与扣押、冻结等的联系，《公约》第31条将其合并规定，故在此也对没收一并研究。

我国刑事诉讼法规定：人民法院作出的判决生效以后，对被扣押、冻结的赃款赃物及其孳息，除依法返还被害人的以外，一律没收，上缴国库。没收是一种司法行为，它依附于人民法院的审判权，是对涉案资产的实体性处分。[①] 这里的没收不具有刑罚的性质，与作为刑罚附加刑的没收财产刑不同，它是取缔不法状态的需要。在取缔不法状态这个特殊理由下，对于犯罪有关财产的没收，无论数量多少都不具有赎罪的意义，不妨碍使用其他方法惩罚已然犯罪。[②] 在没收时要防范两种错误的做法：一是没收不力，这将会使国家、集体、被害人的经济利益受到损失；二是没收不当，这将侵害其他人的合法权益。没收是法院行使刑事

① 徐安住：《论刑事司法行为》，载《学海》1998年第4期。

② 阮齐林：《论财产刑的正当理由及其立法完善》，载《中国法学》1997年第1期。

审判权的行为，只有在确定腐败犯罪分子已经构成犯罪，该涉案财产确属赃款赃物后，才能对其实行没收。如有由于腐败犯罪分子逃亡国外、失踪等原因，案件迟迟得不到处理的情况下，[①] 如何及时挽回国家、集体、被害人的损失值得我们研究。尤其当涉案资产被转移至国外，需要通过国际间合作才能追回赃款赃物时更加如此。在这种情况下，外国协助我国追回腐败犯罪涉案资产一般都要求我们出具包含没收内容的、并且具有最终效力的司法文书，多为人民法院裁判。此时，如果案件迟迟得不到解决，将严重影响到我们能否及时挽回国家损失。对此类问题，美国设立了独立的民事没收制度。[②] 这种诉讼是一种对物诉讼（in rem），而非对人诉讼。因此，它不以有关人员已经被定罪量刑为条件。只要能够证明有关的资产"构成、起源或者来自于直接或者间接通过犯罪取得的收益"，就可以对其实行扣押、冻结和没收，即使有关的犯罪嫌疑人、被告人或者其他关系人在逃、失踪、死亡或者被监禁在其他国家。美国的民事没收制度是为了履行 1988 年《联合国禁止非法贩运麻醉药品和精神药物公约》提出的追缴贩毒收益的国际义务而设立的，但是现在被扩展适用于洗钱犯罪以及其他大部分犯罪行为。美国独立的民事没收程序要求在对有关财产采取冻结、扣押等保全措施之后，在没收前，必须通知或公告，以便潜在的权利人可以主张自己的权利。如果在一定时期内没有人提出异议或者主张权利，则可以采取"简易程序"立即作出没收的决定。

美国的这项制度在对腐败犯罪案件涉案资产进行没收时，能够最大限度地减少本国的经济损失，维护本国的利益。它将对有关资产的没收和特定行为人的诉讼及定罪量刑相分离，使得没收可以在对犯罪人作出最终处断前进行。由于此项没收决定是具有最终法律效力的文件，因此，可以被其他国家承认和执行。针对我国大量贪官外逃的现象，笔者建议我国也应建立类似的制度，以便更好地惩治腐败，维护国家和社会的利益。

4. 其他几个配套措施。

（1）搜查、扣押应引入司法审查。辨认、追查是冻结、扣押的前提，而冻

---

① 我国刑事诉讼中没有缺席审判制度。

② 这部分内容主要参考黄风：《关于追缴犯罪所得的国际司法合作若干问题研究》，载《政治与法律》2002 年第 5 期。

结、扣押又是没收的前提。因此，是否能够对涉案资产进行有效的辨认、扣押、冻结，直接影响着没收的成效。涉案资产的发现通常是在案件的侦查阶段，特别是在勘验、检查、搜查等过程中。因此，规范勘验、检查、搜查行为，提高搜查、扣押的实效，在对腐败案件的查处中意义重大。

搜查，是指侦查人员依法对犯罪嫌疑人以及可能隐藏罪犯或者罪证的人的身体、物品、住所和其他有关地方进行搜索、检查的一种侦查行为。搜查、扣押涉及公民的隐私权、财产权、住宅不受侵犯权以及生活安宁权。因此，搜查、扣押行为必须符合正当法律程序的要求。而根据我国法律及司法解释的规定，我国的搜查、扣押一方面缺乏搜查对象与范围特定化的要求，另一方面缺乏有效的司法审查。侦查机关滥用权力、侵犯公民合法权益的行为得不到有效的监督和制约。这不仅影响了我国在国际上的执法形象，有违人权保护的要求，也在一定程度上影响了与他国间国际合作的开展。

对于严重影响公民人身权与财产权的搜查、扣押行为，历来是各国立法及司法实践关注的对象，不少国家对此规定了严格的适用条件，并将其纳入司法审查的范围。例如，美国联邦宪法第四修正案规定：人民保护其人身、住房、文件和财物不受无理搜查、扣押的权利不得侵犯；除非有合理的根据认为有罪，以宣誓或郑重声明保证，并详细开列应予搜查的地点、应予扣押的人或物，不得颁发搜查和扣押证。德国刑事诉讼法第 98 条也规定了扣押必须由法官决定，或者在特殊情况下提请法官确认。因此，我国也应当顺应人权保护的国际趋势，加强对搜查、扣押措施的监督与制约，必要时，借鉴域外有效经验，引入法院的司法审查。

（2）对银行等金融机构的保密义务进行必要的限制。腐败犯罪是一种贪利型犯罪，银行等金融机构由于自身的特点，已经成为腐败分子转移资产，甚至进行洗钱的主要途径。尤其是银行，当下已经成为腐败分子转移资产、洗钱的重灾区。因此，建立金融机构尤其是银行的反洗钱制度，在一定程度上限制其保密义务，对有效查处腐败犯罪案件，追回涉案资产意义重大。

银行历来遵循存款自愿、取款自由、为储户保密的基本原则。基于银行和客户间私法上的契约关系而形成的银行保密义务，构成了银行最基本、最主要的义务。银行的保密义务在一定程度上变成了腐败分子的“保护伞”，影响了反腐工作的开展，而能否有力地打击腐败犯罪分子关系到国家和社会的利益。因此，在一定程度上限制银行的保密义务，并使其建立客户身份识别制度、承担交易报告义务、记录保存义务、系统内部控制义务等，同时对其给予适当的利益激励和补偿势在必行。

由于银行的信息披露以及交易报告等行为，在协助国家查处腐败分子的同时，也会对银行其他客户的权利造成一定的侵害，如果处理不当，将会危及金融秩序，影响金融市场的稳定。因此，如何平衡国家、银行、客户三方的利益，建立符合我国实际的反腐机制，将是我们今后研究的重点。此外，建立现代信用体制、加强官员的财产申报义务，也将积极促进我国反腐工作的开展。

（二）证人保护

《公约》第 32 条、第 33 条明确要求各缔约国采取适当的措施有效保护案件的证人、鉴定人、被害人和举报人。我国签署了该公约，理应按照公约的要求履行公约所确定的义务。

1. 证人出庭作证的意义。美国有法谚云："无证人就无诉讼。"知道案情的人提供证言，尤其是出庭作证，对于一国的司法制度，尤其是刑事司法制度具有重要的意义。

（1）证人出庭作证对于揭露犯罪、证实犯罪有重要的实体意义。现代各国普遍采取证据裁判主义，对犯罪人定罪量刑要有证据支持。我国三大诉讼法都将证人证言作为法定证据形式之一。在腐败犯罪案件中，有些证人，如领导的司机、行贿人员等常常是本案的关键证人。据美国的调查数据显示，自该国 1970 年开始实施证人保护计划以来，受保护的证人作证后的总定罪率为 89%，有 10000 多名罪犯被定罪。[①] 因此，强调证人出庭提供证言，一方面有利于法院发现事实、正确适用法律，从而更好地打击犯罪；另一方面也有利于保障无罪的人不受刑事追究。

（2）证人出庭作证具有深刻的程序意义。在现代刑事司法制度中，普遍重视对犯罪嫌疑人、被告人的保护，为了防止不顾一切追求犯罪的这种片面的做法，各国以及国际社会都给予了犯罪嫌疑人、被告人一系列最低限度的程序权利，其中包括犯罪嫌疑人、被告人与不利证人的对质权、诘问权。美国联邦宪法第六修正案明确规定了被告人的对质权，并将其上升为宪法权利的高度。我国刑

① Kevin Bonsor：《何谓证人保护计划》，Http：//people. bowenwang. com. cn/witness－protection4. htm。

事诉讼法也规定："证人证言必须在法庭上经过公诉人、被害人和被告人、辩护人双方讯问、质证，听取各方证人的证言并且经过查实以后，才能作为定案的根据。法庭查明证人有意作伪证或者隐匿罪证的时候，应当依法处理。"因此，强调证人出庭作证，对于保障被告人行使其对质权、诘问权具有重要意义。

（3）我国目前正在进行审判方式改革，吸收两大法系的合理因素，以提升司法的科学、文明和进步。在审判方式改革中，贯彻直接审理原则是重要一环。直接审理原则是指一切辩论内容均需在法庭上通过双方当事人言词辩论的方式提出，作出本案裁决的法官必须亲自出庭，观其形，查其色。直接审理原则强调的是作出裁决的法官与证据存在直接的关系，证人出庭作证是直接审理原则的要求和体现。证人不出庭，将完全架空"直接审理原则"，因此，我国能否实现证人出庭作证，是这次审判方式改革能否成功的关键之一。

2. 我国证人出庭的现状以及建立证人保护制度的必要性。目前，我国证人出庭率低是不争的事实，也是最令司法改革者头痛的问题之一。根据宁夏回族自治区高级人民法院有关统计数字显示：自 2002 年至 2007 年间，在人民法院审理的一审刑事案件中，证人的出庭率分别为 11.24%、3.15%、6.7%、5.68 %、5.07%、5.57%。在刑事案件的审判中，证人出庭率大体上呈现出逐年下降的趋势，证人出庭率年平均只有 5%。但是，即便是这样一个比率，也高于全国的平均水平。①

我国证人总体上出庭率低，不外乎以下几种原因：首先，我国传统上"和为贵"的儒家文化使人们普遍存在"厌讼"的心理，于是，在"多一事不如少一事"的思想支配下，人们普遍不愿"多管闲事"。其次，民众法律意识淡薄。我国的现代法治历史并不长，民主、法治观念尚未完全深入到每个人心中，不少人并未将出庭作证上升到对国家和社会应尽的义务的高度。再次，司法程序的不完善。冗长、拖沓的程序常常使证人不耐烦，从而对法庭望而却步，不愿出庭作证。最后，证人保护制度和经济补偿制度的缺乏。出庭作证常常会影响证人正常的工作和学习，证人往返于法庭和单位（或者住所）之间也需要负担一定的差旅费、食宿费，以及由此带来的误工收入和其他损失，出于理性人的考虑，在缺

---

① 周崇华、张怀民：《宁夏刑案证人出庭缺乏法律保障年均出庭率仅为 5%》，载《法制日报》2009 年 1 月 19 日。

乏经济补偿的情况下，证人一般不会选择出庭作证。

另外，证人保护制度的缺位更是证人出庭作证难的症结所在。“证人拒绝作证的心理原因各种各样，但是，证人害怕受到威胁和人身报复，为安全考虑而不愿作证乃是最主要的原因之一。”①

刑事犯罪案件的处理结果通常关系到人的生命、自由等，相对于民事案件，一般都比较严重。因此，刑事案件的证人，尤其是关键证人，常常会受到被告人或其亲戚、朋友等的威胁、恐吓、打击、报复等。尤其是腐败犯罪案件，案件的犯罪嫌疑人、被告人常常位高权重，其关系网遍布各处，在其“落马”之前，其本人或者同一阵营的其他人利用职务对举报人或证人进行打击报复易如反掌。例如，轰动一时的河北省人大常委会原主任程维高案的举报人郭光允在举报后，先是被石家庄市公安局拘留并备受摧残，之后又被劳动教养、开除党籍。在此期间，郭光允的亲朋好友近20人先后受到牵连。吕净一举报河南省平顶山市政法委书记李长河后，先是被免职，其后被拘留，后来又被凶手刺中全身十余刀而遭受重伤，其妻子遇刺身亡。知名举报人李文娟举报辽宁省鞍山市国税局存在违法违规行为，两次举报，两次被辞退工作，一年的劳教，数次收到恐吓电话和恐吓信。这些血的事实至今仍触目惊心。

众所周知，趋利避害是人的天性，如果举报人、证人的安全长期得不到保护，出于心理上的恐慌和巨大的心理压力，许多人会选择沉默，而不是走上法庭指证犯罪。长此以往，社会正义的实现就会困难重重。此外，在特殊情况下，证人有时也会受到刑事被害人甚至控诉一方②的威胁、恐吓，甚至侵害。只要是一方因为证人的作证将会使其陷入不利地位，其利益得不到满足，都存在威胁、打击证人的可能性。因此，建立切实有效的证人保护制度，是提高证人出庭作证率，增强人们对司法制度的信心，以及维护社会正义的必然要求。“没有一种法律制度有正当理由能够强迫证人作证，而在发现证人作证受到侵害时又拒绝给予援助。采用一切可行的手段来保护证人是法庭的职责。否则，整个法律诉讼就会一钱不值”，“假如案件一结束，证人就要受到那些不喜欢他作证的人的报复，

① 吴丹红：《刑事诉讼证人拒证原因探悉》，载《证据学论坛》第3卷，中国检察出版社2001年版，第449页。

② 有的侦控机关为了片面地追求案件成功率，也有可能对辩方证人进行威胁和恐吓。

那么还能指望证人自由地和坦率地提供他们应当提供的证言吗?”[1] 而且，如果我们建立了良好的制度，使得举报人能够大胆地举报，证人能够大胆地走向法庭，揭露犯罪、证实犯罪，则有助于在社会上对犯罪分子形成巨大的压力，从而促使犯罪分子不敢犯罪，或者主动投案自首。因此，我国急需建立证人保护制度，有必要让一个为正义而开口的证人，获得与其付出和面临的风险相适应的保护。

需要指出的是，在就证人保护制度这一问题进行讨论时，证人的范围有必要作一定范围内的扩大，还应当包括案件的举报人（案件线索、证据的提供者，其举报是腐败犯罪案件的重要来源，某些情况下更易作为被告人一方侵害的目标）、鉴定人（我国将其与证人并列，作为单独的一种诉讼参与人，而英美国家将其作为专家证人）以及被害人（我国法律规定是当事人，而英美国家将其作为控方证人）。这些人在提供证据时，很多情况下也会与证人一般，受到犯罪嫌疑人、刑事被告人的恐吓和报复。特别是在腐败犯罪案件中，举报人是案件侦查线索和重要证据的提供者，在实践中经常受到腐败分子及其关系网的威胁、恐吓、打击、报复。事实上，许多国家的证人保护制度都将他们包括在内。例如，我国台湾地区“证人保护法”第 15 条就明确规定：“检举人、告发人、告诉人或被害人有保护必要时，准用保护证人之规定。”俄罗斯莫斯科地方政府于 1996 年 8 月出台了《关于对积极揭发有组织犯罪、集团犯罪行为的公民给予社会保护和物质奖励的措施规定》，对于揭发和确认有组织犯罪集团犯罪成员的公民、犯罪行为的证人、被害人及其亲属和其他关系密切的人，由司法机关给予保护。[2] 我国最高人民检察院在 1991 年发布了《关于保护公民举报权利的规定》，其中列举了一系列针对举报人的保护措施。随后，最高人民检察院又陆续出台了《最高人民检察院关于加强举报工作的决定》（1993 年）、《奖励举报有功人员暂行办法》（1994 年）、《人民检察院举报工作规定》（1996 年）。在此期间，各省也纷纷出台了各自关于举报人保护的规定，逐步完善了对举报人的保护。因此，下文就证人保护制度的讨论，证人也包含举报人。

3. 我国关于证人保护的立法和实践。

---

① ［英］丹宁勋爵：《法律的正当程序》，李克强译，法律出版社 1999 年版，第 25 页。
② 赵可：《反黑斗争中的证人与证人保护》，载《河南公安高等专科学校学报》2001 年第 3 期。

（1）立法现状。关于证人保护，我国立法上已有涉及。在实体法中，我国刑法明确将以暴力、威胁或者贿买等手段干扰证人作证的行为，以及打击报复证人的行为规定为犯罪。刑法针对国家机关工作人员对证人（举报人）的侵害，规定了报复陷害罪："国家机关工作人员滥用职权、假公济私，对控告人、申诉人、批评人、举报人实行报复陷害的，处二年以下有期徒刑或者拘役；情节严重的，处二年以上七年以下有期徒刑。"同时，规定了打击报复会计、统计人员罪："公司、企业、事业单位、机关、团体的领导人，对依法履行职责、抵制违反会计法、统计法行为的会计、统计人员实行打击报复情节恶劣的，处三年以下有期徒刑或者拘役。"另外，还规定了"妨害作证罪"与"打击报复证人罪"。

另外，我国治安管理处罚法将尚不构成犯罪的威胁、恐吓、打击、报复证人的行为列为治安管理处罚的对象，规定："扰乱公共秩序，妨害公共安全，侵犯人身权利、财产权利，妨害社会管理，具有社会危害性，依照《中华人民共和国刑法》的规定构成犯罪的，依法追究刑事责任；尚不够刑事处罚的，由公安机关依照本法给予治安管理处罚。"同时还规定："违反治安管理有下列情形之一的，从重处罚：（一）有较严重后果的；（二）教唆、胁迫、诱骗他人违反治安管理的；（三）对报案人、控告人、举报人、证人打击报复的；（四）六个月内曾受过治安管理处罚的。"将对报案人、控告人、举报人、证人的打击报复作为从重处罚的情形。

我国不仅实体法明确禁止对证人的侵害，程序法也体现了对证人的保护。我国刑事诉讼法规定："人民法院、人民检察院和公安机关应当保障证人及其近亲属的安全。对证人及其近亲属进行威胁、侮辱、殴打或者打击报复，构成犯罪的，依法追究刑事责任；尚不够刑事处罚的，依法给予治安管理处罚。"另外，有关取保候审与监视居住制度也体现了证人保护精神："被取保候审的犯罪嫌疑人、被告人应当遵守以下规定：（一）未经执行机关批准不得离开所居住的市、县；（二）在传讯的时候及时到案；（三）不得以任何形式干扰证人作证；（四）不得毁灭、伪造证据或者串供。被取保候审的犯罪嫌疑人、被告人违反前款规定，已交纳保证金的，没收保证金，并且区别情形，责令犯罪嫌疑人、被告人具结悔过，重新交纳保证金、提出保证人或者监视居住、予以逮捕。犯罪嫌疑人、被告人在取保候审期间未违反前款规定的，取保候审结束的时候，应当退还保证金。""被监视居住的犯罪嫌疑人、被告人应当遵守以下规定：（一）未经执行机关批准不得离开住处，无固定住处的，未经批准不得离开指定的居所；（二）未经执行机关批准不得会见他人；（三）在传讯的时候及时到案；（四）不得以任何形式干扰证人作证；（五）不得毁灭、伪造证据或者串供。被监视居住的犯罪嫌疑人、被告人违反前款规定，情节严重的，予以逮捕。”

由此可见，对于证人的保护，我国已有相关法律进行规范。但为什么现实中还会不断出现对证人、举报人等的打击、报复等行为呢？其原因一方面是执法不力，另一方面则与我国关于证人保护的立法不完善有关。

（2）证人保护立法的不足。

①立法着眼于对证人的事后保护，事前预防性保护缺位。例如，刑法规定以暴力、威胁、贿买等方法阻止证人作证或者指使他人作伪证的行为，以及对证人进行打击报复的行为构成犯罪。但这些行为都只有实质性地对证人进行了侵犯后才会被侦查、起诉，才会被判处刑罚。如何防范这些行为的发生，刑法除了一定程度上的威慑作用外，别无他法。相同的情形也发生在我国的治安管理处罚法中，对报案人、控告人、举报人、证人打击报复而尚不构成犯罪的，才作为治安管理处罚的对象，这也是在证人受到了实质性的侵犯后才进行的处罚。作为程序法的刑事诉讼法，只不过以另外的措辞重申了上述法条的精神。我们知道，证人不愿出庭作证的最重要原因之一是害怕受到打击、报复等，在心理上缺乏安全感。而如何保护证人免受这些侵害，应当是优先考虑的问题。在证人受到侵害后才对侵害人进行处罚（不排除有落网之鱼的存在），已经为时已晚。因此，事前的预防性保护措施应当是立法的重中之重。

②我国现行立法重在口号性宣示，而缺乏具体的可操作性规程。例如，我国刑事诉讼法明确规定人民法院、人民检察院和公安机关应当保障证人及其近亲属的安全，但是对于如何保护证人，可以采取哪种措施，立法上却付之阙如。徒法不足以自行，缺乏可操作性的立法终究不过是一纸具文。

③负责证人保护的部门职责不清，缺乏制约手段，并缺少违反职责后的不利后果，这就为相互推诿创造了条件，以致影响证人保护的实效。例如，我国刑事诉讼法仅仅规定了人民法院、人民检察院和公安机关这三个机关应当保障证人及其近亲属的安全。但是，三机关之间有怎样的职责划分，每个机关可以采取的措施种类和保护时间，三机关之间如何衔接，保护不力时谁应当承担责任等，都没有进行规定。立法上的模糊处理严重影响了实践中证人保护的实效。

④立法存在着矛盾和冲突。例如，我国刑法仅将“以暴力、威胁、贿买等方法阻止证人作证或者指使他人作伪证的”行为，以及“对证人进行打击报复的”行为规定为犯罪。同样，我国治安管理处罚法也是仅将“对报案人、控告人、举报人、证人打击报复的”行为作为治安管理处罚的对象。而对证人的近亲属以及其他关系密切人的侵害，实体法并未纳入打击的范围。[①] 而我国刑事诉讼法规定，人民法院、人民检察院和公安机关应当保障证人及其近亲属的安全，对证人及其近亲属进行威胁、侮辱、殴打或者打击报复，构成犯罪的，依法追究刑事责任；尚不够刑事处罚的，依法给予治安管理处罚。这里明确地将证人的近亲属也作为保护的对象。实体法和程序法在保护对象上出现了偏差和矛盾，也影响了证人保护的效果。

⑤即便是按照刑法这种比较狭窄的保护范围，由于立案标准比较高，也常常使追诉难以进行。例如，根据最高人民检察院 1999 年出台的《人民检察院直接受理立案侦查案件立案标准的规定（试行）》关于报复陷害罪的立案标准为：“1. 致使被害人的人身权利、民主权利或者其他合法权利受到严重损害的；2. 致人精神失常或者自杀的；3. 手段恶劣、后果严重的。”这种比较高的立案标准，使得危及证人安全的行为难以进入刑事司法程序，进而影响对这种侵害行为的处罚。

4. 证人保护的实践探索。可喜的是，我国不少地方已经意识到建立证人保护制度的重要性，并在实践中展开了有益的探索。

1998 年 11 月初，广州市中级人民法院对由花都市人民检察院侦破、经广州市人民检察院起诉的一起涉嫌特大职务侵占案进行开庭审理。人民法院依照法律规定，要求主要证人出庭作证。而该案的主要证人是香港商人，在接到花都市人民检察院的电话通知后马上声称，此案被告人背景复杂，曾有人打电话到其香港住宅称以重金为酬谢要求他改变证词，后又对其人身安全进行恐吓，因而不敢到庭作证。花都市人民检察院果断表态，将尽全力保护证人安全。他们为此成立了由法警组成的保护证人小组，实行了对证人的全天候安全保护，才使这宗职务侵

---

① 如果构成刑法上的其他犯罪，或者治安管理处罚的其他对象的，也可以受到处罚。但除此之外，就没有处罚的适用余地了。

占案得以顺利开庭。[1]

2004年，深圳市宝安区人民检察院出台了《自侦案件证人保护工作规定》，这是全国首个专门针对自侦案件证人保护的综合性规定。它在借鉴国外证人保护制度的基础上，根据本地区的实际进行了多方面的突破。“深圳宝安区检察院出台的这个《自侦案件证人保护工作规定》，填补了目前国内证人保护方面的多项空白，将证人保护的步骤与内容规范化。主要体现在：将保护分为三个阶段，即庭前保护、庭审中保护和庭审后保护；对于因作证而将受到或已经受到严重暴力威胁伤害的证人，检察机关可以实行24小时贴身保护；除了保护证人的生命安全以外，将其财产和名誉及其近亲属，一并列入保护范围；对出庭作证的证人，实行专门经济补偿制度。这是目前国内司法机关在证人保护方面所制定的最为系统和全面的一项制度。”[2] 据悉，“深圳宝安区检察院的这项规定自今年8月启动以来，三个月已有多起案件中通过保护证人，使证人获得安全感愿意作证，从而破解办案中的僵局。该院反贪局与一位核心证人签订了‘保护责任计划书’，该证人当即出示了四份关键证据，使一个大要案势如破竹，仅3天，一名腐败分子就被送进了看守所。”[3]

5. 证人保护制度的具体构建。

（1）我国证人保护制度构建的总体思路。构建我国的证人保护制度，需要立足于中国实际，然后在此基础上，吸收、借鉴国外立法或者司法实践中的积极做法和有益因素。总体而言，笔者认为，构建符合我国国情的证人保护制度，需要考虑以下几点：

①要事前预防性保护与事后保护相结合。正如前文所言，事前预防性保护能提供给证人更大的安全感，从而能够勇于走向法庭，大胆地揭露犯罪、证实犯罪。而我国目前欠缺的恰恰是事前预防性保护措施。因此，研究并建立事前预防性保护措施势在必行。事前预防性保护包括替证人身份保密、对证人发布人身保护令、24小时贴身保护、将证人迁移到特定场所进行保护，等等。其中，应当在对犯罪嫌疑人、被告人决定是否采取取保候审或者监视居住的强制措施时，将

① 花检、陶竣峰：《中国首试证人保护花都特例引发法律思考》，载《北京青年报》1998年12月2日。
② 人民网：http：//sz. people. com. cn/GB/channel20/77/200411/16/4782. html。
③ http：//news. 163. com/41116/3/15AICMFL0001124T. html。

是否具有危害证人的可能性作为其中的一个考虑因素，而不应当仅仅是在对犯罪嫌疑人、被告人采取取保候审、监视居住之后，发现其有此种危害证人的行为，才宣告取消现行的强制措施，而改换为其他种类的强制措施。

②扩大保护对象范围。证人保护制度的保护对象不应当仅仅限于证人、举报人、控告人，还应当包括与他们关系密切的其他人。只要是该人和证人的关系足以达到可以使犯罪嫌疑人、被告人等能够据此威胁证人的，都应当纳入保护的对象范围。例如，证人的近亲属、恋人、关系密切的朋友等。例如，南非《1998年证人保护法》就规定，本法的保护对象包括证人和相关人员。其中，证人是指在任何程序中被要求或者可能被要求提供证据，或者已经提供了证据的人员。相关人员是指证人的家属，或者亲属中的任何人员，或者与证人有亲近关系或者密切联系的其他人员。此外，南非《1998 年证人保护法》将证人，证人赡养、抚养的人，证人的家庭成员也一并纳入到证人保护计划中来。[①] 美国 1984 年《犯罪综合控制法》也规定为证人的某些亲属或者相关人提供保护。美国的证人保护计划将证人及其家属纳入在内。“每个证人平均要带上 2. 5 个家庭成员，最多曾有一个证人将 16 位家庭成员都置于证人保护程序之下。”[②] 我国台湾地区的“证人保护法”第 4 条规定：“证人或与其有密切利害关系之人因证人到场作证，致生命、身体、自由或财产有遭受危害之虞，而有受保护之必要者，法院于审理中或检察官于侦查中得依职权或依证人、被害人或其代理人、被告或其辩护人、被移送人或其选任律师、辅佐人、司法警察官、案件移送机关、自诉案件之自诉人之声请，核发证人保护书。但时间急迫，不及核发证人保护书者，得先采取必要之保护措施。”

③完善证人保护条件。是否给予证人及与其关系密切的其他人员以保护，需要具备以下条件：一是证人及与其关系密切的其他人员因为证人的举报或者作证，其生命、自由、身体、财产、名誉将有受到侵害的危险。这是不言而喻的，也是证人及与其关系密切的其他人员受到保护的先决条件，不存在危险的可能性，就不存在对其保护的必要性。二是该证人的证词对于该案件必不可少。如果

---

① 廖明：《南非 <1998 年证人保护法> 评介》，载《证据学论坛》第 4 卷，中国检察出版社 2002 年版，第 538 ~529 页。

② 唐亮、朱利江：《美国证人保护制度及其启示》，载《人民检察》2001 年第 12 期。

证人的证词对于该案的审判可有可无，或者所起作用甚微，则该证人不能适用证人保护制度。这是出于成本——收益考虑所得出的结果。保护证人的成本通常很大，相比与该证人能够给该案件审判带来的收益，如果差距过大，则不适用证人保护制度，可不将其作为证人要求出庭。三是该证人保证出庭或者以法律规定的其他方式提供证词，且其证言不会随意改变。设立证人保护制度的初衷就是为了使证人没有后顾之忧而出庭作证，或通过其他合适的方式提供证词，如果证人拒绝出庭提供证词，则对其没有保护的必要。另外，证人也必须保证不会随意改变其证词，除了由于记忆等善意的原因对证词加以修改外，证人不会由于对方给予的好处或其他考虑而随意推翻自己的证言。这要求适用证人保护制度的证人必须是一个诚信的证人，他选择与国家合作，国家就给予其必要的保护。四是除对该人采取保护措施外，别无其他替代措施。证人保护是个颇耗人力、物力的工作，一般需要国家投入大量的成本。同时，某些保护措施的采用，也可能给被保护人本人带来巨大的变化或者不便，因此，如果存在其他能够起到相同效果的替代性措施，则须优先考虑这些措施的运用。

④明确保护的权益范围。证人保护制度给予证人保护的范围，不仅包括证人及一定范围内的其他人的生命、自由、身体，即生命权和人身权，同时也包括其财产权和名誉权。侵害证人的行为方式包括威胁、恐吓、打击、报复等，只要是能够起到对该证人现实的、迫切的威胁，以至于其不敢出庭作证，都应纳入保护的范围。当然，其中最重要的是对人身权的保护，现实中发生的许多事件都与对证人及其他人的人身侵害有关。例如，吕净一举报原河南省平顶山市政法委书记李长河后，先是被免职，其后被拘留，又被凶手刺中全身十余刀而成重伤，其妻子遇刺身亡。

⑤确定证人保护的机构。证人保护的机构包括作出给予保护这一决定的机构和具体执行保护职责的机构。我国 1996 年刑事诉讼法第 49 条规定，人民法院、人民检察院和公安机关应当保障证人及其近亲属的安全。将证人保护权赋予了人民法院、人民检察院和公安机关三家。到底应当如何设立我国的证人保护机构，学者们有不同的观点。第一种观点认为，证人保护机构应当是公安机关。其主要理由是，公安机关机构健全，人员配置多，装备也相对完善，而且由公安机关负

责证人保护也与其职责相契合。[①] 第二种观点认为，证人保护机构还应是三机关，即人民法院、人民检察院和公安机关，但在刑事诉讼中，应当建立证人及其他人的保护措施移交制度，从而使有关司法机关在本机关办案期限内负责。[②] 这其实是一种分段负责的方法。第三种观点认为，应当设立专门机关负责证人保护事宜。[③]

笔者同意第三种观点。交由公安机关负责证人保护的观点，看似比较契合中国实际情况，但却存在一些问题。其一，公安机关现有的职责已经够多了，再给其增加职责，能否胜任不无疑问。其二，正如前文所言，证人受到的侵害不仅可能来自被告人一方，而且有可能来自与其对立的侦控方。尤其是当证人是辩方证人时更是如此。虽然强调检察机关的客观真实义务，但是实际上出于工作考评机制、错案追究制、国家赔偿、民众与舆论的压力，警、检一方常常会有追求胜诉的强烈愿望。而我国现实的司法体制也使得人民法院很难参与到刑事诉讼的审前程序，无法进行有效的司法审查，从而无法对公安机关、检察机关的这种偏私行为给予有力的制约和纠正。况且，就我国目前的司法体制而言，事实上，三机关（人民法院在错案追究与国家赔偿的压力之下往往也难以做到真正的超脱）在共同对付犯罪方面拥有共同的立场，实际上很难做到相互制约。其三，也不排除目前实践中，有部分公安执法人员法律素养低下，逼供、诱供等情形时有发生。因此，鉴于公安机关与案件实际存在的利害关系，笔者不主张公安机关作为证人保护机关，尤其是是否给予证人保护的决定机关。其四，公安机关由于人、财、物等关系，对当地政府的依附性很大，而腐败案件的很多犯罪嫌疑人、被告人恰恰是当地政府或者地方权力机关的领导。因此，公安机关很难排除来自地方政府的干扰。

第二种观点的缺陷也显而易见。首先，正如上文所言，公安机关、检察机关实际存在追求胜诉的冲动，以及其事实上存在的与案件的利害关系很难使其胜任证人保护工作。其次，三机关分段负责，看似划清三机关的职责范围，但同时也

---

① 周国均：《刑事案件证人出庭作证制度的几个问题》，中国诉讼法学年会论文，2001 年 11 月。

② 邹国华：《建立现代证人制度的几点构想》，载《证据学论坛》第 3 卷，中国检察出版社 2001 年版，第 381 页。

③ 武鼎之：《证人拒证，良策何在——完善中国证人权利保障制度构想》，载《人民检察》1999 年第 3 期。

带来了程序的复杂和拖沓，不利于证人保护工作的开展。况且，这种观点只考虑了刑事诉讼的证人保护问题，而并不适用于民事诉讼以及行政诉讼中的证人保护。而有些特定的民事案件或者行政案件，也存在证人面临人身危险等现象。

因此，笔者建议由一个专门的机关负责证人保护事宜。初步构想是，在司法部之下设立一个独立的证人保护办公室，由其负责证人保护的具体工作。其最重要的是决定权，也即审查各项资料，决定是否给予特定案件的证人及其他人以保护。该办公室具体负责证人保护的执行事宜。当然，具体执行事宜也可以根据需要委托其他机关进行。需要其他机关配合时，如公安机关、民政机关等，相关机关要积极给予配合。需要指出的是，在广义的证人保护措施中，还有部分措施，如特殊的出庭作证方式（下文会详细探讨）只涉及诉讼的一个方面，这些措施由负责该诉讼阶段的司法机关作出决定并加以执行即可。

⑥设置合理的证人保护程序。一般而言，证人保护程序依申请开始。有权提出保护申请的包括证人或其一定范围内的关系人，同时也应包括办理案件的公安司法机关。证人或其他符合受保护范围的人员如果发现自己面临生命、身体、自由、财产或名誉等侵害的现实危险，有权向证人保护机构提出保护的申请。在特定情况下，公安司法机关在办理案件的过程中，如果发现证人或其他符合保护条件的人员有受到侵害的危险性，如公安机关在对犯罪嫌疑人监听时，得知其将对证人采取侵害行为，则也有权向证人保护机构提出申请。如果不是证人或其他符合保护条件的人员本人提出申请时，证人保护机关在作出决定之前要查清本人将要受到损害的情形，并听取他们的意见。保护申请一般应以书面形式提交，在特定情况下，如证人不会写字等，也可以采取口头申请的形式，但要做好相关记录。申请书一般要记载证人将要提供的证词、证人或其他符合保护条件的人员可能会受到的危险、采取保护措施可能带来的后果等内容。当然，如果情况紧急的，证人保护机构也可以先给予证人或其他符合受保护条件的人员以救济，然后再补行其他手续。

在受理申请之后，证人保护机构要对该申请进行审查。一般需要传唤证人或其他需要保护人员之本人，或者相关的办案机关。如果认为符合证人保护的条件，则证人保护机关要详细告知证人或其他人员将要采取的保护措施，这些保护措施会对他们生活带来的影响，他们需要遵守什么样的规程，等等。让证人或其他人了解这些情况，一方面有利于证人或其他人对此进行必要的配合，另一方面也有利于证人或其他人明了接受保护将会带来的后果，以便重新考虑是否要接受保护。在详细审查各项因素之后，如果证人保护机构批准对该人进行保护，则需要该人签署一份声明，从而证明该人完全明了对其采取保护的内容，以及由此可能带来的后果和影响。如果证人保护机构通过审查之后，决定不批准对该人的保护，则应当允许该人申请复审一次。接受复审的主体不能是原来的审查人员，而应当是该证人保护机构的负责人或者该机构的领导委员会。当然，如果原来批准了对该人的保护，经过一段时间后又撤销了对该人的保护，也应当允许该人申请复审一次。

⑦关于费用负担及来源。关于证人保护的费用来源，笔者建议由国库负担，可以一部分来源于对刑事被告人的罚没收入。因为证人作证履行的是对国家的义务，有助于司法公正的维护，国家和社会通过证人对犯罪的揭露和证实而获益，因此应当由国家承担证人保护的费用。该项费用由财政开支，专款专用。一定要加强监管，防止挪用。

⑧关于证人保护的立法模式。关于证人保护制度的立法模式，历来有几种不同的观点：有人建议放入刑事诉讼法中，有人建议放入即将制定的证据法中，还有人建议采取单独立法的形式。笔者同意最后一种观点。将证人保护制度放入刑事诉讼法中，当然有其合理的一面。许多证人正是由于参与了刑事诉讼而有保护的必要。但是，这种做法的不合理性也是显而易见的。一是证人保护制度涉及的内容很多，有些与刑事诉讼有关，而有些则与刑事诉讼无关。例如，对证人贴身保护、临时移管，甚至改变身份等，这些内容无法由刑事诉讼法涵盖，如果强行规定进去，只会造成刑事诉讼法的臃肿和体系的混乱。二是有些特定的民事诉讼或者行政诉讼也存在对证人保护的必要性。美国的证人保护计划就明确将由于证人的指证而可能招致人身安全危险的某些民事或者行政诉讼也纳入进去，一并适用。如果只将证人保护的内容规定在刑事诉讼法中，则不能涵盖这些情况。如果在三大诉讼法中都加以规定，则又会因为重复而造成立法资源的浪费。将证人保护制度放入即将制定的证据法中，有一定的合理性。因为证人是证据方法之一，证人证言在我国是一种法定的证据种类。但是，正如反对将证人保护制度放入刑事诉讼法的理由一样，证人保护制度的内容不能由证据法（证据制度）完全涵盖。而且证据法到底应当如何制定（如三大证据法分立或合并等）还存在着激烈的争论，证据法什么时候能够出台还不明了，搭证据法的顺风车不太现实。因

此，笔者建议制定单独的证人保护法。除了上述考虑外，单独的证人保护法也有助于提高证人保护工作的全面性和效率，有利于发挥其作用。

（2）几项比较重要的证人保护措施。对证人的侵害最为严重，也是现实中最为常见的是对证人人身权（包括生命权）的侵害。因此，如何保护证人的人身安全成为证人保护工作的重中之重。以下着重讨论几种对保护证人人身安全的措施。

①对证人个人或其住宅进行保护。这是最基本的证人保护措施，基本上每个国家的证人保护法中都提供这种保护。具体可以是由身着制服的保护人员或者便衣在证人住宅外面站岗、巡逻。在特定情况下，保护人员可以对证人的电话或其他通信设备进行监听。当然，监听需要符合一定的法律要件，通过特定的法律程序批准。在必要的情况下，可由司法机关发布一定的禁令，禁止某些人员靠近证人或其关系人的身体、住所、工作场所等。此外，这种保护方式还包括所谓的24小时贴身保护，即对于某些重要而又面临严重危险的证人或其关系人，有专门的保护人员一天24小时贴身跟随，随时给予保护，从而保障该人的人身安全。

②临时移管。当证人或其特定关系人因为有生命、身体等的现实危险，而需要在短期内变更居住、工作、学习的地点时，可以将该证人或其特定的关系人临时移居到指定的场所，并给予一定的帮助和照顾。采取这种方式时，要妥善处理好证人或其关系人的生活、工作、学习情况，这也是人道主义的体现。至于临时移管的时间，应当根据现实的具体情况决定，但通常不要太长，一般在案件结束时终止。例如，我国台湾地区“证人保护法”第13条规定，这种临时移管的时间不能超过一年，如果确有必要时，可以延长一年。

③制造全新身份。如果采取其他方法还不足以保护证人或其关系人的安全时，则可以让该证人改头换面，为其制造一个全新的身份。这种方法是最耗费时间、人力、物力的方法，通常需要众多政府部门通力合作，把握时机，并且严格保密。同时，该项措施对证人或其关系人的影响也是最大的。因此，必须贯彻必要性原则，必须是在采取其他措施尚不能奏效时，才能考虑采用这种方法。同时，必须综合考量该案的严重性、该证人对该案的重要性和不可替代性、该证人或其关系人面临的现实危险性等因素。为了使该证人或其关系人彻底切断与原居住地的关系，以便“彻底消失”，有时还需要对证人或关系人改变容貌。一般而言，证人作证后，需要迁居到为其选定的特定地区，同时被保护人要改变姓名、

身份证号、出生证明、驾驶证、结婚证、社会保险资料、学校和医疗机构的记录等等，只要是和个人身份有关的所有资料，都要由保护机关收集并封存。出于安全考虑，该被保护人不得保留以前生活的任何资料，包括照片、信件、纪念物等，也不得再次返回原居住地，或与其他未受保护的亲友进行联系。出于人道主义考虑，国家要对该被保护人的工作、住房、学习和生活提供帮助，包括给予直接的经济援助，以及必要的心理、精神、社会方面的辅导、咨询和建议。这项措施目前在我国实行起来还有一定的难度，它往往需要跨地区、跨省的合作。尤其是当前，我国的户籍制度和社会保险、医疗、养老、教育等密切挂钩，使得实际操作起来阻力不小。为此，一方面需要我们改革现行的户籍制度，[①] 另一方面可以在实践中开展试点，摸索出现实可行的方法。毕竟，一味地等待条件成熟乃非良途。

④与诉讼尤其是法庭审判有关的保护措施，主要包括以下几种具体措施：

一是身份保密。刑事诉讼尊重和保护人权，尤其是犯罪嫌疑人、被告人的人权，其中就包括体现被告人知情权的阅卷权。犯罪嫌疑人、被告人的辩护律师可以通过阅卷，或者从法庭上法官的个别讯问中获悉证人的身份，从而暗中对该证人或其关系人进行骚扰、威胁或者打击、报复。因此，出于对证人或其关系人的保护，不少国家或地区都在一定程度上限制了刑事被告人的知情权，对证人身份进行保密。例如，德国刑事诉讼法第 68 条以及日本刑事诉讼法第 295 条、第 299 条等均作了这方面的规定：当证人如果提供其住所、姓名等身份信息时，其或其亲属的生命、身体、名誉、财产有受到危害之虞时，应当保密，证人可以不回答有关住所等问题的提问，而提供就业、公务地点或其他可以传唤的地址。在法庭审判中，如果公开了证人的年龄、性别、职业、籍贯、住所、居住地或其他足以辨别证人身份的资料会给证人或其他人员的生命、身体或者自由造成危险时，审判长可以许可证人不对这些身份问题作出回答。可以确定证人身份的文件要存放在检察院，只有当危险消除时，才能将这些资料纳入案件档案。我国台湾地区更是详细地规定了这种情形下的具体做法，其“证人保护法”第 11 条规定，有保密身份必要之证人，除法律另有规定者外，其真实姓名及身份资料，公务员于制作笔录或文书时，应以代号为之，不得记载证人之年籍、住居所、身份证统一编

---

① 据悉，已有不少的人大代表提出改革户籍制度的议案。

号或护照号码及其他足资识别其身份之数据。该证人之签名以按指印代之。载有保密证人真实身份资料之笔录或文书原本，应另行制作卷面封存之。其他文书足以显示应保密证人之身份者，亦同。前项封存之笔录、文书，除法律另有规定者外，不得供阅览或提供侦查、审判机关以外之其他机关、团体或个人。对依本法有保密身份必要之证人，于侦查或审理中为讯问时，应以蒙面、变声、变像、视讯传送或其他适当隔离方式为之。于其依法接受对质或诘问时，亦同。

二是特殊的作证方式。除了对证人的身份进行保密外，由于证人出庭作证不可避免地直接接触到被告人一方，而被告人也有对质权、诘问权等基本诉讼权利，因此，考虑在一定程度上限制被告人的对质权、诘问权，设立特殊的证人作证方式就势在必行。

第一种特殊作证方式是陪同作证。如果根据案件的具体情况，证人面临的危险性不是特别大，则证人可以亲自出庭作证。如果出于心理的恐惧，可以允许证人选择特定的陪同人陪同出席，以便使证人有了心理上的依靠而情绪稳定，减轻其心理负担。这也有助于增强证人证词的可靠性。德国在 1998 年通过的《刑事诉讼程序中证人讯问之保护及改善被害人保护法》甚至规定，证人可以选择律师作为辅佐人。同时，可以考虑设立独立的证人等候室，防止开庭前证人和其他人混杂在一起，尤其是遇到被告人或其亲友的情形。实践中有这样的案例，一个准备出庭的证人在等候开庭时碰到了被告人的家属，他们对证人恶语相迎、威胁恐吓，甚至妄图出手。后来，该证人不堪忍受，出于精神上的重大压力，选择不再出庭指证犯罪。

第二种是以蒙面、变声等方式出庭作证。如果通过以上措施仍然不足以消除证人的心理压力和不安全感，可以允许证人在法庭上以蒙面、变声的方法提供证词。虽然对于法官和被告人一方而言，证人蒙面或变声，在一定程度上削减了体态、表情、声音等传递的信息，在一定程度上可能会影响法官的心证或被告人的诘问（尤其是反询问）。但是，对被告人的对质权、诘问权的保护不是绝对的。在有其他更为重大的利益需要保护，或者出于公共政策考虑时，即为了实现更大的正义，这些限制仍具有正当性。

第三种是在法庭上设立屏障或者其他遮蔽设施，使得被告人或旁听人员能够听见，但是看不见证人。在这种作证方式下，法官、陪审团、检控方、辩护人仍可以看到证人。尤其是当被告人无法看到证人时，应当有辩护人出庭，以期最大限度地减少对被告人权利的影响。这种作证方式仍然是证人在法庭上的作证，不属于传闻证据，也不违反直接审理原则。

第四种是采取视听同步传输技术的作证方式。在这种作证方式中，证人可以在法庭外通过视听同步传输装置将作证的内容同步传输到法庭，被告人及其辩护人、法官可以针对证言内容对证人进行发问，证人仍通过同步传输装置回答被告人方的提问。为了更好地保护证人，可以对证人的面部信号或者声音信号作出一定的干扰或修改。当然，这种修改可以只针对被告人实现，而法官、陪审团、检控方以及被告人的辩护律师仍可以看到完整的、未被修改的画面，听到未被修改的声音。这种利用现代技术的作证方式在德国、日本等国的刑事诉讼法中均有所体现。美国在其判例中也肯定了这种作证方式的合宪性。证人在法庭外通过视听技术手段作证，相当于将法庭的物理空间加以延伸，从而达到与证人出席法庭相同或类似的效果。因此，这仍然属于直接审理，其证词不属于传闻证据。

第五种是异地作证方式。出于安全的考虑，证人也可以采取异地作证的方式。例如，喧嚣甚久的“艳照门”案件，由于害怕回到香港后会被暗杀，出于安全考虑，陈冠希采取了在温哥华出庭作证的方法。取证会由卑诗（英属哥伦比亚）省法官阿黛尔（Elaine Adair）和香港法官唐文主持，整个过程采用香港法律进行。[①] 当然，这种方法需要各国家或地区间的司法合作。

第六种是被告人不在场的作证方式。出于对证人安全的考虑，为了防止被告人对证人实施威胁，可以考虑在证人出庭作证时，命被告人退庭。德国刑事诉讼法第 247 条就明确规定，在对证人的福祉构成严重危险、重大不利之虞时，可以命令被告人退庭。使用这种方法应当注意的是，证人作证完毕后应当让被告人重新回到法庭，并且告知他在其退庭期间证人作证的内容和庭审情况，同时仍然应当给予被告人反驳的机会。在被告人行使反驳权时，可以考虑让证人采取上文所述的保护方式回答被告人的提问。

第七种是不公开审判或者限制旁听的方式。审判公开是刑事诉讼的基本原则，除了法律规定的几种不公开情况外，一般情况下审判都要公开。但是，如果公开可能会危及证人的生命、自由或者身体，则可以适当限制民众的旁听权，不公开审理案件。例如，我国台湾地区“证人保护法”第 20 条规定，诉讼之辩论，

---

① Http：//new. sina. com. cn/o/2009 - 03 - 02/045115240263s. shtml.

有危害证人生命、身体或自由之虞者，法院得决定不公开。德国法院组织法第172条第2款也规定，如果有危及证人或其他人的生命、生活或者自由的危险时，可以不公开审判。当然，审判既可以对全部旁听人员不公开，也可以对部分旁听人员不公开；既可以从始至终一直不公开，也可以只在证人作证时命令部分或全部旁听人员退庭。例如，我国香港地区就有议员建议，在庭审时，可以要求想要进入法庭的公民表露自己的身份以及接受搜查，由证人及相关机关判断该人是否值得信赖，否则可以拒绝其入庭。当然，这种做法在旁听人员众多的情况下成本比较大。

总之，以上各种措施反映了不同的利益考量。根据证人面临危险的大小，这些措施可以单独使用，也可以配套使用。但总的原则是，对被告人的权利限制越小越好。因此，能够用对被告人权利影响小的措施时，要优先选择这种措施。

⑤保密义务的强调。证人保护，除了极少数情况下，关键在于保密。是否对证人资料进行保密直接影响到证人保护的成败。不泄露被保护人的情况是大多数国家证人保护制度规定的核心要求。对于违反该保密义务的，大多科以重责。近年来，我国出现的不少举报人悲惨遭遇的事例，大部分都与举报材料泄密有关。尤其是在腐败犯罪案件中，被举报人大多位高权重，拥有巨大的关系网。不少案件，不论是有意或者无意，举报人的举报材料都间接或者直接到了被举报人手中。接下来一连串的打击报复也就不难理解。这严重挫伤了公民与腐败犯罪作斗争的积极性。笔者认为，一方面，我们应当建立证人保护的个人负责制。不论是证人保护机构的工作人员，还是其他有权接受公民举报的机关，都必须履行保密义务，并且要落实到具体人员。一旦违反该义务，要追究这些人员的相关责任。例如，我国香港地区的《证人保护条例》就明确规定，只有负责调查该案的调查员才可以看到投诉内容，其他职员无权查看。投诉人只需与该案调查员“单线联系”。一旦泄密，只需追究这个职员的责任即可。不仅证人保护机关要严格履行保密义务，在接受腐败犯罪案件举报的检察机关（很多检察机关都设有举报中心），更要建立个人负责制，在举报线索的受理、分流、移送、转办、初查等各个环节，都要指定专人负责，一旦泄密，严格追究相关人员的责任。另一方面，实体法，尤其是刑法要加强对泄密行为的打击。我国台湾地区“证人保护法”第16条将公务人员与非公务人员违反保密义务的行为均明确规定为犯罪，即“公务员泄漏或交付关于依本法应受身份保密证人之文书、图画、消息、相貌、

身份数据或其他足资辨别证人之物品者，处一年以上七年以下有期徒刑。前项之未遂犯，罚之。因过失犯前两项之罪者，处二年以下有期徒刑、拘役或科新台币三十万元以下罚金。非公务员因职务或业务知悉或持有第一项之文书、图画、消息、相貌、身份数据或其他足资辨别证人之物品，而泄漏或交付之者，处三年以下有期徒刑、拘役或科新台币五十万元以下罚金。”

我国刑法规定了故意泄露国家秘密罪和过失泄露国家秘密罪，另外，保密法对何谓国家秘密作了解释，明确将追查刑事犯罪中的秘密事项作为国家秘密的一类，但对证人的信息是否属于此中的秘密事项，却不明确。因此，目前无法根据保密法和刑法规定对泄露需要保护的证人信息的行为定罪量刑。鉴于保密对证人保护工作成效的重要意义，笔者建议，在今后构建证人保护制度时，将保密义务作为重要的法定义务加以规定，并将违反保密义务的行为规定为犯罪，严厉处罚泄密行为。

总之，证人保护工作的顺利开展需要多方面的配合，不仅公安司法机关和其他公职机关（如民政、工商等）要积极协助，证人所在单位和社区、其他社会机构和组织（如职业介绍所等）也要积极配合。同时，社会舆论要正确引导，弘扬社会正气，鼓励公民勇敢站出来，大胆地同违法犯罪行为作斗争。此外，还要积极发展法律援助机制，在公民因为揭露犯罪、证实犯罪而受到侵害时，帮助他们获得相应的救济。当他们不能从侵害人处获得赔偿时，努力探索构建国家补偿机制，使其能够及时地从国家获得一定的补偿。总之，我们要积极调动各方因素，为举报人和证人创造一个良好的社会环境，避免使他们在冒风险、顶压力，为国家和社会作出贡献时“流血”又“流泪”。

（三）污点证人制度

为了提高腐败犯罪案件查处的实效性，《联合国反腐败公约》第37条作出了在这些案件中利用污点证人的规定。以下对此制度进行简要论述。

1. 污点证人概述。

（1）污点证人的概念与特点。我国法律并没有关于“污点证人”的规定，事实上，笔者对污点证人的了解主要来源于港台的影视作品。世界上不少国家或地区都在其法律中确立了污点证人制度。

污点证人（tainted witness）只是一种俗称，并不是一个正式的法律用语。我国香港地区称之为“边缘被告人”，是指游离于犯罪边缘的人。他们与正在侦查或者审查起诉的犯罪存在某种牵连，受到检控方的询问时，一般尽可能掩盖自己的罪行，同时又对同案主要犯罪嫌疑人掌握相当多的证据信息。[①] 我国台湾地区有人称之为“窝里反证人”，其“证人保护法”第14条详细地规定了“窝里反证人”的条件，并将其划分为两大类：第一类是指“第二条所列刑事案件[②]之被告或犯罪嫌疑人，于侦查中供述与该案案情有重要关系之待证事项或其他共犯之犯罪事证，因而使检察官得以追诉该案之其他共犯者”的人，这类人“以经检察官先同意者为限，就其因供述所涉之犯罪，减轻或免除其刑”。第二类是指“被告或犯罪嫌疑人虽非前项案件之共犯，但于侦查中供述其犯罪之前手、后手或相关犯罪之网络，因而使检察官得以追诉与该犯罪相关之第二条所列刑事案件之被告者”的人，对于这类人，可以“参酌其犯罪情节之轻重、被害人所受之损害、防止重大犯罪危害社会治安之重要性及公共利益等事项，以其所供述他人之犯罪情节或法定刑较重于其本身所涉之罪且经检察官事先同意者为限，就其因供述所涉之犯罪，得为不起诉处分”。德国通常将其称为“主要证人”或者“王冠证人”，即因揭发同党而自己却免罪之犯人。[③] 英美等国认为，污点证人是司法机关为了使其放弃“不得强迫自证其罪”的特权，而充当控方证人，并对其罪行不予追诉或者不以其提供的证据进行追诉的人。1998年轰动一时的克林顿性丑闻案更生动地告诉了我们何为美国的污点证人。1998年7月27日，莱温斯基与美国OTC（即独立检察官办公室）达成了协议，莱温斯基同意作为污点证人指证克林顿。作为交换，OTC保证不对莱温斯基之前的伪证罪进行追究。为此，美国联邦法院向莱温斯基签发了司法豁免授权书。在此授权书生效后，莱温斯基必须如实地提供证言及其他证据。如果提供伪证，则该司法豁免授权书将不再具有法律效力，莱温斯基将会受到双倍的法律惩罚。

从上述国家与地区来看，污点证人都具有以下特点：一是具有犯罪污点。具有犯罪污点是成为污点证人的前提条件，也是污点证人区别于普通证人的关键所在。二是此犯罪污点应当是现实的、还未经处理或还未执行完毕的污点。首先应

① 倪铁：《污点证人豁免及其博弈分析》，载《华东政法学院学报》2004年第1期。

② 该法第2条主要列举了15种犯罪，除了第1款是以刑罚的程度进行规定外，其余都是从犯罪的种类上进行规定。第1款规定的是最轻本刑为3年以上有期徒刑之罪，除此之外，其他犯罪种类主要包括贪污、走私以及选举法、证券交易法、洗钱防治法等规定的特定犯罪。

③ ［德］克劳斯·罗科信：《刑事诉讼法》（第24版），吴丽琪译，法律出版社2003年版，第107页。

当指出，这里所说的污点，应当是具有刑事法意义上的犯罪污点。一般的道德污点、党纪污点或者行政污点不包括在内。其次，此污点必须是现实的，没有经过处理或者没有执行完毕的污点。如果已经过处理（或者执行完毕），就不存在和司法机关交易的对价（无法享受到由于与司法机关合作而获得的豁免），因而不能成为污点证人，而只能作为普通的证人。三是其犯罪行为与被指控的犯罪有直接的牵连关系。这是污点证人身份成立的前提之一。污点证人在其身份未转化为证人之前，通常是案件的犯罪嫌疑人或者被告人，其直接或者间接（如作为被指控犯罪的前手、后手）地参与了被指控的犯罪。四是其选择与国家合作，帮助控诉机关指证被追诉的犯罪。这是其身份发生转变的根本原因，也是获得一定豁免的正当性之所在。五是其享受一定范围内的豁免。这种豁免通常是检控方的不起诉，但是也存在其他的豁免方式。

（2）污点证人与诉辩交易。诉辩交易制度和污点证人制度都表现为一定的司法交易，即一方披露一定的案情，以此作为对价获得国家一定程度的豁免。并且，两者形成司法交易的基础都在于“不得强迫自证其罪”的特权。但是，两者存在着根本的区别：

①参与的主体不同。诉辩交易是“诉”和“辩”的交易，一般是由检察官和被告人、辩护律师直接参与协商。而污点证人，是由犯罪嫌疑人、被告人（交易之后变成污点证人）和侦查、检察机关交易。在实行审前程序司法审查的国家，法官通常也要参与进来。例如，美国联邦对污点证人进行豁免要经过严格的审批程序，首先需要经过联邦司法部的许可，其次还要经过法官的审查批准。

②身份是否发生改变不同。诉辩交易中，作为交易一方的犯罪嫌疑人、被告人的身份不发生改变，在答辩有罪之后，其仍然作为本案的犯罪嫌疑人或者被告人。而污点证人制度中的犯罪嫌疑人、被告人在选择与国家合作之后，则就正在进行的案件而言，转化为证人身份。身份的改变具有诉讼意义，由此带来诉讼权利和义务的变化。

③交易的具体内容不同。在诉辩交易中，犯罪嫌疑人、被告人只需要在明知且明智的情况下承认自己有罪即可，而在污点证人制度中，作为污点证人，他不仅要承认自己有罪，而且要积极指证本案的被追诉人有罪。

④对检察机关证明责任的影响不同。在实行诉辩交易的国家，犯罪嫌疑人、被告人承认有罪通常会产生就承认的事实免除检察机关证明责任的后果，此时，

犯罪嫌疑人、被告人会被判决有罪而直接进入量刑程序。与这种结果相适应，这些国家往往设计出严格的程序保证犯罪嫌疑人、被告人的有罪答辩是在明知且自愿的情况下作出的。为了确保这一点，法官通常会不厌其烦地多次讯问犯罪嫌疑人、被告人是否真正了解有罪答辩的性质和后果，有没有遭受不正当的影响。在此过程中，辩护律师就显得非常重要。而在污点证人制度中，污点证人提供的证言或其他证据并不能起到免除检察机关证明责任的作用，污点证人只是帮助检察机关完成其证明责任。

2. 污点证人制度的意义。

（1）污点证人制度的存在，有助于打击那些严重影响社会治安的犯罪行为。罗尔斯说过："既然存在着激烈的不和，那么正如我们通常考虑的那样，是没有办法来避免某些不正义的。我们所能做的事情只是以最少不正义的方式来限制这些不正义。"① 污点证人制度，通过以小的不公正（如对污点证人不予起诉）来换取社会中大的公正，总体而言，社会的公正非但没有减少，反而增加了。现代刑事诉讼法奉行无罪推定、疑罪从无原则，检察机关承担证明犯罪成立的证明责任。而有些犯罪，由于作案手段隐蔽，作案方法智能，检控方往往很难或者无法取得有利的证据，如果就此放纵了犯罪分子，则不利于社会治安的维护。利用污点证人，可以有效地打击此类犯罪，最终有利于维护社会的稳定和安全。

（2）有助于提高司法效率，节约司法资源。污点证人制度的存在，通过放弃轻的犯罪，保证对重大犯罪的有力打击，可以缩短办案时间，降低办案成本，防止重大案件久拖不决，从而提高司法效率。

（3）污点证人获得豁免的前提是检控机关能够成功追诉犯罪，为了获得豁免，污点证人往往会十分卖力地配合检控机关，包括在此后的法庭审判程序中出庭作证。这样，有助于提高证据的证明力，同时，也可以减少刑讯逼供、超期羁押等非法取证手段的运用。

（4）污点证人的利用能够使部分犯罪分子弃恶从善，更有利于其回归社会，防止由于刑罚的实施而产生报复社会的心理。

（5）污点证人制度鼓励犯罪分子与国家合作，能够起到分化瓦解犯罪分子之间攻守同盟或者利益共同体的作用。正如贝卡利亚所言："法律应尽少促成犯

① ［美］约翰·罗尔斯：《正义论》，何怀宏等译，中国社会科学出版社1988年版，第233页。

罪同伙之间可能的团结。”[①] 这样，有助于打破双方的信任关系，长此以往，有助于减少犯罪的发生。

3. 我国在打击腐败犯罪领域引入污点证人制度的必要性。

（1）我国腐败犯罪案件的特点需要引入污点证人制度。腐败是一个国际现象，它不分意识形态，也不分经济发展的水平，可以说，只要存在人行使权力的场合就会产生腐败。近年来，随着改革开放的深入和经济体制的改革，我国的腐败犯罪现象也呈愈演愈烈趋势。总体而言，我国的腐败犯罪案件主要存在以下特点：一是犯罪过程更为隐蔽，犯罪手段更为多样化。腐败犯罪案件，尤其是贪污贿赂案件，常常是一对一地进行接触和交易，很难有人证和物证。另外，交易的对象也不再局限于金钱、财物等，还有诸如出国旅游、为子女办理留学、转校等多种形式。二是证据多为人证，且某些人证往往是证明腐败犯罪成立不可或缺的部分。三是犯罪分子大多结成利益共同体，并形成“保护伞”，导致取证困难。例如，行贿和受贿是刑法上的对合性犯罪，两者之间互相依靠，是唇亡齿寒的关系。一方披露对方犯罪时，通常也会将自己暴露出来，因此，他们往往结成紧密的利益共同体，并由一些领导干部充当“保护伞”，使得侦查、取证极为困难。四是犯罪嫌疑人、被告人往往是国家公职人员，且近年来呈现出高级别化趋势，其错综复杂的关系网以及较强的反侦查能力和自我保护意识常常牵制侦查的顺利开展。五是特殊侦查手段的缺乏。腐败类犯罪案件的特点决定了特殊侦查手段的使用是有效侦破案件的重要因素之一。但是，一方面我国的科学技术手段与国际先进水平相比还存在一定的差距；另一方面我国法律对此方面的空白也制约着特殊侦查手段的使用。即便在实践中使用了特殊侦查手段，也存在着证据能力和证明力方面的问题。腐败案件的以上特点决定了查处腐败犯罪的难度。而污点证人制度，因上文所述的积极意义，将有助于我们打击严重的腐败案件，合理配置司法资源，并在一定程度上减少甚至遏制刑讯逼供等违法取证现象。

（2）建立污点证人制度是我国履行国际义务的需要。2003 年 10 月 31 日，第 58 届联合国大会全体会议审议通过了《公约》。《公约》就腐败犯罪的预防、定罪和执法、追缴腐败犯罪资产、交流和合作等方面规定了一系列基本原则和措施，为国际领域内有效打击腐败犯罪奠定了基础。《公约》于 2005 年 12 月 14 日

① ［意］贝卡利亚：《论犯罪与刑罚》，黄风译，中国大百科全书出版社 1993 年版，第 40 页。

正式生效。2005年10月27日，我国第十届全国人大常委会第十八次会议审议并批准了《公约》，于2006年2月在中国正式生效。①

《公约》第37条第3款规定："对于在根据本公约确立的犯罪的侦查或者起诉中提供实质性配合的人，各缔约国均应当考虑根据本国法律的基本原则就允许不予起诉的可能性作出规定。"我国既然签署了此《公约》，并且《公约》对于我国已经生效，根据条约必须信守的国际法原则，我们就应当修改国内法，使之符合公约的规定。积极履行国际公约，与国际社会的刑事司法实践接轨，也有助于我国利用《公约》提供的机制惩治外逃贪官，防止国有资产外流，维护社会的良好秩序。

4. 我国在打击腐败犯罪领域引入污点证人制度的可行性。

（1）刑事司法理念已发生转变。在现代社会中，随着对刑法目的观的反思，刑罚理念正在向宽缓化转变。人们逐渐认识到，重刑不一定能够治重罪，犯罪问题不能单从刑罚上得以解决，而要通过社会的多种手段综合治理。刑罚本身会对受刑人产生二次伤害，甚至会加深受刑人对社会的报复心理。除了死刑立即执行之外，大多数犯罪分子还是要回归社会的，因而如何使其弃恶从善，更好地回归并适应社会成为人们思索的重点。正是由于刑罚对犯罪治理的作用是有限的，刑罚过重只会导致刑罚的饱和，因而从20世纪后期开始，刑法的谦抑化和恢复性司法理念开始发展起来。

这种转变反映在刑事程序方面，主要是带来了刑事审前程序的变革。鼓励犯罪分子和国家合作、取得被害人谅解等带有协商、交易性质的程序设置被积极地探索和使用。与此相对应，被追诉方的权利保障也愈加广泛和完备。这一方面对人权的保障有利，但另一方面也导致了诉讼的复杂化。严格的权利保障在某种程度上制约了对某些犯罪的有效侦控和惩罚。面对犯罪率居高不下，犯罪手段日益隐蔽和智能，仍然延续原有的诉讼模式已经不能完全满足社会的需要。鼓励犯罪分子与国家合作，通过放弃对一部分犯罪的指控与惩罚换取对更严重犯罪的打击的做法被人们逐渐接受。其中，典型的做法就是诉辩交易和对污点证人的豁免。

我国也在进行着这场思维领域内的革命。我国历来主张"惩罚与宽大相结

① 我国在批准《公约》同时声明：中华人民共和国不受《公约》第66条第2款的约束。《公约》第66条第2款主要是关于提交国际法院进行裁决的争端解决方式。

合”，中央更是明确提出了“宽严相济”的刑事政策。因此，确立污点证人制度，顺应了刑事司法理念的转变，具有积极的思想基础。

（2）我国已有类似的法律规定与刑事司法政策。我国刑法规定，犯罪分子有揭发他人犯罪行为，查证属实的，或者提供重要线索，从而得以侦破其他案件等立功表现的，可以从轻或者减轻处罚；有重大立功表现的，可以减轻或者免除处罚；犯罪后自首又有重大立功表现的，应当减轻或者免除处罚。《最高人民法院关于处理自首和立功具体应用法律若干问题的解释》第 7 条规定：“根据刑法第 68 条第 1 款的规定，犯罪分子有检举、揭发他人重大犯罪行为，经查证属实；提供侦破其他重大案件的重要线索，经查证属实；阻止他人重大犯罪活动；协助司法机关抓捕其他重大犯罪嫌疑人（包括同案犯）；对国家和社会有其他重大贡献等表现的，应当认定为有重大立功表现。前款所称‘重大犯罪’、‘重大案件’、‘重大犯罪嫌疑人’的标准，一般是指犯罪嫌疑人、被告人可能被判处无期徒刑以上刑罚或者案件在本省、自治区、直辖市或者全国范围内有较大影响等情形。”此外，我国刑法还规定，行贿人在被追诉前主动交代行贿行为的，可以减轻处罚或者免除处罚；介绍贿赂人在被追诉前主动交代介绍贿赂行为的，可以减轻处罚或者免除处罚。我国刑事实体法的规定反映了我国长期以来“坦白从宽”的刑事政策，通过“检举、揭发他人重大犯罪行为”、“提供侦破其他重大案件的重要线索”以及“协助司法机关抓捕其他重大犯罪嫌疑人”等立功表现，换取国家对其减轻或免除处罚，与污点证人通过与国家合作，获得一定形式的豁免比较类似。这就为我们今后建立污点证人制度奠定了立法的基础。

我国刑事诉讼法第 12 规定，未经人民法院依法判决，对任何人都不得确定有罪。这确立了“无罪推定”的基本原则。[①] 无罪推定的内容之一就是确立检察机关证明被指控人有罪的证明责任。正是由于检察机关证明责任的存在，使得检察机关完全有可能无法取得有利或充分的证据，从而不能完成证明责任。刑事程序法的规定一方面为污点证人制度的引入提供了现实的可能性，另一方面为此制度的引入提出了现实要求。另外，我国刑事诉讼法规定，对于犯罪情节轻微，依照刑法规定不需要判处刑罚或者免除刑罚的，人民检察院可以作出不起诉决定。

---

① 虽然对于这条是否确立了完整意义上的无罪推定原则，学者们还有不同意见，但不可否认，这毕竟彰显了无罪推定的精神。

这里规定的检察机关酌定不起诉制度，虽然与刑事实体法不能完全呼应（如附加了犯罪情节轻微这个条件），但毕竟提供了犯罪分子可通过检察机关的起诉环节（不起诉）豁免刑事处罚的途径。上述刑事实体法与刑事程序法的规定，为我国建立污点证人制度提供了一定的立法基础，不至于由于新制度的推行而造成的立法及司法成本过大。

（3）司法实践中已有利用污点证人指控案件的做法。1999 年重庆市第一中级人民法院审理了震惊一时的“綦江虹桥垮塌案”。此案造成了 40 人死亡，14 人受伤，直接经济损失超过 600 万元。在该案中，行贿人费某作为检察机关的污点证人，向检察机关提供了受贿人林某受贿的证据并出庭作证，检察机关因此对费某的行贿行为没有提出起诉。这是我国首次利用污点证人处理贪污贿赂案件，虽然此案存在着是否合法的争议，但取得了良好的社会效果，为今后我国实行污点证人制度奠定了很好的实践基础。

5. 对我国建立污点证人制度的若干建议。如前所述，我国虽然在实体法中存在着立功制度，在刑事诉讼法中存在着酌定不起诉制度，但毕竟不同于污点证人制度，不能完成具有污点证人制度的功效。首先，我国刑事诉讼法的酌定不起诉的范围小于刑法规定的可以或应当免除处罚的范围，这使得刑法对犯罪分子“宽大处理”精神不能充分发挥。刑事诉讼法的酌定不起诉需要具备两个条件：一是犯罪情节轻微；二是依照刑法规定不需要判处刑罚或者免除刑罚。这两个条件必须同时具备，缺一不可。这就使得我国的酌定不起诉范围很窄。对于情节并不轻微的，而其有重大立功表现，或者作为行贿人在被追诉前主动交代行贿行为的，依照我国刑事诉讼法的规定并不能被豁免起诉，其免于处罚只是在法庭判决阶段才有了可能。这对犯罪分子的激励远不如豁免起诉大，其与国家机关合作的积极性也就不如豁免起诉来得更大。其次，与污点证人不同，立功适用于所有案件的犯罪分子，更多地带有奖赏的意味，并且立功的方式不限于提供证言或证据，其目的在于鼓励犯罪分子更好地接受教育和改造。而对于污点证人的豁免，则是建立在其具有的“反对强迫自证自认”这一特权的基础上的，豁免的内容是不再对污点证人的犯罪行为进行追诉或者不使用其提供的证据对其追诉。作为对价，污点证人必须如实提供其所掌握的证据，协助控方完成证明严重案件的证明责任。污点证人制度更多地体现一种平等协商的交易色彩，目的是为了通过放弃小的犯罪，有效地惩罚更为重大的犯罪。因此，我国现有的法律规定并不能完全取代污点证人制度，笔者建议我国也引入该制度。具体构建思路如下：

（1）适用的案件范围。污点证人是否存在案件适用范围的限制，各个国家与地区鉴于其不同的法律制度和打击犯罪的形势，采取了不同的做法。有的国家不对犯罪类型加以区分，只要符合一定的前提条件，都可以使用污点证人。采取这种做法的国家如美国联邦及大部分州、加拿大、澳大利亚等国。有些国家规定，污点证人只能适用于特定范围的犯罪。作出这种规定的有德国以及我国台湾地区。德国刑事诉讼法规定污点证人主要适用于恐怖组织犯罪、叛逆、危害民主宪政、叛国或者危害外部安全犯罪、毒品、卖淫、侵犯知识产权等有组织犯罪及洗钱与麻醉药品犯罪等。[①] 我国台湾地区“证人保护法”也从刑罚程度与犯罪性质两方面限定了污点证人的适用范围，前者要求3年以上有期徒刑，后者要求是贪污、走私以及选举法、证券交易法、洗钱防治法等规定的特定犯罪。

由上可以看出，污点证人适用的案件范围，虽然各个国家并没有一个统一的认识，但有一共同点，那就是都可以适用于诸如贪污贿赂类案件、毒品类案件、黑社会性质案件等具有组织性犯罪或共同犯罪案件。至于是否将污点证人扩展到其他一般犯罪，取决于各个国家的法律传统以及与犯罪作斗争的形势。

笔者认为，污点证人制度毕竟是通过放弃对部分犯罪的追究来达到迅速获得重大犯罪案件的关键证据，从而达到对重大犯罪案件的惩罚，通过牺牲小的公正来换取大的公正，而且，我国刑事司法体制还存在诸多弊端，尚未能充分实现正义，因而在污点证人制度建立之初，其适用的案件范围不宜铺得过大，应主要适用于贪污贿赂类案件、黑社会性质案件、毒品类案件、恐怖组织案件、叛国类案件等取证困难且隐蔽性强、组织性严密的性质非常严重、案情非常重大的案件。

（2）适用的前提条件。污点证人适用的前提条件必须严格限制，防止这种“费力较少”的方法成为检控机关推卸责任的途径，进而导致检控机关的惰性以及司法质量的下降。对此，许多国家与地区都作了限制。例如，我国香港地区2002年的《检控政策及常规》第16条2规定：“刑事检控专员会在适当的情况下授权提供及批准免予起诉那些为协助执法机构侦查或控制犯罪活动而可能触犯刑事罪行的人。免予起诉书一般只会在下列情况下给予：调查中的犯罪活动非常严重，又或者会对香港的治安或公众安全构成重大威胁；以及一般侦查或打击犯

① 李昌珂译：《德国刑事诉讼法典》，中国政法大学出版社1995年版，第75页。

罪活动的方法不能奏效。”① 因此，笔者建议，污点证人只适用于犯罪手段极其隐蔽，通过其他方式无法或非常难以取得相关证据，而该人的证言或其提供的其他证据又是该案的关键证据的情形。

（3）适用的对象条件。虽然满足以上两个条件，但是犯罪参与人要想成为污点证人，其自身也需具备一定的条件。首先，其本身必须是上述所限定的犯罪案件的犯罪嫌疑人或者被告人或者是此类案件的前手、后手或者犯罪网络中的一员。其次，其本身的污点不能过大，即其不能是案件的主犯、领导者、组织者或起重大作用的人。以贪污贿赂案件为例，只有在贪污贿赂案件中处于次要地位、罪行比较轻微的行贿人、介绍贿赂人才可能转变为污点证人。

（4）豁免的具体内容。一旦犯罪参与人选择与国家合作，作为对价，国家要对其进行一定的豁免。根据豁免内容的不同，国际上主要存在两种类型：一种是罪行豁免。即对污点证人在其提供的证词或者其他证据中所涉及的犯罪，不得对其提出起诉（包括正式豁免和非正式豁免），这种豁免是一种完全的豁免，对犯罪分子极其有利，对其激励作用也最大。实行这种豁免制度的国家或地区主要有德国、美国的一些州。另一种是证据使用豁免。这种豁免要求司法机关不得直接利用污点证人提供的证词或者其他证据，并且不能利用以该证据发现的其他证据（衍生证据）对该污点证人追究刑事责任。除非检控机关能证明起诉的证据具有其他独立的来源。可以看出，证据使用豁免相对于罪刑豁免，是一种不彻底的豁免形式，该污点证人仍然存在被起诉的可能性。因此，相对来说对犯罪参与人的激励不如前一种大。采用这种豁免形式的主要是美国联邦及一些州、英国以及澳大利亚等。

笔者建议我国采用罪行豁免形式。这种豁免形式一方面可以极大地调动犯罪分子与国家合作的积极性；另一方面，由于我国证据制度不完善，侦查手段有限，检控机关在证明证据的其他独立来源时存在实际困难，如果实行证据使用豁免，则有可能要么因为检察机关不能完成证明存在独立来源的证明责任而败诉，结果与不起诉大相径庭，且徒增司法浪费；要么通过刑讯或其他非法手段表面完成此证明责任，实际却对司法公正无益。因此，建议我国采用罪行豁免形式。这就需要改革我们刑事诉讼中的不起诉制度，扩大不起诉的范围。需要注意的是，

① http：//www. doj. gov. hk/chi/public/pub2002103 lcon. htm#16.

罪行豁免的只是其证言或提供的其他证据中涉及的罪行，并不豁免污点证人在作证中因为作伪证而产生的伪证的刑事责任。如果其作伪证，则一方面要对其追究伪证罪的刑事责任；另一方面，由于污点证人豁免的基础——如实提供证言——被打破，该污点证人本身的罪行将不再得到豁免。

（5）豁免的程序。对于污点证人进行豁免所遵循的程序，大致存在两种类型：一种是由检察机关向法院提出申请，法院根据法律进行审查之后作出是否对该证人豁免的司法决定。也就是说，是否给予豁免，法院具有决定权。实行这种做法的国家通常是司法权较强的国家。采行这种类型的有美国联邦以及大多数州、澳大利亚等。例如，在美国联邦，在得到首席检察官或其代表人、副首席检察官或得到指定的首席检察官助理、副助理的同意之后，任何一个检察官认为需要给予污点证人以豁免时，要向法院提出豁免令申请（immunity order），法院审查之后，同意给予豁免的，要签发司法豁免令。污点证人得到该令状之后，必须作证。另一种类型是无须经过法院同意，检察机关可以自行决定是否给予该人以豁免。实行这种做法的有美国一些州、我国的香港地区和台湾地区等。

由法院进行审查后决定是否可以给予豁免，有利于更大程度的维护公正，因为法院作为超然的第三方，相比作为诉讼一方的检察机关，更有优势维护公共利益，防止检察机关错误地引诱污点证人或进行权钱交易。但是，我国司法的现状决定了我国采行第二种做法更为符合实际。我国刑事诉讼法尚未规定人民法院可以在审前进行司法审查，相比西方法治发达国家，我国的人民法院还不能做到真正的独立，无法对审前程序形成有效的监督和制约。此外，由检察机关审查决定是否给予污点证人以豁免，更有助于及时收集证据、有效提出控诉。因此，建议我国由检察机关决定是否给予污点证人以豁免。

具体而言，省级检察机关和最高人民检察院具有豁免决定权。一般案件由省级人民检察院审查决定；特别重大案件或者由最高人民检察院办理的案件由最高人民检察院审查决定。下级人民检察院认为有必要给予污点证人以豁免时，要逐级上报。在审查决定是否给予污点证人以豁免时，检察机关要综合考虑其参与犯罪情节的轻重、被害人遭受的损害、该案对于社会的影响、该污点证人所掌握的证据的分量及质量、该污点证人的可信性以及社会公共利益等因素，慎重作出决定。要坚决防止威逼、利诱、钱权交易等不正当的现象。

6. 相关配套措施。要使证人豁免制度充分发挥实效，需要有相应的配套制度与措施，这除了前面已经讨论过的证人保护制度外，还要求以下配套制度与措施。

（1）确立反对强迫自证其罪原则。“反对强迫自我归罪”的权利来源于英国的李尔本案件，迄今已有300多年的历史，其核心是沉默权。源自不被强迫自证其罪的沉默权是在纠问式刑事诉讼制度之下被告人面临三难选择的困境而产生：被告人如果陈述不实，则面临着伪证罪的处罚；若拒绝陈述，则被视为藐视法庭；若如实陈述，则无异于自我控诉。而沉默权则赋予被告人角色选择的权利，他要么选择开口说话，作为证人，那么他就必须如实陈述；要么选择不说话，则法庭不可以对其沉默作不利推断。沉默权的最早成文法见于英国1898年《刑事证据法》，美国联邦宪法第5修正案规定了此项权利。此后，其他国家相继在其宪法或其他法律中确立了此项原则，最终形成了一项国际性的刑事司法准则。联合国《公民权利和政治权利国际公约》第14条第3款明确规定：“在判定对他提出的任何刑事指控时，人人完全平等地有资格享受以下的最低限度的保证……不被强迫作不利于他自己的证言或强迫承认犯罪。”

反对强迫自证其罪的特权根据权利人的身份可以分为犯罪嫌疑人、被告人的反对强迫自证其罪的特权与证人反对强迫自证其罪的特权。正如前文所言，反对强迫自证其罪的特权是污点证人产生的基础，是犯罪参与人选择成为污点证人而与国家控诉机关进行司法交易的基础和对价。犯罪参与人在其诉讼身份转化为污点证人之前，是案件的犯罪嫌疑人，其当然地享有此项特权。而一旦其行使这个特权，则在保护自己的同时，也遮掩了他人的罪行。国家检控机关为了使其与国家合作，帮助控方获取指控主要犯罪分子的证据，承诺对其罪行或证据进行豁免，从而换取其开口说话，积极地指证他人的犯罪行为。污点证人制度正是出于对反对强迫自证其罪特权的认可和尊重。可以说，如果公民不享有反对强迫自证其罪的特权，就不存在污点证人制度。因为此时的国家侦控机关可以任意地迫使任何人提出证据，证明他人包括自己有罪。如果因为部分犯罪参与人选择与国家合作而被豁免了罪行或证据的话，对于其他没有犯罪而作证的人而言就显得极为不公：参与了犯罪的人作证可以获得好处（罪行或证据被豁免），而什么犯罪都没参与的人，出庭作证却什么好处都得不到，这是极为荒谬的。

因此，如果要想在我国确立污点证人制度，首先得在法律上明确规定公民享有反对强迫自证其罪的权利。这也是顺应国际人权保护趋势，积极与国际接轨的需要。

（2）监督机制。有权力的地方就有腐败。打击腐败的机关同样可能产生腐败。正如上文建议，我国应当把是否给予同意犯罪嫌疑人转化为污点证人，以及是否给予其豁免的权力交给检察机关，那么，我们就需要考虑如何防止检察机关裁量权过大，甚至滥用此项权力。出于办案的压力，以及现有的不尽科学的错案追究制以及工作考评机制的影响，有些检察人员可能会对犯罪嫌疑人进行错误的引导、威胁或引诱，甚至进行钱权交易，使其不正当地成为或者不成为污点证人，获得或者不获得豁免，以及获得什么范围内的豁免。另外，在有些情况下，检察机关可能会忽略被害人或者社会公众的利益。因此，作为污点证人制度的配套措施，我们必须建立对检察机关进行监督的机制。

监督的途径不外乎两种：一种是以权力监督权力；另一种是以权利监督（制约）权力。对于第一种途径，以权力制约权力，由于我国人民法院的现实地位，决定了人民法院的司法权不可能会对检察机关的权力形成有效的监督和制约。因此，以权力制约权力主要应当依靠检察机关内部上下级之间的监督和制约。同时，要改革不尽科学的错案追究制和工作考评机制。由于检察机关内部的一体性以及利益的共同化，使这种监督方式存在着很大的局限性。第二种途径是以权利制约权力的机制。我们应当大力发展律师辩护制度，将律师介入的时间进一步提前，并使律师的辩护对公、检、法机关形成有效的制约。在决定是否将犯罪嫌疑人转化为污点证人时，必须听取各方当事人及其律师，包括被害人及其律师的意见。另外，要积极发展法律援助机制，使获得律师帮助不再是法律上的“奢侈品”，每个人都能享受得到。但是，制约检察权力的关键还是在于强大的司法权。因此，改革司法制度，改变人民法院的弱势地位才是正途和根本所在。

（四）推定

由于查处腐败犯罪案件时，检控方对于犯罪主观方面的证明存在着事实上的困难，不利于各个国家打击腐败犯罪。因此，《公约》第 28 条就腐败犯罪成立所需的明知、故意或者目的等要素，建议各缔约国根据实际情况予以推定，以降低检控方证明的难度。我国也应积极研究推定在腐败犯罪认定上的意义和作用，建立符合我国实际的推定制度。鉴于当下推定在我国理论界和实践部门还存在很大的争议，故先从基本理论方面对推定进行全面的研究，然后具体研究推定在我国腐败犯罪查处过程中的运用问题。

1. 推定含义的界定。推定既是一个实体法问题，也是一个程序法问题，是连接实体法与程序法的桥梁。无论在任何国家，每当法庭需要确定某一案件事实时，无非采取两种方法：一种是通过证据来证明，另一种是通过证据证明之外的其他方法来认定。后者又包括司法认知和推定。由此可见，在证据法中，推定作为认定事实的一种方法，是证据裁判主义的例外。推定与证明的关系，可以通过下图来表示：

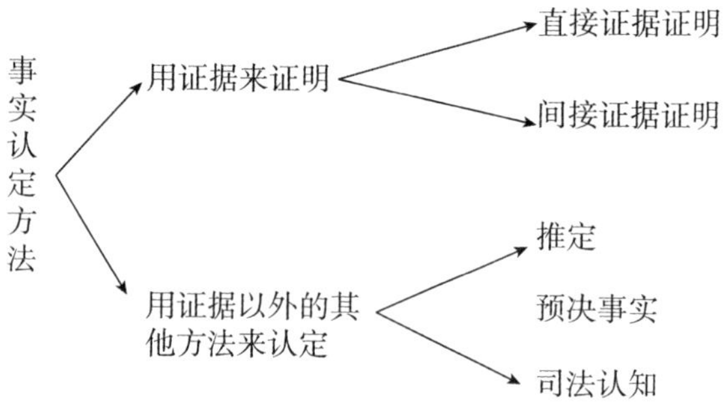

“推定的概念十分混乱。可以肯定地说，迄今为止人们还不能成功地阐明推定的概念。”① 笔者认为，推定是指基于事物之间的普遍的共生关系，或者说是常态的因果联系，由基础事实推出待证事实（又称推定事实）的一种证明规则。这里的共生关系，或者常态的因果联系，是人们在长期生产、生活中总结的经验法则，就概率而言，这里的因果联系具有程度很高的盖然性。可以表述为，如果出现了事实A，则一般情况下都会出现事实B。法律推定的基础是经验法则的法律规定或“法定经验法则”，② 而事实上的推定或者说审判中的推定的基础则是事实审理者在具体实务中运用的经验法则，是尚未上升到法律规定地位的经验法则。需要注意的是，推定中的经验法则必须是人们普遍承认的盖然性很高的经验法则，盖然性程度很低的经验法则不能成立有效的推定。

正是因为推定建立在经验法则之上，而经验法则毕竟只是人们归纳理性的结果，是一种不完全的理性，存在着非必然性和可推翻性。因此，推定都是允许对方反驳的。“一项所谓的不可用证据反驳的推定，不是一种推定，而是一条实体法规则。”③ 同时，真正意义上的法律上的推定和事实上的推定其本质是一样的，

① ［德］莱奥·罗森贝克：《证明责任论》，庄敬华译，中国法制出版社2002年版，第206页。
② ［德］莱奥·罗森贝克：《证明责任论》，庄敬华译，中国法制出版社2002年版，第217页。
③ 【美】迈克尔·H·格莱姆：《联邦证据法精要》，法律出版社1999年版，第54页。

都是对事实的认定，都是允许经过反驳而推翻的。唯一的区别在于法律上的推定是立法者将某个事实上的推定明确加以肯认，从而上升为立法的形式。而尚未上升为立法的形式，但仍旧在司法实践中被法官使用的推定，是事实上的推定，或者称为审判上的推定。在立法中，虽以“推定”的名义出现，但是不能用反驳进行推翻的，不是真正的推定，只是一项实体法的规定而已。

推定的结构，见下图：

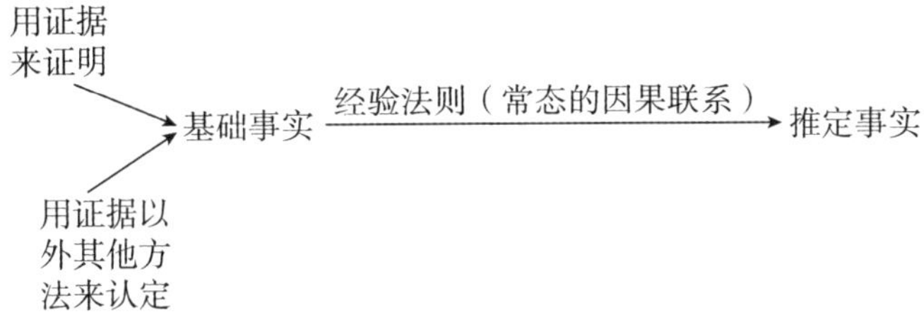

2. 推定在贪污贿赂案件中的运用。涉及公职人员腐败的刑事案件，常常会出现“一对一”的局面，因为贪污、贿赂案件往往具有隐蔽性，不易获得其他证据。尤其是贿赂案件，常常单独交接，大多数没有旁证，更容易形成“一对一”的局面。在查处此类案件的过程中，推定的运用就有其积极的意义。

（1）贪污受贿犯罪的主观方面。我国刑法采取主客观相统一的定罪原则，一个行为要构成犯罪不仅要在客观上存在危害行为，而且必须在主观上存在罪过。我们既反对主观归罪，也反对客观归罪。我国规定了几种不同构成要件的贪污罪，[①] 但对这些贪污犯罪的主观方面的规定是一致的，都要求是故意，并且是直接故意，即“明知”自己的行为会造成危害后果，而仍然希望结果的发生，具体表现为具有非法占有的目的。只有存在了这种表现为非法占有目的的直接故意，人民法院才能定罪处罚。此外，我国刑法规定的受贿罪，也要求行为人有受

① 刑法第 382 条第 1 款规定：国家工作人员利用职务上的便利，侵吞、窃取、骗取或者以其他手段非法占有公共财物的，是贪污罪。第 2 款规定：受国家机关、国有公司、企业、事业单位、人民团体委托管理、经营国有财产的人员，利用职务上的便利，侵吞、窃取、骗取或者以其他手段非法占有国有财物的，以贪污论。第 3 款规定：与前两款所列人员勾结，伙同贪污的，以共犯论。第 394 条规定：国家工作人员在国内公务活动或者对外交往中接受礼物，依照国家规定应当交公而不交公，数额较大的，依照本法第 382 条、第 383 条的规定定罪处罚。第 183 条第 2 款规定：国有保险公司的工作人员和国有保险公司委派到非国有保险公司从事公务的人员有前款行为的，依照本法第 382 条、第 383 条的规定定罪处罚。第 271 条第 2 款规定：国有公司、企业或者其他国有单位中从事公务的人员和国有公司、企业或者其他国有单位委派到非国有公司、企业以及其他单位从事公务的人员有前款行为的，依照本法第 382 条、第 383 条的规定定罪处罚。

贿的故意，并且是直接故意，即行为人明知利用职务上的便利索取他人财物或者非法收受他人财物并为他人谋取利益的行为会损害国家工作人员职务上的廉洁性，仍然接受的行为。[①] 因此，在刑事司法实践中，能够证明行为人存在这种故意的罪过形式，是有效打击此类腐败案件的前提之一。

（2）推定在证明贪污受贿犯罪主观方面的适用。犯罪的主观方面是指行为人对于危害社会的结果的主观心理状态，如是否故意、过失，明知等。这属于人内心世界的东西，是人的一种精神活动，隐藏于人的内心深处，很难直接查明。因此，很难通过证据直接证明行为人的犯罪主观要件。再加上司法实践中，行为人一般故意隐瞒甚至否认的做法，更加大了证明犯罪主观方面的难度。人的思想决定着人的行为，人的行为反映着人的思想和心理状态。犯罪的主观方面反映了犯罪时的心理态度，必然会在客观行为上有所体现。马克思就认为：“除了行为的内容和形式外，试问还有什么客观标准来衡量意图呢？”[②] 因此，认定行为人的主观心理状态、动机、目的等，可以并且往往只能通过行为人的客观行为来推定。“推定往往是能够证明被告人心理状态的唯一手段，因而在刑事司法中起着非常重要的作用。”[③] “法官应该对陪审团作出这样的指示，即他有权从被告人已经实施的违禁行为的事实中，推定出被告人是自觉犯罪或者具有犯罪意图，如果被告人未作任何辩解，推定通常成立。”[④] 例如，可以从持凶器直刺心脏推定出行为人有杀人的直接故意。我国学者裴苍龄先生也认为，在各国司法实践中，对于精神现象的认定实质上都是推定。[⑤] 而事实上，在刑事司法实践中，推定也正是主要在这个方面发生作用的。

英国1916年《防止贿赂法》最先规定了关于贿赂的推定，其第2条规定：“以受贿罪被起诉之人，当其被证明在王室，或任何政府部门，或公共机构供职时的任何现金、礼品或其他报酬是……来自与公共机构签订合同的人员，或者其他人所支付、或者给予时，该现金、礼品或者其他报酬，应当被认为是上述法律

① 林亚刚主编：《贪污贿赂罪疑难问题研究》，中国人民公安大学出版社2005年版，第99页。

② 《马克思恩格斯全集》第1卷，第138页。

③ ［英］鲁伯特·克罗斯等：《英国刑法导论》，赵秉志等译，中国人民大学出版社1991年版，第56页。

④ ［英］鲁伯特·克罗斯等：《英国刑法导论》，赵秉志等译，中国人民大学出版社1991年版，第55页。

⑤ 裴苍龄：《论推定》，载《政法论坛》1998年第4期。

所说明作为诱导或者回报而贿赂地支付、给付或者接受。但反证被证实的除外。”此外，新加坡也对此作了规定。新加坡1970年《防止贿赂法》规定：“……当其被证明在政府或者任何政府部门或者公共机构供职中的任何报酬是由或者来自与或者寻求与政府或者任何政府部门或者任何公共机构签订契约的人员或者某人的代理人所支付或者给予或者接受时，该报酬应该视为本法上文所说的为了诱导或者回报而贿赂地支付、给予或者接收，但反证被证实的除外。”《公约》第28条也肯认了推定在查处腐败案件中的积极、有时是必不可少的作用：“根据本公约确立的犯罪所需具备的明知、故意或者目的等要素，可以根据客观实际情况予以推定。”我国已经批准了此公约，鉴于查处腐败案件的难度，也应积极探索推定在此类案件中的运用。

我国法律以及最高人民法院、最高人民检察院的司法解释中并没有就贪污受贿类案件中如何证明行为人的主观故意作出明确规定，1998年5月9日最高人民法院《关于审理挪用公款案件具体应用法律若干问题的解释》（以下简称《挪用案件解释》）进行了推定贪污罪中“非法占有目的”的尝试。《挪用案件解释》规定，携带挪用的公款潜逃的，依照刑法贪污罪的规定定罪处罚。我们知道，挪用公款罪和贪污罪最重要的区别之一就在于主观上是否存在“非法占有”的目的。按照一般的理解，不打算非法占有挪用的公款的，就没有必要携带公款潜逃，而携带挪用的公款潜逃的，一般都是意图将之据为己有。因此，最高人民法院根据常理，将此行为作为推定贪污罪的主观方面的表现之一，从而上升为司法解释（即法律上的推定），为司法实践中查处此类腐败案件提供了切实可行的方法。

因此，这就要求我们在刑事司法实践中要及时总结和“故意”、“明知”、“非法占有”具有常态联系的行为表现，形成规律，以指导对腐败案件的查处，防止行为人凭借种种借口逃避法律的制裁。例如，作为一个国有企业的会计，对哪些款项、财产属于国家，自己的行为会造成什么样的后果，应当明知。作为国有企业会计的身份，就可以推定行为人“明知”其行为的性质、行为的客体、行为的结果、行为与结果之间的因果联系等内容，因而具备直接故意。再如，国家工作人员只要将本单位的特定财产置于自己的控制之下，能够实际占有、使用、收益、处分，从而使真正的权利人对此财产丧失了事实上的控制，就可以推定行为人具有“非法占有的目的”，而不论行为人是否已经取得了此财产的所有权。例如，虚假报销、私自冲账、虚设账户、凭空划账、转往海外等都属于此种情形。但是，行为人如果将某些财产放置自己家中以便进行工作，曾向单位领导汇报并取得同意的，并将工作成果交予单位的，不能认为具有“非法占有的目的”。另外，如果国家工作人员与他人之间并没有亲情、友谊等关系而接受他人馈赠（如车子、房子、股权、债权、公司职位、办理移民等），并利用职务给予该他人权利或者利益上的好处，就可以推定具有受贿的故意。再者，如果国家工作人员与他人之间虽有借款凭证，但是没有正当合理的借款事由，双方平时也没有正常的、经常性的经济来往，国家工作人员借款后没有归还的意思，也没有不予归还或不能归还的合理原因，且该他人就其利用职务给予好处有合乎常理的期待的，就可以推定行为人有受贿的故意。此外，如果国家工作人员与他人非亲非故而是偶然认识，以明显低价买受他人价值较高的物品，或给予他人的馈赠和他人给予自己的馈赠明显不相称，且数额较大的，并且该他人有请托事项的，可以推定国家工作人员具有受贿的故意。

需要注意的是，实践中经常出现事后贿赂的情形。事后贿赂，即谋利在前，受贿在后，带有酬谢性质的贿赂。对于这种事后贿赂是否构成犯罪，学者们有不同的意见。有学者以有无事前约定作为定罪的标准，但实践中很多情况下没有事前约定，往往是“心照不宣”的。对此，有学者运用推定的方法提出“内心联想说”，即如果出现了一定的事实，则推定有受贿的故意。这些事实主要有：行为人明知自己利用职务之便为对方谋取了利益；事后接受了对方送给的明显超过友情馈赠的数量的金钱或其他好处，如果存在上述事实，则可以推定其内心必定与先前的用权行为建立联想，即有受贿的故意。

（3）利用推定证明贪污受贿犯罪主观方面的注意事项。笔者认为，我们一方面要总结经验，加大对贪污腐败案件的打击力度，防止犯罪分子用一些假象迷惑掩盖贪污、受贿的本质，从而逃避惩罚；另一方面也要注意保证正确打击犯罪，保护人权。因此，建议我国在贪污贿赂案件中使用推定时要注意以下几方面的问题：

首先，要尽量取得相关证据，只有在证据难以取得或不能取得的情况下，即只有陷入了证明僵局的情况下，出现了“一对一”的情况时，才可以使用推定。推定的使用务必慎重。

其次，基础事实必须查证属实，用于推定的事实材料必须不存在矛盾之处。

否则就难以得出正确的结论。

再次，基础事实与推定事实之间的常态联系必须存在高度盖然性，而不能只是偶然的或者微弱的联系。在推定是否有贪污或者受贿的故意时，要注意根据具体案情，并且综合所有相关情况。以受贿案为例，在司法实践中，我们要注意以下情况：一是行为人曾受到别人的酬谢，即要有证据证明存在着行贿行为或类似的行贿行为；二是该别人谋求的利益和行为人的职务有关；三是馈赠的钱物是否超出了正常合理的范围、交付财物的方式是否隐蔽等。

最后，一定要注意保证被告人的反驳权。推定是为了减轻控方的证明负担，作为推定基础的经验法则只是反映了基础事实和推定事实之间的常态联系，而非必然联系。几乎所有的国家都规定了腐败案件中的推定具有可反驳性。因此，一定要保证被告人的反驳权，特别是在程序上要保证被告人能够切实地行使反驳权。需要指出的是，被告人的反驳权只是被告人的一项诉讼权利，并不意味着被告人承担证明责任，也不意味着证明责任的倒置。证明责任仍然由控方承担，只要被告人提出反证，动摇了法官的心证而产生了“合理的怀疑”，就意味着控方没有完成其证明责任，就不能对被告人定罪处罚。

（五）巨额财产来源不明罪的推定

我国刑法规定，国家工作人员的财产或者支出明显超过合法收入且差额巨大，可以责令说明来源；本人不能说明其来源是合法的，差额部分以非法所得论。鉴于公职人员腐败事件的不断发生，为了严密法网、堵塞漏洞，防止腐败分子逃避法律的制裁，1988 年 1 月 21 日第六届全国人民代表大会常务委员会第二十四次会议通过了《关于惩治贪污罪贿赂罪的补充规定》，其第 11 条规定了巨额财产来源不明罪，后来被刑法吸收。

巨额财产来源不明罪解决了司法实践中在查处贪污、受贿、挪用公款等案件时，发现行为人拥有的财产与其合法收入差额巨大，而又没有确切证据证明该财产是贪污、受贿或者挪用所得因而无法制裁的问题。此外，“巨额财产来源不明罪”也可以在一定程度上遏制当下愈演愈烈的“灰色收入”。“灰色收入”是相对于“白色收入”和“黑色收入”而言的，“白色收入”指公民合法、正规的劳动所得。“黑色收入”指通过一些非法，甚至犯罪的手段获得的收入。“灰色收入”是介于两者之间的收入，既非完全透明的劳动所得，也非明显的违法犯罪所得，但它给国家工作人员提供了滋生腐败的温床。例如，国家工作人员在非公务活动中收受的“红包”、礼品、请客、旅游、出国考察等。甚至有些单位将“灰色收入”视作对本单位员工的收入补偿，如各种名义的福利、奖金。在现阶段司法实践中，对于“灰色收入”，如果查证属实确属贪污、贿赂所得，则纳入相关罪名予以处罚，如果不能说明来源，并且差额巨大的，往往以巨额财产来源不明罪论处。

对公职人员腐败问题的打击，各国都很重视。对于巨额财产来源不明的情况，国际上大致存在着两种立法体例：一是不将巨额财产来源不明罪作为一个独立的犯罪，而是将巨额财产来源不明的情况作为认定贪污罪的一个方面，规定巨额财产来源不明的，这些财产被视为贪污所得。多数国家的立法都属于这种情况。例如，新加坡 1988 年《没收贪污所得的利益法》第 4 条规定，一个人所拥有的财产或其他财产里的利益与其已知的收入来源不相符合，而该人又不能向法院作出合理满意的解释时，其财产被认为是贪污所得。我国香港地区 1971 年《防止贿赂条例》第 10 条规定，一个现任或曾任政府公职的人员，如果其生活水平和拥有的财产与其薪金收入很不相称，又无从解释这种现象的，应推定为贪污所得，按贪污罪处理。新加坡和我国香港地区在立法中通过设置法律推定来降低腐败案件的查处难度，将拥有与其收入不相称的财产推定为贪污所得，从而可以证明贪污罪的一个法律要件。

另外一种做法是将巨额财产来源不明作为一种独立的罪名，如果存在巨额财产，又无法说明其来源的，则推定这些财产是非法所得的，从而构成巨额财产来源不明罪。作出这样规定的主要有我国和印度。

2009 年 2 月 28 日第十一届全国人大常委会第七次会议表决通过了《中华人民共和国刑法修正案（七）》，将巨额财产来源不明罪的法定最高刑提高到 10 年有期徒刑，但贪污、受贿罪的法定最高刑却可以达到死刑，贪污罪、受贿罪的刑罚明显高于巨额财产来源不明罪。这样，在实践中就有可能出现不论被告人财产不明的部分数额有多么巨大，只要人民检察院找不出其他证明其贪污、受贿的证据，而本人坚决不承认的，就可以逃避贪污、贿赂罪的严厉处罚，而最多也就是受到 10 年的监禁。如果其承认这些财产是贪污或者受贿得来的，就可能受到比巨额财产来源不明罪严重得多的处罚，甚至可能为此而送命。因此，实践中行为人往往顽强抵抗，严防死守，严重阻碍了我国反腐败工作的展开，也有违“罪刑相当”的原则。

因此，笔者建议我国将行为人“巨额财产来源不明”作为贪污、受贿的推定情节，再结合其他事实，以贪污罪或受贿罪定罪处罚。但是，在当前的我国将“巨额财产来源不明”作为贪污、受贿的推定情节有可能导致侦查人员的侦查惰性，加重被告人的诉讼负担。针对这种情况，笔者认为，加强我国信用体系建设以及确立公务人员个人财产申报制度能够在一定程度上解决这个问题。信用体系的完善和公务人员个人财产申报制度的建立有助于侦查人员查清犯罪嫌疑人的财产状况，从而更能确实地查证犯罪嫌疑人是否有贪污、受贿、挪用公款等行为，犯罪嫌疑人也能更容易地说明财产的来源，而减少抵赖、伪造证据等逃脱责任的行为，从而减少此项推定的适用，更好地打击犯罪。

需要指出的是，即便在我国现行体制下，我国刑法对巨额财产来源不明罪的规定也存在着一定的缺陷。刑法规定，国家工作人员的财产或者支出明显超过合法收入且差额巨大，可以责令说明来源。本人不能说明其来源是合法的，差额部分以非法所得论。立法用语是“可以责令说明来源”，而非“应当责令说明来源”，对于被告人的反驳权保障不力。我们知道，对于事实的推定是允许对方当事人反驳的，这里的反驳是对方当事人的权利，它对于保证推定的有效性和可靠性起着至关重要的作用。因此，审理事实的法官或者陪审员一定要尊重当事人的反驳权，并提供条件便利其行使反驳权。而我国刑法只是规定“可以”责令说明来源，说明是否责令说明来源只是法官自由裁量的范围，其是否责令说明来源都可以。这不能不说是一项立法的缺陷。

因此，笔者建议，在我国没有将巨额财产来源不明纳入到贪污罪之前，对于巨额财产来源不明罪也应当加以修改，规定“国家工作人员的财产或者支出明显超过合法收入且差额巨大，应当责令说明来源。本人不能说明其来源是合法的，差额部分以非法所得论”。需要注意的是，司法机关认定行为人巨额财产来源不明罪并不意味着检察机关就可以无所作为，检察机关应当收集并提出有关被告人的财产、支出、合法收入的确实证据。只要被告人说明了其财产来源，且检察机关不能证明被告人的说明是虚假的，被告人就不构成此罪。

总之，为了加大我国打击腐败犯罪的力度，我们必须研究推定在贪污、贿赂等腐败案件中的运用。但是，也应同时注意对犯罪嫌疑人、被告人人权的尊重和维护。

二、反贪秘密侦查及所获材料的证据能力①

在社会主义市场经济的培育、发展和形成过程中，同计划经济背景下相比，贪污犯罪出现了新的情况和新的特点，对贪污犯罪证据的调查、收集难度更大。近年来，司法机关普遍感到同贪污犯罪斗争，立案难、查证难、定罪更难。其根本原因是犯罪手段花样翻新，我们收集和运用证据的观念、手段却依然如旧，显得极不适应。针对当前出现的这些问题，在此试就贪污案件侦查中秘密手段的运用及其所收集证据资料的证据能力问题作一论述，并提出完善立法的建议，以期解决贪污案件取证难的问题。

（一）反贪秘密侦查势在必行

针对贪污犯罪在新的历史时期所呈现出的新形态和新方式，迫切需要反贪机构加大打击力度，更新斗争手段，增加侦查措施。其中，最重要的是把公开的侦查手段同特殊的秘密侦查手段相结合，以有效地同贪污犯罪作斗争。

妨碍使用秘密侦查的主要阻力，是在侦查工作中如何正确处理秘密侦查与保护人权二者的关系问题。许多人认为，要保护人权就不能使用秘密侦查手段，侦查工作中使用秘密手段就是侵犯人权。笔者认为，这种认识和观念是把秘密侦查与人权保护对立起来了，秘密侦查手段的适用，可以有效消除贪污犯罪对国家和人民在政治、经济上的严重危害，这正是人权保护之所需。从宪法保障人权的观点出发，在正常情况下，政府和侦查机关并无权力对公民采用秘密侦查手段，无故限制公民的人身权利和民主权利。但是，每一个公民享受的这些基本权利是以不得损害国家的、社会的、集体的和其他公民的合法自由和权利为前提条件的。我国宪法对此作出了明确规定："中华人民共和国公民在行使自由和权利的时候，不得损害国家的、社会的、集体的利益和其他公民的合法自由和权利。"由此可见，在反贪侦查中，采用秘密手段同人权保护不是对立和矛盾的。基于这种认识和理论根据，世界多数国家都把秘密侦查法律化，即以公开的法律程序加以确认和适用。

德国于1994年10月28日修改颁布、1994年12月1日生效的刑事诉讼法第八章，用了40多个条款专门规定了"扣押、监视电信通讯、使用技术手段、派

① 原文刊载于《人民检察》1995年第11期，原题目为《论反贪秘密侦查及其证据力》，收录时有所修改。

遣秘密侦查员、搜查”[①]。对各种秘密侦查手段适用的对象、范围、权力和程序作了具体规定，其中包括对贪污犯罪行为的侦查。意大利 1988 年 9 月 22 日第 447 号总统令批准的刑事诉讼法第 266 条至第 271 条，用了 6 个条款专门规定了“谈话或通讯窃听”的秘密侦查手段。另外，还对适用窃听的决定、条件、形式、执行、证据效力等问题，均作了详细规定。[②] 新加坡有关法律规定，调查法官按命令规定的方式调查案件，可以依法对国家任何工作人员跟踪、监视。[③] 我国台湾地区于 1993 年 3 月提出的“刑事诉讼法研修草案”在第 135 条之后增订 4 个条文，规定监听或监录的要件，把秘密侦查手段之一的监听行为予以合法化。[④] 同时，台湾地区正在研究制定监听（录）的单行法规，名曰“通讯监察法”，对于监听、监录适用的要件、范围、程序作出明确规定。[⑤]

综上，破除秘密侦查同人权保护的对立观念，顺应世界各国采用秘密侦查手段之趋势，我国必须把秘密侦查合法化，以加大对日益增多的贪污犯罪的打击力度。

（二）反贪秘密侦查的特征和内容

反贪秘密侦查是一种特殊的调查工作，相对于刑事诉讼中的公开侦查行为，具有以下特征：

1. 从属性和辅助性。反贪秘密侦查从属和服务于公开侦查，为公开侦查提供信息，确定线索，指明方向。从这种意义上讲，秘密侦查带有从属性和辅助性。例如，利用秘密侦查手段获取的犯罪情报信息、案件线索和证据材料，总是要通过一定的公开侦查来继续查明，或者依法加以转化。再如，通过秘密侦查手段对犯罪嫌疑人的秘密监控，最终又往往转化为公开的强制措施。

2. 严密性和程序性。秘密侦查多见于贪污案件的初查阶段，其犯罪事实仍然具有一定的“或然性”，案件尚未明朗；侦查活动的进行处于隐蔽状态，“背靠背”进行。因此，秘密侦查工作必须稳妥而周密。同时，采用秘密侦查措施，无不涉及公民的人身权利、民主权利，其适用对象、批准权限、适用方式和期限

---

① 李昌珂译：《德国刑事诉讼法典》，中国政法大学出版社 1995 年版，第 27 ~ 48 页。

② 黄风译：《意大利刑事诉讼法典》，中国政法大学出版社 1994 年版，第 91 页。

③ 李德敏、李平：《反贪污贿赂侦查的特殊调查工作》，载《政法论坛》1994 年第 5 期。

④ 1994 年北京刑事诉讼法国际研讨会蔡墩铭教授提交的《通讯监听与证据排除——台湾现行法律之完善》。

⑤ 1994 年北京刑事诉讼法国际研讨会蔡墩铭教授提交的《通讯监听与证据排除——台湾现行法律之完善》。

都要严格按照法定的程序进行。

3. 秘密性和技术性。反贪秘密侦查的最大特征无疑是必须秘密进行，同时，多数措施都要利用特定的科学技术装备和专门的技术。例如，监听监录，密搜密取，秘密辨认等，不借助一定的科技手段是无法进行的。

根据我国刑事侦查工作的传统做法和经验，以及科学技术发展的水平，反贪秘密侦查的主要内容包括：①秘密监视、跟踪守候（跟踪侦查和守候监视）；②密搜密取；③秘密辨认；④监听监录；⑤邮件扣押；⑥耳目特情，等等。

（三）反贪秘密侦查的立法

如前所述，反贪秘密侦查的适用，同被适用对象的人身权利、民主权利密切相关，稍有不慎就会产生侵权问题。所以，必须依法进行。要做到依法进行，就必须有法可依。我国刑事诉讼法关于秘密侦查还是一个空白，各项秘密侦查的单行法规也有待制定，尤其是我国反贪法正在研究制定过程中。笔者建议刑事诉讼立法应补缺，反贪专门法律应有专章规定秘密侦查措施，为了便于操作与执行，还有必要制定秘密侦查手段的实施细则。反贪秘密侦查的立法要点如下：

1. 适用原则。在一个法治国家，对于任何犯罪嫌疑人采用秘密侦查措施都是有限制的适用，均应遵守若干限制，以免使公民的合法权益受到侵害。因此，适用反贪秘密侦查手段应当遵守以下原则：

一是重罪原则。只有对严重贪污的犯罪者，方可采用秘密侦查手段。我国台湾地区“刑诉法研修草案”规定，限于所犯之罪刑本刑为 3 年以上有期徒刑之罪。台湾地区关于“通讯监察法草案”对于监听、监录之适用，又限于 5 年有期徒刑之罪。[①] 意大利刑事诉讼法第 266 条规定，允许对谈话、电话和其他形式的电讯联系进行窃听，限制在无期徒刑或者 5 年以上有期徒刑的非过失犯罪。[②] 考虑到当前我国民主与法制的状况，我们认为，秘密侦查一定要严格遵守重罪原则，应严格地控制在可能判处 10 年有期徒刑以上的大案、要案范围内，不宜对 10 年以下的轻刑贪污犯罪者适用。

二是必要性原则。所谓必要性原则，是指虽属贪污重罪的大案、要案，采用

① 1994 年北京刑事诉讼法国际研讨会蔡墩铭教授提交的《通讯监听与证据排除——台湾现行法律之完善》。

② 黄风译：《意大利刑事诉讼法典》，中国政法大学出版社 1994 年版，第 83 页。

公开的侦查手段和措施能够查清者，不能适用秘密侦查措施。

三是相关性原则。为保护公民的人身权利、民主权利，以及言论、通信自由和通信秘密受法律保护之权利，特别要保护电话通话通信的隐私。对秘密侦查应限于与犯贪污罪有关者。犯贪污罪有关者，也应以有相当的理由和证据可信其与本案有关，以防止办案人员的随意性。

四是书面批准原则，亦即书面令状原则。任何一种秘密侦查措施的采用，必须有专权批准，采用书面形式授权方可采用。国外多数国家采用法官令状批准，也有些国家用检察官令状批准。结合我国情况，按照贪污案件管辖分工，笔者认为，必须由主管检察长书面批准和授权，才能适用秘密侦查手段，批准与授权的书面文件，应载明适用对象的基本情况，适用的具体手段和期限，批准人要在书面文件上签名，等等。

2. 适用程序。秘密侦查的手段、方法及实施措施种类较多，不同侦查手段还有其不同特征和执行细则。就秘密侦查的一些共同的基本程序和立法要点而言：

一是反贪立法必须明确规定，反贪机构有权依法适用秘密侦查手段，并且要明确规定采用任何一种秘密侦查手段，必须经过主管领导批准，并签发授权令状。

二是立法要规定反贪秘密侦查手段的种类、名称及每种秘密侦查手段的科学定义，以界定每种秘密侦查手段的实施范围。例如，密搜密取，即秘密搜查和秘密提取，它是指人民检察院的侦查人员采用特殊手段在不使侦查对象觉察的情况下，对贪污的重大嫌疑分子的住所或可能隐藏赃物、罪证的场所进行搜索检查，以发现罪证和赃物，或提供鉴定样本材料。

三是立法要明确规定适用秘密侦查手段要件和范围，即采用秘密侦查手段的理由、根据以及所犯贪污罪最轻刑为多少年以上的重罪方可采用。

四是采用秘密侦查的期间及延长程序，一般最长不得超过3个月。

五是规定适用秘密侦查的执行机关、协助机关（企事业单位、国家机关及公民）的权利和义务。

六是规定适用秘密侦查手段所获得材料、信息的保存、使用及销毁程序，以保护公民的隐私权。

七是规定非法采用秘密侦查手段的法律责任，包括纪律、民事、刑事及国家损害赔偿责任，等等。

八是明确规定每项秘密侦查措施的施行细则的制定及施行日期。

（四）反贪秘密侦查所获材料的证据能力

所谓证据能力，也就是每项证据的法定资格和条件，即是否可以作为证明案件事实的合法证据加以采用。

关于证据能力问题，世界两大法系国家持不同的立场和方法。英美法系国家注重程序之合法性。因此，依不合法的程序取得的证据，适用非法证据排除规则，不得采为证据。但是，关于排除规则在英国和美国有着不同的做法。在英国，非法搜查、扣押的证据只要与待证事实相关联，原则上可不予排除，而对违法的警察官员，则由被害人另行提出控告，只有排除非法证据较之采用该证据具有更大价值时才由法官自由裁量排除。美国实行严格排除规则，即实施官员违反联邦宪法进行搜查、没收取得的证据，在审判时必须排除。[①] 大陆法系国家为职权主义、自由心证主义，不采用非法证据排除规则，故凡得为证据之资料，均具有理论上的证据能力。[②]

我国刑事诉讼法对证据虽有专章规定，但规定比较笼统、原则。借鉴国外的做法和我国的证据理论，笔者认为在证据能力的问题上，必须坚持证据合法性原则，即对每项证据的收集和运用的主体要合法，来源的程序要合法，否则不能作为定案的根据。即使对个别非法证据非采用不可，也必须以合法转化为前提条件。基于这种认识，笔者认为依法采用秘密侦查手段所获取的证据应该具有证据能力，因为它具备合法性，其合法性的表现在于：一方面根据反贪秘密侦查法规，属于法定的侦查人员所收集的证据；另一方面每项证据材料来源的程序符合反贪秘密侦查法律及其实施细则的规定。所以，只要证据的形式效力是合法的，如果其具有实质效力，即可作为定案的根据。

对于侦查人员违反秘密侦查法律及其实施细则所获取的证据的证据能力，如违法搜查所密取、扣押的证据，或者是违法窥听、窥录的证据材料，根据证据的合法性规则，当然不具有证据能力。笔者认为，这种非法证据就其实质而言，是

① 程味秋主编：《外国刑事诉讼法概论》，中国政法大学出版社 1994 年版，第 83 页。

② 1994 年北京刑事诉讼法国际研讨会蔡墩铭教授提交的《通讯监听与证据排除——台湾现行法律之完善》。

证据形式效力不具备，即来源的程序是非法的。但其内容即实质效力具备证据的客观性和关联性，可以作为定案的根据，但应经过合法的转化，把非法证据转化成合法证据。例如，侦查人员采用非法监听（录）程序窥录的录音带，可以放给被告人听，如被告人认可，即转化为口供证据，令其如实陈述贪污的时间、地点、手段、原因和结果；如果被告人矢口否认，也可由人民法院指定和聘请专门人员，对该录音带的内容进行音质同一认定，把窥录资料转化成合法的鉴定结论，同样可以作为定案的根据。这种合法转化程序，也适用于来自被害人或人民群众采用秘密手段所获得的同本案有关的证据材料。对于来自人民群众的非法证据，其证据作用只是为办案人员进一步查证提供了一个线索，不能认为它具有证据能力。如果作为证据使用，必须依法转化。

对于反贪秘密侦查所获得的证据材料，不得在其他案件中使用，共同贪污另案处理的除外。这是由秘密侦查的性质和特点所决定的，也是出于保护公民隐私权的需要。